REVISTA TRIMESTRAL DE

DIREITO PÚBLICO

28/1999

MALHEIROS EDITORES

Revista Trimestral de Direito Público

Órgão do

INSTITUTO GERALDO ATALIBA
IDEPE — INSTITUTO INTERNACIONAL
DE DIREITO PÚBLICO E EMPRESARIAL

INSTITUTO DE DIREITO ADMINISTRATIVO PAULISTA
IDAP

RTDP
Publicação trimestral de
MALHEIROS EDITORES LTDA.
Rua Paes de Araújo, 29, cj 171
CEP 04531-940 - São Paulo, SP - Brasil
Tel.: (011) 3842-9205 - FAX.: (011) 3849-2495

Diretor responsável: Álvaro Malheiros
Diretora: Suzana Fleury Malheiros

Assinaturas e comercialização:
CATAVENTO DISTRIBUIDORA DE
LIVROS S.A.
Rua Conselheiro Ramalho, 928
CEP 01325-000 - São Paulo, SP - Brasil
Tel.: (011) 289-0811 - FAX (011) 251-3756

Supervisão Gráfica: Vânia Lúcia Amato
Editoração Eletrônica: Letra por Letra Studio

SUMÁRIO

DOUTRINA

COMPARAÇÃO JURÍDICA
— *José Afonso da Silva* 5

INAPLICABILIDADE DO LIMITE MÁXIMO DE 65 ANOS DE IDADE PARA O PREENCHIMENTO DO CARGO DE DESEMBARGADOR A SER PROVIDO PELO QUINTO CONSTITUCIONAL
— *Zeno Veloso* 11

LIMITE DE REMUNERAÇÃO DO SERVIDOR PÚBLICO — UMA INTERPRETAÇÃO DA CONSTITUIÇÃO
— *Valmir Pontes Filho* 15

PROIBIÇÃO DE FUMAR — INCONSTITUCIONALIDADES DA LEI 9.294/96
— *Carlos David Aarão Reis* 25

EXISTE UMA SUPREMACIA DO INTERESSE PÚBLICO SOBRE O PRIVADO NO DIREITO ADMINISTRATIVO BRASILEIRO?
— *Fábio Medina Osório* 32

ENSAIO SOBRE O PODER JUDICIÁRIO: CONTROLE EXTERNO, CPI E REFORMA
— *Juary C. Silva* 66

PARECERES

MINISTÉRIO PÚBLICO — VITALICIEDADE DE SEUS MEMBROS — NÃO-VITALICIAMENTO DE PROMOTOR DE JUSTIÇA EM ESTÁGIO PROBATÓRIO — VIOLAÇÃO DO PRINCÍPIO DO DEVIDO PROCESSO LEGAL
— *Fábio Konder Comparato* 76

ACORDO DE ACIONISTAS — EMPRESA ESTADUAL CONCESSIONÁRIA DE SERVIÇO PÚBLICO FEDERAL — MANUTENÇÃO DA QUALIDADE DE ACIONISTA CONTROLADOR
— *Adilson Abreu Dallari* 84

CONVÊNIO ENTRE ENTIDADES PÚBLICAS EXECUTADO POR FUNDAÇÃO DE APOIO — SERVIÇO DE SAÚDE — CONCEITO DE SERVIÇO PÚBLICO E SERVIÇO DE RELEVÂNCIA PÚBLICA
— *Paulo Modesto* 109

ESTUDOS E COMENTÁRIOS

CONFLITO POSSESSÓRIO E POSITIVISMO ÉTICO — O AGENTE PÚBLICO EM FACE DA DECISÃO ILEGAL
— *Sérgio Sérvulo da Cunha* 129

ADMINISTRAÇÃO PÚBLICA E DEMOCRACIA: PERSPECTIVAS EM UM MUNDO GLOBALIZADO
— *Leonel Ohlweiler* 137

UMA RELEITURA DO PODER DE MODIFICAÇÃO UNILATERAL DOS CONTRATOS ADMINISTRATIVOS (*IUS VARIANDI*) NO ÂMBITO DAS CONCESSÕES DE SERVIÇOS PÚBLICOS
— *Fernando Vernalha Guimarães* 149

PRISÃO CIVIL E PENAL E "EXECUÇÃO INDIRETA" — A GARANTIA DO ART. 5º, LXVII, DA CONSTITUIÇÃO FEDERAL
— *Eduardo Talamini* 165

CONCESSÕES DE SERVIÇO PÚBLICO E A SUA FISCALIZAÇÃO
— *Glória de Faria Alvim F. Pereira F. Braz e Wagner Nogueira França Baptista* 179

APONTAMENTOS SOBRE O "CONCURSO PÚBLICO" PARA A ESCOLHA DE PROJETO ARQUITETÔNICO
— *Evandro Ferreira de Viana Bandeira e Luciana Vilela de Carvalho e Viana Bandeira* 191

JURISPRUDÊNCIA 195

INDICE GERAL DA RDTP 1 A 28 251

DOUTRINA

COMPARAÇÃO JURÍDICA

José Afonso da Silva

1. Noção. 2. Natureza. 3. Finalidade. 4. Conceito. 5. Técnicas do Direito Comparado. 6. Fases do procedimento metodológico. 7. Conclusão.

1. Noção

"Comparar" significa *confrontar, aproximar* coisas a fim de individuá-las e, individuando-as, distingui-las; e, distinguindo-as, agrupá-las e classificá-las (Tripiccione), ou, na forma substantiva de Constantinesco, a comparação é uma operação do espírito pela qual são reunidos num confronto *metódico* os objetos a serem comparados, a fim de precisar suas relações de semelhança e divergência.

Então, a *comparação jurídica* consiste em confrontar objetos jurídicos pertencentes a ordenamentos jurídicos de dois ou mais países.

2. Natureza

Dá-se o nome de *Direito Comparado* à comparação jurídica. O *Direito Comparado*, a par de uma Teoria Geral, especifica-se, mais concretamente, na comparação por ramos do Direito: Direito Constitucional Comparado, Direito Civil Comparado, *Direito Urbanístico Comparado* etc. Há, porém, controvérsia sobre a sua natureza. O debate visa a responder se o Direito Comparado é uma *disciplina científica autônoma* ou se é apenas um *método*. Três correntes formaram-se em torno do tema (Constantinesco).

1ª. Uma afirma que *esta controvérsia não tem senão interesse acadêmico e não merece continuação*. Argumenta que a controvérsia sobre a natureza do Direito Comparado é teórica e estéril, porque, qualquer que seja a solução, não traz conseqüência prática alguma. Diz-se, no entanto, que esse argumento é apenas parcialmente exato. É verdade que a controvérsia é teórica. É igualmente certo que aqueles que o sustentaram tornaram-no estéril na medida em que se apegaram aos matizes da especulação no que concerne à noção de *ciência* e à abstração quanto à ciência dos Direitos Comparados.

Alega-se, além do mais, que os termos "método" e "ciência" seriam vagos e intercambiáveis, ou seja, passíveis de serem empregados um pelo outro; afirmativa inexata, desde que se pode definir com precisão esses termos. "O *método* é um conjunto de procedimentos racionais, seguidos para atingir um fim proposto." "Ao contrário, uma ciência autônoma constitui um corpo de conhecimentos ordenados, tendo um domínio próprio, um objeto determinado e conhecido, um método próprio."

2ª. Outra corrente afirma que *o Direito Comparado não é senão um simples método – o método comparativo*. Pois o objetivo do Direito Comparado é o de comparar normas jurídicas pertencentes a diversas ordens jurídicas, a fim de fazer sobressair a equivalência ou a dessemelhança das soluções. Segue-se que a comparação depende, de um lado, do material sobre o qual ela trabalha; de outro lado, ela não visa a extrair das normas jurídicas que compara um sistema objetivo de noções e regras válidas e aplicáveis. A comparação representa, pois, uma técnica especial de estudo das diversas ordens jurídicas. Mas ela não é uma ciência, porque não preenche qualquer das condições que a ciência deve preencher. Daí ter-se como infeliz a expressão "Direito Comparado", que dá a impressão de designar um corpo de normas jurídicas estabelecidas pela comparação. Esta corrente diz, por isso, que essa expressão não designa senão um *método de estudo*, e não um ramo especial do Direito. "Se por *Direito* entendemos um corpo de regras, é evidente que não existe tal coisa no Direito 'Comparado'. A comparação de regras de Direito colhidas em diferentes sistemas não conduz a formular regras novas, independentes, que devam regular as relações ou as convenções entre os homens. Não existe um ramo particular de Direito chamado *Direito Comparado* no mesmo sentido em que há um *Direito Civil*, ou um *Direito Administrativo* ou outras divisões nas quais se agrupam as regras de Direito em vigor, relativas a determinada matéria." O Direito Comparado não é uma parte do Direito Positivo de uma nação qualquer, tal como o Direito Civil e o Direito Administrativo: o Direito Comparado não pode ser ciência porque seu objeto não é definido e delimitado. Pois, na medida em que a comparação serve a outra disciplina autônoma, ela não pode considerar-se como disciplina independente.

3ª. Outra corrente, ainda, afirma que *o Direito Comparado é unicamente uma disciplina autônoma*, com diferentes enfoques. Para uns o Direito Comparado é parte de uma ciência geral comparativa, ao lado da Lingüística comparada, das Religiões comparadas, da Política comparada etc. Para outros essa disciplina autônoma faz parte da ciência jurídica. Ainda aqui os autores divergem, porque para uns essa *disciplina da ciência jurídica* tem apenas um *objeto*: descobrir as leis naturais da vida jurídica dos povos, a evolução das sociedades humanas e do Direito, ou a formação de um *Direito comum da Humanidade civilizada*, conforme a definição de Levy Ullmann, segundo a qual *o Direito Comparado é o ramo especial da ciência jurídica que tem por objeto a aproximação sistemática das instituições dos países civilizados*. Para outros ela tem *vários objetos* e *domínios de aplicação*, ao mesmo tempo. Wigmore reconhece-lhe três objetos e domínios: o primeiro domínio, que ele chama de *nomoscopia*, tem por objeto descrever os diversos Direitos; o segundo, que ele chama de *nomotética*, tem por objeto analisar as diversas instituições jurídicas e destacar suas qualidades e méritos; e o terceiro, que denomina *nomogenética*, tem por objeto analisar a evolução das diversas instituições e normas jurídicas em suas relações de causalidade e de cronologia.

4ª. Um quarta corrente, finalmente, entende que o Direito Comparado é, ao mesmo tempo, *método* e *ciência*, cada qual com seu *objeto*. Mas nunca fora feita nítida distinção entre *método comparativo* e *ciência do Direito Comparado*. Diz-se que é agrupando, ordenando e classificando os conhecimentos conseguidos pelo *método comparativo* num todo coerente, autônomo e tendo um objeto e domínio próprios que se pode fundar a ciência do Direito Comparado. Este é, então, uma ciência, na medida em que, pelo emprego do método comparativo, torna conhecidas verdadeiras relações das ordens jurídicas e, pelas mesmas, descobre uma parte de sua verdadeira natureza. Chega-se à seguinte distinção:

1) o *método comparativo* realiza a *microcomparação*, consistente na aproximação comparativa de regras ou instituições jurídicas pertencentes a ordens jurídicas diferentes, por onde se atinge resultados parciais e fragmentários, desordenados; seu *objeto é, assim, obter e acumular observações parciais*;

2) a *ciência do Direito Comparado* faz a *macrocomparação*, ou seja, confronta e penetra nas ordens jurídicas enquanto entidades globais, e sistemas jurídicos, enquanto unidades tipológicas irredutíveis, englobando várias ordens jurídicas. Seu *objeto de pesquisa são as estruturas fundamentais das ordens jurídicas*. Consiste em selecionar, ordenar e classificar os resultados parciais obtidos pelo método comparativo, permitindo amealhar conhecimentos novos num domínio inexplorado.

Penso que o chamado Direito Comparado não passa de *simples método* comparativo. Por isso, o nome da disciplina deveria ser substituído para *Estudo Comparado do Direito*. O nome, contudo, não é o que mais importa. Chame-se Direito Comparado a esse campo do estudo que tem por objeto comparar elementos de ordens jurídicas diversas.

3. *Finalidade*

Busca-se, aqui, responder à indagação: *para que serve o estudo comparado do Direito*? Que fins se quer atingir com o estudo do Direito Comparado? A resposta dos autores tem sido a de que a finalidade desse estudo consiste: a) *na busca do aperfeiçoamento do Direito Interno*; b) *na obtenção de elementos para uma adequada política legislativa do Direito Nacional*; c) *na busca da unificação jurídica* (formação, por exemplo, de leis uniformes em certos campos jurídicos); d) *no desenvolvimento de um fundo comum como base para a formação do Direito Universal.*

4. *Conceito*

O *método comparativo* (Direito Comparado) consiste em confrontar, entre si, normas, institutos, instituições ou ordens jurídicas estatais para evidenciar-lhes as semelhanças ou diferenças (Ruffia). "Comparar é cotejar instituições políticas e jurídicas, para, através do cotejo, extrair a evidência de semelhanças ou divergências entre elas. Mas essa evidência, por si só, não é, ainda, uma conclusão científica. A conclusão está um passo mais além. Está na relação que se estabelece em função da comparação" (Afonso Arinos).

5. *Técnicas do Direito Comparado*

Resumiremos, aqui, as *técnicas* e *procedimentos* utilizados na comparação jurídica que envolvem os seguintes problemas:

1) *número e escolha das ordens jurídicas a comparar* – a comparação pode englobar duas ou mais ordens jurídicas e a escolha delas se fundamenta em critério de seleção não-arbitrária, pois envolve o problema da comparabilidade e depende do fim que o comparatista se propõe e de suas possibilidades pessoais;

2) *sentido da comparação* – a) *horizontal*, quando é *sincrônica*, confronto de ordens jurídicas próximas no tempo mas afastadas no espaços – *comparação espacial*; b) *vertical*, quando é *diacrônica*, confronto de ordens jurídicas afastadas no tempo (mesma *ordem jurídica*; *ordens jurídicas diferentes*);

3) *termos a comparar* – não se pode comparar senão coisas comparáveis (regime jurídico dos planos urbanísticos em diversos países; licença urbanística de ordens jurídicas diferentes etc.). A comparabilidade é fundada sobre elementos comuns relativa-

mente às instituições, às funções, aos resultados ou problemas jurídicos equivalentes, pertencentes a duas ou mais ordens jurídicas diferentes. Mas é necessário que os elementos comuns, a identidade ou equivalência se verifiquem no *plano jurídico*. A regra metodológica importante nessa matéria é a de que o paralelismo não existe nem pode existir quando se manifeste unicamente no *plano lingüístico*. Não se deve, pois, jamais partir de uma identidade ou equivalência existente no plano lingüístico para concluir por uma identidade ou equivalência no plano jurídico. Numerosas diferenças de natureza técnica, estrutural, conceptual ou de efeito jurídico, e até semântica, intervêm para separar entre si as funções equivalentes. E isso se dá mesmo quando é a mesma língua para ordens jurídicas diversas, como a portuguesa de Portugal e do Brasil;

4) *modo de conhecimento do objeto a comparar* – sustenta-se que a comparação jurídica exige conhecimento direto do Direito estrangeiro: suas normas, sua jurisprudência, seu funcionamento na prática. Diz-se, então, que aqueles que fazem Direito Comparado sem conhecimento das *línguas estrangeiras* e sem conhecimento do *Direito estrangeiro* – portanto, sem estudo pessoal do Direito Comparado, utilizando unicamente as monografias comparatistas que outros elaboraram em sua própria língua – improvisam sobre um material que ignoram, mas há quem afirme ser impossível comparar *diretamente* mais que dois *termos a comparar*. Assim, a comparação de mais de duas ordens jurídicas só poderia realizar-se de *modo indireto*, o que é uma idéia falsa, pois pode-se comparar diretamente quantas ordens jurídicas se quiser, sem intermediação. Mas também é certo que sempre se utilizarão elementos indiretos na comparação.

6. Fases do procedimento metodológico

O *método comparativo* consiste em conduzir um estudo comparativo por três fases sucessivas, que a doutrina chama de *regras dos três "C"*, que são: *Conhecer*, *Compreender* e *Comparar.* As três fases devem desenrolar-se na ordem indicada, porque cada uma delas constitui a preparação necessária e etapa preliminar da fase seguinte. Assim, o *conhecimento* das partículas jurídicas elementares que formam o *termo a comparar* não é senão a preparação obrigatória pela qual o comparatista consegue, na fase posterior, a *compreensão* dos termos a comparar no quadro de suas ordens jurídicas, e essa compreensão, por seu lado, é a condição indispensável à *comparação* propriamente dita. Em outras palavras, deve-se *conhecer* para *compreender* e deve-se *compreender* para poder *comparar*.

Mas é claro que as três fases não são hermeticamente separadas. São, ao contrário, solidárias e complementares, porque são estabelecidas umas em relação às outras.

Conhecer – Nessa fase deve-se isolar os termos a comparar (instituições, institutos, normas jurídicas, problemas jurídicos) de sua ordem jurídica, a fim de examiná-los melhor. Mas a verdadeira existência e o papel do termo a comparar não podem ser compreendidos senão no quadro de sua ordem jurídica, em liame, portanto, com os elementos determinantes e os fatos jurídicos e metajurídicos que a influenciam direta e indiretamente. Para chegar-se, pois, à comparação, o comparatista deve começar por *descobrir* as instituições jurídicas do Direito estrangeiro que formam os termos a comparar. Mas o estudo do Direito estrangeiro não se confunde com a comparação, embora seja um elemento essencial do processo comparativo. É importante, pois, ter em mente os respectivos domínios.

Todo estudo do Direito Comparado supõe estudos paralelos de Direito estrangeiro e neles repousa. Os estudos paralelos do Direito estrangeiro são para o Direito Comparado o que a matéria-prima é para a indústria. De fato, antes de comparar é indispensável *conhecer*, com pormenores, os termos a comparar, tal como são *concebidos*, *inter-*

pretados e *aplicados* em cada um dos Direitos estrangeiros. A despeito da existência de numerosos pontos comuns entre o estudo de Direito estrangeiro e o Direito Comparado, não se confundem. Há uma distinção fundamental: pode-se empreender estudos de Direito estrangeiro sem fazer comparação, sem fazer Direito Comparado.

No *conhecer* procede-se mediante *análise*, decompondo-se o termo a comparar, isolando-o.

Importa atender às seguintes *regras metodológicas*: a) o Direito estrangeiro deve ser examinado de dentro, do interior, ou seja, situado *no seu quadro*, operando-se com *seus conceitos*, *sua lógica* e *seus métodos de interpretação*; b) no estudo de um termo a comparar, pertencente a uma ordem jurídica estrangeira, deve-se proceder como o jurista dessa ordem jurídica mesma, recorrendo-se às *mesmas fontes*, atribuindo-se-lhes o *mesmo valor* e interpretando-o da *mesma maneira*. Desses princípios provêm *cinco regras metodológicas*:

1ª) examinar o termo a comparar tal como ele é;

2ª) estudar o termo a comparar nas suas fontes originais e autênticas;

3ª) estudar o termo a comparar na complexidade e na totalidade das fontes jurídicas que, na ordem jurídica respectiva, concorrem para formular, precisar, interpretar e aplicar a regra de Direito (aqui, no que nos interessa: regra de Direito Urbanístico), mas deve-se buscar a prática real da regra de Direito;

4ª) respeitar a hierarquia das fontes jurídicas própria da ordem jurídica a comparar ou de que faz parte o elemento a comparar;

5ª) empregar o método de interpretação empregado na ordem jurídica a comparar.

Compreender – O conhecimento do termo a comparar faz-se em vista de sua compreensão. Conhecimento e compreensão não são exatamente a mesma coisa. "Compreender" é operação mais delicada, que exige a integração de suas relações dentro dela. O comparatista precisa conhecer os elementos fundamentais da ordem jurídica e seus elementos determinantes, mas também certos elementos de natureza metajurídica que formam o meio político, econômico e social próximos.

É possível conhecer uma instituição jurídica estrangeira nos seus pormenores técnicos sem, no entanto, apreender exatamente o papel que desempenha na ordem jurídica a que pertence.

A compreensão dos termos a comparar envolve outros elementos, pois o importante não são somente os elementos da técnica jurídica, que compõem os elementos a comparar, sua função real na ordem jurídica. Todo estudo comparativo limitado ao conhecimento do Direito Positivo corre o risco de ser inexato ou, mesmo, falso. Para compreendê-los é necessário apreender os elementos determinantes que caraterizam a ordem jurídica, é preciso descer à realidade, meio político, econômico e social, que os informa.

Comparar – A divisão do processo metodológico em três fases responde à necessidade de análise metódica.

Visando a conhecer o termo a comparar, o comparatista percorre o caminho que fazem os juristas nacionais, mas o faz com outros olhos. Seguindo o caminho metodológico do jurista nacional, o comparatista aborda o termo a comparar com o espírito de seu próprio Direito. Assim, examinando o Direito estrangeiro, não pode deixar de perceber certas semelhanças e diferenças entre os termos a comparar, que registra antes mesmo de começar a comparação.

No "comparar" o comparatista procurará determinar e apresentar as relações existentes entre os termos a comparar, segundo os seguintes passos metodológicos:

1º) identifica e destaca as relações de semelhança e de discrepância existentes entre os elementos comparados;

2º) engloba na síntese comparativa as relações que aparecem sobre todos os planos;

3º) evita qualquer conclusão antes de ter examinado toda a realidade jurídica das ordens a que pertencem os termos a comparar.

7. Conclusão

A comparação jurídica é um método de estudos jurídicos que consiste no confronto entre normas, instituições, institutos ou ordens jurídicas, chamados *termos a comparar*, cotejando-os para evidenciar-lhes as diferenças e semelhanças. Funda-se no princípio da comparabilidade, pois não há comparação possível senão entre coisas comparáveis. Instituições diversas não se comparam. Sua importância está na formulação de relações gerais deduzidas das instituições ou ordens jurídicas comparadas, extraindo-se, assim, conhecimentos gerais que contribuem para o aprimoramento do Direito Interno. É pelo estudo do Direito Comparado que se formulam teorias gerais dos diversos ramos do Direito, de onde emanam os respectivos princípios gerais. Aí a ciência do Direito se enriquece a partir da comparação jurídica.

Bibliografia

ANGEL, Marc. *Utilità e Metodi del Diritto Comparato, Elementi d'Introduzione Generale all Studio Comparato dei Diritti*. Nápoles, Jovene, 1974.

CONSTANTINESCO, Léontin-Jean. *Traité de Droit Comparé*. Ts. I e II. Paris, Librairie Générale de Droit et de Jurisprudence (LGDJ), 1972.

GUTTERIDGE, H. C. *Le Droit Comparé, Introduction à la Méthode Comparative dans la Recherche Juridique et l'Étude du Droit*. Paris, LGDJ, 1953.

RODIÈRE, René. *Introduction au Droit Comparé*. Paris, Dalloz, 1979.

TRIPICCIONE, Alberto. *La Comparazione Giuridica*. Pádua, CEDAM, 1961.

VON WAHLENDORF, H. A. Schwartz-Liebermann *Droit Comparé, Théorie Générale et Principes*. Paris, LGDJ, 1978.

INAPLICABILIDADE DO LIMITE MÁXIMO DE 65 ANOS DE IDADE PARA O PREENCHIMENTO DO CARGO DE DESEMBARGADOR A SER PROVIDO PELO QUINTO CONSTITUCIONAL

ZENO VELOSO

Professor de Direito Civil da Universidade Federal do Pará
e da Universidade da Amazônia/UNAMA
– Professor de Direito Constitucional Aplicado da UNAMA

1. O professor Francisco Caetano Miléo pede o meu parecer sobre a possibilidade de um advogado que já tenha completado 65 anos de idade candidatar-se a cargo de desembargador do Tribunal de Justiça do Estado, em vaga a ser preenchida pelo chamado quinto constitucional.

Já adiantei minha opinião, no cabeçalho, e darei, em seguida, as razões deste entendimento.

2. Algumas opiniões divergentes sobre o tema foram emitidas, diante do disposto na redação originária do art. 93, VI, da CF: "A aposentadoria com proventos integrais é compulsória por invalidez ou aos setenta anos de idade, e facultativa aos trinta anos de serviço, após cinco anos de exercício efetivo na judicatura".

Esta norma constituía um verdadeiro princípio, a ser observado no Estatuto da Magistratura, abrindo em favor dos membros do Poder Judiciário, quanto à aposentadoria, exceções ao estatuído no art. 4º da mesma Carta Magna.

Mas não se deve baralhar as situações, nem confundir os requisitos para a aposentadoria facultativa com os para alcançar a aposentadoria compulsória. Trinta anos de serviço, *após cinco anos de exercício efetivo na judicatura*, apresentavam-se como pressupostos da *aposentadoria facultativa*. A aposentadoria compulsória dá-se pelo implemento da idade (70 anos) ou por invalidez, *independentemente do tempo de serviço*. E sobre esta distinção a doutrina é pacífica e unânime (cf.: Pinto Ferreira, *Comentários à Constituição Brasileira*, v. 4, São Paulo, Saraiva, 1992, p. 11; Manoel G. Ferreira Filho, *Comentários à Constituição Brasileira de 1988*, v. 2, São Paulo, Saraiva, 1992, p. 196; Celso R. Bastos e Ives Gandra Martins, *Comentários à Constituição do Brasil*, v. 4, t. III, São Paulo, Saraiva, 1997, p. 42).

Sob a égide da Constituição anterior, analisando o disposto no art. 113, § 1º, da Carta de 1967, que decidia sobre a aposentadoria dos integrantes do Poder Judiciário, Pontes de Miranda expõe que "a regra de serem aposentados os juízes, *quaisquer, e qualquer que seja o tempo de serviço*, com vencimentos integrais foi novidade da Constituição de 1946, observando o jurisconsulto que o dispositivo enseja que se nomeie aos 68 e aposente aos 70" (cf. *Comentários à Constituição de 1967 com a Emenda n. 1 de 1969*, 2ª ed., t. III, São Paulo, Ed. RT, 1973, p. 576).

3. Julgando o MS 20.930-5-DF, em 29.6.1989, o STF decidiu: "Superior Tribunal Militar – Investidura no cargo de Ministro – Inexistência de previsão constitucional quanto ao limite etário máximo do nomeado – Ininvocabilidade da norma do art. 93, VI, da CF, posto que se refere apenas a aposentadoria, e não a requisitos necessários à nomeação – Inteligência do art. 123 da CF – Declarações de votos" (in *RT* 677/242). Interessante é que sobre o aludido caso dei parecer, na época, tendo sido a matéria publicada no jornal *O Liberal*, de Belém. Ocorreu que o Presidente da República nomeou o Dr. Aluízio Alves ministro do STM, na vaga de advogado (CF, art. 123, parágrafo único, I). O Conselho Federal da OAB impetrou mandado de segurança contra o ato presidencial, alegando que o nomeado não havia provado que exerceu a efetiva atividade profissional por mais de 10 anos, para demonstrar a qualidade de advogado, e, por outro lado, tinha mais de 65 anos de idade, "o que fere a norma da Constituição, relativa à idade mínima para a investidura no cargo de magistrado da União. Com 68 anos, o nomeado não permanecerá o mínimo de 5 anos, como exigido na Carta".

Com relação ao ponto que estou abordando, o STF entendeu que a norma do art. 93,VI, da Carta Magna não pode ser invocada para impedir a nomeação para o STM de quem já conta 68 anos: a regra se refere à aposentadoria, e não a requisitos necessários para a nomeação, e, além disso, a exigência dos prévios 5 anos de judicatura ali disposta alude à inativação facultativa – e não à compulsória, por implemento de idade ou por invalidez. O mandado de segurança foi indeferido, por unanimidade.

4. Os elementos acima já fornecem base e sustentação para a minha conclusão. Como se não bastasse aquela decisão unânime do STF no sentido da tese que defendo, em 30 de abril de 1991, a pedido do professor Antônio Carlos Cavalcanti Maia, o ilustre mestre Luís Roberto Barroso emitiu parecer, publicado no livro *O Direito Constitucional e a Efetividade de Suas Normas*, 2ª ed., Rio de Janeiro, Renovar, 1993, concluindo:

"O Constituinte estabeleceu, categoricamente, os tribunais em relação aos quais haveria limite máximo de idade para o ingresso. Tal restrição não poderá ser estendida a qualquer outro tribunal que não tenha sido objeto da referência explícita.

"Nem a disposição constitucional consagradora do quinto constitucional, nem a que é dedicada aos tribunais dos Estados fazem qualquer menção à idade de 65 anos como limite máximo. Logo, ele não se aplica ao preenchimento de vaga de advogado em Tribunal de Justiça de Estado."

Entretanto, por amor ao debate, pelo fascínio que a questão oferece e, até, por não ser a mesma tratada, diretamente, em nossos livros de doutrina, vou prosseguir, considerando, ainda, que a EC 20 trouxe alterações, incidindo sobre o assunto, ratificando e corroborando a posição que defendi e defendo.

5. Enunciando os princípios básicos, os objetivos fundamentais da República Federativa do Brasil, a Carta Magna, Título I, art. 3º, IV, aponta, como um deles, promover o bem de todos, sem preconceitos de origem, raça, sexo, cor, *idade* e quaisquer formas de discriminação. No art. 5º, *caput*, tratando dos direitos e deveres individuais e coletivos, proclama: "Todos são iguais perante a lei, sem distinção de qualquer natureza (...)".

Podemos concluir, com toda a tranqüilidade e certeza, que há uma regra no Direito Constitucional Brasileiro, que é a da *não-discriminação em razão de idade*.

6. Em sede de interpretação constitucional não podemos chegar a porto seguro se isolarmos algum dispositivo. Todos enunciam e destacam, aqui e alhures, que os princípios constitucionais funcionam como autênticos *pressupostos*, assumem o relevante papel de *condicionantes* da interpretação da Constituição (v., por todos, Inocêncio Mártires Coelho, *Interpretação Constitucional*, Porto Alegre, Sérgio Fabris Editor, 1997).

Afigura-se correta a Paulo Bonavides a doutrina de Willoughby quando estabelece que "a Constituição corresponde a um todo lógico, onde cada provisão é parte integrante do conjunto, sendo assim logicamente adequado, se não imperativo, interpretar uma parte à luz das provisões de todas as demais partes" (*Curso de Direito Constitucional*, 4ª ed., São Paulo, Malheiros Editores, 1993, p. 385). Ivo Dantas ensina que os *princípios fundamentais* irradiam seu conteúdo sobre a Constituição como um todo, alertando que, em vez de os princípios constitucionais (sob qualquer uma de suas categorias) funcionarem como *subsidiários à interpretação* – art. 4º da LICC e art. 126 do CPC –, aparecerão, necessariamente, como *vetores desta mesma interpretação* (*Princípios Constitucionais e Interpretação Constitucional*, Lumen Juris, 1995, p. 87). Por último – embora seja um dos primeiros –, Luís Roberto Barroso lembra a primeira grande decisão do Tribunal Constitucional Federal Alemão, consignando que "uma disposição constitucional não pode ser considerada de forma isolada, nem pode ser interpretada exclusivamente a partir de si mesma. Ela está em conexão de sentido com os demais preceitos da Constituição, a qual representa uma unidade interna" (*Interpretação e Aplicação da Constituição*, São Paulo, Saraiva, 1996, p. 182).

7. Seja diante do princípio da *unidade* da Constituição, ou debaixo do preceito de que as normas fundamentais da Constituição condicionam o entendimento e a aplicação das outras regras constitucionais, somos obrigados a concluir que não há limite de idade de 65 anos para que alguém seja nomeado desembargador.

8. O Constituinte originário, ao estabelecer os princípios fundamentais, os valores supremos, as normas mais fortes, o núcleo essencial, os preceitos de grau superior, pode, ao mesmo tempo – e só ele está autorizado a fazer isso –, apresentar exceções. Assim, e apenas para mencionar pontos correlatos ao que estamos analisando, a CF, art. 101, dispõe: "O Supremo Tribunal Federal compõe-se de onze Ministros, escolhidos dentre cidadãos com mais de trinta e cinco e menos de sessenta e cinco anos de idade, de notável saber jurídico e reputação ilibada". No art. 104, parágrafo único, prevê que os Ministros do STJ serão nomeados pelo Presidente da República, dentre brasileiros com mais de 35 e menos de 65 anos. Idêntico limite máximo de idade foi previsto pela Lei Maior para a investidura nos TRFs (art. 107, *caput*) e no TST (art. 111, § 1º).

No art. 125 o Código Supremo diz que os Estados organizarão sua Justiça, observados os princípios estabelecidos na Constituição Federal. Oportuno é relembrar a lição do Min. Carlos Mário da Silva Velloso: "Numa Federação, o Poder Judiciário se diz dual, por isso que coexistem, no território do Estado Federal, órgãos judiciários federais e órgãos judiciários estaduais. Quer dizer, ao lado de um Poder Judiciário Federal, há Poderes Judiciários Estaduais, formando ambos o Poder Judiciário Nacional" (*Temas de Direito Público*, 1ª ed., 2ª tir., Belo Horizonte, Del Rey, 1997, p. 37).

Como se depreende, quando quis abrir exceção ao princípio da não-discriminação em razão de idade, a Constituição apontou os casos, direta e expressamente. Silenciando quanto ao limite de idade para quaisquer outros tribunais – inclusive os estaduais –, aplica-se, obviamente, o princípio geral, não sendo possível o recurso à analogia ou interpretação extensiva, com base, inclusive, no milenar brocardo *exceptiones sunt strictissimae interpretationis* (cf. Carlos Maximiliano, *Hermenêutica e Aplicação do Direito*, 9ª ed., Rio de Janeiro, Forense, 1984, ns. 270 e ss.).

9. Mostrei, antes, com apoio nas lições de nossos mais autorizados constitucionalistas, que a disposição original do art. 93, VI, da CF distinguia, inequivocamente, os casos de aposentadoria compulsória e de aposentadoria facultativa dos membros do Poder Judiciário. Aliás, uma coisa nada tem a ver com a outra: a investidura no tribunal é uma, sujeita a determinados pressupostos; a possibilidade de aposentadoria é outra, submetida a certos requisitos. Não há razão para misturar as situações. Insisto: não há motivo ou base constitucional para estabelecer um limite máximo de idade para que alguém, pelo quinto constitucional, seja nomeado para Tribunal de Justiça estadual.

Porém, com as alterações determinadas pela EC 20, de 1998, *foram suprimidas as regras especiais a respeito da aposentadoria dos magistrados*, especialmente a que constava no art. 93, VI, da CF. A partir de então, os magistrados, quanto à aposentadoria, passaram a ser regidos pelas regras gerais do art. 40 da Lei Maior, bem como pelas normas de transição do art. 8º da EC 20, de 1998.

Atualmente, a aposentadoria *voluntária* ocorrerá desde que cumprido tempo mínimo de 10 anos de efetivo exercício no serviço público e 5 anos no cargo efetivo em que se dará a aposentadoria, observadas, ainda, outras condições, como idade mínima e tempo de contribuição (CF, art. 40, § 1º, III). Por sua vez, a aposentadoria ocorrerá *compulsoriamente* aos 70 anos de idade, *com proventos proporcionais ao tempo de contribuição* (art. 40, § 1º, II).

Se outrora, diante do texto primitivo do art. 93,VI, não havia base ou razão jurídica para "inventar" uma restrição constitucional, "criando" uma limitação, relativa a requisito de idade máxima para investidura em tribunais (salvo nos casos pontualmente mencionados pela Carta Magna), muito menos haverá atualmente, à medida que aquela redação original do aludido dispositivo *não vigora mais*.

10. Até o questionamento ético ou moral, que se poderia apresentar, de um membro de tribunal ser nomeado aos 68 anos e se aposentar, com proventos integrais, aos 70 anos (para aproveitar o exemplo de Pontes de Miranda) não tem mais cabimento ou razão de ser. Com a redação ordenada pela EC 20, de 1998, o art. 93, VI, da CF passou a viger com a seguinte redação: "A aposentadoria dos magistrados e a pensão de seus dependentes observarão o disposto no art. 40".

E o art. 40, como referi, prevê a aposentadoria compulsória, aos 70 anos de idade, porém com proventos proporcionais ao tempo de contribuição, que representa, sem dúvida, uma inovação considerável e importantíssima.

11. Por todo o exposto, tanto diante da antiga redação do art. 93, VI, da CF e, "a fortiori", após a redação dada a este dispositivo pela EC 20, de 1998, conferindo interpretação lógica, sistemática e teleológica às normas da Carta Magna, observada a unidade da Constituição e obedecendo aos princípios fundamentais consagrados na mesma, reitero e ratifico meu entendimento no sentido de que não há limite máximo de 65 anos de idade para que seja preenchido cargo de desembargador de Tribunal de Justiça, em vaga reservada pelo art. 94 da Lei Maior ao quinto constitucional de advogado.

Belém, 6 de setembro de 1999

LIMITE DE REMUNERAÇÃO DO SERVIDOR PÚBLICO
Uma Interpretação da Constituição

VALMIR PONTES FILHO

Professor de Hermenêutica Jurídica e de Direito Constitucional
– Mestre em Direito Constitucional pela PUC/SP
– Ex-Presidente do IBDA – Advogado

Não se ouve voz discordante da tese de que a interpretação/aplicação do Direito – notadamente a da Constituição – há de ser *sistemática*, na exata medida em que a perquirição do sentido e alcance possíveis de uma determinada regra exige a de outras e, em especial, a dos princípios que inspiram e norteiam o sistema jurídico como um todo. Todavia, como bem o afirma o professor Hugo de Brito Machado, entre a postulação teórica e a atuação prática, neste particular, há um considerável (e lamentável) fosso.

Um exemplo disto: quando a Lei Maior impede, de forma peremptória, a discussão e votação, pelo Congresso, de propostas de emenda constitucional ofensivas ao princípio federativo, a que Federação ela está a aludir? Àquela a que a doutrina tradicional se refere (na qual deveriam estar presentes pelo menos *duas* esferas de governo, é dizer, a do governo central e a dos descentralizados, estaduais), ou à Federação que ela mesma, Constituição de 1988, tratou de instituir de forma mais complexa (constituída da *união indissolúvel* de Estados, Municípios e Distrito Federal)? Exegese constitucional sistemática conduzirá, inevitavelmente, à segunda opção, já que, de acordo com o *sistema* da Constituição, o seu art. 60, § 4º, I, há de ter necessária conexão com o art. 1º, *caput*. Mas não é neste passo que caminha boa parte dos hermeneutas, infelizmente.

Ainda hoje, mais de 11 anos depois de promulgada a *Constituição-cidadã*, relutam os operadores jurídicos em perceber, de um lado, que suas prescrições, principiológicas ou não, gozam da necessária *presunção de plena eficácia* (ou seja, só não se encontram aptas a produzir resultados quando isto se mostrar, *in casu*, absolutamente inviável). Preferem, as mais das vezes, adotar raciocínio *menor*, conducente ao privilegiamento da lei em desfavor da Constituição, como se os princípios e as diretrizes (político-governamentais) por esta adotadas não fossem regras vinculantes, mas simples "conselhos poéticos" do legislador constituinte. De outro, não reparam que as construções doutrinárias e jurisprudenciais anteriores à Constituição só podem ser levadas em consideração se e quando compatíveis com as atuais prescrições desta. Mostram-se desatentos, pois, à circunstância de que a *doutrina* e a *jurisprudência* é que se devem adequar à nova ordem constitucional, e não o contrário.

Vale retornar, ainda que a vôo de pássaro, ao tema da interpretação sistêmica do

Direito: esta técnica necessariamente conduz o exegeta à reflexão de que nenhuma norma do Direito existe isoladamente, como se cada uma delas fosse compartimento estanque, algo bastante em si; ao contrário, percebe ele que as regras de um dado sistema jurídico se encontram em permanente, contínua e inexorável conexão,[1] sendo relevante notar que esse inter-relacionamento não se dá num plano só meramente normativo (é dizer, entre as simples normas), mas, muito especialmente, no plano dos princípios (ou das normas principiológicas), de tal modo a interpretação de uma norma (e em especial de um princípio) influi na de outra; demais disso, às vezes é preciso *equilibrar* o sistema jurídico-constitucional, quando surgem os aparentes conflitos entre princípios, ocasião em que cabe ao intérprete, à luz da proporcionalidade, escolher aquele que topicamente se põe como mais importante.

Mais modernamente, aliás, chega-se a sustentar – como o faz, com excepcional brilho, Juarez Freitas – que nem é adequado falar em uma "técnica sistemática de interpretação", apartada das demais. Para este jovem e profundo jurista gaúcho: "(...) interpretar uma norma é interpretar o sistema inteiro: qualquer exegese comete, direta e obliquamente, uma aplicação da totalidade do Direito (...). Inegável, pois, o valor para a Hermenêutica Jurídica da chamada ordenação sistemática, a qual decididamente não pode ser confundida com um mero elemento ou método interpretativo, porque somente uma exegese que realize tal ordenação é capaz de estabelecer o alcance teleológico dos dispositivos, realizando o mister de harmonizar os comandos, de sorte a resguardar e a manter a unidade em meio à multiplicidade axiológica. Em outras palavras, não se pode considerar a interpretação sistemática (...) como um processo, dentre outros, de interpretação jurídica. É, pois, *a interpretação sistemática o processo hermenêutico, por essência, do Direito*, de tal maneira que se pode asseverar que ou se compreende o enunciado jurídico no plexo de suas relações com o conjunto dos demais enunciados, ou não se pode compreendê-lo adequadamente. Neste sentido é de se afirmar, com os devidos temperamentos, que *a interpretação jurídica ou é sistemática ou não é interpretação*".[2]

Tem toda razão o ilustrado autor: dedicar-se o exegeta à busca do sentido e alcance de uma só norma jurídica, sem atentar para a circunstância de que esse sentido ou alcance sofrem, invariavelmente, o influxo das outras normas e princípios do ordenamento (em especial destes últimos), é entregar-se a trabalho infrutífero; toda interpretação, realizada a partir do enunciado linguístico do texto, há de ser lógico-sistemática (levada a cabo, portanto, com o objetivo de aferir a "razão objetiva da norma", à vista de sua conexão com as demais regras do sistema e de sua posição neste mesmo sistema jurídico-normativo). Obrigatório, então, ter em conta que a interpretação/aplicação do Direito (ou do sistema jurídico-normativo) ocorre tanto quando o doutrinador (o cientista do Direito) busca conhecer e descrever a norma (o enunciado normativo) como no momento em que o intérprete/aplicador oficial do Direito (o órgão do Poder Judiciário, fazendo-o em caráter de definitividade e com a força das instituições estatais) se vê compelido a oferecer uma resposta institucionalizada ao conflito (Kelsen). Também acontece, é verdade, na ocasião em que a autoridade estatal, em nível meramente administrativo, também é levada a pronunciar-se (mas, aí, é certo que sua atividade interpretativa/aplicativa do Direito sempre será sindicável pelo Judiciário[3]).

1. Donde anotar o inexcedível Maximiliano (*Hermenêutica* ..., p. 128) que "(...) por umas normas se conhece o espírito das outras".

2. *A Interpretação Sistemática do Direito*, São Paulo, Malheiros Editores, 1995, pp. 47-49.

3. Estamos a nos referir, claro, quanto a este aspecto, ao sistema jurídico-constitucional brasileiro.

Na esteira do pensamento kelseniano, portanto, talvez seja adequado concluir: a) se é verdadeiro que a norma superior (fundamentante) fixa a *forma* da norma inferior (fundamentada) e, apenas em certa medida (ou parcialmente), o seu *conteúdo*, o estabelecimento do *conteúdo* da norma inferior (fundamentada) há de depender da determinação, pelo intérprete/aplicador, de um dado sentido para a norma superior (fundamentante); b) a *norma individual, fundamentada* (a sentença judicial e a decisão administrativa, por exemplo), tem a forma determinada pela *norma geral, fundamentante*, enquanto seu conteúdo é sempre indeterminado, em maior ou menor grau, intencionalmente ou não; c) que o intérprete/aplicador se volta ao *conhecimento* da *norma geral (fundamentante)* para expedir uma *norma individual (fundamentada)* daquela deduzida; neste propósito, estabelece uma "moldura" da *norma geral*, com várias possibilidades de interpretação/aplicação, dela extraindo, mediante *ato de vontade* (e não mais de *conhecimento*), uma só, que considere, naquele instante e diante das circunstâncias, a melhor e mais adequada; d) que a interpretação/aplicação da norma do Direito não pode conduzir a uma única "decisão correta", mas a várias possibilidades de "solução" (ou de decisão); apenas uma delas, todavia, escolhida (por ato de vontade do intérprete/aplicador), tornar-se-á norma individual, válida (inserta no ordenamento jurídico).[4]

Duas importantes questões devem, a esta altura, merecer nossa atenção. A primeira diz respeito à "liberdade" que o intérprete/aplicador tem ou não tem para fixar a "moldura" normativa (já que, na escolha das possibilidades de aplicação por ela ofertadas, a liberdade é restrita aos limites da própria "moldura"). Ainda que se trate, essa tarefa, como sustenta Kelsen, de um *ato de conhecimento*, é preciso recordar que o conhecimento absoluto e completo das coisas não é humanamente possível. Assim, ainda quando, no passo inicial do esforço exegético, o jurista cuide só de estabelecer essa "moldura normativa", algum grau de subjetividade estará presente, apenas se devendo excluir do âmbito de abrangência da dita "moldura" as hipóteses absurdas, desarrazoadas (por exemplo, se uma norma proíbe a entrada de pessoas em dado ambiente usando vestes "imorais", não se deverá ter como proibido, à vista dos valores vigentes em nossa sociedade, alguém ingressar no recinto usando terno e gravata, nem se deverá considerar permitida a entrada de uma pessoa trajando veste de todo transparente). Afora tais limites (hoje) considerados extremos, é adequado mesmo imaginar o intérprete/aplicador erigindo as fronteiras máximas de seu labor hermenêutico, optando, dentro delas, pela decisão que lhe pareça mais oportuna e conveniente para cada caso. Este, seguramente, é um ponto sensível, que de certo modo relativiza a perquirição da validade ou invalidade de uma regra por meio de critério "objetivo" de verificação da compatibilidade de uma norma inferior a uma superior.

A segunda diz respeito à tarefa, exercida pelo legislador, de editar *normas gerais* (emendas constitucionais, leis ordinárias e complementares, *v.g.*) à luz da Constituição. Esta, como sabido, estabelece criteriosamente a *forma* pela qual ditas normas podem ser produzidas, mas apenas parcialmente o *conteúdo* delas, o que importa a necessidade de proceder, o legislador infraconstitucional, à interpretação/aplicação da Lei Suprema. Assim, quando a Constituição prescreve ser o Congresso Nacional competente para legislar sobre Direito Civil, não impõe exatamente *quais leis sobre Direito Civil* podem ser produzidas, deixando o Parlamento até certo ponto livre para *politicamente* decidir sobre o *conteúdo* de-

4. Donde concluir que a atividade de interpretação/aplicação do Direito pelos órgãos oficiais é também atividade de *criação* do Direito; já a interpretação/aplicação levada a efeito pelos doutrinadores, por não criar *norma individual*, apenas pode influir politicamente (em momento pré-jurídico, portanto) na sua criação.

las (salvo, é claro, os casos em que a própria Constituição estabeleça expressa vedação ou obrigação: entre nós a lei não pode, à vista da previsão constitucional do divórcio, voltar a impor a indissolubilidade do casamento civil, nem, por outro lado, tendo em conta a igualdade de direitos entre homens e mulheres, exigir a outorga marital para que a mulher exerça alguma profissão rentável).

Apropriado nos parece, portanto, que a interpretação/aplicação (ou a decisão) "correta" ou "justa" não vem a ser uma questão de Direito Positivo, mas de política do Direito, assim como também o é saber-se quais as leis "corretas" ou "justas" que devem ser editadas em face da Constituição.[5] E ainda: o esforço hermenêutico é um processo que se desenvolve em relação a todas as normas do sistema jurídico positivado, desde a Constituição até as normas individuais (as sentenças, inclusive), excluídas apenas a norma hipotética fundamental (por sua ausência de conteúdo, já que é norma pressuposta) e a sanção/ato coercitivo em si mesma, posto não ter caráter normativo.

Com esteio em tais reflexões – decerto não originais, nem feitas à revelia dos mestres – é que ouso enfrentar o tema do limite constitucional à remuneração do pessoal do serviço público. Quanto a essa questão, em especial ao "teto" que a remuneração dos servidores públicos pode ter, de acordo com o Texto Supremo, de logo se observa que a análise se fará diante do regramento vindo a lume pelo conduto da EC 19, de 4.6.1998, a qual, por sua natureza (não-originária), não tem nem pode ter o condão de retroagir para ofender direitos adquiridos e/ou coisas julgadas existentes até sua (da EC 19) edição. Isto afirmo pela imperiosa necessidade de afastar a falsa premissa de que as emendas constitucionais, uma vez aprovadas e promulgadas, são instrumentos capazes de ignorar os institutos do *direito adquirido*, do *ato jurídico perfeito* e da *coisa julgada*. Sem embargo da tese em contrário – que restou, diga-se de passagem, por bom tempo agasalhada pelo próprio STF –, entendo ser vedado a esse tipo de norma alcance tão largo.

De efeito, cumpre lembrar que as emendas se originam do chamado *poder constituinte reformador*. Este, diversamente do *originário*, se destina a tão apenas modificar a Constituição em vigor, ora alterando-lhe disposições já existentes, ora acrescentando-lhe ou suprimindo-lhe artigos, parágrafos, incisos ou alíneas, mas sempre e sempre de acordo com as normas constitucionais disciplinadoras dessa atuação. Daí decorre ser ele um poder de natureza *jurídica*, posto que seu exercício se há de conformar às prescrições (jurídicas, é óbvio) da própria Constituição a ser reformada. É o Direito posto – em cujo ápice se encontra a norma constitucional – que se encarregará de estabelecer quando, como e por quem essa relevante tarefa há de ser desempenhada, impondo-lhe os limites e gizamentos rigorosos.

Reste fixada, portanto, a noção de que o exercício do *poder constituinte reformador* não é nem pode ser, por imperativo de ordem lógico-jurídica, incondicionado, insubmisso à Constituição, estando, assim, a meio caminho do Direito Positivo, e não em sua linha de largada. Isso traz consequências importantíssimas, como a alusiva à permanência do *direito adquirido* contra as emendas constitucionais. Em trabalho que tive a honra de escrever[6] na qualidade de mero coadjuvante, com Carlos Ayres Britto, emérito constitucionalista sergipano, ficou dito: "(...) há direito adquirido, sim, contra as emendas constitucionais. O que não há é direito adquirido contra a Constituição, tal

5. Ouvi do eminente Des. Hugo Pereira, do TJCE, a interessante observação de que nada é mais solitário e angustiante do que o ato de decidir; quem vence a peleja judicial raramente diz que o Direito "foi bem interpretado e aplicado"; mas o vencido sempre afirma o contrário.

6. Publicado na *RDA* 202/75 e ss.

como originariamente posta, porque a Constituição originariamente posta é o começo lógico de toda a normatividade jurídico-positiva de um Estado soberano (Kelsen). Logo, não tem compromisso com a ordem jurídica anterior, justamente por ser inaugural de uma nova ordem cujo primeiro efeito é sepultar a própria Constituição primitiva. Noutros termos, então, somente a Constituição originária é que se põe na linha de largada do Direito Positivo. Sua irrupção no cenário jurídico significa a postura do começar tudo de novo, e não simplesmente a do ajeitar as coisas. Isto, pelo fato de que seu órgão de elaboração (Assembléia Nacional Constituinte, no caso brasileiro) é o único a se caracterizar como instância capaz de normar sem ser normada; vale dizer, como instância que tem a exclusiva força de preservar, ou deixar de fazê-lo, toda e qualquer norma produzida à luz da velha ordem jurídica".

Buscando melhor distinguir entre o poder constituinte originário e o reformador, prosseguiu-se na argumentação: "Nada escapa à força de construção e ao mesmo tempo de demolição normativa da Constituição originária, no sentido de que tudo o que ela disser de forma expressa ou até mesmo implícita passa a vigorar como norma jurídica e todo o Direito anterior que não estiver de acordo com ela deixa de vigorar como norma jurídica (princípio da instantânea perda de eficácia – no sentido de 'validade') das normas não-recepcionadas pela nova ordem constitucional. É exprimir: todas as relações possíveis e imagináveis estão à mercê da Constituição e por isso é que se pode ajuizar que contra ela não há direito adquirido. Não é bem isto o que sucede com as emendas à Constituição, que já se encontram a meio caminho do Direito Positivo. Seu órgão de elaboração é destituído da característica de instância exclusivamente normante, exatamente porque já derivado da primária manifestação de vontade normativa daquele que elabora a Constituição. Daí não se lhe poder reconhecer a natureza de um verdadeiro poder constituinte, como ensinava George Burdeau e como insistem na diferenciação Jorge Miranda e José Gomes Canotilho. Pois bem, por não ser possível reconhecer ao órgão de produção das emendas constitucionais a ontologia de um verdadeiro poder constituinte, mas apenas a de um poder reformador, é centro deliberativo que não exercita a plenitude de um poder correlatamente desconstituinte. Ele não zera a contabilidade jurídica anterior, e daí a compreensão de se tratar de um aparelho decisório que não tem a força de ignorar de todo a Constituição preexistente, *pois somente pode normar nos termos em que pela Constituição mesma já se encontra normado*"[7] (os grifos não são do original).

Já se sustentou, procedentemente, gozar a norma constitucional de *supremacia* em relação às demais integrantes do sistema jurídico, estas naquela buscando seu fundamento de validade. E tal é verdadeiro também em relação à Constituição Brasileira em vigor, cuja rigidez – pressuposto lógico de sua supremacia – se vê configurada, especialmente, no seu art. 60. Com efeito, ao ali disciplinar as hipóteses em que é possível sua própria alteração ou modificação, a Constituição de 1988 quis se proteger, em primeiro lugar, da ação deletéria do legislador comum. Em outras palavras, deixou claro que leis ordinárias, complementares ou delegadas, assim como qualquer outra espécie legislativa assemelhada (como as "medidas provisórias") ou de inferior hierarquia (como os decretos regulamentares), jamais poderiam ter a veleidade de contrariar suas disposições. Todas essas manifestações normativas (infraconstitucionais) deveriam, como devem, manter-se mesurosas aos princípios e regras da Lei Fundamental, sob pena de invalidade.

Ergueu a Constituição em torno de si mesma, portanto, uma muralha de proteção, fortificada o suficiente para que sua rigidez e sua supremacia não viessem a ser abaladas. Nem se diga que se trata de providên-

7. V. artigo mencionado.

cia desnecessária, ou de uma mera sofisticação imaginada pela mente academicista de alguns doutrinadores. Ao contrário, põe-se como algo indispensável à sua própria mantença, à defesa do regime democrático que a Constituição erigiu e, enfim, à sustentação daquilo que se pode colocar como a própria razão de ser do Direito: o *(super) princípio da segurança das relações jurídicas.* Sem tal segurança, ou estabilidade, nas relações que o Direito se propõe a regular (ou, se assim se preferir, das normas jurídicas voltadas à regulação das relações entre os homens) sequer se pode falar em convivência harmônica entre os homens. Muito menos em progresso social e econômico. Defender a higidez da Constituição, portanto, não é simples exercício de retórica bacharelesca, mas de salvaguarda da própria civilização humana, cujo desenvolvimento moral e material depende, basicamente, do nível de segurança em que seus relacionamentos se desenvolvam.

A Lei Suprema de 1988, todavia, não se desejou imutável, intangível às mudanças sócio-políticas impostas pelo próprio decorrer do tempo. Nem seria de cogitar-se disso, na medida em que se quedaria logo superada e, muito provavelmente, albergadora de prescrições ineficazes, descompassadas com a realidade. Eis por que admitiu ela ser modificada pelas emendas constitucionais. Ao prever a edição das emendas, a Constituição da República fê-lo exatamente para estabelecer, rígida e minudentemente, normas disciplinadoras de sua alteração. Quis, assim, por intermédio delas, ver-se atualizada, mas sob certos e bem-postos parâmetros, absolutamente incontornáveis, por ela mesma positivados.

Daí uma óbvia conclusão: as *emendas constitucionais* são manifestações normativas que se hão de submeter à própria Constituição, porque desta derivadas e a esta subordinadas. Vêm a ser regras *subconstitucionais*, portanto. E nem poderia ser diferente, já que oriundas de um órgão *constituído* (o Congresso Nacional, em nosso caso) estruturado pela Constituição, e não de um órgão *constituinte*, capaz de elaborar a própria Constituição. Assim, não se imagine que uma *emenda*, uma vez formalmente aprovada – e, por isso, passando a formalmente integrar o texto constitucional –, seja intocável, é dizer, não possa ter sua constitucionalidade (ou validade frente à Constituição) questionada. É claro que pode, exatamente porque sua edição resulta do exercício do *poder constituinte reformador*, cujas competências estão definidas pela Constituição; esta, por seu turno, se origina do exercício do *poder constituinte originário*, aquela "(...) força política incondicionada em termos jurídicos e fixadora de uma nova idéia fundamental de Direito".[8] Assim, se as *emendas* emanam de um poder legiferante *condicionado* juridicamente pela Lei Suprema – que as prevê e regula –, e não de uma "força política incondicionada em termos jurídicos", como bem disse Paulo Modesto, desarrazoado seria pensar que elas, as *emendas*, não pudessem ter sua inconstitucionalidade decretada (quer pela via difusa, quer pela concentrada).

Não se trataria, aí, como alguns poderiam pensar, de identificar uma "inconstitucionalidade na própria Constituição", coisa que a lógica jurídica de plano refuta. As *aparentes* incompatibilidades entre as regras da Constituição mesma, enquanto originariamente posta, são, em verdade, resultado da equivocada exegese do Texto Supremo, solucionáveis, sempre, pela interpretação lógico-sistemática que dele se faça. Já a contradição entre a Constituição originariamente posta e uma emenda se há de resolver em favor daquela, invariavelmente, por conta de seu superior posicionamento hierárquico. Mesmo que se entenda – como o fez Modesto, com a argúcia de sempre – que o poder reformador "(...) expressa também de forma especial ou incomum a soberania popular través o Parlamento",[9] é preciso bem

8. Conforme feliz definição de Paulo Garrido Modesto em trabalho publicado pela ENAP.

9. V. artigo referido.

compreender: a) que as leis – ordinárias ou complementares, por exemplo – igualmente são produzidas pelo Parlamento e refletem (ou hão de refletir, em homenagem ao princípio republicano) a soberania popular; b) que, mesmo elaboradas de forma "especial", as *emendas constitucionais* não se podem nunca pôr no mesmo patamar das normas constitucionais em si mesmas, elaboradas pelo poder constituinte originário, este, sim, inconfundível, uno, incindível, supremo, e não só "incomum".

Quem em má hora incutiu no espírito a tese oposta – qual a de que o direito adquirido, a coisa julgada e o ato jurídico perfeito não prevalecem sobre as emendas constitucionais – pensou ter esteio em literal, e por isso mesmo condenável, interpretação do inciso XXXVI do art. 5º da Lei Maior, segundo o qual *a lei*, e somente ela, não poderia prejudicá-los. Assim, na medida em que a emenda se põe em patamar hierárquico superior ao da simples lei, a proibição não a atingiria. Errônea conclusão, porém. E, para demonstrar tal erronia, mais uma vez me valho dos argumentos aduzidos no escrito produzido em parceria com Carlos Britto: "É enganoso pensar, assim, que a interdição da lei para ofender certos direitos ou garantias subjetivas venha sempre a significar liberação das emendas constitucionais para fazê-lo. Uma coisa não puxa a outra, necessariamente, porque há justificativa lógica para o fato em si da remissão constitucional explícita à lei. Só para ilustrar este nosso enunciado, pense-se na regra constitucional que proíbe a retroatividade da lei penal, salvo para beneficiar o réu. Ou no preceito de que não há crime sem lei anterior que o defina, nem pena sem prévia cominação legal. Ou, ainda, no dispositivo que veicula a norma interditante da lei quanto à possibilidade de excluir da apreciação do Poder Judiciário lesão ou ameaça a direito. Por que tanto chamamento expresso à lei? Simplesmente porque a Constituição reserva para a lei a conformação de matéria penal, assim como de matéria processual, seja esta de natureza igualmente penal, ou civil, conforme a seguinte voz de comando: 'Art. 22. Compete privativamente à União legislar sobre: I – Direito Civil, Comercial, Penal, Processual, Eleitoral, Agrário, Marítimo, Aeronáutico, Espacial e do Trabalho'; 'Art. 48. Cabe ao Congresso Nacional, com a sanção do Presidente da República, não exigida esta para o especificado nos arts. 49, 51 e 52, dispor sobre todas as matérias de competência da União (...)'. Pois é esse mesmo fundamento racional que está na base da citação da lei, alusivamente à interdição de ofensa ao direito adquirido. (...). Se não proibiu literalmente as emendas de retroagirem, foi porque também não autorizou expressamente que elas ampliassem a pauta dos direitos já constitucionalmente deferidos. Salta à evidência, então, que não é pelo fato de haver citado a lei, e não as emendas, que a Constituição esteja a liberar estas últimas quanto àquelas proibições. Além de dever pesquisar sobre a razão específica da citação constitucional da lei, o intérprete não pode esquecer que é justamente a lei a forma usual ou cotidiana de se inovar a ordem jurídica (não de se fundar essa ordem, claro). As emendas são extraordinárias, episódicas, e não é por outra causa que a *Lex Fundamentalis* deixa de indicar os assuntos por ela reguláveis. Deveras, as emendas constitucionais se caracterizam não pela indicação das matérias que lhes são reservadas, mas pela indicação das matérias que lhes são proibidas (cláusulas pétreas). Já as leis, estas, são numerosamente referidas peja Constituição, tanto para o efeito de poder conformar certas relações, quanto para o efeito de não poder fazê-lo exatamente porque a ordem jurídica tem na lei o seu elemento próprio de dinamização, a partir da peregrina regra de que 'ninguém será obrigado a fazer ou deixar de fazer alguma coisa senão em virtude de lei' (inciso II do art 5º da Carta de Outubro). *Seria até o caso de se perguntar: só porque a Constituição apenas mencionou a lei como fonte de obrigação positiva ou negativa, as emendas es-*

tariam proibidas de obrigar alguém a fazer ou deixar de fazer alguma coisa? Clarissimamente que não!".

Fixadas tais idéias, conducentes à firme conclusão de que à emenda, enquanto norma jurídica hierarquicamente inferior à Constituição, é defeso vulnerar os já mencionados institutos do *direito adquirido*, do *ato jurídico perfeito* e da *coisa julgada*, encaremos, enfim, o problema a que alude o título deste escrito.

Além de passar a exigir *lei específica* para a fixação ou alteração da remuneração dos servidores públicos (art. 37, X), de vedar a vinculação ou a equiparação de quaisquer espécies remuneratórias (art. 37, XIII) e a percepção de acréscimos pecuniários em "efeito cascata" (art. 37, XIV) e de prever a remuneração dos "membros de Poder" e dos ocupantes de cargos organizados em carreira sob a forma da *subsídio*, em parcela única (arts 39, §§ 4º e 8º, 128, § 5º, "c", e 135), a *Lex Magna*, com as modificações que lhe foram introduzidas pela mencionada EC 19, passou a estabelecer, em seu art. 37, XI: "(...) a remuneração e os subsídios dos ocupantes de cargos, funções e empregos públicos da Administração direta, autárquica e fundacional, dos membros de qualquer dos Poderes da União, dos Estados, do Distrito Federal e dos Municípios, dos detentores de mandato eletivo e demais agentes políticos e os proventos, pensões ou outra espécie remuneratória, percebidos cumulativamente ou não, incluídas as vantagens pessoais ou de qualquer outra natureza, *não poderão exceder o subsídio mensal, em espécie, dos Ministros do Supremo Tribunal Federal*".

Ainda que aqui não venha à balha repisar a discussão sobre se a regra de vedação pode ter efeitos retroativos, de forma a atingir quem, quando da entrada em vigor da EC 19, já percebia ganhos superiores (havendo, portanto, adquirido o direito a essa percepção) – o que entendemos não ser juridicamente possível, observado, ainda, que a prescrição do art. 40, § 11, acrescentada pela EC 20, só pode ter efeitos de sua vigência em diante, nunca retroativamente –, forçoso reconhecer nela uma extraordinária amplitude no trato do tema. O referido inciso XI submete a um limite máximo de remuneração tudo o que qualquer servidor público, de qualquer órgão governativo, de qualquer esfera de governo, vier a perceber como remuneração, seja a que título for;[10] limite, esse, que é, como dito, o correspondente ao *subsídio mensal, em espécie, dos Ministros do STF*.

É verdade, também, que a fixação desses subsídios, segundo o disposto no art. 48, XV, da CF (também introduzido pela EC 19), é da competência do Congresso Nacional, por via de lei de iniciativa conjunta dos Presidentes da República, da Câmara dos Deputados, do Senado e do próprio Supremo. Como, todavia, tal lei ainda não foi produzida, é o caso de indagar-se: diante da lacuna, inexiste "teto" remuneratório? Ou subsistem aqueles previstos na norma constitucional revogada pela EC 19? Refutada inicialmente há de ser, por absolutamente ilógica, a segunda hipótese. Afinal, seria, como é, inteiramente desarrazoado imaginar-se que a ausência da norma prevista na Constituição (a refletir uma *omissão inconstitucional*) pudesse ter o condão de "ressuscitar" regra defunta, que dela fez parte em momento pretérito, mas revogada (porque substituída) por outra, exatamente a trazida a lume pela EC 19. Isto importaria o dar-se eficácia a comando normativo já não integrante do sistema jurídico e do qual, portanto, não se pode lançar mão, sob qualquer pretexto (a não ser se para resguardar direito que haja sido adquirido ou coisa que tenha sido julgada sob sua égide).

Igualmente inaceitável, por outro lado, a hipótese de que a falta da lei prevista no mencionado art. 48, XV, da CF importe a inexistência de "teto" de remuneração para os servidores públicos. Ainda que esta re-

10. Excetuadas, obviamente, as verbas que lhe forem pagas a título de ressarcimento ou ajuda de custo.

gra (de competência, na linguagem de Bobbio) outorgue ao Congresso o poder-dever de fixar os *subsídios* dos integrantes da Corte Suprema – regra, esta, que valerá, insista-se em dizer, de sua edição em diante –, o absenteísmo congressual (causado pelo das autoridades a quem a Lei Maior confere, no caso, a obrigação/prerrogativa de deflagrar o processo legislativo) não pode ter o efeito de nulificar o comando ao art. 37, XII. A este último o exegeta constitucional há de dar interpretação/aplicação que lhe garanta eficácia imediata e plena, em respeito mesmo à principiologia inspiradora da *Lex Fundamentalis*. Com efeito, em homenagem aos princípios constitucionais da moralidade, da razoabilidade e da eficiência, ter-se-á como limite remuneratório para os servidores públicos, enquanto não cumprida a obrigação imposta pelo art. 48, XV, a importância correspondente ao que hoje um Ministro do STF percebe, mensalmente, como remuneração em espécie. Este será o "teto" – e nenhum outro – até que a lei superiormente prevista venha a existir![11]

Impossível admitir-se possam as demais pessoas políticas federadas (Estados-membros, Municípios e Distrito Federal), em suas respectivas esferas governativas, criar limites ou "tetos" próprios de remuneração. Desde a edição da EC 19 à Constituição da República, todavia, restou fixado *um e apenas um teto remuneratório* para os servidores públicos – o valor do subsídio dos Ministros do STF (CF, art. 37, XI) – ao qual, obviamente, se devem conformar também os proventos de aposentadoria (salvo, é claro, se resguardados pelo manto protetor do direito adquirido ou da coisa julgada). Inadmissível, por consequência, o estabelecimento de "subtetos" estaduais, municipais e distritais. Ou muito menos a recepção, pelo Texto Supremo modificado pela EC 19, de "tetos estaduais" outrora fixados. Respeitantemente ao art. 39, § 5º, da CF, com a redação dada pela referida dita EC 19 – o qual supostamente viabilizaria a instituição de "subteto" –, cabe aludir às conclusões da eminente professora Maria Sylvia Zanella Di Pietro em parecer que forneceu à Associação Nacional de Procuradores de Estado, aqui reproduzidas *in verbis*: "Ao contrário da redação original, que remetia a fixação do teto à lei, permitindo que Estados e Municípios fixassem o subteto, na redação dada pela Emenda *o dispositivo já define o teto, que será igual para todos os servidores, em todos os níveis de governo*; a mesma conclusão se aplica às carreiras exclusivas de Estado, já que não se fez qualquer distinção em relação às mesmas. Poder-se-á alegar que a possibilidade de estabelecer um subteto decorre do art. 39, § 5º, segundo o qual 'lei da União, dos Estados, do Distrito Federal e dos Municípios poderá estabelecer a relação entre a maior e a menor remuneração dos servidores públicos, obedecido, em qualquer caso, o disposto no art. 37, XI'. *No entanto, não é esse o sentido do dispositivo*. Note-se que na redação original do inciso XI contemplam-se duas normas diversas: uma que autoriza o legislador a fixar 'o limite máximo' e a 'relação de valores entre a maior e a menor remuneração dos servidores públicos'; *e outra que já define um teto acima do qual o legislador de cada nível não poderá definir o limite máximo*. Na Emenda observam-se as seguintes diferenças de tratamento dado à matéria: a) *o inciso XI cuida apenas do teto e*

11. Não se argumente, em contrário, com a regra do inciso XII do art. 37 da CF; mesmo que ali se aluda a *vencimentos*, no sentido mais amplo que a expressão possa ter, o que se pode entender pelo dispositivo (da Constituição originária, vale lembrar) é que, *uma vez fixados os subsídios dos Ministros do Supremo*, a remuneração (*vencimentos*) dos cargos de carreira do Legislativo e do Judiciário não pode ser superior à dos cargos de carreira do Executivo; isto apenas significa que, para além do "teto" constitucional do art. 37, XI, e respeitado este, os vencimentos dos cargos do Poder Executivo devem ser tidos como referência quando da fixação dos do Poder Legislativo e do Judiciário; a norma, enfim, por via transversa, finda por propugnar uma "isonomia remuneratória" entre os servidores dos três órgãos de governo.

não mais remete a sua definição ao legislador infraconstitucional, o que significa que a Constituição já definiu, de forma uniforme para todos os níveis de governo, o limite máximo de remuneração ou subsídio dos servidores; b) foram separados os preceitos em dois dispositivos diferentes: no inciso XI do art. 37 está definido o teto, e no art. 39, § 5º, remete-se ao legislador a definição (facultativa) da relação entre a maior e a menor remuneração paga aos servidores públicos de cada nível de governo, sendo que a maior já está definida no art. 37, XI. *Ainda que se entenda possível a definição de um limite máximo de remuneração ou subsídio inferior ao teto do art. 37, XI, tem que prevalecer, para fins de aplicação do princípio da irredutibilidade de vencimentos, o teto do art. 37, XI, expressamente mencionado no art. 37, XV, e no art. 39, § 40*".

Emenda à Constituição Federal porventura voltada à estipulação de limites de remuneração de servidores para as esferas estadual, municipal e distrital nasceria inválida, por óbvia ofensa ao princípio federativo (art. 60, § 4o, I). Quando muito, essa espécie normativa poderia *autorizar* Estados, Municípios e Distrito Federal a instituir (por emenda ou lei estadual, municipal ou distrital), nos seus respectivos âmbitos, "tetos" próprios, aplicáveis aos seus servidores. Mas aí – não custa recordar – tais estipulações jamais poderiam alcançar situações já juridicamente consolidadas, é dizer, só surtiriam efeitos *ex nunc*. Já emendas ou leis estaduais com idêntico propósito – mantido o regramento constitucional em vigor, ou seja, sem a existência de prévia e expressa autorização da *Lex Magna* – veiculariam irremediável, intolerável, ofensa à Constituição da República, exaustiva no trato do tema.

Finalmente, uma palavra sobre o art. 29 da própria EC 19, cujo propósito parece ter sido mesmo o de determinar – segundo sua atécnica e repetitiva linguagem – a adequação dos "subsídios, vencimentos, remuneração, proventos da aposentadoria e pensões e quaisquer outras espécies remuneratórias" aos limites que ela mesma (EC 19) instituiu, "não se admitindo excesso a qualquer título". Além de veicular sesquipedal inconstitucionalidade, exatamente porque desavisadamente pretende – como se norma constitucional originariamente posta fosse – ter a mesma força desconstituinte desta (desconsiderando os direitos adquiridos, os atos jurídicos perfeitos e as coisas julgadas que lhe tenham sido anteriores), traduz uma impossibilidade lógico-temporal: a de retornar ao passado, como se existisse desde a promulgação da Constituição mesma.

DOUTRINA

PROIBIÇÃO DE FUMAR
Inconstitucionalidade da Lei 9.294, de 1996

CARLOS DAVID AARÃO REIS

Juiz Federal (aposentado)

1. O art. 220, § 4º, da CF e a Lei 9.294, de 1996. 2. O problema das sanções na Lei 9.294, de 1996: 2.1 Ausência de sanções na lei – 2.2 Inocuidade das sanções e princípio da proporcionalidade. 3. A Lei 9.294, de 1996, e a exorbitância do Decreto 2.018, de 1996: 3.1 O princípio da legalidade – 3.2 Inconstitucionalidade do Decreto 2.018, de 1996.

1. O art. 220, § 4º, da CF e a Lei 9.294, de 1996

Conforme o § 4º do art. 220 da CF, ainda não emendada nesta parte, ao menos na data deste trabalho, "a propaganda comercial de tabaco, bebidas alcóolicas, agrotóxicos, medicamentos e terapias estará sujeita a restrições legais, nos termos do inciso II do parágrafo anterior, e conterá, sempre que necessário, advertência sobre os malefícios decorrentes de seu uso".

Somente oito anos depois, verdadeira mora legislativa, entrou em vigor a Lei 9.294, de 15.7.1996, dispondo "sobre as restrições ao uso e à propaganda de produtos fumígeros, bebidas alcóolicas, medicamentos, terapias e defensivos agrícolas, nos termos do § 4º do art. 220 da Constituição Federal".

A lei mencionada, com 12 artigos, contém várias partes distintas. Em primeiro lugar cuida de seu próprio âmbito (art. 1º). Em seguida estabelece restrições ao uso de "produtos fumígeros" (art. 2º e seus §§). Enumeram-se, depois, as limitações à propaganda desses produtos (art. 3º), de bebidas alcoólicas (art. 4º), com dois artigos comuns a ambos (arts. 5º e 6º), de medicamentos (art. 7º) e de defensivos agrícolas (art. 8º). O art. 9º trata de penalidades, o art. 10 atribui ao Poder Executivo a regulamentação da lei e os arts. 11 e 12 dispõem sobre sua vigência e revogação das "disposições em contrário".

Verifica-se, desde logo, o excesso da lei em procurar restringir o uso de produtos fumígeros. Destinando-se a cumprir o preceito constitucional acima mencionado, relativo à propaganda comercial (o que efetivamente faz a partir do art. 3º), indevidamente incluiu restrições à utilização daqueles produtos, revelando péssima técnica legislativa (fenômeno lamentavelmente comum nos dias de hoje).

A ausência de boa técnica constitui um defeito menor diante de outros mais graves, tanto da lei como do decreto regulamentador. Por um lado, a primeira deixou de criar qualquer sanção para as infrações do art. 2º. Por outro lado, mesmo admitindo-se a existência de algumas sanções, ou assumem o caráter de inocuidade ou violam a liberdade individual, desprezando o princípio da proporcionalidade. Mais ainda, não poderia o Executivo instituí-las mediante simples decreto.

2. O problema das sanções na Lei 9.294, de 1996

2.1 Ausência de sanções na lei

O mais notável e conhecido expositor da teoria sobre a natureza coercitiva do Direito – ou seja, a teoria segundo a qual a coação distingue o Direito dos demais conjuntos de normas, disciplinando o convívio social – foi Rudolph von Jhering. Nas suas palavras, define-se o Direito como "o conjunto de normas coativas vigente em um Estado".[1] Apresenta-se, pois, o Direito com essa particularidade de se impor também por meio da coação. Nenhum outro complexo normativo da atividade humana dela dispõe. Portanto, a norma jurídica sempre está dotada de coerção, elemento integrante de seu conceito.

Admitir a existência de normas jurídicas desprovidas de sanção consistiria em concluir pela sua inutilidade prática. Para que seriam estabelecidas normas dessa espécie, se a desobediência ou a violação de seus comandos permaneceriam impunes? Norma jurídica desacompanhada de sanção é como faca sem lâmina, ou, na feliz imagem de Jhering, "contradição em si mesma, fogo que não queima, luz que não alumia".[2]

Certamente, a coação constitui a *ultima ratio* do Direito, do mesmo modo que, outrora, a guerra era o argumento final dos reis, *ultima ratio regum*, tal como inscreviam em seus canhões.

Os destinatários da norma jurídica não a cumprem apenas pela ameaça da imposição de sanções, mas o fazem também espontaneamente. Como escreveu Rudolph Sohm, no inicio do século XX, o Direito não vive somente imposto pelo poder da polícia ou das baionetas dos soldados.[3] A obediência ao comando da norma jurídica repousa, igualmente, em outras forças ético-sociais, como a consciência moral, o sentimento do dever, as crenças religiosas, a pressão difusa do meio social, até mesmo o interesse calculista.

Mas, por outro lado, nada disso basta para se prescindir da coação, nunca o Direito se baseou exclusivamente no assentimento individual. Lembrem-se as situações de calamidade pública, durante as quais momentaneamente desaparece a força organizada no Estado. Regride-se a um estado de barbárie, à "guerra de todos contra todos".

Conseqüentemente, completando a frase do jurista alemão, se o cumprimento das normas jurídicas não depende apenas da existência do poder da polícia ou das baionetas dos soldados, sem o primeiro e sem as segundas ele nem sempre se manteria.

Ora, é verdade que o art. 9º da Lei 9.294 determina sanções aos transgressores das proibições do art. 2º, pois se refere "aos infratores desta lei" no seu *caput*. Mas isso só aparentemente, porque no § 3º do mesmo declara-se expressamente: "Consideram-se infratores, para efeitos deste artigo,

1. Rudolph von Jhering, *Der Zweck im Recht*, 2. umgearbeitete Afl., v. 1, Leipzig, Breitkopf und Härtel, 1884, p. 320. Antes tal concepção já havia sido exposta por Immanuel Kant, *Metaphysische Anfangsgründe der Rechtslehre*, 2. Afl., Königsberg, Nicolovius, 1798, p. XXXV, § D da *Einleitung*. Mais recentemente, v. Francesco Ferrara, *Trattato di Diritto Civile Italiano*, Roma, Athenaeum, 1921, pp. 7 e ss.

2. *Der Zweck im Recht*, cit., v. 1, p. 322.

3. "Bürgerliches Recht", in R. Stammler e outros, *Systematische Rechtswissenschaft*, 2. verbesserte Afl., Leipzig/Berlim, B. G. Teubner, 1913, p. 144.

os responsáveis pelo produto, pela peça publicitária e pelo veículo de comunicação utilizado". Portanto, as sanções dos incisos do art. 9º dizem respeito apenas e unicamente às infrações referentes às limitações da propaganda, não às relativas ao uso.

Desta maneira, as restrições à utilização de "produtos fumígeros" podem estar contidas em uma lei, podem até se revestir da forma e adotar o estilo de normas jurídicas, mas não têm a *natureza* de normas jurídicas, faltando-lhes as indispensáveis sanções à desobediência de seus preceitos. Nem se estranhe essa conclusão. Assim como nem todo artigo de lei contém uma norma jurídica – muitas vezes trata-se apenas de uma de suas partes –, várias leis englobam certos elementos sem qualquer caráter jurídico, com conteúdos juridicamente irrelevantes.[4]

2.2 Inocuidade das sanções e princípio da proporcionalidade

Admita-se, no entanto, *ad argumentandum*, e só com esta finalidade, que o mencionado art. 9º contenha efetivamente alguma sanção a incidir sobre os infratores das disposições do art. 2º.

Duas dessas sanções só podem ser impostas nos casos de violação das proibições concernentes à propaganda: as dos incisos II ("suspensão, no veículo de divulgação da publicidade, de qualquer outra propaganda do produto, por prazo de até trinta dias") e III ("obrigatoriedade de veiculação de retificação ou esclarecimento para compensar propaganda distorcida ou de má-fé").

Outras duas são de manifesta inocuidade: as consistentes em advertência (inciso I) e apreensão do produto (inciso IV).

Se o indivíduo estiver utilizando algum "produto fumígero" e receber uma advertência, apresentam-se duas alternativas: ou deixa de usá-lo; ou continua a fumar. No primeiro caso nada impede que volte a utilizar o produto, sendo novamente advertido, usando-o ainda assim. Formula-se nova advertência, e, desse modo, *ad infinitum*. No segundo caso a sanção esgotou-se com a advertência. Em ambos, portanto, ela se mostra desprovida de eficácia.

Por outro lado, quem apreendesse um cigarro aceso, o conteúdo de um cachimbo ou um charuto expor-se-ia a um ridículo atroz. Pois, ato contínuo, o fumante acenderia novamente o cachimbo, outro cigarro ou charuto. E nem poderia a apreensão abranger o maço ou carteira de cigarros ou o próprio cachimbo: o primeiro porque ainda não teria sido utilizado, o segundo porque se trata de um acessório. Como na hipótese anterior, o uso pelo fumante de outro produto suceder-se-ia à apreensão, e assim *ad infinitum*.

Resta, portanto, apenas uma sanção eficaz, a prevista no inciso V: "multa de R$ 1.410,00 (um mil, quatrocentos e dez reais) a R$ 7.250,00 (sete mil, duzentos e cinqüenta reais), cobrada em dobro, em triplo e assim sucessivamente, na reincidência".

Mas também ela seria insuscetível de se impor ao fumante, por violação do princípio da proporcionalidade. Tal principio, como interdição da excessividade, significa que "a intervenção em um bem jurídico e a limitação da liberdade não podem ir além do necessário para proteção de outro bem ou de um interesse de maior peso, que entre os vários meios possíveis deve escolher-se o 'mais moderado', que o meio empregado e os inconvenientes resultantes para o interessado não podem ser excessivos em relação aos fins justificados, aos quais se aspira" – como esclarece Karl Larenz.[5]

Cobrar do tabagista uma multa, por um cigarro aceso, no valor mínimo de R$ 1.410,00,

4. Hans Kelsen, *Teoria Geral do Direito e do Estado*, trad. de Luís Carlos Borges, revisão técnica de Péricles Prade, São Paulo, Martins Fontes/ Brasília, UnB, 1990, p. 127.

5. *Derecho Justo – Fundamentos de Ética Jurídica*, trad. de Luis Díez-Picazo, Madri, Civitas, 1985, p. 144.

quantia bem elevada, excessiva e de modo algum moderada, implicaria uma violação insuportável do princípio da proporcionalidade.

Basta compará-la com as multas impostas pelo Código de Trânsito Brasileiro aos motoristas que praticam infrações qualificadas como gravíssimas, colocando em risco a vida de terceiros. Por exemplo, dirigir sem lentes corretoras de visão (art. 162, VI, da Lei 9.503, de 191997), ou ameaçando pedestres que estejam atravessando a via pública (art. 170 daquela lei), e, ainda, utilizar-se do veículo para, em via pública, demonstrar ou exibir manobra perigosa, arrancada brusca, derrapagem ou frenagem com deslizamento ou arrastamento de pneus (art. 175 da lei mencionada) constituem infrações gravíssimas, punidas com multa de valor correspondente a 180 UFIRs (art. 258, I, do CTB), ou seja, R$ 175,86 (cálculo conforme a UFIR de abril de 1999).

Já a utilização de um "produto fumígero", que não oferece o mesmo perigo, acarreta uma multa quase 10 vezes superior: nem sequer a mais fértil imaginação autoritária ousaria justificar o disparate da sanção.

Conseqüentemente, só há uma conclusão a retirar dessas considerações. As sanções estabelecidas no art. 9º da lei em exame aplicam-se exclusivamente à infringência das restrições referentes à propaganda de "produtos fumígeros", mas não à violação das limitações relativas à sua utilização.

3. A Lei 9.294, de 1996, e a exorbitância do Decreto 2.018, de 1996

A Lei 9.294, de 1996, como se previa em seu art. 10, foi regulamentada pelo Decreto 2.018, de 1º de outubro do mesmo ano. A pretexto de regulamentação (uma das mais recentes manias nacionais), declarou-se no art. 6º do decreto: "A inobservância do disposto neste Decreto sujeita o usuário de produtos fumígenos à advertência e, em caso de recalcitrância, sua retirada do recinto por responsável pelo mesmo, sem prejuízo das sanções previstas na legislação local".

Por outro lado, depois de repetir a restrição ao uso do fumo em repartições públicas federais (art. 4º), acrescentou um parágrafo único: "Nos gabinetes individuais de trabalho das repartições públicas federais será permitido, a juízo do titular, uso de produtos fumígenos".

Ambas as disposições resultaram de exorbitância do poder regulamentar do Executivo.

3.1 O princípio da legalidade

Ao contrário dos totalitarismos, nos Estados constitucionais do Ocidente contemporâneo encontra-se um preceito fundamental, por vezes denominado "princípio de distribuição".[6] Ou seja, o âmbito da liberdade individual é ilimitado, em princípio, enquanto que os poderes do Estado são limitados, também em principio. Trata-se de uma "idéia-mestra de nossa Constituição, a limitação em princípio de todo poder público e de sua possibilidade de interferência sobre o indivíduo", como proclamou o *Bundesverfassungsgericht*, o Tribunal Constitucional Federal Alemão.[7]

Em primeiro lugar porque a especificação dos direitos e garantias individuais expressos na Constituição não exclui outros direitos e garantias decorrentes do regime e dos princípios por ela adotados (art. 5º, § 2º, da CF). Em outras palavras, se existem outros direitos públicos subjetivos e garantias institucionais *implicitamente*, *subjacentes* na Constituição, se a relação desses não

6. Carl Schmitt, *Teoría de la Constitucion*, México, Nacional, 1970, p. 147, § 12, 3.

7. *Apud* Georg Dahm, *Deutsches Recht – die geschichtlichen und dogmatischen Grundlagen des geltenden Rechts – eine Einführung*, 2. neu bearbeitete Afl., Stuttgart, Kohlhammer, 1963, p. 298, nota 20, § 39.

os esgota, são eles, em linha de princípio, ilimitados, sendo, conseqüentemente, limitada a ação do Estado.

Em segundo lugar porque, em face do princípio da legalidade (art. 5º, II, da CF, "ninguém será obrigado a fazer ou deixar de fazer alguma coisa senão em virtude de lei"), enquanto a atividade individual prescinde de prévia autorização legal, o contrário ocorre com a estatal, demonstrando-se, assim, a limitação *a priori* dessa.

Portanto, nos Estados constitucionais fiéis à idéia de liberdade os órgãos estatais não fazem o que querem, caprichosamente, ou o que entendem, atrabiliariamente; só praticam atos dentro de uma esfera traçada pela norma jurídica.

Em síntese, proíbe-se ao indivíduo, agindo como órgão do Estado, exercer qualquer atividade não legalmente prevista. E, inversamente, o indivíduo, não atuando como órgão estatal, pode praticar quaisquer atos, desde que não vedados legalmente.

Dessa maneira, todas as limitações à liberdade individual só podem ser criadas por *lei*, nunca por atos normativos a ela inferiores, como decorre do texto constitucional. Ao regulamentar uma lei está o Executivo inibido de tolher a liberdade dos cidadãos.

Utilizando a terminologia de Hans Welzel, ao expor sua teoria da adequação social, "fumar" insere-se na "liberdade social de ação", traduz uma conduta certa e completamente adequada socialmente, isto é, se move por inteiro na moldura da ordem social da vida.[8] Não representa, necessariamente, um comportamento socialmente exemplar ou edificante, mas outras condutas, como a ingestão excessiva de bebidas alcóolicas, também não o são e, entretanto, recai sobre elas uma escassa reprovação da sociedade (nenhum magistrado se empenha em coibi-las).

Não pairam quaisquer dúvidas a respeito da licitude do tabaco. Produção, distribuição e consumo de cigarros, assemelhados e seus acessórios incluem-se na esfera do juridicamente lícito. Nem mesmo os americanos, obcecados em restringir o tabagismo, chegaram ao ponto de reputar a atividade como ilícita.

Desse modo, tal liberdade só pode ser limitada mediante *lei*, jamais por outro ato subalterno do Executivo, como regulamento aprovado por decreto.

Ora, o Decreto 2.018, na segunda parte de seu art. 6º, inovou em relação à Lei 9.294, de 1996, impondo uma sanção (retirada do recinto por responsável pelo mesmo) inexistente na própria lei, afrontando a liberdade individual, desprezando o princípio da legalidade, com transgressão dos limites constitucionais do Executivo, tornando-se, assim, inconstitucional.

3.2 Inconstitucionalidade do Decreto 2.018, de 1996

No sistema jurídico brasileiro as normas de Direito organizam-se hierarquicamente, como em uma pirâmide. Assim, as regras de categoria inferior devem guardar conformidade com as de grau superior, sendo impossível que as primeiras modifiquem, ampliem ou revoguem as segundas.

Dessa maneira, as leis devem harmonizar-se com a Constituição – afastando-se, deste modo, a perniciosa noção de uma onipotência legislativa[9] – e os decretos com aquelas, destinando-se unicamente à fiel execução da lei (art. 84, IV, da CF).[10] Por-

8. *Das Deutsche Strafrecht – eine systematische Darstellung*, 10. Afl., Berlim, De Gruyter, 1967, pp. 52-54, § 10, IV.

9. A respeito dessa suposta onipotência v. minha sentença de 7.1.1977, 3ª Vara Federal, MS 9.260/76, impetrantes Francisco André de Viveiros Guedes e outro.

10. O texto do mencionado art. 84, IV, dispõe: "Compete privativamente ao Presidente da República:(...) IV – sancionar, promulgar e fazer publicar as leis, bem como expedir decretos e regulamentos para sua fiel execução".

tanto, como as leis não podem alterar ou derrogar o texto constitucional, o mesmo acontece com os decretos, com elas comparados.

Também em conseqüência conclui-se pela limitação do poder regulamentar por meio de decretos e verifica-se a posição de inferioridade desses diante das leis, às quais devem respeito e cujo alcance não podem alterar.

"O poder regulamentar é o que se exerce sem criação de regras jurídicas que alterem as leis existentes e sem alteração da própria lei regulamentada" – escreve Pontes de Miranda.[11] "Tem-se então – observa Celso Antônio Bandeira de Mello – que o Texto Constitucional do país, prevendo unicamente regulamentos executivos, caracterizou o regulamento, em nosso Direito, como ato não apenas *subalterno* à lei, mas como ato *dela dependente*".[12]

Um decreto pode fixar entendimentos, analisar detalhes e nortear procedimentos, mas sempre respeitando a norma jurídica de hierarquia superior. Não lhe é possível fixar entendimentos ao arrepio da lei; inadmissível analisar detalhes, violando a regra superior; veda-se-lhe nortear procedimentos, criando sanções não legalmente estabelecidas.

A lei pode determinar limites, e aos decretos só resta preencher o "campo aberto" *dentro* do balizamento legal, sem ultrapassá-lo. Margem de regulamentação não significa possibilidade de afrontar a norma jurídica maior. A maleabilidade na regulamentação de uma lei só se aceita desde que não vá contra ela própria.

Nas palavras de Pontes de Miranda, "o regulamento não é mais do que auxiliar das leis, auxiliar que sói pretender, não raro, o lugar delas, mas sem que se possa, com tal desenvoltura, justificar-se, e lograr que o elevem à categoria de lei".[13]

No entanto, um dos vícios da burocracia administrativa, digna herdeira da Monarquia absoluta, consiste em querer tudo solucionar com normas subalternas e menores. O vezo é antigo, derivado do centralismo absolutista e não só português.[14] Lembrava Ludwig Spiegel – a herança não apenas do Estado Absoluto, mas também da mentalidade absolutista – que ainda hoje, para funcionários administrativos, o valor da menor norma seja exatamente igual ao da lei[15] – ou ainda maior.

Por essa razão, não raro meros decretos, modestos regulamentos, desrespeitando preceitos jurídicos fundamentais, extravasando seu âmbito,[16] arvoram-se a modificar as leis, ora criando novas sujeições, por vezes instituindo poderes novos. O resultado do exercício *ultra vires* do poder regulamentar consiste na inconstitucionalidade das disposições não previstas legalmente. Como esclarece Pontes de Miranda, "se o regulamento *cria* direitos ou *obrigações novas*, estranhas à lei, ou faz reviverem direitos, deveres, pretensões, obrigações, ações ou exceções, que a lei apagou, é *inconstitucional*.

11. *Comentários à Constituição de 1967 com Emenda n. 1 de 1969*, t. III, Rio de Janeiro, Forense, 1987, p. 312.

12. "Regulamento – Limites – Proibição de fumar em restaurantes", *RTDP* 8/61-62, São Paulo Malheiros Editores, 1994 (grifos do original). E, mais adiante: "Esta é a razão pela qual deixou-se dito que o regulamento, além de *inferior*, *subordinado*, é ato dependente de lei" (p. 63 – grifos também do original).

13. *Comentários à Constituição de 1967 com Emenda n. 1 de 1969*, cit., t. III, p. 314.

14. O abuso na elaboração de portarias foi tão grande que se tentou coibi-lo várias vezes (v. Pontes de Miranda, *Comentários à Constituição de 1967 com Emenda n. 1 de 1969*, cit., t. VI, pp. 72-73).

15. "Das Erbe des absolutistichen Staates", in *Gesetz und Recht*, Munique/Leipzig, Duncker und Humblot, 1913, p. 15.

16. "Onde se estabelecem, alteram ou extinguem direitos não há regulamentos – há abuso do poder regulamentar, invasão de competência legislativa" (Pontes de Miranda, *Comentários à Constituição de 1967 com Emenda n. 1 de 1969*, cit., t. III, p. 314).

Por exemplo, se faz exemplificativo o que é taxativo, ou vice-versa. *Tampouco pode ele limitar*, modificar ou ampliar *direitos*, deveres, pretensões, obrigações, ações ou exceções. Não pode facultar o que na lei se proíbe, nem lhe procurar exceções à proibição, salvo se estão implícitas. *Nem ordenar o que a lei não ordena* (...). *Nenhum princípio novo, ou diferente, de Direito Material se lhe pode introduzir*. Em conseqüência disso, não fixa, nem diminui, nem eleva vencimentos, *nem institui penas*, emolumentos, taxas ou isenções. *Vale dentro da lei; fora da lei, a que se reporta, ou das outras leis, não vale*. (...). Sempre que no regulamento se insere o que se afasta, para mais ou para menos, da lei, é *nula*, por ser contrária à lei, a regra jurídica que se tentou embutir no sistema jurídico (...). A pretexto de regulamentar a lei 'a' não pode o regulamento, sequer, ofender o que, a propósito da lei 'b', outro regulamento estabelecera".[17]

No mesmo sentido leia-se Ernst Forsthoff: "Como o regulamento representa uma forma de estabelecer Direito subordinada à lei, nessa se encontram os limites de sua obrigatoriedade. Um regulamento jurídico é defeituoso quando não está de acordo com a situação descrita pela lei. Tal é o caso quando carece de delegação legal, *quando excede seus termos* ou quando seu conteúdo se encontra em oposição com preceitos gerais. Nesses casos, o regulamento é defeituoso. *A conseqüência desse defeito é a nulidade* (...)".[18]

Ora, o Decreto 2.018, tratando de sanções, deveria guardar conformidade com a Lei 9.294, de 191996, não podendo ampliá-la ou modificá-la. Dada sua posição de dependência, era-lhe impossível instituir regras jurídicas novas, sem previsão na norma jurídica de grau superior.

Entretanto, isso não ocorreu. Impondo uma sanção (a retirada do recinto por responsável pelo mesmo), na segunda parte de seu art. 6º, inexistente na própria lei, o decreto agrediu a norma hierarquicamente superior. O Executivo, ao pretender regulamentar a Lei 9.294, de 1996, excedeu seus poderes anteriormente traçados, invadindo competência reservada ao Legislativo, arrogando-se a legislar. Desse modo, o mencionado dispositivo do decreto tornou-se inconstitucional. Repetindo as palavras de Pontes de Miranda, ordenou o que a lei não ordena, introduziu princípio novo, instituiu uma sanção. Por contrária à lei, a regra jurídica que se tentou embutir no sistema jurídico (a sanção já referida) é nula, é manifesta e desenganadamente inconstitucional. Conseqüentemente, ninguém tem o poder de aplicá-la, a nenhum fumante se pode impor a sanção.

Dir-se-ia que o legislador ordinário, ao elaborar a malsinada lei, equivocou-se, omitindo uma sanção decisiva, cabendo, assim, ao Executivo, mediante decreto, colaborar com o Legislativo, aperfeiçoando sua obra defeituosa.

Tal esdrúxula opinião brigaria com os princípios já expostos, valendo, a propósito, lembrar lição de Celso Antônio Bandeira de Mello e Geraldo Ataliba: "Dita oferenda não pode ser aceita; esta colaboração do Chefe do Executivo à lei não é compatível com os limites da competência regulamentar. É que, como disse Geraldo Ataliba, em consideração ao fato de que, entre nós, os regulamentos só existem para fiel execução das leis: 'Donde a impossibilidade de o regulamento suprir eventual omissão do legislador, ou pretender *completar* sua obra, onde ela tenha sido insuficiente'".[19]

17. *Comentários à Constituição de 1967 com Emenda n. 1 de 1969*, cit., t. III, pp. 316-317 (grifos do original na palavra "nula", meus os demais).

18. *Tratado de Derecho Administrativo*, trad. de Legaz y Lacambra e outros, Madri, Instituto de Estudios Políticos, 1958, p. 200, § 7, A, 2 (grifos meus).

19. Celso Antônio Bandeira de Mello, "Regulamento – Limites – Proibição de fumar em restaurantes", cit., *RTDP* 8/69, n. 16.

DOUTRINA

EXISTE UMA SUPREMACIA DO INTERESSE PÚBLICO SOBRE O PRIVADO NO DIREITO ADMINISTRATIVO BRASILEIRO?

FÁBIO MEDINA OSÓRIO

Promotor de Justiça no Rio Grande do Sul – Mestre em Direito Público pela Faculdade de Direito da Universidade Federal/RS – Professor na Faculdade de Direito da PUC/RS, nas Escolas Superiores do Ministério Público/RS e da Magistratura/RS – Doutorando em Direito Administrativo na Faculdade de Direito da *Universidad Complutense de Madrid* (CAPES)/Espanha

A) Introdução. 1. A norma-princípio e sua caracterização teórica: a suposta impossibilidade de a superioridade do interesse público sobre o privado ser considerada um princípio constitucional. 2. O problema da premissa: o princípio da superioridade do interesse público sobre o privado no discurso da doutrina administrativista pátria e sua vinculação à legalidade administrativa e ao império do Direito Administrativo. 3. O interesse público como princípio implícito na ordem constitucional brasileira. 4. O interesse público como direção finalística da Administração Pública e dos agentes públicos. 5. O interesse público como fundamento constitucional de regras legais instituidoras de privilégios à Administração Pública em suas relações com os particulares/cidadãos: a inconstitucionalidade da ação legislativa ou administrativa desprovida de fundamento no interesse público. 6. O interesse público como fundamento de ações públicas restritivas de direitos individuais e protetivas de bens coletivos. B) Considerações finais.

A) Introdução

A superioridade do interesse público sobre o privado, no Direito Público Brasileiro, notadamente no Direito Administrativo, tem sido identificada por juristas, sempre cumprindo distintas funções, com inegável transcendência normativa. De um lado, costuma-se identificar nas ações administrativa e legislativa finalidades exclusivamente de interesse público e não de possível interesse privado. De outro, sustenta-se que determinadas posições de privilégios da Administração Pública relativamente aos particulares/cidadãos encontram fundamento em uma relação de supremacia do interesse público sobre o privado. Há, ainda, o interesse público superior que justifica o exercício de poderes administrativos discricionários restritivos de direitos individuais. Em todo caso, o interesse público possui uma complexa funcionalidade no Direito Público e, especialmente, no ordenamento jurídico-administrativo, sendo enquadrado, não raro, na categoria de "princípio jurídico-constitucional" implícito ou imanente.[1]

O interesse público já foi definido como a noção primária na qual se contém o germe do Direito Administrativo e de seus sucessivos desenvolvimentos lógicos. Na ausência do interesse público a Administração Pública, em nossos dias, não poderia atuar, em face do desaparecimento de seu único, porém suficiente, suporte justificatório.[2]

Uma nova abordagem do assunto no Direito Brasileiro é formulada por Humberto Bergmann Ávila, notável jurista gaúcho, que, em importante e consistente trabalho, refuta a existência de um princípio constitucional de supremacia do interesse público sobre o privado, sustentando, ademais, que tal suposta (e inexistente) supremacia não pode ser havida sequer como um "postulado" explicativo do Direito Administrativo,

1. Por todos, no Direito Brasileiro, v. Celso Antônio Bandeira de Mello, *Curso de Direito Administrativo*, 8ª ed., São Paulo, Malheiros Editores, 1996, pp. 28-29. No Direito Comparado consultem-se André de Laubadère e outros, *Traité de Droit Administratif*, 14ª ed., t. I, Paris, LGDJ, 1996, quando afirmam que o Direito Administrativo é um Direito de desequilíbrios: de um lado, uma pessoa privada; de outro, a Administração impessoal; de um lado, a persecução de fins individuais e de interesses privados; de outra parte, a necessidade de satisfação dos interesses gerais. As diferenças entre interesses particulares e públicos são manifestas. O autor aponta o exemplo do devedor: quando alguém deve dinheiro a um particular as regras jurídicas aplicáveis não são idênticas àquelas aplicáveis ao que deve dinheiro ao Fisco, porque no primeiro caso a regra defende apenas o interesse privado do credor (particular), e no segundo a regra defende o interesse geral da coletividade representada pela Administração, a qual representa os interesses de todos. Quando o credor é, portanto, o Fisco outras serão as normas jurídicas incidentes. O desequilíbrio que se dá em favor da Administração encontra fundamento no interesse geral (p. 14).

2. Luís de la Morena y de la Morena, "Derecho Administrativo e interés público: correlaciones básicas", *Revista de Administración Pública* 100-102/847 e ss., Madri, janeiro-dezembro de 1983. Aduz o autor que os conceitos de Direito Administrativo e de interesse público se correlacionam inseparavelmente, "a la manera como se correlacionan entre sí el fin con sus medios y la causa con sus efectos". Diz o autor: "La justicia, y no sólo la conveniencia pública, exige medir y tratar desigualmente lo desigual; y desiguales son, y no podrán dejar de serlo, por razón de su causa, finalidad y efectos, los intereses públicos y los intereses privados, a no ser que entre unos y otros medien diferencias de orden ético suficientes para romper, e incluso invertir, la natural prevalencia de los primeros sobre los segundos. Tal ocurriría, por ejemplo, si el conflicto enfrentase al ejercicio de un derecho o libertad fundamental del ciudadano con las potestades de policía y de sanción de las Administraciones Públicas. En tal caso, las prerrogativas de éstas (que no propiamente la prevalencia del interés público) cederán a favor del derecho fundamental, desplazando la solución del conflicto desde la Administración a los tribunales, que medirán ya a las partes (lo que no quiere decir que tratarán a sus intereses respectivos) conforme a un régimen de igualdad ante la ley, es decir, sin otras preeminencias que las que ésta misma ley establezca a favor de cualquiera de ellas. Y es lógico que sea así, por cuanto se supone que el conflicto enfrenta un interés privado, pero de orden fundamental o constitucional, a otro público, pero de orden puramente económico o pecuniario (*v.g.*, exacción de la multa impuesta, su procedencia). Sólo en supuestos de excepcionalidad jurídica (suspensión de garantías constitucionales) se podría operar una mutación de los intereses en conflicto, con la consiguiente reaparición de las prerrogativas favorables a la Administración. En cualquier caso, pues, y salvo que se esté ante intereses privados excepcionalmente protegidos por su rango moral o constitucional, la prevalencia debida a los intereses públicos se traducirá, por la fuerza misma de las cosas, en la instrumentación de un régimen jurídico diferenciado en cuanto a la atribución de poder y a la forma de ejercerlo, cuya manifestación más genuina viene dada por el formidable privilegio o prerrogativa de la acción de oficio o autotutela, que permitirá a las Administraciones Públicas imponer irresistiblemente sus decisiones, cual si de sentencias judiciales se tratara, por partirse de la presunción inicial o *iuris tantum* de que al ser dictadas siempre por causa de interés público y en su exclusivo servicio, deberá beneficiarse, lógicamente, de la natural prevalencia inherente al mismo" (pp. 855-856). Seguindo a trilha de René Chapus, *Droit Administratif Général*, 12ª

concluindo com as seguintes assertivas: a) não há uma "norma-princípio" da supremacia do interesse público sobre o particular no Direito Brasileiro; b) a Administração não pode exigir um comportamento do particular (ou direcionar a interpretação das regras existentes) com base nesse "princípio"; c) a única idéia apta a explicar a relação entre interesses públicos e particulares, ou entre o Estado e o cidadão, é o postulado da unidade da reciprocidade de interesses, o qual implica uma principial ponderação entre interesses reciprocamente relacionados (interligados) fundamentada na sistematização das normas constitucionais.[3]

Esclareço, desde logo, que não será objeto deste trabalho elaborar um conceito de "interesse público", cujo complexo conteúdo demandaria, a meu ver, pesquisa autônoma;[4] tampouco abordar a funcionalidade do interesse público em todo o Direito Públi-

ed., t. 1, Paris, Montchrestien, 1998, pp. 3 e ss., percebe-se que a noção de interesse geral foi a pedra-de-toque das duas grandes Escolas Clássicas do Direito Administrativo Francês, a saber, a Escola do Serviço Público, fundada por Léon Duguit (1859-1928), e a Escola do Poder Público, *la puissance publique*, liderada por Maurice Hauriou (1856-1929). Afirma Martine Lombard (*Droit Administratif*, 2ª ed., Paris, Dalloz, 1998, pp. 4 e ss.) que a Administração Pública existe para servir interesses públicos definidos pelo Poder Político. Já na obra de Diogo Freitas do Amaral (*Curso de Direito Administrativo*, 2ª ed., v. I, Coimbra, Livraria Almedina, 1998, pp. 124 e ss.) se lê que a existência do Direito Administrativo "fundamenta-se na necessidade de permitir à Administração que prossiga o interesse público, o qual deve ter primazia sobre os interesses privados – excepto quando estejam em causa direitos fundamentais dos particulares. Tal primazia exige que a Administração disponha de poderes de autoridade para impor aos particulares as soluções de interesse público que forem indispensáveis (poderes de tributar, de expropriar, de conceder ou recusar licenças etc.). A salvaguarda do interesse público implica também o respeito por variadas restrições e o cumprimento de grande número de deveres a cargo da Administração". Aliás, conforme recorda esse último autor, o critério do interesse público pode servir para enquadrar o Direito Administrativo na categoria do Direito Público, assim como os critérios do sujeito e do poder de autoridade também conduzem esse ramo jurídico ao patamar publicista (p. 131). A superioridade do interesse público sobre o privado é afirmada, portanto, na doutrina, com a ressalva de que a colisão entre esses interesses há de ser resolvida à luz de critérios jurídicos, imparcialmente, pelo Judiciário, sem qualquer prévia presunção – salvo aquela já estabelecida na própria lei – em favor de uma das partes. Mais ainda, a aludida superioridade não ocorreria, na órbita judicial, quando houvesse conflito entre direitos patrimoniais do Estado e direitos fundamentais da pessoa humana. Sem embargo, a finalidade pública seria sempre imperativa, superior, nesse passo, à finalidade privada. Ademais, as leis concedentes de privilégios à Administração encontrariam fundamento no interesse público. Examinarei adiante essas questões.

3. "Repensando o princípio da supremacia do interesse público sobre o particular", in Ingo Wolfgang Sarlet (org.), *O Direito Público em Tempos de Crise*, Porto Alegre, Livraria do Advogado, 1999, pp. 126-127.

4. Veja-se que Luís de la Morena y de la Morena ("Derecho Administrativo e interés público: correlaciones básicas", cit., *Revista de Administración Pública* 100-102/863) arrisca a formulação de um conceito de interesse público, que não deixa de ostentar um *status* formal: "Cualquier situación deficiente, mejorable o conflictiva, de la realidad social actual que requiera, una vez reconocida así por la norma y comparada con el modelo a alcanzar querido por ella, de una pronta y eficaz actuación sanatoria de la Administración o de sus agentes que venga a colmar las carencias, eliminar los riesgos, prestar los servicios, estimular las iniciativas, sancionar las conductas o arbitrar los conflictos que en su seno se puedan generar, facilitando o dificultando la consecución del modelo propuesto. Todo interés público aparece conectado a un supuesto de hecho portador de carencias, demandas, imperfecciones o riesgos sociales que, al ser vividas por la comunidad como un mal evitable o prevenible, se transforman en otras tantas necesidades o aspiraciones que la movilizan de inmediato a actuar en orden a su eliminación o reducción. Tales necesidades o aspiraciones comunitarias, una vez objetivadas, con mayor o menor precisión, en sus correspondientes normas, pasan a definir, en su conjunto, el modelo ideal que una comunidad se propone a sí misma o al que aspira y a cuya consecución

co, tarefa merecedora, também, de abordagem específica.[5]

O conteúdo e a caracterização do interesse público dependem de múltiplos fatores, normativos e metanormativos, que mereceriam debate aprofundado e concentrado, tarefa incompatível com os objetivos e os limites deste espaço analítico.

Por certo que a expressão "interesse público" não traduz "fórmula mágica" que a tudo pode abarcar, até porque resulta passível de controle pelo Judiciário. Em todo caso, não se pode negar que resultaria difícil estabelecer um conceito apriorístico e material de interesse público, dada a grande diversidade de conteúdos que um interesse

tenderán, invariablemente, de acuerdo con el plan trazado, las actuaciones de todas las Administraciones, en cuanto organizaciones instituidas al efecto, así como también, atendida la insuficiencia de los medios de que dispone y la bondad de los fines que persigue, la de todos los ciudadanos y grupos sociales receptivos a cooperar con ellas, a los que se estimulará a que así lo hagan en todo aquello para lo que fueren especialmente aptos y a los que se prohibirán cualesquiera comportamientos que pudieren resultar perjudiciales o inconvenientes a la mejor consecución del modelo propuesto. El interés público arranca, pues, de una situación actual de carencia o de riesgo y, por lo mismo, susceptible de perfeccionamiento y de mejora, medibles en términos de bienestar social, y que demandarán de una correlativa acción de las Administraciones Públicas y de cualesquiera agentes sociales sobre los que las mismas puedan ejercer control o influencia, tendentes todas ellas a que cuanto es perjudicial o constituye un peligro para la comunidad quede eliminado o reducido y a que cuanto es favorable o beneficioso quede asegurado, y a que cuanto es mejorable o perfectible se enriquezca y haga más próspero. El análisis expuesto permite contemplar el interés público desde una triple perspectiva: 1) como situación social de arranque o partida, o sea, *como supuesto de hecho*, identificable, siempre, con una carencia, un riesgo, una necesidad o una simple posibilidad de mejora de lo ya existente; 2) *como una acción o actividad administrativa* a asumir directamente por las Administraciones Públicas o a ejercer indirectamente por medio de los agentes sociales influidos o controlados por ellas; 3) *como un fin*, objetivo o aspiración que clama por ser realizado (interés público y fin de interés público son una misma cosa) y tras cuya realización, medible siempre en *resultados*, la realidad social originaria quedará enriquecida o mejorada por un conjunto de nuevos bienes y valores que antes no tenía o los tenía más en precario: mayor seguridad, mayor justicia social, menor conflictividad, mayor bienestar y calidad de vida, a medir en aumento de niveles o indicadores de salud, cultura, producción, etc." (p. 864). Esclareço, desde logo, que quando o grifo for do autor mencionado em alguma citação tal circunstância será referida expressamente. Quando não houver referência presume-se que os grifos são de minha autoria. Essa é a regra adotada ao longo deste trabalho.

5. O interesse público é invocado, não raro, como critério decisório em inúmeros ramos do Direito Público, a começar pelo fato de que seria um critério, por si só, transcendental na separação dos Direitos Público e Privado. Para ficarmos com alguns poucos exemplos, no Direito Processual Penal a jurisprudência fala no interesse público como o possível fundamento de prisões preventivas, sempre reportando-se às regras legais. "A restrição ao exercício do direito de liberdade é medida excepcional. Além dos requisitos expressos no art. 312 do Código de Processo Penal, impõe-se evidenciar a necessidade. Toda prisão cautelar só se justifica configurado o interesse público" (STJ, 6ª T., HC 9.039-RO, rel. Min. Vicente Cernichiaro, j. 1.6.1999, v.u.). Para quebra do sigilo bancário, mediante ordem judicial, admite-se a prevalência do interesse público sobre o privado no Direito Processual Penal (STJ, 1ª T., ROMS 8.757-GO, rel. Min. José Delgado, j. 25.5.1999, v.u.; no mesmo sentido: STF, 1ª T., RMS 23.002-RJ, rel. Min. Ilmar Galvão, j. 12.10.1998, v.u.). No Direito Processual Civil o interesse público é considerado finalidade última dos processos em que há interesses indisponíveis, possibilitando uma série de prerrogativas gerais aos magistrados. Ademais, funciona como critério de análise das nulidades processuais. As que ofendem o interesse público são consideradas absolutas (nesse último sentido, v. Antônio de Pádua Ribeiro, "Das nulidades", *Revista Jurídica* 201, Porto Alegre, Síntese, julho de 1994). Sem embargo, outros princípios constitucionais – *v.g.*, justiça e segurança jurídica – também incidem de forma acentuadamente diferenciada em distintos ramos do Direito Público. Em todo caso, o objeto deste trabalho não será examinar a genérica incidência do princípio da superioridade do interesse público sobre o privado no Direito Público, mas sim no Direito Administrativo.

público comporta, e tendo em vista a enorme variedade de situações nas quais pode incidir e operar funcionalmente. Vale destacar, ademais, que o princípio ora debatido não pode ser confundido com o "bem comum" perseguido pelo Direito como um todo, dada sua maior determinação conceitual.[6]

Aceitando o genérico convite de Humberto B. Ávila, e tendo em conta a importância do assunto e a necessidade de aprofundar o debate, trago à tona algumas breves reflexões em torno ao problema da superioridade do interesse público sobre o privado no Direito Público Brasileiro.

6. O interesse público não é um conceito "indeterminável", em que pese à sua inegável amplitude semântica. Há outros conceitos ainda mais difusos e complexos – *v.g.*, justiça ou democracia (princípios de justiça e democrático) –, que se traduzem em princípios jurídicos e ostentam pretensão de normatividade. Como diz a doutrina, "no quiere decir lo mismo expropiar propiedades sólo por *utilidad pública* que por la simple voluntad y criterio subjetivo y circunstancial de la Administración y de sus gestores" (Eduardo García de Enterría, *Democracia, Jueces y Control de la Administración*, 4ª ed., Madri, Civitas, 1998, p. 135). Acentua García de Enterría que a expressão "interesse geral" (aqui e por ele também tomada como sinônimo de interesse público) é um conceito jurídico indeterminado, passível de ser judicialmente controlado. Pondera que a noção de interesse público serve para justificar algumas atuações administrativas e excluir outras. Não se trata de uma expressão inútil, aberta à imaginação arbitrária do intérprete, que comporte qualquer alternativa. Por evidente, trata-se de uma expressão de grande alcance, amplo conteúdo, mas isso não significa, nem pode significar, ausência de um conteúdo mínimo, impossibilidade de controle judicial, licença para arbitrariedades. Ao contrário, se há algum sentido nessa expressão, tal é o sentido limitador (pp. 230 e ss.). Para que se tenha uma idéia, é normal a utilização de outras categorias com sentido equivalente ao interesse público. Assim, "interesse geral", "interesse nacional", "interesses públicos de pessoas jurídicas", "interesses públicos da sociedade", "utilidade pública", e outros, podem ostentar suas especificidades e semelhanças. V. a classificação constante do trabalho de Marie-Pauline Deswarte, "L'intérêt général dans la jurisprudence du Conseil Constitutionnel", *Revue Française de Droit Constitutionnel* 13/27, Paris, Presses Universitaires de France, 1993. Considerarei "interesse público" e "interesse geral" como sinônimos. Não obstante, devo advertir que em determinadas passagens a Constituição Federal empregará outros termos – *v.g.*, "utilidade pública", "interesses de soberania", "interesse nacional". Cumpre não confundir "interesse público" com "interesse coletivo", distinção que foi detectada por Maurice Hauriou ainda no século XIX, quando apontou as necessárias diferenças entre essas categorias, consoante informam M. Long e outros (*Les Grands Arrêts de la Jurisprudence Administratif*, 11ª ed., Paris, Dalloz, 1996, pp. 43 e ss.), ao examinarem decisão do Tribunal de Conflitos Francês. Em que pese à indeterminação conceitual do "interesse público", insisto nesse ponto, não creio que se trate de conceito indeterminável, tampouco indissociável do interesse privado do agente público. Ao contrário, a distinção entre interesses públicos e privados decorre do princípio republicano, da distinção política entre as categorias do "público" e do "privado", da possibilidade de se reconhecer uma esfera pública e uma natureza política das sociedades, um espaço legítimo para atuação estatal na restrição de direitos e liberdades individuais em nome da defesa do "público", ou seja, do interesse público. Persiste atual – e creio que assim seguirá sendo ao longo da história – a contraposição entre interesses públicos e privados, em que pese ao aparecimento de interesses mais complexos, *v.g.*, coletivos, difusos, resultantes de novas relações sociais. A idéia de interesse público pode abarcar interesses coletivos, difusos e até privados, sem dúvida, mas com eles não se confunde conceitualmente. O interesse privado é aquele estritamente individual, particular. Interesses individuais homogêneos podem resultar da soma de interesses privados. Os interesses coletivos personificam-se em entidades representativas de coletividades determinadas, sendo considerados como interesses transindividuais de natureza indivisível de que sejam titulares grupos, categorias ou classes de pessoas ligadas entre si ou com as partes contrárias por uma relação jurídica-base. E os interesses difusos, por seu turno, são os transindividuais, de natureza indivisível, de que sejam titulares pessoas indeterminadas e ligadas por circunstâncias de fato (art. 81, I, II e III, do Código de Defesa do Consumidor/CDC). Pode haver interesse público na defesa de interesses ou direitos coletivos, difusos e até mesmo individuais, notadamente individuais homogêneos ou indispo-

1. A norma-princípio e sua caracterização teórica: a suposta impossibilidade de a superioridade do interesse público sobre o privado ser considerada um princípio constitucional

Os princípios constitucionais são fontes formais do Direito Administrativo, havendo prevalência das normas constitucionais em relação ao restante da ordem jurídica, dadas sua supremacia, juridicidade e im-

níveis. Pode haver, de fato, interesse privado indisponível, objeto de proteção jurídica à luz do interesse público, tal como ocorre com os interesses de certas minorias ou de certas classes de pessoas – *v.g.*, crianças e adolescentes. Nesse sentido, também o Direito Administrativo há de tutelar complexas relações em que não há uma mera contraposição entre interesses públicos e interesses particulares, mas isso não afasta, em tese, a configuração teórica ou a importância do interesse público – e mesmo do interesse privado – para esse ramo jurídico. O fato de haver outros interesses conceitualmente distintos das clássicas categorias público/privado não descaracteriza nem desqualifica as antigas categorias. A eventual reciprocidade entre os múltiplos interesses em jogo tampouco inibe a existência de antagonismos e dualismos. Relações poligonais não eliminam a existência do interesse público como norma a ser observada pela Administração Pública ou pelo legislador e, conseguintemente, até mesmo pelo Judiciário, o qual deverá, todavia, ponderar todos os direitos e interesses em conflito, sempre à luz dos direitos fundamentais da pessoa humana e dos bens jurídicos em rota de colisão. Não se nega a existência de conflitos crescentemente complexos, relações jurídicas multilaterais, mas tampouco se retira dessa realidade a conclusão de que já não haveria um princípio de interesse público a ser observado no Direito Administrativo. Cabe, nesse ponto, recordar da lição de Hartmut Bauer (¿Transformación radical en la doctrina del Derecho Administrativo?", *Documentación Administrativa/DA* 234/133 e ss., Madri, Instituto Nacional de Administración Pública, abril-junho de 1993) quando aponta as notáveis modificações da realidade que reclamam novas atuações do Direito Administrativo – *v.g.*, a superação das clássicas relações individuais Estado-súdito por relações do tipo Estado-cidadão, surgimento de novos tipos de conflitos de interesses multipolares, soluções consensuais ou pactuadas etc., sustentando, ao mesmo tempo, o seguinte: "Ciertamente, estas transformaciones no nos deben hacer perder de vista que la actuación imperativa unilateral continúa siendo un componente esencial del Derecho Administrativo, sigue siendo irrenunciable y está lejos de haber quedado obsoleta en virtud de las transformaciones descritas" (p. 138). Veja-se que em numerosos casos somente através de uma indevida abstração filosófica se vê a reciprocidade entre interesses públicos e privados, é dizer, apenas com uma teorização no sentido de que o público representa o "geral" e, portanto, há de abranger e tomar em consideração até mesmo o interesse privado que com ele entre diretamente em conflito, disso derivando que a prevalência do público implicaria, indiretamente, a satisfação do interesse particular aparentemente conflitante. A realidade, nesse caso, é diversa da teoria. Quando o legislador opta por conceder, abstratamente, privilégios à Administração Pública toma em consideração, obviamente, os interesses individuais dos membros da sociedade, mas o cidadão concretamente em litígio com o Poder Público se verá, de algum modo, em situação "desigual" e desfavorecida, porque seu prazo processual para formulação de um recurso será inferior ao de seu adversário. E se a norma legal não é inconstitucional, por tratar desigualmente os desiguais, na exata medida da desigualdade, ao Judiciário descaberia qualquer ingerência no sentido de reduzir o prazo processual da entidade pública. Há, aqui, uma nítida contraposição de interesses público e privado, prevalecendo o primeiro (sendo razoável e proporcional). E assim funciona, em geral, o Direito Administrativo: uma série de prerrogativas, de privilégios, de poderes de autoridade à Administração Pública, que estabelece, com tais instrumentos, restrições a direitos individuais. Tudo há de ser justificado no interesse público e sua jurídica prevalência sobre o privado. E essas leis são formuladas, como se verá, sob o influxo de um princípio de supremacia, ao menos um princípio de interesse público, que, em tais hipóteses, prevalece em detrimento do interesse privado. Cabe ponderar que o interesse público – enquanto princípio constitucional – não se confunde com o bem comum, que é e deve ser o objetivo último da ordem jurídica e do Estado. A noção de "bem comum" há de abarcar, necessariamente, uma recíproca implicação entre interesses públicos e privados, individuais, coletivos e difusos, das maiorias e das minorias, sendo a finalidade máxima e radical de todo o Direito, não apenas do Direito peratividade, não sendo viável olvidar que as leis e os atos administrativos devem respeitar os limites dos princípios constitucionais.[7]

Veja-se que Ávila reconhece, quando de suas definições preliminares, que uma descrição unitária dos princípios enfrenta "soberbas dificuldades", tal como disse Riccardo Guastini. O uso do termo "princípio" está longe de ser uniforme. Arremata Ávila: "e não há qualquer problema nisso". Problema há – prossegue sustentando – quando fenômenos completamente diversos são explicados mediante o emprego de denominação equivalente, visto que daí deriva intolerável inadequação semântica e, por conseguinte, se instala no Direito o "germe da ambigüidade".[8]

Público ou Administrativo. Note-se que a Lei Fundamental de Bonn consagra, em seu art. 56, a obrigação do Presidente da República Federal de jurar – quando de sua posse – que dedicará todo seu empenho ao "interesse do povo alemão". "En esta fórmula queda recogido el precepto principal que inspira la actuación estatal – *ocuparse del bienestar de todos* – en el que, a su vez, fundamenta la legitimidad originaria del Estado." "Tanto en la doctrina como en la práctica aparecen el interés individual y el general, el mercado y el Estado, como dos conceptos; no obstante, esta idea no tiene una aplicabilidad general. Dado que el interés general, y justamente por su carácter de generalidad, incluye al mismo tiempo el interés individual, paralelamente se entiende que el bienestar del individuo es necesario para crear el bienestar general" (Peter Eichborn, "Teoría de la economía de la empresa e interés general", *DA* 218-219/239 e 243, abril-setembro de 1989). Esse autor está a tratar do "bem comum" enquanto interesse geral da coletividade. Necessário, portanto, não confundir esse tipo de "interesse geral" com o "interesse geral" ou o "interesse público" que se traduz como norma-princípio ou regra no Direito Administrativo Brasileiro. Uma semelhante amplitude do conceito de "interesse público" eliminaria a especificidade de tal noção para o Direito Administrativo e, por certo, a dualidade público/privado, sendo, todavia, descabida e inadequada a uma científica descrição do fenômeno jurídico-administrativo.

7. V. Agustín A. Gordillo, *Introduccion al Derecho Administrativo*, 2ª ed., Buenos Aires, Abeledo-Perrot, 1966, pp. 171-175.

8. Humberto Bergmann Ávila, "Repensando o princípio da supremacia do interesse público sobre o particular", cit., in Ingo Wolfgang Sarlet (org.), *O Direito Público em Tempos de Crise*, p.102. Um problema que se poderia apontar no discurso do autor é exatamente sua aparente opção inequívoca por uma concepção unitária de princípios. Ávila sustenta, baseado na doutrina de Robert Alexy, uma rígida e qualitativa separação entre regras e princípios, adotando posição doutrinária bem delimitada e claramente polêmica. Não ficou claro, portanto, em um primeiro momento, se há ou não problema no fato de não haver possibilidade de uma descrição unitária dos princípios e, enfim, se há, ou não, essa impossibilidade. Riccardo Guastini sustenta, de fato, que um dos problemas básicos das discussões em torno dos princípios consiste na assunção da idéia de que haveria uma categoria unitária de princípios ("Derecho dúctil, Derecho incierto", *Anuario de Filosofía del Derecho*, ts. XIII-XIV, Madri, Ministerio de Justicia, Centro de Publicaciones, y Boletín Oficial del Estado, Ministerio de la Presidencia, Nueva Época, 1998, p. 118). Um dos problemas para uma descrição unitária dos princípios consiste em sua grande diversidade normativa. Não se pode, rigorosamente, equiparar princípios tão distintos – desde a densidade normativa – como o Estado de Direito ou o Estado Social, a liberdade de expressão do pensamento, o direito à honra, à intimidade, a moralidade, a publicidade e a eficácia administrativas, a segurança jurídica, dentre outros. Também Luís Prieto Sanchís ("El constitucionalismo de principios, ¿entre el positivismo y el iusnaturalismo? (a propósito de *El Derecho Dúctil* de Gustavo Zagrebelski)", *Anuario de Filosofía del Derecho*, cit., ts. XIII-XIV, pp. 132 e ss.) afirma que os princípios não poderiam ser agrupados debaixo de uma categoria unitária, sendo frágil, ademais, a distinção entre regras e princípios baseada no critério do "tudo ou nada". Diz o autor, *in verbis*: "Baste decir que, a mi juicio, los principios constitucionales no presentan unos perfiles uniformes, ni en su estructura ni en su concreta aplicación. Por ejemplo, un principio puede funcionar a la manera de todo o nada cuando constituye el único criterio para resolver el caso; es verdad que muchos principios carecen de supuesto de hecho, pero no todos, y así sabemos que el contenido del art. 49 de la Constitución Española (CE) se aplica a los minusválidos, aunque, por ser un mandato

Parece-me ainda carente de um debate aprofundado a tese da rígida distinção entre regras e princípios jurídicos. Trata-se de tema que, atualmente, atormenta a doutrina constitucionalista e todos aqueles que se ocupam dos temas relativos à Teoria Geral do Direito, estando longe de ser imune às polêmicas.

Em todo caso, meu objeto de trabalho, neste espaço, se circunscreverá ao exame do princípio da superioridade do interesse público sobre o privado à luz da doutrina de Robert Alexy, doutrina explicitamente adotada no discurso de Ávila, o que não significa uma incondicional adesão à tese de separar, rigidamente, *in abstracto*, regras e princípios.[9]

de optimización, desconozcamos a ciencia cierta cuál es la acción debida; al contrario, en el principio de la igualdad del art. 14 CE no encontramos el supuesto de hecho, pero, decididos a aplicarlo, la consecuencia jurídica está clara y no admite optimización alguna, pues la idea de optimización conviene sólo a los llamados principios programáticos; y, en fin, que el conflito entre reglas y entre principios se resuelva de distinta forma es correcto, pero estipulativo, pues algunas normas que habitualmente llamamos principios pueden colisionar como reglas, y algunas otras que los juristas suelen llamar reglas pueden funcionar como principios". Assinala o autor que a questão resulta ainda mais complicada quando as Constituições, como é o caso da Constituição espanhola (CE), consagram valores, o que remete ao problema da distinção entre valores e princípios (p. 133). Para Robert Alexy (*Teoría de los Derechos Fundamentales*, Madri, Centro de Estudios Constitucionales, 1997), saliento, os valores se diferenciam dos princípios em vista da normatividade jurídica destes últimos. São, estes, juízos de "dever-ser", ao passo que os valores, normas axiológicas, estabelecendo-se através de critérios ou regras de valoração; ou seja, a distinção entre valores e princípios poderia ser exemplificada assim: "deve-ser bom" e "é bom". Aduz ele que a diferença fundamental é que o que nos modelos dos princípios é devido, nos modelos de valores é o melhor. No Direito, em que se trata do que é devido, vige o modelo dos princípios, embora nada impeça partir-se da argumentação jurídica ao modelo dos valores. Assim, uma solução seria "melhor" constitucionalmente. No modelo dos princípios uma solução seria "devida" constitucionalmente (pp. 141 e ss.). Quanto aos valores constitucionais, a meu ver, não está claro se uma conduta "melhor" que outra não é, desde um ângulo normativo, uma conduta devida, ao menos se se parte da idéia de Constituição normativa, vinculante e sem expressões ou palavras inúteis, como me parece ser o caso da Constituição espanhola e também da Constituição brasileira. Daí resultaria, ao menos, que cada "valor constitucional superior" (art. 1.1 da CE) seria uma norma constitucional, ou estaria veiculado por uma norma constitucional, disso derivando, por certo, conseqüências no plano do dever-ser. A tênue distinção formulada entre "princípios" e "valores", ao menos à luz da Constituição espanhola, ficaria prejudicada, pois os valores retratam, em alguma medida, em sua forma mais pura e radical, as características atribuídas aos princípios, conforme salienta Prieto Sanchís (p. 133).

9. Humberto Bergmann Ávila ("Repensando o princípio da supremacia do interesse público sobre o particular", cit., in Ingo Wolfgang Sarlet (org.), *O Direito Público em Tempos de Crise*, p. 105) propõe, com suporte na doutrina de Canaris, Eisler e, basicamente, Robert Alexy, uma classificação dos princípios em três fundamentais variantes: princípios como axiomas; como postulados; como normas. "A norma-princípio – diz ele, amparando-se no último doutrinador citado – tem fundamento de validade no Direito Positivo, de modo expresso ou implícito. Caracteriza-se estruturalmente por ser concretizável em vários graus: seu conteúdo depende das possibilidades normativas advindas dos outros princípios, que podem derrogá-lo em determinado caso concreto. Daí dizer-se que os princípios, à diferença das metanormas de validade, instituem razões *prima facie* de decidir. Os princípios servem de fundamento para a interpretação e aplicação do Direito. Deles decorrem, direta ou indiretamente, normas de conduta ou instituição de valores e fins para a interpretação e aplicação do Direito". Trata-se de normas de otimização concretizáveis em vários graus, sendo que "a medida de sua concretização depende não somente das possibilidades fáticas, mas também daquelas jurídicas; eles permitem e necessitam de ponderação, porque não se constituem em regras prontas de comportamento, precisando, sempre, de concretização". A relação de prevalência entre as normas-princípios só pode ser determinada em casos concretos. Sustenta o autor (p. 108) que a forma como a Teoria Geral do Direito analisa os princípios *prima facie* revela que não há um princípio de supremacia

A tese de Robert Alexy é o ponto central que permite distinguir regras de princípios, ambos concebidos como espécies de normas jurídicas e ambos substancialmente distintos. Esse autor identifica nos princípios a natureza flexível de normas que se submetem a juízos de ponderação, sendo as colisões (entre essas normas) resolvidas à luz de sua teoria de argumentação, a qual seria refratária a qualquer princípio absoluto.[10]

Concentrarei minha análise no discurso de Ávila e sua adequação ou inadequação ao que a doutrina administrativista pátria

do interesse público sobre o privado, tendo em conta as seguintes razões: a) o significado dos princípios resulta de uma recíproca implicação entre eles; b) a descrição abstrata do princípio em exame não permite uma concretização "em princípio gradual", pois a prevalência é a única possibilidade (ou grau) normal de sua aplicação, e todas as outras possibilidades de concretização consistiriam em exceções, e não graus, sendo que, nesse passo, haveria uma quantidade tão grande de exceções que já não se poderia, rigorosamente, falar em exceções; c) sua descrição abstrata permite apenas uma medida de concretização, a referida prevalência, em princípio independente das possibilidades fáticas e normativas; d) a abstrata explicação do princípio em exame exclui, em tese, a sua aptidão e necessidade de ponderação, pois o interesse público deve ter maior peso relativamente ao interesse particular, sem que diferentes opções de solução e uma máxima realização das normas em conflito (e dos interesses que elas resguardam) sejam ponderadas; e) uma tensão entre os princípios não se apresenta de modo principial, pois a solução de qualquer colisão se dá mediante regras de prevalência, estabelecidas *a priori* e não *ex post*, em favor do interesse público, que possui abstrata prioridade e é principialmente independente dos interesses privados correlacionados (por exemplo: liberdade, propriedade).

10. Robert Alexy, *Teoría de los Derechos Fundamentales*, cit., pp. 82-87. O autor considera regras e princípios no âmbito da categoria geral de normas. Tanto as regras como os princípios expressam dever-ser. São dois tipos de normas, entre as quais há diferenças de grau e qualidade. Os princípios são normas que ordenam que algo deve ser realizado na maior medida possível, dentro das possibilidades jurídicas e reais (fáticas) existentes, constituindo mandados de otimização. Os princípios podem ser cumpridos em graus diversos, sendo que a medida de seu atendimento depende de possibilidades reais e jurídicas. O âmbito das possibilidades jurídicas é determinado pelos princípios e regras opostos. As regras, ao contrário, são normas que podem ser cumpridas ou não. Se é ela válida – a regra –, há que se cumpri-la. Constituem as regras verdadeiras determinações. No conflito de regras a solução advém da introdução de uma cláusula de exceção em uma delas ou da eliminação de uma das regras. Duas regras antagônicas não podem valer simultaneamente. As cláusulas de exceção – que operam funcionalmente no campo das regras – não são teoricamente enumeráveis, pois sempre pode surgir outra (p. 100). Na colisão de princípios, um cede diante do outro, mas isso não implica sua invalidade e tampouco que haja sido introduzida uma cláusula de exceção. Essas colisões ocorrem no campo do *peso*, sendo resolvidas pela ponderação dos bens ou interesses opostos. A solução é formulada à luz do caso concreto. A solução da colisão consiste em levar em linha de conta as peculiaridades do caso concreto para estabelecer entre os princípios uma relação de precedência condicionada. Indicam-se, em determinado caso, as condições que fazem com que um princípio preceda outro. Havendo mudança das condições, a questão da precedência pode ser solucionada inversamente. Conforme Alexy (pp. 91-92), observa-se que as regras e princípios possuem um diferente caráter *prima facie*. Resumindo, os princípios, para ele, apresentam algumas características fundamentais: a) a gradualidade é o primeiro aspecto a destacar. Os princípios ordenam que se realize algo na maior medida possível. As regras, ao revés, serão cumpridas ou não; b) a otimização é o segundo aspecto. O cumprimento dos princípios é feito na maior medida possível na concorrência com outras normas do sistema; c) o dever-ser ideal. A otimização regula-se a partir desse dever-ser, que marca o horizonte da maior medida possível; d) o caráter *prima facie* dos princípios, os quais possuem uma virtualidade dentro de certos limites fáticos e jurídicos, é outra básica característica. Um primeiro problema identificável nessa doutrina diz respeito a uma ambigüidade básica: não se sabe se um princípio é um mandado de otimização (da validez ou da aplicabilidade de uma norma) ou se é a própria norma o objeto da otimização. Mais ainda: onde se situa a gradualidade dos princípios? Na norma otimizada ou no mandado de otimização? Nos casos concretos, o princípio, quando aplicável, acaba afastando outros princípios. Trata-se de uma gradualidade que se revela no momento da ponderação. De outro lado, os princípios estão em relação

costuma entender como princípio da "supremacia do interesse público sobre o privado", especialmente no Direito Administrativo Brasileiro; é dizer, analisarei em que medida as críticas – presumindo-se correta a distinção rígida entre regras e princípios – formuladas por Ávila, com suporte na doutrina de Alexy, se revelam pertinentes ou não à luz do significado que tem apresentado tal princípio no Direito Brasileiro.

2. *O problema da premissa: o princípio da superioridade do interesse público sobre o privado no discurso da doutrina administrativista pátria e sua vinculação à legalidade administrativa e ao império do Direito Administrativo*

Identifico um problema fundamental na tese de Humberto B. Ávila: sua inadequação ao que a doutrina administrativista cos-

de hierarquia móvel, sem critérios seguros para sua aplicabilidade, permitindo inequívoca discricionariedade judicial. Assim sendo, certas normas (os princípios) são válidas, mas não seriam aplicáveis com caráter constante. Os princípios não entram em contradição, mas em relação de tensão. O dever-ser ideal é outro ponto atacado da teoria em exame. Por exemplo, o art. 40.1 da Constituição espanhola (CE) ordena aos Poderes Públicos o desenvolvimento de uma política orientada ao pleno emprego. O pleno emprego aparece como um ideal empiricamente possível, embora altamente improvável, na medida em que exigiria um percentual "zero" de desemprego. A consideração desse objetivo como possível, ou não, não parece relevante ou decisiva para distinguir regras de princípios. Seria inviável a otimização de uma norma pelo fato de enunciar algo empírica e efetivamente possível? É certo que os princípios, em determinado sentido, seriam uma conseqüência de que *ad imposibilia nemo tenetur*, mas cabe reconhecer a possibilidade de que certos princípios estabeleçam um dever-ser real. De outro lado, os mandados das regras tampouco ficam confinados, necessariamente, ao mundo real, o que revela a insuficiência desse critério do dever-ser ideal em muitas situações. Sobre a importância da densidade normativa dos princípios leia-se Enoch Alberti, "El Derecho por principios: algunas precauciones necesarias", *Anuario de Filosofía del Derecho*, cit., ts. XIII-XIV, 1996-1997, p. 43. Terão os princípios da dignidade humana, segurança jurídica, proteção à honra, intimidade, e mesmo Estado Social, por certo, possibilidade de colisão com outros princípios, configurando-se a necessidade da argumentação e da resolução dos conflitos pelo critério do maior peso no caso especialmente considerado. Sem embargo, cabe aduzir que os princípios se apresentam com densidades normativas notoriamente distintas, inclusive *in abstracto*. Veja-se que o próprio Alexy (pp. 99 e ss.) esclarece que nem todos os princípios possuem o mesmo caráter *prima facie* e tampouco as regras possuem um mesmo caráter definitivo. O modelo há que ser diferenciado. Em todo caso, afirma o autor que os princípios devem possuir uma natureza *prima facie*, sendo inviável princípios absolutos. Se houvesse um princípio que não fosse passível de ser afastado por outro, em nenhuma hipótese, então seria falsa a teoria da colisão. Diz ele, ainda, que uma eventual existência de princípios incorporados ao sistema jurídico que nunca fossem aplicados também invalidaria a teoria proposta. Uma crítica que se faz a essa distinção entre regras e princípios, nesse passo, é a de que o caráter *prima facie* é uma questão cultural e, mais ainda, concreta. Há regras que exigem ponderação, e isso ocorre especialmente nos chamados "casos difíceis". Já nos "casos fáceis" as regras poderiam ser aplicadas por subsunção, com as cautelas que esse termo exige atualmente. É possível, pois, contrapor regras e princípios no momento da aplicação/interpretação da norma, sendo que antes disso resultaria *a priori* mais frágil qualquer tentativa de distinção. Os princípios possuem particularidades frente às regras, mas essas particularidades são tênues e fundamentalmente pragmáticas. Para Alexy o modelo de regras traduz-se basicamente no modelo subsuntivo de interpretação e aplicação do Direito, ao passo que o modelo de princípios se associa ao modelo de ponderação. Sem embargo, o modelo de princípios não é incompatível com o ideal de subsunção. A subsunção é, em certo sentido, o ideal da ponderação, ao passo que esta é a realidade da subsunção. Podem haver, portanto, uma "regularização" dos princípios e uma "principialização" das regras. Situados em contexto de justificação externa, nos casos difíceis, regras e princípios se aproximam. O paradoxal em Alexy, portanto, é que pretende atacar o modelo de regras do positivismo jurídico, mas para tanto consagra enfaticamente para as regras – uma parte do Direito – o que pretenderia tuma definir como princípio da superioridade do interesse público sobre o privado.[11]

Creio que ninguém sustenta, salvo melhor juízo, a existência de um apriorístico e absoluto princípio de supremacia do interesse público sobre o privado no Direito Administrativo Brasileiro, sendo rejeitada a idéia de um princípio que desrespeite o conjunto de direitos fundamentais consagrados na Constituição Federal.[12]

enterrar: a aplicação silogística do Direito. Em realidade, resulta complicado estabelecer uma distinção qualitativa entre regras e princípios, visto que não se pode, como é sabido, adotar o critério da vagueza semântica ou, mesmo, da maior "abertura" dos princípios, tampouco o critério de que uns fundamentam os outros. A distinção lógica de regras e princípios poderia situar-se preferentemente no campo da "lógica dos juristas" (interpretação/aplicação do Direito), e não na lógica do Direito (teoria das fontes). Alexy, embora situe o problema na interpretação e aplicação do Direito, confunde os conceitos de validez e aplicabilidade. Essa confusão produz uma ausência de distinção entre a teoria das fontes e a teoria da argumentação e, em última instância, ocasiona a vinculação do Direito à Moral, problema ainda pendente de maior aprofundamento crítico pela doutrina.

11. Ávila ("Repensando o princípio da supremacia do interesse público sobre o particular", cit., in Ingo Wolfgang Sarlet (org.), *O Direito Público em Tempos de Crise*, p. 101) definiu a superioridade do interesse público sobre o privado – eis a base de toda sua construção teórica – como um princípio "relacional", que regularia a supremacia do interesse público sobre o particular "não relativamente ao funcionário, que não pode representar senão o interesse público, mas com referência à relação entre o Estado e o particular. O seu conteúdo normativo pressupõe, portanto, a possibilidade de conflito entre o interesse público e o interesse particular no exercício da função administrativa, cuja solução deveria ser (em abstrato e em princípio) em favor do interesse público". Parece-me que o ponto central da tese do autor reside na impossibilidade de um princípio radical, absoluto, apriorístico e abstrato de prevalência do interesse público sobre o privado. Sem embargo, não vejo problema algum em reconhecer o acerto dessa proposta teórica, que não colide, salvo melhor entendimento, com a tese da doutrina administrativista pátria em torno ao assunto. De outro lado, não se compreende a razão de um fechamento teórico – formulado pelo próprio autor – na delimitação do princípio em debate. O caráter relacional do princípio também há de ser compreendido – em sua vertente mais importante, é bom lembrar – em outras dimensões, é dizer, (a) como produtor de uma cogente finalidade pública – e não privada – dos agentes públicos, (b) como direcionador e, basicamente, fundamentador de leis instituidoras de privilégios à Administração Pública, excluindo a possibilidade de leis instituidoras de privilégios calcados em interesses privados, e, finalmente, como (c) princípio que permite a restrição de direitos individuais, no exercício do poder de polícia ou no desempenho de atividades públicas protetivas de bens coletivos, sendo, nessa medida, diferenciáveis interesses públicos e privados. Ademais, não vejo necessidade de restringir o princípio ora debatido à lógica argumentativa da esfera judicial, é dizer, ao chamado "Direito dos juristas". Voltarei ao exame dessas questões adiante.

12. Devo dizer, de imediato, que concordo com a maior parte das *conclusões* de Humberto Bergmann Ávila relativamente à funcionalidade das normas-princípio e à impossibilidade de um princípio radical e apriorístico de prevalência do interesse público sobre o privado, na medida em que seria inconcebível e inadmissível um tal princípio constitucional de "supremacia do interesse público sobre o privado" que, de antemão, nas relações do Estado com os particulares, determinasse a invariável preponderância dos interesses públicos em detrimento dos interesses privados, em todas as hipóteses de conflitos ou colisões e de forma radical e absoluta. Viveríamos em um Estado Totalitário se houvesse um tal princípio de supremacia absoluta e apriorística do interesse público sobre o privado. Seria, em realidade, impensável um semelhante princípio de superioridade do interesse público sobre o privado no conjunto de garantias e direitos fundamentais consagrados na Constituição Federal, a qual se apresenta detalhista, minuciosa e contundente a esse respeito, inclusive mais enfática que a própria Lei Fundamental de Bonn ou que a Constituição espanhola de 1978. Não haveria maior dificuldade em se chegar a essa conclusão, que me parece, aliás, indiscutível no cenário jurídico brasileiro. Não consigo sequer elaborar como seria um princípio geral de Direito Administrativo de superioridade absoluta e permanente do interesse público sobre o privado, na medida em que as pessoas – não apenas os cidadãos – ficariam expostas a um superior e radical princípio genérico

Resulta, portanto, fundamental e imprescindível contextualizar corretamente o discurso de Celso Antônio Bandeira de Mello, o qual defende a existência de um princípio de superioridade do interesse público sobre o privado à luz de um universo dominado pela legalidade administrativa e pelo Estado de Direito Democrático.[13] Para tan-

de interesse público em detrimento de seus direitos fundamentais e dos interesses privados protegidos incisivamente na Constituição Federal, tais como o direito à privacidade, à honra, à liberdade de expressão do pensamento, ao devido processo legal, à interdição à arbitrariedade dos Poderes Públicos, à segurança jurídica. Devo, portanto, aderir às conclusões do referido autor, partilhando, desde logo, da mesma concepção liberal que norteou seu pensamento.

13. No Estado de Direito – é comum essa afirmação – quer-se o governo das leis, não dos homens, radicando o princípio da legalidade, especificamente, nos arts. 5º, II, 37, e 84, IV, todos da Carta Constitucional vigente, significando que a Administração nada pode fazer senão o que a lei determina. "Ao contrário dos particulares, os quais podem fazer tudo o que a lei não proíbe, a Administração só pode fazer o que a lei antecipadamente autorize. Segue-se que a atividade administrativa consiste na produção de decisões e comportamentos que, na formação escalonada do Direito, agregam níveis maiores de concreção ao que já se contêm abstratamente nas leis" – conforme salienta incisivamente Celso Antônio Bandeira de Mello, *Curso de Direito Administrativo*, cit., pp. 56-61. Diz o autor que o interesse público está associado à idéia de obediência à ordem jurídica, visto que o interesse juridicamente vinculante é o interesse público primário (pp. 39-90). Esse o contexto correto, vale lembrar, para inserir o discurso desse notável administrativista sobre a prevalência do interesse público sobre o privado. Diante de uma defesa tão intensa da legalidade administrativa, como inferir desse discurso o sentido de consagrar um interesse público como justificativa isolada, absoluta, ilegal, radical e permanente para as ações administrativas ou a interpretação das regras administrativas? Não me parece, simplesmente, viável semelhante hipótese. Nesse passo, jamais poderia a superioridade do interesse público sobre o privado ser encarada como um suposto princípio absoluto e contrário aos direitos fundamentais da pessoa humana. A terminologia empregada, todavia, talvez tenha produzido o equívoco, dado que indica um caráter relacional e, literalmente, poderia induzir a uma noção de prevalência abstrata e absoluta do interesse público sobre o privado. Em todo caso, creio que resulta inequívoco o fato de que ninguém sustenta tal prevalência nesses termos. O caráter relacional do princípio, por seu turno, está implícito em sua definição mesma, na medida em que se aparta do interesse privado e, com grande freqüência, orienta e impulsiona as leis de Direito Administrativo. Saliente-se que o princípio da legalidade administrativa encontra ressonância, de um modo geral, na idéia de Estado de Direito. De um lado, a legalidade dos atos dos administradores resulta da divisão de Poderes. De outra parte, a legalidade é produto, também, de uma concepção da lei enquanto "vontade geral". A administração é uma função essencialmente executiva: ela encontra na lei o fundamento e o limite de suas ações. Essa é a lição de Jean Rivero, *Droit Administratif*, 3ª ed., Paris, Dalloz, 1965, pp. 14-15. Modernamente – aduz esse autor – entende-se que a ação administrativa deve estar juridicamente vinculada, diferentemente da Administração Pública do século XVIII, a qual atuava sob o império do chamado despotismo esclarecido, em França, no chamado Estado de Polícia. Naquele período as regras vinculatórias existiam apenas no plano interno da Administração, ficando os agentes públicos obrigados tão-somente perante seus superiores – não perante os administrados –, com o quê somente a regulamentação interna da Administração Pública teria força vinculante. Todas as Constituições brasileiras, desde o Império, consagram o princípio conforme o qual ninguém é obrigado a fazer ou deixar de fazer alguma coisa senão em virtude de lei. "Se ao Estado se importa que se faça, ou não se faça alguma coisa, que o diga em lei. Naturalmente, há as regras jurídicas inferiores à lei que se edictam administrativamente, pela extrema mutabilidade das circunstâncias, ou pela excepcionalidade do suporte fáctico, ou pelo estado de necessidade, que se revela, mas ainda é questão de legalidade e de poderem, ou não, ser edictadas" – conforme a correta lição de Francisco Cavalcanti Pontes de Miranda, *Comentários à Constituição de 1967 com a Emenda n. 1 de 1969*, 3ª ed., t. V, Rio de Janeiro, Forense, 1987, p. 3. Consulte-se, ainda, Almiro do Couto e Silva ("Princípios da legalidade da Administração Pública e da segurança jurídica no Estado de Direito contemporâneo", *RDP* 84/49, São Paulo, Ed. RT), quando refere que a base do pensamento liberal identifica o silêncio da lei com a liberdade individual. "Se apenas é crime o que a lei qualifica, tem o indivíduo a plena liberdade de

fazer tudo aquilo que a lei não proíbe". Eis, então, a reserva legal *lato sensu*. O princípio da legalidade dos atos do Estado tem suas origens na idéia de que todo o poder emana do povo, que o exerce por meio de representantes eleitos ou diretamente, nos termos da ordem constitucional (art. 1º da CF de 1988), é dizer, no próprio princípio democrático. Não se pode radicalizar, sem embargo, atualmente, o alcance da legalidade administrativa, mormente porque proliferam situações carentes de tutela urgente da Administração e o princípio de liberdade geral do indivíduo pode revelar-se incompatível com determinadas exigências sociais. Consulte-se, nesse sentido, Gustavo Zagrebelski, *El Derecho Dúctil*, 3ª ed., trad. de Marina Gascón, Madri, Trotta, 1999, pp. 35-36. Resulta ilusório imaginar que o poder administrativo de polícia, por exemplo, em determinados setores, se revista de uma integral legalidade, porque a amplitude dos textos legais que embasam tais poderes outorga espaços discricionários extremamente amplos à Administração. Como diz Zagrebelski, "hoy día ya no se mantienen los caracteres liberales de la ley, concebida como límite a la situación de libertad natural presupuesta a favor de los particulares. Separada de este contexto general de referencia, en el que actuaba estableciendo los límites entre dos ámbitos perfectamente distinguibles, el de la autoridad pública y el de la libertad privada, la ley ha perdido el sentido de la orientación, haciéndose temible por lo imprevisible de su dirección" (p. 36). Há, por assim dizer, uma crise da clássica legalidade administrativa. Dizer, portanto, que o interesse público se resume ao que a lei outorga ou habilita à Administração, e que, portanto, somente o interesse público delimitado claramente na lei teria força vinculante, seria olvidar toda uma distinta realidade. Faço essa observação para atenuar a referência, já antes formulada, a que nenhum comportamento deve ser exigido do particular/cidadão com base apenas no princípio do interesse público. Em realidade, excepcionalmente, na prática, dada a amplitude de determinados poderes administrativos, é o interesse público, sim, que marca o limite das restrições aos direitos individuais, criação de deveres, imposição de obrigações aos particulares. A legalidade será, em tais casos, uma referência bem mais abstrata, um controle de limites mínimos da atividade administrativa. De qualquer forma, seria impróprio, em tais hipóteses, falar-se em mera execução administrativa de comandos abstratos das leis, conforme acentuado pelo constitucionalista italiano (p. 36). Devo destacar que a superioridade do interesse público sobre o privado não é, nem poderia ser, absoluta, radical, apriorística e definitiva em todas as hipóteses reguladas pelo Direito Público, notadamente pelo Direito Administrativo. Ninguém sustenta um princípio de prevalência do interesse público sobre o privado ao arrepio da razoabilidade e proporcionalidade que devem orientar as ações administrativas e legislativas. Nesse sentido, a jurisprudência reconhece a influência do aludido princípio nas leis administrativas, porém à luz da razoabilidade, proporcionalidade e isonomia das partes (STF, Pleno, ADIn/MC 1.753-DF, rel. Min. Sepúlveda Pertence, j. 16.4.1998: "Ação rescisória – MP n. 1.577-6/97, art. 4º e parágrafo único – a) Ampliação do prazo de decadência de dois para cinco anos, quando proposta a ação rescisória pela União, os Estados, o Distrito Federal ou os Municípios e suas respectivas autarquias e fundações públicas (art. 4º), e – b) Criação, em favor das mesmas entidades públicas, de uma nova hipótese de rescindibilidade das sentenças – Indenizações expropriatórias ou similares flagrantemente superiores ao preço de mercado (art. 4º, parágrafo único) – Argüição plausível de afronta aos arts. 62 e 5º, I e LIV, da Constituição – Conveniência da suspensão cautelar – Medida liminar deferida". Mais adiante, diz o acórdão: "A igualdade das partes é imanente ao *procedural due process of law*; quando uma das partes é o Estado a jurisprudência tem transigido com alguns favores legais que, além da vetustez, têm sido reputados não-arbitrários por visarem a compensar dificuldades da defesa em juízo das entidades públicas; se, ao contrário, desafiam a medida da razoabilidade ou da proporcionalidade, caracterizam privilégios inconstitucionais. Parece ser esse o caso das inovações discutidas, de favorecimento unilateral aparentemente não explicável por diferenças reais entre as partes e que, somadas a outras vantagens processuais da Fazenda Pública, agravam a conseqüência perversa de retardar sem limites a satisfação do direito do particular já reconhecido em juízo. 3. Razões de conveniência da suspensão cautelar até em favor do interesse público"). No Direito Alemão, Eberhard Schmidt-Assmann ("La doctrina de las formas jurídicas de la actividad administrativa", *DA* 235-236/9 e ss., julho-dezembro de 1993) afirma que Joachim Martens expôs, em trabalho publicado em 1986, a tese de equiparação jurídica entre cidadãos e Administração Pública, com crítica à clássica doutrina de Otto Mayer, a qual visualizava nos princípios não-escritos do Direito Administrativo "auténticos soportes de una malograda idea de subordinación". Essa tese de Martens foi criticada pelo próprio Schmidt-Assmann, o qual reconhece que inexiste uma equiparação, mas sim relações jurídicas entre cidadãos-Estado. "La esfera del ciudadano se encuentra fundida bajo el molto não basta uma interpretação meramente literal de suas palavras, sendo necessária uma interpretação sistemática à luz do conjunto de suas lições.[14]

O que a doutrina administrativista compreende, então, como a superioridade do interesse público sobre o privado?

3. O interesse público como princípio implícito na ordem constitucional brasileira

Evidentemente que a superioridade do interesse público sobre o privado não pode ser deduzida de princípios exclusivamente morais ou políticos, pois carece de uma recondução à normatividade própria da Constituição Federal.

Buscarei, portanto, na Constituição Federal o reconhecimento de um princípio de interesse público superior ao interesse privado, ou, ao menos, um princípio de interesse público, admitindo, desde logo, a possibilidade de existência de princípios implícitos na ordem constitucional.[15]

de de la libertad, mientras que la ordenación jurídico-administrativa viene definida por unas competencias conferidas jurídicamente" (pp. 24-25). Não se trata de equiparar as posições jurídicas dos cidadãos às posições jurídicas da Administração Pública, porque, em realidade, tanto os primeiros quanto a segunda estão submetidos ao Direito. "Pues también en democracia se ejerce poder político y se exige obediencia al Derecho (...). El sometimiento al Derecho no es sólo la subordinación a una ley que se ejecuta por sí misma, sino a unas competencias decisorias de Administración y tribunales que deben su existencia a un apoderamiento legal. Estos dos órganos a que acabamos de referirnos ejercen poder de Estado de modo no diverso a como lo ejerce el Poder Legislativo. La juridificación y la protección, en contra de la tesis de Martens, no alteran en nada esta situación; no convierten la subordinación en equiparación, sino que a su vez representan medios para disciplinar y hacer efectivas diferenciadamente las decisiones administrativas" (p. 25). O fato de Schmidt-Assmann referir, em outra obra, conforme aponta Ávila, que não há uma prevalência automática do interesse público sobre o privado, com a devida vênia, apenas deve significar que há uma necessidade de ponderação, de razoabilidade e proporcionalidade na aplicação da norma, estando as competências, faculdades e direitos definidos juridicamente, não sendo tal referência contrária à existência mesma de um princípio de interesse público nos moldes em que está concebido pela doutrina administrativista brasileira.

14. Cf. Celso Antônio Bandeira de Mello, *Discricionariedade e Controle Jurisdicional*, 2ª ed., 2ª tir., São Paulo, Malheiros Editores, 1996, pois ali – como no restante de suas obras – resultam claríssimas a postura liberal do autor e sua intransigente defesa da legalidade dos atos administrativos.

15. É pela interpretação que se encontra o caminho para a descoberta dos princípios implícitos. O ponto de partida há de ser a concepção do texto constitucional como um sistema aberto de regras e princípios, reconhecendo caráter normativo a esses últimos, que podem ser normas escritas e não-escritas. "A Constituição é documento jurídico que contém em seu bojo princípios que encarnam valores superiores havidos na sociedade" – conforme anota Raquel Fernandes Perrini, "Os princípios constitucionais implícitos", *Cadernos de Direito Constitucional e Ciência Política* 17/128 e ss., São Paulo, Ed. RT. Como afirma Ferrara, o Direito não é só o conteúdo imediato das disposições expressas, mas também o conteúdo virtual de normas não-expressas, porém ínsitas ao sistema. A Constituição vive também no que ela não diz, arremata Cármen Lúcia Antunes Rocha, mas permite venha a ser dito e ditado pelo seu intérprete. Podem ser considerados parte integrante do texto constitucional aqueles vetores que, embora não elencados expressamente pelo legislador, foram por ele adotados implicitamente, podendo ser extraídos do contexto constitucional através de uma interpretação sistêmica (pp. 131-132). Vale consultar Riccardo Guastini ("Principios de derecho y discrecionalidad judicial", in *Jueces para la Democracia* 34/42 e ss., Madri, março de 1999), quando afirma que os princípios podem ser identificados na ordem jurídica – quando aí se encontrem implicitamente – através de distintas operações. Em primeiro lugar pode-se induzir a existência de normas gerais a partir de normas particulares, na linha do raciocínio comumente adotado no sistema inglês. Em segundo pode-se identificar as razões, valores, fins, intenções do legislador, chegando-se ao conhecimento da *ratio* de uma determinada norma

Devo enfatizar, sem embargo, que um princípio constitucional não existe e vive apenas nas decisões judiciais, pois aparece também em outras manifestações do Direito, sejam espontâneas, sejam estatais. O princípio da superioridade do interesse público sobre o privado pode atuar, portanto, em várias dimensões, a saber: estatal,[16] pactícia,[17] social.[18] Não são os juízes os únicos que produzem o Direito, sendo que o fenômeno jurídico não se reduz à lógica dos juristas.[19]

Daí por que o princípio ora em exame há de ser reconhecido na Constituição Federal, é certo, mas isso não significa que o conteúdo da Constituição Federal somente se revele pelo raciocínio e pela lógica judicial.

ou conjunto de normas, a partir do exame sistemático da Constituição. Finalmente, pode-se elaborar uma norma implícita que se considere instrumental à incidência de um princípio previamente reconhecido como tal, elevando-a, depois, à categoria de princípio.

16. Confiram-se as atribuições distintas do Judiciário, Legislativo, Executivo e Ministério Público, para ficarmos com alguns claros exemplos de Instituições que ostentam campos decisórios e normativos próprios, em que a operacionalização do princípio em debate aparece com notórias distinções.

17. Tal ocorre quando as pessoas orientam seus comportamentos em conformidade com o Direito Público, atendendo àquilo que parece ser a exigência jurídica abstrata, sendo que essa modalidade poderia abranger a contratual, fenômeno crescentemente freqüente no Direito Administrativo.

18. Padrões sociais de comportamentos obrigatórios podem adquirir dimensão jurídica, em determinados contextos, ainda que o Estado não os imponha através dos instrumentos oficiais. Um princípio jurídico de Direito Administrativo pode atuar socialmente, por intermédio de organismos da sociedade, sem uma interferência estatal.

19. Ávila argumenta no sentido de que não poderia haver uma superioridade abstrata do interesse público sobre o privado, apontando, implicitamente, o fato de que os tribunais não poderiam pautar suas decisões por essa relação de prevalência abstrata. Diz que a relação de prevalência se resolverá nos casos concretos, sem qualquer prévia tendência de preponderância do interesse público sobre o privado. Eis um ponto habilmente levantado por esse autor para rebater a existência do princípio em debate. Nenhum princípio poderia apresentar-se abstratamente prevalente em relação aos demais, mormente à luz da lógica judicial. Daí por que seria incabível falar-se em um princípio da supremacia do interesse público sobre o privado. Todavia – insisto –, penso que não há razão para se presumir, apenas com suporte em uma visão estritamente literal da terminologia (superioridade do interesse público sobre o privado), que se trate de uma relação puramente abstrata de prevalência. Cabe esclarecer que a terminologia deixa aberta a possibilidade de que a relação de prevalência se dê, na esfera estatal, em distintos graus – legislativo, administrativo e judiciário, para ficarmos com três hipóteses. Parece-me que o Direito analisado no discurso do referido autor se circunscreve ao âmbito judicial. Todavia, quando uma determinada lei surge e outorga privilégios à Administração, ou institui finalidades públicas indisponíveis, ou, finalmente, restringe direitos individuais, já se encontra sob o influxo, em alguma medida, do princípio em debate, ainda que não se trate de casos jurisprudenciais. A existência da lei, por si só, já pode ser fruto da incidência do princípio constitucional. E a lei abstrata orienta e determina comportamentos sociais não apreciados pelos tribunais. Outro tipo de caso especial, sem dúvida, ocorre quando a lei é aplicada pelos juízes. O Direito judicial assenta-se na idéia de casos concretos e individualizados, que também podem reclamar aplicações diferenciadas dos abstratos comandos normativos. Esses casos concretos também podem ser tutelados, direta ou indiretamente, por princípios constitucionais, e, nessa medida, a superioridade do interesse público sobre o privado há de ser aquilatada à luz da ponderação e da argumentação jurídicas, contrapondo-se a outros princípios constitucionais. A relação de prevalência dá-se, em tais hipóteses, no caso concreto apreciado pelos juízes, não sendo, de modo algum, aprioristicamente obrigatória, salvo quando o legislador assim o determine ou haja clara incidência de uma preferência do interesse público sobre o particular em razão da concreta área de atuação administrativa (meio ambiente, loteamentos urbanos, prestação de serviços públicos essenciais etc.). Por certo que tal relação de prevalência não ocorre quando resulta afastado o princípio do interesse público, prevalecendo, então, o interesse privado ou qualquer outra norma que se revele aplicável à hipótese. Poder-se-ia, en-

São múltiplas as fontes constitucionais da superioridade do interesse público sobre o privado. Dos princípios constitucionais que regem a Administração Pública decorre a superioridade do interesse público em detrimento do particular, como direção teleológica da atuação administrativa. Resulta clara, na seqüência, a relação entre o imperativo conteúdo finalístico da ação administrativa (consecução do interesse público) e a existência de meios materiais e jurídicos que retratam a supremacia do interesse público sobre o privado – é dizer, as situações de vantagens da Administração em detrimento do particular encontram raízes na existência de fins de utilidade pública perseguíveis pelo Poder Público. De outro lado, a existência de bens coletivos que reclamam proteção estatal e restrições a direitos individuais também retrata um princípio de superioridade do interesse público sobre o particular. Nas normas constitucionais protetivas desses bens e valores coletivos, portanto, estão implícitas a existência do interesse público e sua superioridade relativamente ao privado.

4. O interesse público como direção finalística da Administração Pública e dos agentes públicos

Para uma análise global do princípio da superioridade do interesse público sobre

tão, indagar: qual o sentido da terminologia empregada? O problema é que a prevalência, de fato, do interesse público sobre o privado ocorre, com grande freqüência, no Direito Administrativo, no âmbito legislativo e executivo, não necessariamente no campo judicial, embora este último terreno resulte, não raro, bastante delimitado em razão da primazia dos comandos legais, os quais – aí, sim – também estão fortemente marcados pelo princípio ora examinado. As leis de Direito Público são, geralmente, formuladas sob o influxo do princípio da superioridade do interesse público sobre o privado, ao passo que tal não ocorre no Direito Privado. Mais ainda, a Administração Pública, na prática de seus atos administrativos, embora deva atuar com imparcialidade, aplica, em tese, com grande freqüência, o princípio em debate, orientando-se no sentido da satisfação dos interesses gerais da coletividade, é dizer, do interesse público. Claro que a Administração não pode atuar arbitrariamente, nem ilegalmente, nem ilicitamente. Porém, a imparcialidade administrativa não se identifica com a imparcialidade judiciária, justamente porque a Administração Pública está adstrita à satisfação de interesses públicos. Somente o Judiciário atua com verdadeira imparcialidade, sendo, nesse passo, menos atingido pelo princípio ora debatido. É bom insistir na idéia de que o Direito não vive apenas nos tribunais, não é aplicado e observado apenas pelos juízes. Aliás, essa é uma parcela minoritária do campo jurídico. Há enormes grupos de relações sociais que se submetem ao princípio da superioridade do interesse público sobre o privado por vias distintas das judiciais, de modo que a noção de "casos especiais" não deveria restringir-se, a meu ver, aos casos jurisprudenciais. A incidência de um princípio constitucional não ocorre apenas nos casos julgados pelos juízes e tribunais, pois o Direito não se limita a esse terreno. Para uma visão mais ampla sobre o Direito que se produz à sombra do chamado "centralismo jurídico" consulte-se o trabalho de Marc Galanter, "A justiça não se encontra apenas nas decisões dos tribunais", in António Espanha (org.), *Justiça e Litigiosidade: História e Prospectiva*, Lisboa, Fundação Calouste Gulbenkian, 1993, pp. 65 e ss., quando afirma, dentre outras coisas, que "a maior parte dos litígios que, no estado actual do Direito, poderiam ser levados a um tribunal não o são de facto", sendo "preciso notar que *os tribunais apenas resolvem uma ínfima parte dos conflitos cuja resolução lhes é pedida*". Ademais, "é preciso dar-se conta, também, de que esses próprios conflitos apenas constituem uma ínfima parte de todos os conflitos de interesses cuja resolução se possa conceber pedir ao tribunal e uma parte ainda menor do conjunto dos litígios que se produzem na sociedade". Aduz o autor: "Não devemos procurar a saúde principalmente nos hospitais, nem a ciência nas escolas; não devemos, também, procurar a justiça nos organismos públicos destinados a fazê-la...Os homens não fazem apenas (nem principalmente) a experiência da justiça (ou da injustiça) quando recorrem às instituições patrocinadas pelo Estado; justiça ou injustiça encontram-se igualmente no nível das instituições primárias onde se exerce a sua atividade; em casa, no local em que vivem, onde trabalham, meio de negócios etc. (e nos vários organismos particulares de controlo que esses meios podem ter)" – de o privado creio que seria necessário enfrentar o problema do porquê de a obrigatoriedade da ação administrativa ou mesmo legislativa, no terreno do Direito Administrativo, estar imperativamente vinculada a fins de interesse público, não sendo viável deixar sem uma resposta essa questão.[20]

Não traduz novidade no ordenamento jurídico brasileiro a norma constitucional da superioridade do interesse público sobre o privado. Com efeito, já a Carta Constitucional pátria de 1824, em seu art. 179, § 2º, dizia que nenhuma lei poderia ser estabelecida sem finalidade pública.[21]

tal modo que também existe, a par de um sentimento difuso de justiça que se pode ter aqui ou ali, um Direito espontâneo, reflexo de modelos concretos de comportamento social que se impõem em variados contextos. Em todo caso, o que quero deixar claro – e nada muito além disso, neste momento – é que o princípio constitucional da superioridade do interesse público sobre o privado não necessita de compreensão à luz exclusiva da lógica argumentativa dos juízes e tribunais, visto que, mesmo abstraindo a temática do famoso Direito espontâneo, é certo que produz efeitos junto ao legislador e ao administrador público e, em tais hipóteses, também está a atuar funcionalmente, embora sem submissão à lógica judicial.

20. Ávila ("Repensando o princípio da supremacia do interesse público sobre o particular", cit., in Ingo Wolfgang Sarlet (org.), *O Direito Público em Tempos de Crise*, pp. 100-101) constatou, desde logo, a importância do interesse público para a teoria do Direito Administrativo, esclarecendo que não seria sua intenção questionar o papel do interesse público nesse ramo jurídico e tampouco, suponho, no Direito Tributário ou no Direito Constitucional. Diz o autor: "*Não há dúvida de que a Administração não possui autonomia de vontade, mas apenas deve executar a finalidade instituída pelas normas jurídicas constantes na lei, dando-lhes ótima aplicação concreta* (...). A utilidade do interesse público é manifestada também na descrição dos seus vários tipos (primário, secundário etc.)". O problema, na visão do autor, não é propriamente a descrição e a importância do interesse público no ordenamento jurídico brasileiro, mas o modo mesmo como isso é feito. A importância do interesse público – que determina os fins e os fundamentos legítimos da atuação estatal –, do bem comum, ou mesmo dos fins estatais, não foi considerada objeto primordial da análise do autor. O princípio em exame – diz o autor –, tal como vem sendo descrito na doutrina, não significaria o "bem comum", mas sim uma verdadeira "regra de preferência". Não ficou claro, todavia, no discurso de Ávila onde se situaria a categoria do interesse público, e sua importância. Ao que parece, o interesse público seria um valor (ou um critério de valor) embasador de determinadas decisões públicas. Essa, de fato, parece ser a postura mais provável do autor, sem que se tenha esclarecido, no entanto, a posição constitucional ou infraconstitucional desse valor. O interesse público seria "um valor direcionador da Administração", diz Ávila (p. 111), ao citar entendimento doutrinário nesse sentido. Não resta clara, todavia, a origem desse valor, é dizer, de onde provém, tampouco se tal valor teria força normativa. Penso que um valor direcionador da Administração pode ser gerado ou instituído por um princípio jurídico, como, por exemplo, o princípio em debate. Embora tenha sido descartada a hipótese de que houvesse um "princípio" ou mesmo uma "regra" constitucional de prevalência do interesse público sobre o privado, não ficou delineada qual seria, então, a categoria do "interesse público" que seria importante para o Direito Administrativo ou mesmo para o Direito Público em geral. Creio que Ávila não descarta a existência de alguma obrigação geral de que a Administração deva orientar-se sob o influxo de interesses públicos, ressaltando, apenas, que isso "não significa, nem poderia significar, que se estabeleça uma relação de prevalência entre os interesses públicos e privados. Interesse público como finalidade fundamental da atividade estatal e supremacia do interesse público sobre o particular não denotam o mesmo significado. Os interesses públicos e privados não estão principialmente em conflito, como pressupõe uma relação de prevalência" (p. 112). Devo dizer que a finalidade imperativa do interesse público, exigível da Administração e dos agentes públicos, se contrapõe, sim, ao interesse privado, na medida em que afasta tal interesse ou objetivo da esfera de disponibilidade dos funcionários públicos. Apresentam-se, pois, interesses públicos e privados, pelo ângulo finalístico, principialmente em conflito.

21. A atividade pública – salienta a boa doutrina –, cujo exercício é regulado pelo Direito Público, constitui função, verdadeiro dever jurídico. "Logo, dúvida não pode haver, em um Estado de Direito, de que o desvio de finalidade vicia a lei de inconstitucionalidade", pois a impessoalidade não

Cabe destacar que a diferença entre a nossa Constituição Federal e a Constituição espanhola de 1978 (CE) no reconhecimento do princípio do interesse público talvez resida no único detalhe da literalidade: a segunda consagra literalmente, expressamente, o princípio do interesse público como direção finalística da Administração Pública, que é o sentido inicial e básico do princípio em debate, ao passo que a nossa Constituição Federal não consagra explicitamente uma norma nesse sentido.[22]

No Brasil, é certo, não há norma específica consagrando o interesse público como princípio geral da Administração Pública na

é axioma apenas do Direito Administrativo, como uma leitura literal do art. 37, *caput*, da Carta Política de 1988 poderia dar a entender, "mas princípio de todo o Direito Público, aplicando-se a todas as manifestações estatais, inclusive as judiciais e legislativas" – consoante enfatiza Carlos Ari Sundfeld, "Princípio da impessoalidade e abuso do poder de legislar", *RTDP* 5/161, São Paulo, Malheiros Editores, 1994. O que o autor denomina de "impessoalidade" pode ser compreendido também como projeção do princípio da superioridade do interesse público sobre o privado, tal como concebido na Constituição de 1824. Atualmente, note-se, com efeito, que os princípios do art. 37, *caput*, da CF presidem a Administração Pública, porém também presidem a atividade do Estado como um todo, na medida em que a Administração de qualquer dos Poderes da República está sujeita aos princípios do Direito Administrativo, conforme deixa claro a Lei 8.429, de 1992. Daí por que impessoalidade, publicidade, moralidade administrativas são princípios que vinculam todos os Poderes do Estado, na medida em que seus atos se enquadrem na categoria de "administração" desses mesmos Poderes.

22. O Judiciário Espanhol pode e deve examinar o conceito jurídico indeterminado de interesse público, controlando, inclusive, o próprio legislador perante o texto constitucional, visto que se trata de norma constitucional vinculante que exclui determinadas alternativas, conforme anota Eduardi García de Enterría ("Una nota sobre el interés general como concepto jurídico indeterminado", RTRF-4ª R. 25/38, Ano 7, Porto Alegre, julho-dezembro de 1996. Ocorre que, consoante a respeitada palavra desse autor, o interesse público, quando enunciado pelo legislador ou pelo constituinte, traduz um inequívoco sentido limitador. A Constituição espanhola reza que "la Administración sirve con objetividad los intereses generales". Daí decorreria – pergunta o autor – que esse preceito estaria habilitando os administradores a um poder discricionário global, de tal sorte que poderiam decidir livremente a respeito do interesse público? A resposta: "si hay algo claro en el sentido del precepto es que se trata de excluir, justamente, tal posibilidad". Não há liberdade para o administrador nesse campo, pois, em realidade, há uma ordem. A Administração não conta com uma autonomia de atuação completa. O interesse público, assim, será definido ou mapeado nas leis. Essa primeira definição tampouco fornece um mandato arbitrário ao administrador, porque o controle de segundo grau também é possível no campo judiciário, vale dizer, o controle do conceito legal de interesse público, controle da liberdade do legislador e do administrador (pp. 32 e ss.). No Direito Público Brasileiro é comum afirmar-se que a ordem jurídica está vinculada a fins de interesse público, o que revela, a meu ver, a transcendente função normativa dessa categoria (STJ, 1ª S., MS 5.307-DF, rel. Min. Demócrito Reinaldo, j. 14.10.1998, m.v., *in verbis*: "Os serviços de radiodifusão sonora de sons e imagem e demais serviços de telecomunicações constituem, por definição constitucional, serviços públicos a serem explorados diretamente pela União ou mediante concessão ou permissão, cabendo à lei dispor sobre a licitação, o regime das empresas concessionárias e permissionárias e o caráter especial do respectivo contrato (art. 175, parágrafo único, n. I, da CF). Esses serviços públicos (radiodifusão sonora), quando delegados a terceiros, mediante permissão, têm como suporte jurídico um contrato de caráter especial e regido por regras de Direito Público, consoante determinação constitucional (Lei n. 8.987/95, art. 1º). *As condições básicas desse contrato são impostas ao particular, segundo disciplinamento consignado em lei, e é a Administração que delimita os tópicos acerca dos quais poderá haver manutenção dos particulares firmatários da avença. As TVs Educativas, cujos serviços que exercem são regidos por normas de Direito Público e sob regime jurídico específico, não desenvolvem atividades econômicas sob regime empresarial e o predomínio da livre iniciativa e da livre concorrência e não estão jungidas ao sistema peculiar às empresas privadas, que é essencialmente lucrativo. Não se inclui no conceito de atividade econômica aquela que a Constituição qualifi-*

Constituição Federal, mas tal princípio ostenta *status* constitucional, na medida em que consagra uma finalidade indisponível e imperativa da Administração Pública e, por conseguinte, de seus agentes, revelando-se imanente ao sistema.[23]

A prevalência do interesse público sobre o privado é uma norma constitucional direcionada, em primeiro e básico momento, especificamente ao controle das atividades públicas, é dizer, não entra em jogo, desde logo, como um privilégio da Administração Pública em detrimento dos interesses dos particulares (propriedade, liberdade).[24]

A verdade é que a supremacia do interesse público sobre o privado não traduz possibilidade de arbítrio aos agentes públicos e tampouco significa que a Administração Pública possa atuar com a mesma liberdade conferida aos particulares; antes, pelo contrário, traduz limitações ainda mais rígidas à atividade administrativa. "Quem exerce função administrativa está adstrito a satisfazer interesses públicos, ou seja, interesses de outrem: a coletividade." Há deveres-poderes dos administradores públicos, "sobressaindo, então, o aspecto finalístico que as informa, do que decorrerão suas ineren-

cou como serviço público, ainda que potencialmente lucrativa (v.g., serviços de radiodifusão sonora), mas se sujeita a uma ***disciplina cujo objetivo é realizar o interesse público***. Ao impedir qualquer restrição à criação, à expressão e à informação sob qualquer forma ou veículo, a Constituição não interfere na atividade das TVEs (Televisões Educativas), que prestam serviço público, sob condições especiais, nem derrogou o Decreto-lei n. 236/67").

23. A superioridade do interesse público sobre o privado, considerada internamente na ação administrativa, é uma norma constitucional implícita, que decorre da leitura teleológica e sistemática do conjunto de normas constitucionais que vinculam a Administração Pública.

24. Ávila refere que a constatação de que os funcionários não representam interesses outros além do público não resulta do interesse público propriamente dito (definido, aliás, pela finalidade), "mas do desinteresse, por sua vez reconduzido à função pública e ao princípio republicano. E é o princípio republicano que estrutura o bem público, a ser constatado no Direito Positivo" ("Repensando o princípio da supremacia do interesse público sobre o particular", cit., in Ingo Wolfgang Sarlet (org.), *O Direito Público em Tempos de Crise*, p. 118). Sem embargo, o fato de todos os princípios que regem a Administração Pública serem reconduzíveis ao princípio republicano não traduz uma simultânea negação de validez a esses princípios. Por isso, esse argumento, que aponta a abrangência do princípio republicano – e que não é negado –, não pode servir de fundamento para negar a existência de um princípio constitucional implícito do Direito Público. De outro lado, oportuno consignar que o desinteresse, em certa medida, não equivale exatamente a "desinteresse administrativo". O princípio da impessoalidade, que seria expressão desse "desinteresse", poderia não se esgotar na exigência de que o agente não persiga interesses privados e seja imparcial. Outras concepções apontam a exigência de que os agentes públicos persigam interesses públicos. Em todo caso, no máximo, pode-se ver com maior clareza a importância do princípio de superioridade do interesse público sobre o privado nesse terreno, em face da ambigüidade de outros princípios constitucionais semelhantes. É certo, de qualquer modo, que não basta um mero desinteresse, pois o agente público não pode ficar indiferente ao interesse público; deve, ao contrário, buscar sua máxima realização. A imparcialidade de sua atuação, como programa ou procedimento, é uma exigência finalística do interesse público, já é expressão de incidência formal do aludido princípio, cujos efeitos também alcançam os procedimentos administrativos. Esse dever finalístico encontra um fundamento racionalmente rastreável no princípio ora em debate. As leis podem silenciar a respeito, mas há essa exigência implícita decorrente do sistema constitucional. É o conjunto de princípios constitucionais, ligados ao princípio republicano, que fundamenta a existência de um princípio de superioridade do interesse público sobre o privado. E tal é o peso dessa prevalência que, normalmente, debaixo de uma grande quantidade de condições, sempre prevalecerá o interesse público sobre o privado nas ações administrativas, é dizer, como uma direção finalística da função pública, uma vinculação do agente público a um superior interesse geral da coletividade em detrimento dos interesses privados e particulares que poderiam animar seu comportamento.

tes limitações". Nesse sentido, interesse verdadeiramente público é o interesse público primário, aquele que pertence à coletividade, independentemente do interesse eventualmente diverso da entidade pública. A observância da ordem jurídica, em última análise, traduz respeito ao interesse público primário.[25]

Seria possível objetar: qual o sentido de uma norma constitucional de superioridade do interesse público sobre o privado em face da abrangência da legalidade administrativa? Essa mesma pergunta poderia ser respondida, em parte, com outra questão: qual o sentido dos demais princípios constitucionais previstos no próprio art. 37, *caput*, da CF em face da eventual abrangência da legalidade administrativa? Sucessivamente, poder-se-ia ponderar que a própria legalidade administrativa talvez fosse desnecessária, em face da genérica legalidade que fundamenta o Estado de Direito e do princípio democrático, ao passo que a legalidade também poderia ser reconduzida ao princípio da segurança jurídica e, paradoxalmente, com este entrar em conflito. Que segurança jurídica poderia existir sem uma garantia de legalidade? Que Estado de Direito Democrático existirá sem segurança jurídica e sem legalidade? Que legalidade haverá fora de um Estado de Direito Democrático?

Há quem sustente que a supremacia do interesse público sobre o privado integra a impessoalidade administrativa, pois o interesse público é o único a ser perseguido pelos administradores públicos. A finalidade pública deve nortear toda a atividade administrativa. "Significa que a Administração não pode atuar com vistas a prejudicar ou beneficiar pessoas determinadas, uma vez que é sempre o interesse público, despersonalizado, que tem que nortear o seu comportamento (...)" – sendo que mesmo diante do silêncio do legislador ou do constituinte o interesse público constitui limite à atuação administrativa, devendo imperar a atuação impessoal por parte do agente em relação aos beneficiários de sua atividade.[26]

Impessoalidade e superioridade do interesse público sobre o privado, de fato, assemelham-se, estão intimamente relacionadas, mas uma não esgota a outra.

Em primeiro lugar, a terminologia "impessoalidade administrativa" não é pacífica na doutrina e no Direito Comparado, mesmo porque poderia significar o "desinteresse" como um caminho ou um procedimento, e não como controle de fins ou programas,[27] o que não bastaria para esgotar o conteúdo normativo da superioridade do inte-

25. Celso Antônio Bandeira de Mello, *Curso de Direito Administrativo*, cit., pp. 39-40.

26. Maria Sylvia Zanella Di Pietro, *Discricionariedade Administrativa na Constituição de 1988*, 1ª ed., 2ª tir., São Paulo, Atlas, 1991, pp. 168-169. Veja-se que a impessoalidade também pode se traduzir como uma exigência de que o administrador, o agente público, não marque sua atividade administrativa pela perseguição de fins particulares, motivações egoísticas, ambições pessoais que se sobreponham ao interesse público. A administração pública tem um sentido e uma vocação de permanência, de tal sorte que as características pessoais dos governantes não devem marcar a máquina pública de modo a torná-la pessoalizada, privada, particular, identificável com o suposto proprietário. "A utilidade pública é a finalidade própria da administração pública", sendo que a noção de administração, em si mesma, se opõe à idéia de propriedade, indicando a "atividade do que não é senhor absoluto". Os negócios públicos – arremata o grande administrativista gaúcho – estão vinculados a uma *finalidade impessoal*, pública. "Traço característico da atividade assim designada é estar vinculada – não a uma vontade livremente determinada – porém a um fim alheio à pessoa e aos interesses particulares do agente ou órgão que a exercita", conforme anota Ruy Cirne Lima, *Princípios de Direito Administrativo*, 5ª ed., São Paulo, Ed. RT, 1982, pp. 16, 17, 20 e 21.

27. V. Humberto Bergmann Ávila, "Repensando o princípio da supremacia do interesse público sobre o particular", cit., in Ingo Wolfgang Sarlet (org.), *O Direito Público em Tempos de Crise*, p. 118. A noção de "desinteresse", todavia, nem sempre resulta vinculada ao mero procedimento. Para respeitada doutrina francesa enquanto o impulso de ação dos particulares é calcado nas vantagens pessoais, já na ação administrativa, ao contrário, a

resse público sobre o privado. Há uma variedade terminológica nessa área, visto que existem outros princípios, tais como a imparcialidade,[28] a objetividade[29] e a própria moralidade administrativa, que se aproximam bastante da impessoalidade.[30] Em segundo lugar, pode haver concepções restritas, mais estreitas, acerca da "impessoalidade administrativa", embora a presença do interesse público se revele sempre inolvidável, de tal modo que existe uma inquestionável importância prática na construção e no reconhecimento de um princípio constitucional implícito como o é a superioridade do interesse público sobre o privado. A própria impessoalidade administrativa pode ser reconduzível ao princípio da igualdade dos administrados ante as atuações administrativas,[31] de modo que a atuação conjunta dos princípios constitucionais não traduz qualquer surpresa.

atuação humana deve ser *desinteressada*. Importa, aqui, apenas a busca de atendimento ao interesse geral, de utilidade pública, ou, por um ângulo mais filosófico, do bem comum. O conteúdo do interesse geral pode variar conforme os diversos momentos históricos e necessidades sociais, mas a ação administrativa deve estar direcionada ao interesse geral da coletividade, conforme anota Jean Rivero (*Droit Administratif*, cit., pp. 10-11). Verifica-se, pois, que "desinteresse" é identificado com a busca do interesse geral ou a ausência de interesses próprios e privados na ação administrativa.

28. Leia-se Maria Teresa de Melo Ribeiro, *O Princípio da Imparcialidade da Administração Pública*, Coimbra, Almedina, 1996, pp. 162-163, quando afirma o seguinte: "Os interesses prosseguidos pela Administração são interesses públicos, predeterminados pelo legislador, interesses que, por natureza, são objectivos, pelo que objectiva deve ser a conduta que os prossegue e objectivos devem ser os instrumentos utilizados para sua prossecução. A Administração Pública, porque exerce uma função – a função administrativa –, tem o dever de exercer os poderes que lhe foram conferidos com total objectividade, sem se deixar influenciar por considerações de ordem subjetiva, pessoal, e, por isso mesmo, ajurídicas. Objectividade equivale a juridicidade; nessa medida, mais não é do que um corolário do Estado de Direito e da integral vinculação da Administração ao Direito. Deste modo, tanto na fase instrutória de recolha e apreciação dos factos, como na fase decisória, a Administração Pública deve actuar com objectividade, isto é, segundo critérios lógico-racionais e segundo critérios estritamente jurídicos. A exigência da objectividade administrativa, ao impor parâmetros racionais de comportamento, afasta as apreciações subjetivas, as motivações pessoais, as decisões arbitrárias, os interesses alheios ao procedimento administrativo concreto e os interesses estranhos ao interesse público. A exigência da objectividade administrativa afasta, assim, as discriminações subjectivas, protegendo os particulares contra tratamentos administrativos discriminatórios por razões meramente subjetivas, pessoais ou ajurídicas, como o sexo, a raça, a idade, a condição econômica ou social, as opiniões políticas etc.".

29. Identificando o famoso art. 103.1 ("A Administração Pública deve servir objetivamente os interesses gerais") da Constituição espanhola como uma cláusula geral, leia-se Luciano Parejo Alfonso, "La eficacia como principio jurídico de la actuación de la Administración Pública", *DA* 218-219/36 e ss., abril-setembro de 1989, especialmente quando afirma que o interesse geral constitui um conceito formalizador de um bem jurídico global, abstrato e formal. O autor demonstra a íntima relação entre o interesse público e o princípio da eficácia da Administração Pública, bem como o papel desempenhado pela idéia de objetividade administrativa.

30. Consulte-se Almiro do Couto e Silva, Parecer encomendado pelo Prefeito do Município de Porto Alegre/RS, *Revista da Procuradoria-Geral do Município de Porto Alegre* 9, quando afirma que o princípio da moralidade administrativa estaria abrangido pelo princípio da impessoalidade e pela teoria do desvio de finalidade, culminando por refutar a existência de uma utilidade prática em tal princípio constitucional.

31. Salienta a doutrina, com acerto, que na raiz da exigência de impessoalidade está a proteção da igualdade. As distinções de tratamento devem resultar de motivos e fundamentos razoáveis. A vulneração da impessoalidade, por exemplo, na classificação utilizada pelo legislador para desigualar pessoas quanto a seus direitos e obrigações torna o ato legislativo inigualitário. Quando o fundamento adotado para a discriminação não é sério, permitindo o atingimento de finalidade ilegítima – qual seja, por exemplo, a personalização do serviço público –, resulta violentado o princípio da isonomia, conforme anota Carlos Ari Sundfeld ("Prin-

Note-se que o controle do interesse público acaba sendo, preponderantemente, tal como ocorre com os demais princípios ou regras previstos no art. 37, *caput*, da CF, um controle de legalidade, sendo tal conceito de conteúdo indeterminado. Sem embargo, também é um controle de legitimidade, ou, se se preferir, de uma legalidade essencialmente substancial,[32] podendo ocorrer, nesse passo, que a Administração persiga um interesse público real mas conflitante com outro, que lhe é superior, por ser a legítima e real expressão das aspirações da sociedade brasileira e de seus cidadãos. Nesse caso, caberia ao Poder Judiciário decidir tal conflituosidade, pois "aferir e qualificar um interesse público como determinante de uma ação administrativa representa, afinal, um juízo de legalidade".[33] Sustenta-se, nesse passo, que a satisfação do interesse público "transcende os simples limites da legalidade, para ir abrigar-se no domínio da legitimidade"[34] – o que pode significar "legalidade substancial".

O que se vê, claramente, é a necessária implicação recíproca dos princípios constitucionais que presidem a Administração Pública, até porque todos, em conjunto, reforçam determinadas possibilidades argumentativas e, portanto, determinados caminhos hermenêuticos.[35]

cípio da impessoalidade e abuso do poder de legislar", *RTDP* 5/169).

32. O princípio da legitimidade radica expressamente no art. 70 da Carta de 1988, significando uma perspectiva mais substancialista em matéria de controle dos atos administrativos, permitindo ao controlador investigar além das aparências de regularidade formal. *O exame da legitimidade "deve ir ao fundo da finalidade apresentada e da motivação oferecida", vedando-se o escudo do formalismo, "graças ao qual foram cometidas inúmeras violações impunes das máximas conducentes à realização do interesse público"* – conforme anota Juarez Freitas, *O Controle dos Atos Administrativos e os Princípios Fundamentais*, São Paulo, Malheiros Editores, 1997, pp. 87-88. Consulte-se, de outro lado, Ricardo Lobo Torres, "A legitimidade democrática e o Tribunal de Contas", *RDA* 194/39, quando pondera que o controle da legitimidade é o da própria moralidade administrativa. O intercâmbio entre os diversos princípios constitucionais é, inegavelmente, notável.

33. Alice Gonzalez Borges, "Interesse público: um conceito a determinar", *RDA* 205/115, Rio de Janeiro, Renovar/FGV, julho-setembro de 1996.

34. Alice Gonzalez Borges, idem, ibidem. Devo referir, todavia, que, sendo um conceito indeterminado de valor, o interesse público comporta um controle meramente negativo, repressivo, de limites mínimos, pelo Judiciário; daí por que necessário cautela com a possibilidade de se invadir, pela via judicial, espaços reservados à Administração Pública.

35. Com efeito, não há dúvidas de que "os princípios da impessoalidade, moralidade e publicidade apresentam-se intrincados de maneira profunda, havendo, mesmo, instrumentalização recíproca; assim, a impessoalidade configura-se meio para atuações dentro da moralidade; a publicidade, por sua vez, dificulta medidas contrárias à moralidade e impessoalidade; a moralidade administrativa, de seu lado, implica observância da impessoalidade e da publicidade" – sendo que o estudo em separado desses princípios atende a requisitos didáticos, conforme aponta corretamente Odete Medauar, *Direito Administrativo Moderno*, 2ª ed., São Paulo, Ed. RT, p. 136. Os princípios realmente acabam atuando em conjunto. Daí por que nenhuma perplexidade pode causar a íntima vinculação do princípio de superioridade do interesse público sobre o privado aos demais princípios constitucionais que presidem a Administração Pública. A jurisprudência deixa bem clara essa íntima vinculação entre os princípios constitucionais que regem a Administração Pública (STJ, 6ª T., REsp 79.761-DF, rel. Min. Anselmo Santiago, j. 29.4.1997, v.u., *in verbis*: "1. A discricionariedade atribuída ao administrador deve ser usada com parcimônia e de acordo com os princípios da moralidade pública, da razoabilidade e da proporcionalidade, sob pena de desvirtuamento. 2. *As razões para a não-convocação de estágio probatório, que é condição indispensável ao acesso dos terceiros sargentos do quadro complementar da Aeronáutica ao quadro regular, devem ser aptas a demonstrar o* ***interesse público***. 3. Decisões desse quilate não podem ser imotivadas. Mesmo o ato decorrente do exercício do poder discricionário do administrador deve ser fundamentado, sob pena de invalidade. 4. A diferença entre atos oriundos do poder vinculado e do poder discricionário está na possibilidade de escolha, inobstante ambos tenham de ser fundamentados. O

A superioridade do interesse público sobre o privado é, portanto, uma norma constitucional imanente, podendo servir de parâmetro, no contexto do conjunto de princípios e regras constitucionais, para o juízo de constitucionalidade das leis de Direito Administrativo e, inclusive, de leis de outros ramos jurídicos.

Em termos funcionais concretos, cabe dizer que a doutrina do desvio de poder utiliza freqüentemente o princípio da superioridade do interesse público sobre o privado,[36] em conjugação com outros princípios constitucionais que presidem a Administração Pública brasileira.[37] Nesse caso costuma-se investigar a finalidade pública da ação administrativa à luz de um princípio de superioridade do interesse público sobre o privado, anulando-se ações contrárias a esse princípio. Trata-se de vício de constitucionalidade, pois o agente público agride o fim implícito na norma legal, fim que deriva de um princípio constitucional imanente.

Há inegável indisponibilidade do interesse público, inclusive contra o próprio agente público,[38] a caracterizar a relação de administração, algo que resulta melhor reconduzível ao princípio da superioridade do interesse público sobre o privado do que a qualquer outro princípio. A legalidade, nesse passo, é interpretada sob o notável influxo dessa prevalência do interesse público sobre o privado, de modo que cabe reconhecer a autonomia do princípio em exame, nos limites em que se pode reconhecer autonomia a qualquer princípio, mormente um princípio implícito.

5. O interesse público como fundamento constitucional de regras legais instituidoras de privilégios à Administração Pública em suas relações com os particulares/cidadãos: a inconstitucionalidade da ação legislativa ou administrativa desprovida de fundamento no interesse público

O mesmo interesse público que embasa teleologicamente as ações administrativas justifica uma série de posições de privilégios à Administração Pública. Há que se compreender o concreto alcance do interesse público como fonte de vinculação jurídico-constitucional ao legislador.

A doutrina administrativista pátria de longa data identifica no "princípio de utilidade pública" a causa para o surgimento das regras legais de Direito Administrativo.[39]

que é discricionário é o poder do administrador. O ato administrativo é sempre vinculado, sob pena de invalidade. 5. Recurso conhecido e provido").

36. De longa data o Conselho de Estado Francês entende que os atos administrativos estranhos ao interesse público constituem a mais grave modalidade de desvio de poder, conforme registrado em comentário à decisão de 26.11.1875 (Pariset, Rec. 934) (M. Long e outros, *Les Grands Arrêts de la Jurisprudence Administratif*, cit., pp. 27 e ss.).

37. Agridem a impessoalidade administrativa os chamados testamentos políticos, "em que os egressos do poder partilham a coisa pública", praticando típicos atos de desvio de poder, "cuja eiva de ilegalidade provém do divórcio flagrante entre a cornucópia de favores e o interesse público, a que se deve dirigir a ação administrativa" (Carlos Ari Sundfeld, "Princípio da impessoalidade e abuso do poder de legislar", *RTDP* 5/164).

38. Celso Antônio Bandeira de Mello, *Curso de Direito Administrativo*, cit., pp. 31-32. Mesmo no silêncio legislativo presume-se que o interesse público é indisponível. Haverá algum fundamento legal para semelhante conclusão? Em regra, o fundamento resulta implícito na lei e na ordem jurídica: o princípio da superioridade do interesse público sobre o privado. Essa a razão de ser da indisponibilidade do interesse público.

39. Tal é a clássica lição de Ruy Cirne Lima (*Princípios de Direito Administrativo*, cit., p. 17). A obediência ao interesse público é, em síntese, o dever fundamental de todo agente público, dado que a administração pública, como se sabe, é permeada pela finalidade pública. Aliás, "forma-se o Direito Administrativo do acúmulo de regras de Direito sobre o princípio de utilidade pública. Logo, porém, é suplantado o princípio básico pelas normas

Busca-se explicar o surgimento de especiais vantagens da Administração Pública – *v.g.*, autotutela, presunção de veracidade dos atos administrativos, prazos processuais maiores – na existência do princípio em debate,[40] sendo que também já se qualificou o Direito Administrativo como "el Derecho de la desigualdad", porém uma desigualdade justificada e imposta "por la justa (y no sólo lógica) *prevalencia del interés público*, al que la Administración sirve".[41]

Ávila entende que tais vantagens da Administração Pública encontram seu fundamento na legalidade, e não em um eventual princípio de supremacia. Salienta que o que a doutrina identifica como "interesse público", em tais casos, é apenas a causa sócio-política do surgimento de normas jurídicas, fenômeno que pode ser objeto da Ciência Política, não da Ciência Jurídica.[42]

Repito: não se pode negar a íntima vinculação de todos os princípios constitucionais que presidem a Administração Pública com a legalidade e com o próprio princípio democrático, mas tampouco se deve negar a existência de autonomia de determinados princípios com suporte na tese de sua íntima conexão com a legalidade. A existência de uma forte conexão entre o princípio da legalidade e os demais princípios de Direito Administrativo não deve, portanto, inibir o reconhecimento de autonomia desses princípios.

De outro lado, não creio que se deva reconhecer à legalidade o mesmo papel por ela cumprido no Estado de Direito até o início do século XX, na medida em que resulta inegável a existência de tarefas administrativas – por exemplo, em setores como os de saúde pública ou do ensino – que comportam restrições não predeterminadas legalmente, tendo em conta a assunção, pelo

jurídicas que já sobre ele se amontoam, relativas ao Estado, em cuja atividade encontra a utilidade pública, por excelência, o veículo de sua realização". Diz o autor que o conceito de *utilidade pública* é moldado sobre o conceito de utilidade social, mas é mais amplo do que este último. No Direito Administrativo o princípio da utilidade pública imprime rumo, dá direção positiva, ao sistema de regras de Direito que, ao seu redor, se forma (pp. 16-17). "Produz o *princípio de utilidade pública* a formação do Direito Administrativo, como qualquer acidente do terreno pode causar a formação de um cômoro nas praias do mar. É suficiente que uma saliência mínima enrugue o chão liso. Sobre ela, batidas pelo vento, logo as areias se acumulam e já o acúmulo das primeiras suplanta a saliência primitiva para fazer-lhe as vezes e deter e acumular as novas areias que o vento tange" (p. 17).

40. V. Alice Gonzalez Borges ("Interesse público: um conceito a determinar", cit., *RDA* 205/109), quando diz que a supremacia do interesse público sobre o interesse privado e a indisponibilidade do interesse público seriam os dois pilares básicos de todo o Direito Administrativo: "Sobre esses dois pilares fundamentais é que se estruturam, de um lado, as chamadas prerrogativas de potestade pública e, de outro, as sujeições de potestade pública, que corporificam o conteúdo da atividade administrativa. Tais prerrogativas e limitações encontram sua única razão de ser em face do interesse público que as justifica, sem cuja existência perderiam qualquer significado".

41. V. Luís de la Morena y de la Morena ("Derecho Administrativo e interés público: correlaciones básicas", cit., *Revista de Administración Pública* 100-102/858), especialmente quando acrescenta que a satisfação dos interesses públicos tende antes a corrigir desigualdades do que a criá-las. Os privilégios ostentados pela Administração são, em última análise, em benefício dos próprios administrados. É do interesse público – salienta o autor – que a Administração vai recolher o conjunto de suas prerrogativas, é dizer, seus poderes administrativos (p. 859).

42. Diz Humberto Ávila ("Repensando o princípio da supremacia do interesse público sobre o particular", cit., in Ingo Wolfgang Sarlet (org.), *O Direito Público em Tempos de Crise*, p. 121) que não se pode vislumbrar certas situações como se fossem conseqüências do princípio da superioridade do interesse público sobre o privado, porque, em realidade, a investigação das causas das leis que outorgam vantagens ao Estado ou, mais especificamente, à Administração Pública, dos atributos imperativos dos atos administrativos e de outras posições de privilégio da Administração relativamente aos particulares "não é objeto da Ciência do Direito", e sim da Ciência Política.

Estado, de tarefas de "gestión directa de grandes intereses públicos".[43]

Algumas outras objeções devem ser formuladas à idéia de que a Ciência Jurídica não se ocuparia do interesse público como causa do surgimento de regras legais instituidoras de vantagens à Administração Pública em detrimento de direitos individuais.

Cabe destacar que o Direito Constitucional – e notadamente quando trata de um conceito como o de interesse público – não resta indiferente aos conceitos sócio-políticos que lhe são imanentes. A idéia de "interesse público" traduz, necessariamente, um mergulho em conceitos políticos e sociológicos, inexistindo essa rígida separação entre objetos da Ciência Política e da Ciência Jurídica em determinadas hipóteses, porque o Direito se ocupa de valores éticos, sociais, regras morais que se encontram ao abrigo de outras Ciências Sociais.[44]

A dignidade humana e a justiça são claros exemplos de princípios constitucionais que invocam conteúdos filosóficos, morais, políticos, sociológicos, todos dignos de preocupação por parte de outras ciências.

43. V. Gustavo Zagrebelski, *El Derecho Dúctil*, cit., p. 35. É o interesse público o princípio que anima tais intervenções. A Administração em numerosos casos possui autonomias funcionais cada vez mais amplas. "En presencia de objectivos sustanciales de amplio alcance, indicados necesariamente mediante formulaciones genéricas y cuya realización supone una cantidad y variedad de valoraciones operativas que no pueden ser previstas, la ley se limita a identificar a la autoridad pública y a facultarla para actuar en pro de un *fin de interés público*. Para todo lo demás, la Administración actúa haciendo uso de una específica autonomía instrumental, cuyos límites, en relación con el respeto a las posiciones subjetivas de terceros, resultan fundamentalmente imprecisos." Ademais, há campos cada vez maiores e mais freqüentes de "liberdade geral negativa", contrariamente ao clássico princípio da liberdade geral na ausência de dispositivo legal limitador da liberdade. Vigoram proibições gerais em variados campos administrativos – *v.g.*, exploração de determinados recursos naturais, meio ambiente ou bens escassos de interesse coletivo. O princípio do interesse público tem orientado a atuação administrativa em tais hipóteses. O significado da ausência de leis, em todo caso, já não se resolveria com a simples alegação da liberdade geral do indivíduo (p. 36).

44. Claro que a separação entre Direito e outras Ciências Sociais pode resultar complicada na prática. A própria teoria de Alexy representa, na Teoria Geral do Direito, um duro ataque ao positivismo jurídico, sendo expressão de uma doutrina "não-positivista principialista", para ficarmos com uma terminologia recentemente invocada pela doutrina européia. Recebe uma grande influência do pensamento filosófico kantiano e também dos influxos do pensamento filosófico alemão do pós-guerra. Os princípios na obra de Alexy têm uma dupla incidência: por um lado, na teoria da argumentação jurídica; por outra parte, na teoria do Direito. Os princípios podem ser analisados, assim, desde o lado ativo do Direito, é dizer, a argumentação, o Direito como conjunto de procedimentos, ou desde o ângulo "passivo", o do sistema jurídico entendido como conjunto de normas. Alexy sustenta uma visão "não-positivista" do Direito, calcando-se na tese da correção. Os princípios manifestam-se como veículos da "razão prática" no Direito. A argumentação ganha, assim, um indiscutível protagonismo na teoria de Alexy, pois a ponderação pressupõe e conduz invariavelmente a uma teoria de argumentação jurídica. Cabe aduzir que a abertura que se opera do Direito às normas morais, em face do papel "corretivo" dos princípios, é algo notável e, por isso mesmo, sujeito a controvérsias. Resulta problemática a diferenciação de Moral crítica e Direito a partir da tese dos princípios como mandados de otimização, com papel corretivo. Exemplo disso é a tese da "injustiça extrema" na obra desse autor. Um trabalho bastante crítico em relação ao pensamento de Alexy é o de Alfonso García Figueroa, *Principios y Positivismo Jurídico*, Madri, Centro de Estudios Políticos y Constitucionales, 1998, 444 pp., fonte de interessantes questionamentos, alguns dos quais abertamente adotados ao longo deste trabalho. De outro lado, resulta oportuno vislumbrar o amplo debate travado em diversos trabalhos agrupados sob a rubrica "Hacia el Estado Constitucional: un debate", constantes do *Anuario de Filosofía del Derecho*, ts. XIII-XIV, 1998, pp. 18-173. Os autores que participaram dos debates são: Riccardo Guastini, Luís Prieto Sanchis, Alfonso Ruiz Miguel, Marina Gascón Abelán, Enoch Alberti, Roberto L. Blanco Valdés, Juan Antonio García Amado, Alfonso García Figueroa, cada qual com um trabalho distinto ver-

Descabe, a meu ver, dizer que o interesse público justificatório de leis de Direito Público, de regras jurídicas que instituem vantagens à Administração Pública, é objeto, tão-somente, da Ciência Política, como se ao Judiciário fosse vedado investigar a causa real dessas vantagens, ou como se o princípio isonômico, por si só, fosse suficiente para regular a matéria e afastar a incidência de outros princípios constitucionais.[45]

Desde logo, em geral, o legislador não está obrigado a instituir posições legais de vantagens à Administração Pública em suas relações com os particulares, porque goza de um espaço discricionário inerente ao princípio democrático, estando limitado, não obstante, pelo princípio constitucional da eficácia (art. 37, *caput*, da CF).

Se a lei retira ou faz desaparecer um determinado conjunto de vantagens administrativas, dentro de uma livre disponibilidade democrática, não haveria, teoricamente, inconstitucionalidade alguma, salvo uma possível ofensa ao princípio da eficácia. Disso não deriva, todavia, a ausência do princípio do interesse público como fundamento constitucional para a ação legislativa ou administrativa. Veja-se que a inexistência do interesse público pode inquinar de inconstitucional uma determinada norma legal instituidora de vantagem à Administração Pública. Trata-se, portanto, de uma exigência constitucional, que há de ser identificada em alguma das categorias normativas possíveis.

6. O interesse público como fundamento de ações públicas restritivas de direitos individuais e protetivas de bens coletivos

Não se tem dúvidas de que a categoria do "interesse público" bem como outras categorias similares ou até idênticas – *v.g.*, "interesse nacional",[46] "interesse geral", "interesse da soberania", "interesse de utilidade pública", "interesse da coletividade" – possuem lugares garantidos e expressos na Constituição Federal, geralmente com uma funcionalidade restritiva de direitos individuais.[47]

sando temas relacionados às obras de Gustavo Zagrebelski, Robert Alexy e Ronald Dworkin. Ali se encontrarão críticas e discussões interessantes, que não são, todavia, em sua totalidade, examinadas neste trabalho. De qualquer sorte, nem sempre é possível identificar uma nítida separação entre o objeto da Ciência Jurídica e o objeto da Ciência Política, mormente no terreno constitucional. A própria legalidade administrativa, é sabido, invoca conceitos próprios de outras ciências – *v.g.*, Sociologia ou Economia. Sobre um amplo conceito de legalidade, permitindo ao julgador a análise da finalidade pública inerente ao ato e, mais ainda, exame de elementos sociológicos envolvidos no conceito, v. Caio Tácito, *Direito Administrativo*, São Paulo, Saraiva, 1975, p. 72. Diz o autor que "quando, portanto, a legislação determina, expressa ou implicitamente, a finalidade de competência administrativa, consulta não somente àquelas razões de moralidade, como, de um modo amplo, a todos os objetivos de interesse público". "O conceito de legalidade contém, necessariamente, uma invocação sociológica" (p. 72). Essa invocação "sociológica" é enriquecida, hoje, com a irrefutável presença do interesse público como finalidade imperativa e inarredável da ação administrativa.

45. Os princípios – vale lembrar – atuam conjuntamente. A igualdade, por exemplo, é aferida à luz de outros princípios constitucionais. O interesse público joga, portanto, papel crucial nesse terreno.

46. Sobre a configuração do "interesse nacional" e a importância de seu controle hermenêutico leia-se o trabalho de Miroslav Nincic, "The national interest and its interpretation", *The Review of Politics* 61/29 e ss., no qual o autor sustenta a imprescindibilidade de limites conceituais que impeçam concepções puramente subjetivas do poder político a respeito do "interesse nacional", sob pena de desvirtuamento da própria democracia.

47. Não se pode olvidar que a Constituição Federal em várias passagens menciona o interesse público, o interesse social, o interesse coletivo, o interesse da soberania nacional, o interesse nacional, a utilidade pública, como causas genéricas de restrições a direitos individuais, além de utilizar eventualmente a categoria do interesse dos entes federativos. Cf. os arts. 5º, XXIV, XXIX, XXXII e LX, 19, I, 37, IX, 52, V (interesse da União, Esta-

A ordem jurídica infraconstitucional, vinculada aos ditames da Constituição Federal, especialmente através do Direito Público, consagra ou reflete, em inúmeras ocasiões, o princípio da superioridade do interesse público sobre o privado como justificativa para importantes restrições aos direitos individuais.[48]

Arranca o princípio de superioridade do interesse público sobre o privado – rumo a uma direção justificadora de restrições públicas a direitos individuais – da inequívo-

dos, Municípios), 57, § 6º, II (interesse público relevante), 66, § 1º, 93, VIII e IX, 95, II, 128, § 5º, I, "b", 148, II (interesse nacional) e 231, §§ 5º (interesse da soberania) e 6º (relevante interesse público da União), todos da CF, além do art. 51, §§ 2º e 3º, do Ato das Disposições Constitucionais Transitórias/ADCT. Todos esses dispositivos evidenciam peculiares manifestações do princípio da superioridade do interesse público sobre o privado, dado que do conjunto de muitas dessas regras emerge um elemento comum: a superioridade do interesse público sobre o privado. Há muitas outras normas constitucionais que evidenciam o princípio em exame, na medida em que protegem bens coletivos. V. o caso dos arts. 192 (interesses da coletividade que estruturam o Sistema Financeiro Nacional) e 5º, XII (investigação criminal e instrução processual penal como possíveis bens jurídicos carentes de proteção e justificadores de restrições legais a direitos fundamentais) e XXII (interesse social que justifica restrições ao uso da propriedade), todos da CF. Não há, é certo, uma formulação específica, expressa, do princípio em exame, mas tal fato não inibe o reconhecimento de sua existência como implícito ou imanente ao sistema.

48. Vale conferir inúmeras regras que tratam do interesse público no Direito Público Brasileiro. Essas regras estão ligadas a um princípio constitucional de superioridade do interesse público sobre o privado, na medida em que sua justificação ostenta *status* constitucional. Não se trata de regras cujas causas "sócio-políticas" escapam ao controle judiciário. Uma regra instituidora de uma situação de privilégio à Administração Pública ou ao Estado relativamente aos direitos individuais há de ser controlável pelo Judiciário e, nesse sentido, constitucionalmente rastreável. Se a Constituição Federal não as autorizasse, determinadas medidas legais poderiam escorregar para o campo do arbítrio, pois nem sempre o legislador dispõe de espaço discricionário para criar limites aos direitos individuais. A presença do interesse público é que pode justificar determinadas regras restritivas. Há que se perquirir se a regra restritiva fundada no interesse público é viável, ou seja, está ajustada ao princípio da superioridade do interesse público sobre o privado. Dentre tantas regras que tratam do interesse público, v. os arts. 82, III (o interesse público se sobrepõe ao privado, daí por que resulta justificada a intervenção ministerial, sendo, aliás, o próprio Ministério Público que afere, prioritariamente, com maior liberdade de apreciação, a presença do interesse público), 155, I (um importante direito individual é restringido em nome do interesse público), 405, § 2º, I, e 888, VIII, todos do CPC; art. 45 da Lei Complementar 35, de 14.3.1979 (autorizando importantes medidas restritivas de direitos individuais dos magistrados); art. 23 da Lei 64, de 18.5.1990 (que fornece amplos poderes sancionadores aos magistrados eleitorais com suporte no "interesse público" da lisura eleitoral); art. 4º, IX, da Lei Complementar 73, de 10.2.1993 (que trata das atribuições do Advogado-Geral da União com relação à proteção do interesse público); art. 6º, IX, da Lei Complementar 75, de 20.5.1993 (atividade nociva ao "interesse nacional" pode ser reprimida pelo Ministério Público); art. 21, parágrafo único, da Lei 7.565, de 19.12.1986; art. 8º da Lei 6.902, de 27.4.1981 (tratando do interesse público como critério para restrições favoráveis a áreas de proteção ecológica); art. 12 da Lei 8.159, de 8.1.1991 – entre tantas outras. Note-se, ainda, que uma legislação de incompatibilidades dos funcionários públicos há de perseguir o objetivo de "defensa y garantía del *interés público* en la actuación de las autoridades", porque, "en primer término, y por cuanto afecta a las autoridades, ha de ser propósito y finalidad de un régimen de incompatibilidades la de conseguir la exclusiva dedicación de aquéllas al servicio del cargo público, al ejercicio de las funciones propias y anejas al mismo; los oficios son esencialmente políticos, y en el despliegue de sus prerrogativas y competencias actúa siempre el Poder Público, que no admite propiamente ni transacciones ni un servicio personal fragmentario y parcial, por la dedicación de los titulares a otras funciones. En ese orden puede aplicarse al Estado y a su Administración el precepto evangélico según el cual nadie puede servir a dos señores" – consoante anota Enrique Serrano Guibado, "Las incompatibilidades de autoridades y funcionarios", *Revista de Administración Pública* 19/71, Ano VII, Madri, Instituto de Estudios Políticos, janeiro-abril de

ca existência de bens coletivos protegidos diretamente na Constituição Federal e nas leis.[49]

Mais ainda, o legislador dispõe do princípio em exame, limitado, sempre, pelo conjunto de direitos fundamentais previstos na Constituição Federal, a partir da idéia de se-

1956. É a superioridade do interesse público sobre o privado que exige um mínimo regime de incompatibilidades, ainda que tal sistema dependa de previsão legal. Não se olvide que algumas incompatibilidades decorrem do sistema jurídico implicitamente. Em um sentido mais amplo, lembre-se da impossibilidade de se adotar determinados comportamentos quando no exercício de cargos públicos. "Por exemplo – acentua a doutrina – pode ser que a lei não proíba expressamente o recebimento de presentes ou favores por certas autoridades, mas a moralidade não aceita que aquele que tem o dever de decidir seja obsequiado pelos destinatários de suas decisões" (Adílson Abreu Dallari, "Administração Pública no Estado de Direito", *RTDP* 5/37, São Paulo, Malheiros Editores, 1994). A moralidade administrativa há de ser compreendida – é bom lembrar – a partir do princípio em debate. É verdade que essa vedação se encontra genericamente reprimida na Lei 8.429, de 1992, mas decorreria, de qualquer sorte, do conjunto dos princípios constitucionais que tutelam a Administração Pública. E o princípio do interesse público, e sua prevalência em relação ao privado, certamente surtiria efeitos nesse terreno.

49. Sabe-se que há princípios que se referem a bens coletivos. Os princípios não estão ligados, necessariamente, à idéia de direitos individuais, conforme anota Alexy (*Teoría de los Derechos Fundamentales*, cit., p. 111). O jusfilósofo alemão aponta exemplo de "princípio" ligado ao interesse público: o princípio de garantia de aplicação funcional do Direito Penal. Mais ainda, o autor arrola diversos bens coletivos como objetos de princípios, tais como a saúde pública, o abastecimento energético ou alimentício, o fortalecimento da estrutura interna das Forças Armadas, a segurança da República Federal da Alemanha, a proteção da ordem democrática, e outros tantos (pp. 109 e ss.). Nesse passo, aliás, bem jurídico e princípio constitucional se encontram intimamente ligados. Diz o autor: "El hecho de que un principio se refiera a este tipo de bienes colectivos significa que ordena la creación o mantenimiento de situaciones que satisfacen, en una medida lo más alta posible, de acuerdo con las posibilidades jurídicas o fácticas, criterios que van más allá de la validez o satisfacción de derechos individuales". É certo que o próprio autor reconhece que há uma clara dificuldade em estabelecer distinções entre as diversas relações entre direitos individuais e bens coletivos. Assim, aponta as seguintes relações: a) um direito individual é exclusivamente um meio para um bem coletivo. Nesse sentido, enquanto meios para bens coletivos, os direitos individuais não teriam força própria, na medida em que poderiam deixar de ser direitos quando deixassem de cumprir as finalidades requeridas; b) um bem coletivo é exclusivamente um meio para direitos. Aqui, a colisão entre a necessidade de uma aplicação funcional do Direito Penal e um direito individual se resumiria a uma colisão entre direitos individuais; c) um bem coletivo é uma situação em que valem ou devem ser cumpridas as normas que outorgam direitos individuais. Se isso valesse para todos os bens coletivos já não teria sentido falar-se em bens coletivos. Alexy entende que entre os direitos individuais e os bens coletivos não existem nem as relações "a" e "b", nem a relação de identidade "c". As colisões entre os direitos individuais e os bens coletivos são colisões entre objetos categorialmente diferentes. Para ele, "tanto la tesis según la cual, en todo caso, los derechos individuales no son sólo medios para bienes colectivos como la tesis según la cual, independientemente de los derechos individuales, existen bienes colectivos pueden ser bien fundamentadas. La primera tesis puede apoyarse en la dignidad y en la autonomía de la persona, es decir, puede ser fundamentada en sentido kantiano; la segunda puede ser fundamentada haciendo referencia al hecho de que no en todas las actividades estatales tiene que tratarse de derechos. Puede tratarse simplemente de algo útil, agradable o deseable. Esto basta para justificar el discurso, por una parte, de derechos individuales y, por otra, de bienes coletivos" (p. 111). Penso que os tais bens coletivos, como a saúde pública, o bom funcionamento de determinadas instituições ou mesmo a correta aplicação do Direito Penal, poderiam ser reconduzíveis a um princípio de interesse público (superior sobre o privado quando atuasse nos casos especiais com maior peso), princípio que, em determinados casos, notadamente no campo do Direito Administrativo, teria um grande peso. Resultaria, assim, explicada a existência de muitas normas jurídicas outorgando privilégios à Administração Pública, nos limites do razoável e da máxima de proporcionalidade, como uma conseqüência desse prin-

paração de Poderes e de liberdade de configuração de mecanismos protetores do interesse público, para restringir e limitar direitos e liberdades individuais, à luz do Direito Público e das normas jurídicas que se revestem de características próprias do Direito Público.[50]

cípio constitucional implícito no Direito Público – é dizer, o interesse público. Sua definição como sendo superior ao interesse privado poderia ser encarada como formulada a partir do caso especial, porque, de fato, quando incidente, tal princípio afastaria o interesse particular, restringindo o direito individual. Nesse caso, creio que poderia ser compreendida perfeitamente a referência de Celso Antônio Bandeira de Mello, porque a explicação para determinadas regras jurídicas não se esgota na legalidade administrativa. Essa legalidade pode estar fundamentada e direcionada por outros princípios. Ela própria expressaria, portanto, quando se tratasse de vantagens à Administração Pública ou a determinados bens coletivos, uma incidência rastreável do interesse público, sendo, nessa exata medida, controlável pelo Judiciário. Nesse sentido, cabe consultar o trabalho de Marie-Pauline Deswarte, "L'intérêt général dans la jurisprudence du Conseil Constitutionnel", cit., *Revue Française de Droit Constitutionnel* 13/44 e ss., quando arrola inúmeras hipóteses em que o Conselho Constitucional Francês aplica expressamente a idéia de "interesse geral" para justificar imposição de limites a direitos fundamentais expressos em princípios constitucionais, tais como o direito de greve, a liberdade de ir e vir, o direito de propriedade, a liberdade de empresa, a não-retroatividade das leis e o próprio princípio da igualdade. Afirma a autora que, à luz da jurisprudência da Corte Constitucional Francesa, o interesse geral adquiriu *status* constitucional: "Désormais, c'est l'ensemble du texte constitutionnel qu'il faut lire dans la perspective de l'intérêt général". Nesse passo, os "fins de interesse geral" são considerados como um "valor constitucional", porém um valor com força normativa. Fala-se, seguidamente, em "objetivos de interesse geral". Identifica-se o interesse geral como um "princípio de ação" do Poder Legislativo (pp. 54 e ss.). Com suporte no interesse geral, o Parlamento pode limitar liberdades individuais. Leia-se Bertrand Faure, "Les objectifs de valeur constitutionnelle", *Revue Française de Droit Constitutionnel* 21/50, Paris, Presses Universitaires de France, 1995, quando afirma que os objetivos de valor constitucional, atualmente reconhecidos pelo Conselho Constitucional Francês, se assemelham aos conhecidos objetivos de interesse geral que foram, de longa data, agasalhados pelo Tribunal Europeu de Direitos Humanos e pela Corte de Justiça Européia como forma de atenuar o caráter aparentemente absoluto de certos direitos fundamentais. "Comme dans le Droit Constitutionnel des États-membres, ces droits fondamentaux peuvent subir toute limite justifiée par les objectifs d'intérêt général tant qu'il n'ait pas porté atteinte à la substance même de ces droits." Essa conciliação entre objetivos e liberdades não induziria qualquer preferência hierárquica (p. 52). De fato, não há falar-se em relação de preferência ou hierarquia abstrata, absoluta e permanente, na órbita da lógica dos juristas, do Direito aplicado pelos tribunais, mas sim de uma relação concreta, notadamente quando se trate de uma lógica judicial, quando incidente o princípio protetivo do interesse público. Cabe dizer que o autor reconhece, em todo caso, que os chamados objetivos de valor constitucional são normas constitucionais implícitas, as quais estão intimamente relacionadas com outros princípios (normas) constitucionais – *v.g.*, igualdade. Possuem tais normas uma dupla funcionalidade: de um lado, permitem ao legislador estabelecer restrições a direitos fundamentais; de outro, fixam uma direção ou diretiva a ser respeitada (p. 63). Cabe esclarecer, de qualquer sorte, que o princípio ora em exame (superioridade do interesse público sobre o privado) também se mostra extremamente favorável aos direitos individuais dos administrados em face da Administração Pública ou do próprio legislador. Inolvidável o fato de que um interesse público vinculante para o próprio legislador apresenta, como espécie de "outra face", a garantia do administrado contra o arbítrio e o abuso do poder de legislar. Nesse passo, é certo que há um intercâmbio intenso entre os "intereses públicos e privados", embora categorialmente distintos ou distinguíveis.

50. Leia-se o trabalho intitulado "Le principe d'égalité dans les jurisprudences des Cours Constitutionnelles ayan en parage l'usage du français – Rapport de la Délégation Française au I Congrès de l'Association des Cours Constitutionnelles ayan en partage l'usage du français, Paris, 10-11.4.1997", *Revue Française de Droit Administratif* 2/233, Paris, Sirey, março-abril de 1997, quando refere que o Conselho Constitucional Francês tem considerado, ainda que subsidiariamente, o motivo do "interesse geral" como critério para tratamentos discriminatórios, é dizer, a fim de justificar diferenciações de tratamentos.

O legislador não pode atuar arbitrariamente, e a presença do interesse público como suporte para restrições a importantes direitos individuais pode ser controlada jurisdicionalmente.

Não há, com efeito, uma norma específica e literalmente consagradora de um princípio de superioridade do interesse público sobre o privado, mas há – isto, sim – inúmeros bens coletivos que indicam a existência do aludido princípio e, ademais, há uma liberdade de configuração legislativa de hipóteses e situações carentes de proteção fundada no interesse público.

B) Considerações finais

Se considerada a *Teoria dos Direitos Fundamentais* de Robert Alexy, creio que o princípio da superioridade do interesse público sobre o privado seria, rigorosamente, um princípio,[51] em numerosos casos, mas também poderia ser uma regra constitucional de prevalência automática em tantos outros, mormente quando essa norma definisse finalisticamente o interesse público a ser perseguido pelos agentes públicos e não houvesse espaço para alternativas.[52]

Em todo caso, a prevalência de um interesse público sobre o privado na órbita judicial somente pode ocorrer nos casos concretos, jamais de forma abstrata (enquanto princípio), absoluta, radical e inafastável, como, de resto, ocorre com o fenômeno jurídico nessa esfera. No plano legislativo há que se reconhecer a existência de inúmeras leis de Direito Público que vêm à tona impulsionadas pelo princípio ora em debate, revelando-se tal princípio uma norma instituidora de outras normas, valores e fins legislativos. Finalmente, a ação administrativa é pautada, finalisticamente, pela perseguição inafastável do interesse público, que é, nessa medida, superior ao interesse privado, notadamente quando se trata de restringir direitos individuais.

À luz da já mencionada classificação de regras e princípios, o "princípio" da superioridade do interesse público sobre o privado poderia ser, além de princípio, uma "regra". Quando se trata de vislumbrar o único fim possível para a Administração e os agentes públicos, notadamente para a função administrativa, ele parece atuar, ao menos em muitos casos, como um "tudo ou nada" nas ações administrativas.[53] Ao incidir, determi-

51. Poder-se-ia denominar o princípio debatido de "princípio do interesse público", o que não afastaria, no entanto, o caráter implicitamente relacional aí embutido. Creio que quando se fala no princípio do interesse público se está a falar de superioridade deste sobre o privado, quando incidente. Não há, ao revés, um princípio do interesse privado no Direito Público, notadamente no Direito Administrativo, o que não significa que os interesses privados se encontrem juridicamente desprotegidos. Antes pelo contrário, já se viu que a obrigatoriedade de um interesse público nas leis e atos administrativos é, antes de mais nada, uma garantia individual contra o arbítrio. No Direito Privado, ao revés, se poderia falar em um princípio de autonomia de vontade ou de autonomia privada.

52. Não se pode olvidar que o próprio Alexy reconhece que uma norma – como é o caso da norma constitucional que institui a dignidade humana (a dignidade da pessoa é intangível) – pode ser tratada, essa mesma norma, em parte como regra, em parte como princípio. Ademais, um princípio pode ter um amplo grupo de condições de precedência nas quais existe um alto grau de segurança no sentido de que, em tais condições, prevalecerá tal princípio em detrimento de outros. "Un ámbito definido por tales condiciones, es decir, protegido por las reglas que corresponden a estas condiciones, es lo que el Tribunal Constitucional Federal designa como ámbito esencial absolutamente protegido de la configuración de la vida privada. El carácter de regla de la norma de la dignidad de la persona se muestra en el hecho de que en los casos en los que esta norma es relevante no se pregunta si precede o no a otras normas sino tan sólo si es violada o no" (Alexy, *Teoría de los Derechos Fundamentales*, cit., pp. 108-109). Analogicamente, penso que a superioridade do interesse público sobre o privado é uma norma que em parte pode ser tratada como regra, e em parte como princípio.

53. Quando poderá o agente público atuar perseguindo fins notoriamente privados? Quando po-

na que se atenda ao interesse público em detrimento do privado, tornando imperiosa uma atuação do agente público nesse sentido, é dizer, situando em plano secundário e subalterno os interesses privados seus ou de terceiros, prevalecendo o interesse público. Não é, em geral, um dever-ser apenas "ideal", tampouco um mandado de otimização, embora se possa falar em realização do interesse público na maior medida possível em numerosas situações. Seria uma regra constitucional presente na norma que se encontra no sistema, uma norma vinculante que permite o controle de validade de outras normas jurídicas, sejam regras, sejam princípios. Seria uma norma equiparável à legalidade, à irretroatividade, ou anterioridade da tributação, todas já classificadas alhures como "meta-regras".[54] Assim sendo, essa norma também seria uma "meta-regra" ou uma regra à luz desses critérios.

O interessante é que, de qualquer sorte, essa mesma norma que determina fins cogentemente públicos às atividades administrativa e legislativa tuteladas pelo Direito Administrativo é, além de regra, também um princípio, porque fundamenta a criação de outras normas, determina e orienta a ação infraconstitucional dos Poderes Públicos, institui valores e atua como um dever-ser ideal em variadas hipóteses.

Como se vê, de qualquer modo estaríamos diante de uma norma constitucional, um comando de dever-ser. O detalhe – e a novidade – é que muitos dos tradicionais princípios constitucionais seriam remodelados em conformidade com a teoria de Robert Alexy, na medida em que teriam sido indevidamente nominados como princípios pelo constituinte de 1988. Até que ponto a doutrina deveria tentar ajustar-se ao padrão semântico do constituinte, do legislador e da jurisprudência, ou estes deveriam adaptar-se a uma terminologia científico-doutrinária mais precisa, não está em questão neste momento.

O interesse público não é apenas um *valor*, como qualquer outro, para o Direito Administrativo.[55] Por certo que valores po-

derá abrir mão do princípio da superioridade do interesse público sobre o privado no manejo das funções administrativas? Não se me ocorre hipótese alguma. Poucas situações justificariam semelhantes atitudes, se é que haveria alguma, de modo que a superioridade do interesse público sobre o privado seria, por assim dizer, uma regra constitucional, com maior força vinculante, inclusive, do que um princípio, embora nada impeça seu afastamento ante incidência de alguma cláusula de exceção. O certo é que, em geral, tal regra efetivamente retrata uma relação entre os interesses público e privado, bem como a superioridade do primeiro relativamente ao segundo, tudo no âmbito da função administrativa, é dizer, como limite à atividade pública, jamais como um fundamento isolado para violação da legalidade ou como um privilégio odioso da Administração frente ao particular.

54. Para Ávila ("Repensando o princípio da supremacia do interesse público sobre o particular", cit., in Ingo Wolfgang Sarlet (org.), *O Direito Público em Tempos de Crise*, p. 106) princípios como a irretroatividade, a anterioridade e a legalidade seriam "meta-regras" de validade, já que mantêm uma relação de colisão específica com as "*outras* normas-princípios". Elas não oferecem razões de decidir concretizáveis em vários graus, como as normas-princípios *prima facie*, mas pressupostos de validade de outras normas, com as quais mantêm uma relação hierárquica de validade material. O autor identifica tais "princípios" como verdadeiras "regras", portanto. Não fica claro, sem embargo, em que medida também os princípios não podem manter distintas relações de colisão com regras ou outros princípios infraconstitucionais, visto que seu *status* de normas constitucionais vinculantes permite o controle da validade de outras normas à luz de um juízo de constitucionalidade e inclusive de validade material. Cabe ressaltar que um prestigiado autor como Riccardo Guastini ("Derecho dúctil, Derecho incierto", *Anuario de Filosofía del Derecho*, ts. XIII-XIV, pp. 111 e ss.) sustenta que não apenas é necessário identificar uma tipologia de princípios como, ao contrário da tese de Ávila, mantém a idéia de que os princípios de legalidade, irretroatividade da lei penal ou *lex posterior derogat priori* são, sim, princípios, de resto sem a mesma indeterminação que afeta outros tantos princípios (p. 119).

55. A experiência prática no manejo do Direito Administrativo, como um dos ramos mais sen-

dem ser inclusive instituídos pelo princípio da superioridade do interesse público sobre o privado, mas a existência mesma desse princípio significa uma normatividade constitucional a vincular legislador e administrador público em determinadas direções, ao mesmo tempo em que constitui uma importante garantia aos "cidadãos" no sentido de que a atuação pública resulta racionalmente controlável pelo Judiciário, seja quando se trate de coibir privilégios abusivamente outorgados à Administração Pública, seja quando se trate de examinar o problema do desvio de poder ou de finalidade.

A superioridade do interesse público sobre o privado é uma norma constitucional que incide no Direito Administrativo Brasileiro ora como regra, ora como princípio. Resulta implicitamente do sistema constitucional e produz importantes conseqüências normativas na ordem jurídica, não se restringindo a figurar como mera causa sócio-política de outras normas jurídicas.[56]

síveis do Direito Público ao princípio em tela, revela a importância *normativa* da superioridade do interesse público sobre o privado, algo que poderia ser naturalmente intuído pelos juristas. Mais ainda, essa normatividade aflora em todos os momentos na doutrina e na jurisprudência. O poder de polícia da Administração Pública, cujo vínculo com a legalidade é sabidamente difuso, é centrado no princípio da superioridade do interesse público sobre o privado. Neste estreito espaço adota-se a idéia de que o poder administrativo de polícia é a "faculdade" de que dispõe a Administração Pública para condicionar e restringir o uso e o gozo de bens, atividades e direitos individuais, em benefício da coletividade e do próprio Estado. É o mecanismo de frenagem de que dispõe a Administração para conter os abusos do direito individual. Assim, atividades como a construção, a indústria de alimentos ou remédios, o uso das águas, a exploração das florestas ou das minas, além de atividades relacionadas a segurança, saúde e moralidade públicas, e tantas outras, estão sujeitas ao poder de polícia, seja geral, seja especial, conforme registrava o saudoso Hely Lopes Meirelles (*Direito Administrativo Brasileiro*, 22ª ed., atualizada por Eurico de Andrade Azevedo e outros, São Paulo, Malheiros Editores, 1997, p. 115). Veja-se que a jurisprudência reconhece ao interesse público um papel fundamentador de restrições aos direitos individuais (STJ, 1ª S., MS 4.138-DF, rel. Min. José Delgado, *DJU* 21.10.1996, p. 40.193, *in verbis*: "1. A intervenção do Estado na atividade econômica encontra autorização constitucional quando tem por finalidade proteger o consumidor. 2. A edição de regras de polícia ostentada pelos arts. 11 e 18, respectivamente, das Portarias Ministeriais ns. 61/95 e 63/95, está autorizada pelos princípios insculpidos nos arts. 5º, XXIX e XXXII, e 170, II e V, da CF/88. 3. O Código de Proteção ao Consumidor (arts 4º, I, III e IV, 6º, IV, e 55) dá sustentação jurídica para a edição das portarias referidas, além do Decreto-lei n. 395, de 27.4.1938, da Lei n. 2.004, de 3.10.1953, e legislação posterior que reestruturou o Ministério das Minas e Energia e fixou as suas atribuições. 4. A liberdade de 'bandeira' para a comercialização de combustível, relação considerada de utilidade pública, não atende aos interesses de se proteger o bem comum e as relações de consumo. 5. Segurança denegada, liminar cassada"). As referidas regras constitucionais tratam de bens coletivos e, por isso mesmo, estão vinculadas ao princípio ora debatido. O "bem comum" referido na decisão abrange, com certeza, interesses individuais e privados dos membros da coletividade, mas se opõe, de outro lado, ao interesse individual e concreto do titular do direito limitado, traduzindo-se, pois, como equivalente ao interesse público, em terminologia pouco precisa. Somente uma indevida abstração filosófica poderia induzir a uma identificação entre o "bem comum" mencionado no acórdão e o direito individual restringido e limitado no caso especial. A relação é identificada como de "utilidade pública", é dizer, submetida ao princípio da superioridade do interesse público sobre o privado. O direito individual foi, portanto, corretamente limitado, tendo em conta a justificação constitucional e legal para tanto.

56. Se a doutrina e a jurisprudência analisam a existência de um "interesse público" nas leis e nos atos administrativos, coibindo ações executivas ou legislativas desprovidas de amparo nessa cláusula, como resulta evidente do exame dos limites que o Judiciário põe às atividades dos demais Poderes da República, é óbvio que não bastaria aludir ao "interesse público" como uma causa sócio-política de surgimento de normas jurídicas e atos administrativos. Se o interesse público é juridicamente relevante inclusive para inquinar de inconstitucional uma determinada atuação públi-

ca, não se pode rejeitar a idéia de que tal interesse público possua alguma relevância ou posição jurídico-constitucional. Não creio que o interesse público pudesse ser descrito como um verdadeiro postulado normativo, visto que, em minha opinião, sua funcionalidade o revela como verdadeira norma constitucional. Sua atuação está restrita ao campo do Direito Público (ao menos circunscreve-se às normas imperativas, normalmente dotadas de características de Direito Público) e sua normatividade resulta de uma existência constitucional imanente. Não atua nos mesmos moldes que a máxima da proporcionalidade, por exemplo, embora possam ostentar semelhanças. O "interesse público" expressa um termo jurídico-constitucional, de grande relevância e funcionalidade em todo o Direito Público. Inegável que possui vinculação com causas políticas, sociais, culturais, sendo que essa vinculação poderá, inclusive, explicar parcialmente o conteúdo do interesse público. Interesses públicos e privados não são indissociáveis, embora possam identificar-se em determinados casos concretos, mormente quando ao particular interessa, na satisfação do seu direito, um certo comportamento legislativo ou administrativo fundado na cláusula do interesse público. Nada impede que o interesse público em determinados casos se identifique com os interesses privados, embora categorialmente permaneçam distintos. Nada obsta, tampouco, a que haja uma divisão e um antagonismo entre interesses públicos e privados, circunstância – vale lembrar – bastante comum no tráfico jurídico. Se não fossem separáveis, já não haveria sentido na própria divisão política público/privado, a qual, todavia, permanece atual, talvez porque se trate de uma categoria política que se projeta intensamente no Direito. O bem comum – este, sim –, expressando uma noção bastante mais ampla, poderia representar uma finalidade última de todo o Direito, seja o Direito Público, seja o Direito Privado. Nesse caso, interesses públicos e privados resultariam mergulhados na expressão sintética de "bem comum". Já a pluralidade significativa e a suposta indeterminabilidade abstrata do interesse público parecem ser um problema superado, de longa data, na doutrina. Essa expressão ("interesse público") é um conceito jurídico indeterminado como qualquer outro e pode ser interpretado e aplicado tanto pela Administração Pública como pelo Judiciário ou Legislativo. Finalmente, a superioridade do interesse público sobre o privado merece, sim, uma descrição mais adequada, visto que, de fato, não há uma superioridade abstrata irrefutável, incontrolável, absoluta, radical, ao menos no plano judicial. Ao contrário, essa superioridade se dá quando incide o princípio do interesse público nos casos concretos, fundamentando a proteção de bens jurídicos coletivos, impulsionando e dando validade constitucional a determinadas normas restritivas dos direitos e liberdades individuais, marcando os fins e, não raro, os meios das ações administrativas, tudo nos casos especiais, nas hipóteses concretas, quando sua incidência revela maior peso relativamente a outros princípios protetivos de interesses e bens jurídicos individuais. O poder de polícia da Administração Pública, que se funda em uma genérica legalidade, há de expressar o interesse público, que é o fundamento para os cortes nas liberdades individuais, embora o silêncio legislativo em numerosos casos. Nesse passo, a máxima da proporcionalidade é perfeitamente compatível com o princípio do interesse público, visto que este não pode incidir desprovido de racionalidade, carente de ponderação ou do processo ínsito à incidência de todo e qualquer outro princípio constitucional. Interesse público ou "geral" é norma, porque "est norme tout principe justifiant l'imposition d'une obligation ou la fixation d'une interdiction. Le Droit Administratif est depuis longtemps familiarisé avec l'idée de l'intérêt général-norme, c'est-à-dire source directe de legalité administrave revelé par le juge" – conforme anota Marie-Pauline Deswarte, "L'intérêt général dans la jurisprudence du Conseil Constitutionnel", *Revue Française de Droit Constitutionnel* 13/50. Salienta a autora que a Declaração de Direitos do Homem e do Cidadão de 1789 inquinou, na ótica hermenêutica, de ilegítima toda a *autoridade* que não estivesse investida em suas funções para perseguir interesses gerais. O Conselho Constitucional Francês costuma dizer que os "fins de interesse geral" ostentam *status* de "valor constitucional", de modo a conciliá-los com as grandes liberdades individuais, dentro da idéia de manutenção da ordem pública (p. 54). Há no Direito Francês a possibilidade de que o Conselho Constitucional controle os objetivos, as razões, os motivos do legislador à luz do "interesse geral". Claro que, em alguma medida, tendo em conta o conteúdo ideológico ou político que pode estar presente na expressão "interesse geral", o juiz constitucional acaba assumindo alguma responsabilidade política quando de seus julgamentos. Esse problema foi posto em discussão no sistema francês quando do ajuizamento de ações contra os processos de nacionalização da economia ocorridos em 1982, em que havia uma leitura socialista e outra "liberal" da Constituição. A Alta Corte decidiu pela validade dos processos, mas admitiu a possibilidade de controle do legislador em face da norma constitucional do "interesse geral" (p. 56). A partir daí vem aumentando significa-

De qualquer modo, não poderia ser mais apropriado, em meu juízo, o debate em torno do papel e da funcionalidade do interesse público no Direito Administrativo Brasileiro, na medida em que a terminologia empregada – princípio da superioridade do interesse público sobre o privado –, a indeterminação do termo ("interesse público"), a importância e a atualidade do tema recomendam, sem dúvida, o aprofundamento de estudos e de polêmicas. Estas modestas reflexões inserem-se nessa perspectiva: buscam apenas colaborar para uma intensificação do debate doutrinário, o qual foi brilhantemente (re)instaurado na comunidade jurídica pelo oportuno e sério trabalho de Humberto Bergmann Ávila, merecedor, por certo, da atenção dos operadores jurídicos.

tivamente o controle do interesse geral pelo Conselho Constitucional. A doutrina aponta algumas semelhanças entre o "princípio" do interesse geral e o "princípio" da proporcionalidade, na medida em que ambos colaboram para uma certa coerência do ordenamento jurídico (p. 57). Insisto: o interesse geral não é apenas um valor constitucional no Direito Público Brasileiro, embora um valor possa ser instituído pelo princípio do interesse público e, em qualquer caso, tem normatividade própria. Sua superioridade relativamente ao interesse privado não é, em casos de restrições a direitos e liberdades individuais, ilimitada, absoluta ou desproporcional, muito menos abstratamente fixa ou incontrolável. Ao revés, se há algum sentido na exigência do interesse geral é que o legislador e o administrador público ficam claramente limitados em suas ações. É certo, de outra banda, que existe um interesse público com dupla face: de um lado, pode ser controlado pelo Judiciário e constitui, portanto, inequívoco limite aos demais Poderes da República; por outra parte, é o fundamento e a justificativa para a adoção de medidas restritivas de liberdades e direitos individuais, é dizer, permite a superioridade dos bens coletivos em detrimento dos direitos individuais. Somente uma norma constitucional surtiria semelhantes efeitos. E, sendo uma norma, o interesse público pode ser um princípio, quando atua balizado pela lógica dos princípios, como pode ser uma regra, quando atua pautado pela lógica das regras.

DOUTRINA

ENSAIO SOBRE O PODER JUDICIÁRIO: CONTROLE EXTERNO, CPC E REFORMA

JUARY C. SILVA

1. Intróito: o Judiciário sob assédio. 2. A Constituição de 1988, a juridicização do país e o novo papel do Judiciário. 3. A campanha pelo controle externo do Judiciário. 4. A CPI do Judiciário. 5. Conclusão: a necessidade de reforma do Judiciário.

1. Intróito: o Judiciário sob assédio

O tema "Poder Judiciário", tal como focalizado patologicamente no Congresso, nas associações de classe e na mídia, não se presta atualmente a qualquer sistematização. Daí o título escolhido para o presente trabalho: "ensaio", estudo não-aprofundado e breve, sem a preocupação de esgotar o tema, nem de assentar bases científicas para o mesmo. É pouco mais que uma *tentativa* de analisar os acontecimentos hodiernos em torno do Poder Judiciário, à luz da Ciência Política e do Direito, germanizando o conceito contemporâneo de ensaio a seu étimo, "tentativa" ou "experiência".

De uns poucos anos para cá o Judiciário Brasileiro tem sido objeto de cerradas críticas, com apoio em fatos anômalos, que são divulgados com alarde, como se constituíssem a regra e como se os indigitados culpados já tivessem sofrido condenação criminal ou sanção disciplinar. Todavia, a mídia não menciona os acertos do Judiciário, as questões por ele decididas, pondo fim a conflitos, muito menos o seu papel, silencioso, de guardião da ordem jurídica. Silencioso porque não participa da liça política, nem age, exceto se algum interessado o requerer. Rui Barbosa, constitucionalista ímpar, já acentuava que "os tribunais não dispõem do Tesouro, nem da força armada" – o que implica dizer que só possuem autoridade moral.

Com pequenas diferenças do sistema tradicional, e malgrado as inovações da Constituição de 1988 no particular, os poderes do Judiciário são ainda muito acanhados em cotejo com o Executivo e o Legislativo. A persistir o assédio que lhe é movido pelos outros Poderes, dentro de algum tempo o Judiciário perderá sua característica de Poder estatal para se converter em órgão sem independência, com mera autonomia funcional, mas só quanto a pequenas questões, em especial de Direito Privado. Conceitualmente, isto não constituirá heresia jurídica. A tripartição de Poderes não é uma constante dos ordenamentos constitucionais. Na tradição da França, por exemplo, prefere-se a expressão "autoridade judiciária", ou "autoridade jurisdicional", à nossa "Poder Judiciário", sob a consideração de se cuidar de uma função subordinada. Coerentemente, a Constituição Francesa diz que "o Presidente da República é o fiador *[garant]* da independência da autoridade judiciária" (art. 64). Desde a Revolução de 1789 o Constitucionalismo francês placita o entendimento de que a função jurisdicional não é senão uma parcela da função executiva, embora não se inferindo de tal colocação que ela deva ser exercida pelo Poder Executivo. Essa tese filia-se à concepção da sentença como mero silogismo, em cuja construção se esgotaria a função de julgar. De recordar, neste passo, que Montesquieu exarou a célebre fórmula caracterizadora da função de julgar como sendo *en quelque sorte nulle*.

A tradição brasileira, inspirada no Constitucionalismo Estadunidense, é diversa. O poder estatal no Brasil apresenta-se tripartido, haurindo cada um dos Poderes constituídos sua investidura direta e imediatamente da norma constitucional, e não de outro Poder, ou dos outros. Assim o Judiciário não é um Poder delegado, e sim um Poder *ex se*, por si mesmo. Como corolário de sua perseidade – qualidade daquilo que existe por si, na terminologia escolástica –, o Judiciário não está subordinado a qualquer outro Poder, conforme a parêmia basilar que preside a teorização constitucional dos Poderes: *par in parem non habet potestatem* – ou, em vernáculo, "entre poderes iguais, nenhum tem ascendência sobre os outros".

É de evidência solar que os ataques de membros de outros Poderes contra o Judiciário ferem a Constituição. Se os Poderes estatais são "independentes e harmônicos entre si", conforme reza o art. 2º da CF, não cabe a membros de qualquer deles externar críticas aos demais, ainda que a pretexto de agilizar reformas constitucionais. Não se trata de regra de cortesia, porém de norma constitucional, em plena vigência. A afronta a essa norma conduzirá necessariamente ao descrédito dos Poderes constituídos e a uma luta intra-estatal, cuja conseqüência última será o advento de um regime de exceção, ancorado no Executivo, como óbvio.

De enfatizar que as normas constitucionais formam um todo coerente e lógico, não podendo o Texto Maior, em conseqüência, albergar incongruências e testilhas, como se se tratasse de um mero amálgama de disposições agrupadas ao-Deus-dará. Assim, se é assegurada a livre manifestação do pensamento, tal há de efetivar-se com respeito por parte de cada um dos Poderes aos demais. Entre os Poderes da República não há que assegurar pretensos direitos de uns em face dos outros, fomentando, assim, dissensões e espírito de emulação.

Pelo que antecede, vê-se às claras que as críticas ao Judiciário se desenvolvem no interior do mrto domínio dos fatos, sem preocupações *de lege ferenda* ou *de lege lata*. Quer isso dizer que o escopo visado não é o de aperfeiçoar o Judiciário, mas antes o de depreciá-lo, para depois subtrair-lhe o *status* de Poder estatal, inovação radical e esdrúxula, que jamais poderia ser propugnada sem intensa campanha para impressionar o grande público, eternamente sequioso de novidades e de fórmulas mágicas, tipo abre-te-sésamos, para a solução de questões políticas, sociais e econômicas. Por outras palavras: trata-se de manobras *diversionistas*, tais aquelas preconizadas nos manuais de Estratégia e, principalmente, nos de Guerra Psicológica, e que visam a distrair a atenção do inimigo, fazendo-o acreditar que o ataque será em lugar diverso daquele visado.

Em outros países e em épocas diversas essas manobras prenunciariam algum expurgo, ou até mesmo um *pogrom*, com o fito de destruir fisicamente os opositores, centrados no Poder alvo das críticas. Dada nossa tradição política, entretanto, isso é pouco provável, mas não fica *a priori* excluída a hipótese de um golpe de Estado que remaneje os Poderes constituídos, em prol do Executivo, como é praxe em todas as épocas de crises que não possam ser dirimidas dentro da normalidade democrática.

Mercê dessa constatação desvela-se a linguagem hermética, cifrada, emocional, dos propagandistas de uma investigação do Judiciário, traduzindo-a em termos de Sociologia e de Ciência Política, com o quê se colocará de manifesto que aí se cuida de manobras em torno do poder, não do Poder constituído, porém do poder em si mesmo, desvinculado de seus paramentos jurídicos e simbólicos, ou seja, aquele poder que o filósofo Bertrand Russel chamada de "poder nu". É uma regra basilar da Ciência Política que os que têm poder sempre querem mais poder. E como numa sociedade juridicamente organizada os focos do poder estão sempre ocupados – o poder tem horror ao vácuo –, a única forma de alcançar mais poder é tirando-o de quem já o detiver.

E exótico é que se racionalize a crítica através de fatos concretos de alegado mau funcionamento do mecanismo judiciário. Isso vale o mesmo que intentar a reforma da Medicina a partir de erros médicos, ou da Economia com fulcro em desacertos dos seus profissionais. Tentativa desse jaez está, de antemão, fadada ao fracasso, dado que o erro acompanha indefectivelmente o ser humano em sua passagem pela Terra, assim como a sombra segue o corpo. Por conseguinte, a análise de falhas avulsas não tem caráter científico, nem abre ensancha a qualquer teorização, sabido que não há ciência a não ser do geral. Nem sequer seria viável o estudo *monográfico*, por assim dizer, desses fatos, porquanto esta abordagem não iria propiciar qualquer ensinamento científico que já não se sabia em torno do tema.

Útil se afigura, no entanto, esboçar um perfil do Judiciário desde a Constituição de 1988, que inovou radicalmente o Direito, emprestando, assim ao Judiciário uma configuração que ele nunca tivera antes.

2. A Constituição de 1988, a juridicização do país e o novo papel do Judiciário

A Constituição de 1988, embora não se lhe possa negar vários méritos, inovou excessivamente em todos os quadrantes do Direito, terminando por instituir um novo tipo de Estado, não o Estado de Direito, bastante conhecido dos estudiosos, porém o *Estado Jurídico*, no qual tudo se subordina ao Direito, depende do Direito e vive por meio do Direito. Esse regime decerto é inédito. A História universal tem conhecido Estados teocráticos (exemplo: o Irã de Khomeiny), Estados militares (Esparta), Estados imperialistas (Inglaterra novecentista), Estados totalitários (União Soviética e China), Estados autoritários (Alemanha nazista e Itália fascista) etc., porém não se tem notícia de que o fenômeno de juridicização que estamos vivendo desde 1988 encontre símile na História Política.

Com efeito, a Carta de 1988 regula, direta ou indiretamente, tudo que exista ou se possa imaginar, talvez querendo repisar o erudito renascentista Pico de la Mirandole, com seu anseio de dissertar "sobre todas as coisas cognoscíveis" (*de omni re scibili*). Outrossim, a Constituição de 1988 passou a regular diretamente certos tópicos, praxe de raro em raro adotada nas anteriores, a uma porque não compete a uma Constituição reger imediatamente as relações jurídicas, senão firmar princípios, a serem observados pelo legislador ordinário; a duas porque essa técnica de legislar engessa o ordenamento jurídico e dificulta o exercício da jurisdição, transformando praticamente todas as questões – inclusive as questiúnculas – em lides de ordem constitucional e dificultando a modificação das normas que, em princípio, pertencem à legislação ordinária, onde mais fácil a revogação e alteração.

A essa verdadeira revolução no plano constitucional tem-se superposto ingente e desordenada proliferação das leis ordinárias, procedendo-se grande parte das inovações legislativas através das *medidas provisórias*, avatares ditos democráticos dos antigos decretos-leis autoritários, baixados pelos regimes de exceção. Somadas, a ordem constitucional e a comum agrupam centenas de milhares de normas, grande rol delas detalhistas e conflitantes, outras alógicas, e grande parte delas inúteis. Os principais Códigos – Civil, Comercial, Penal e de Processo Penal – bem como a labiríntica Lei de Falências não estão revogados mas tampouco vigoram, na medida em que foram desarticulados por um expressivo número de leis extravagantes. Não mais temos Códigos, no sentido das soberbas edificações legislativas da Ciência Jurídica Européia, mas tampouco dispomos de leis extravagantes que possam substituí-los. Por isso, à proporção que editamos mais leis, cresce sem parar o anseio por outras leis, como se o Direito fosse sinônimo de compilação de leis. Não dispondo de Códigos, não temos sistema jurídico; e, não tendo sistema, tampouco possuímos Direito, em sentido próprio; o que temos é uma congérie informe de leis (e medidas provisórias), sem qualquer preocupação sistêmica ou de justiça. Se há um princípio inerente a essa congérie é o do *casuísmo*, ou seja, a lei não é mais um preceito comum, porém antes uma regra particular, mutável a todo instante, e que freqüentemente só interessa a uma minoria, às vezes nem mesmo bastante identificada.

Pelo visto, o Direito transformou-se num mistério só acessível aos iniciados, e o Judiciário, sem estar preparado para operar essa congérie de normas, viu-se repentinamente convertido em sumo sacerdote da nova ordem jurídica, isto é, em guardião de algo que não é perfeitamente compreensível. O número de processos aumentou enormemente, visto que a nova ordenação constitucional abrange inúmeros direitos e pouquíssimas obrigações, e assim rende azo a litígios de todos os tipos. Todavia, não se observa empenho oficial algum em diminuir os litígios, parecendo até que há certo esforço em aumentá-los, tanto assim que os maiores litigantes do país são órgãos públicos, a União Federal e o INSS.

Ao mesmo tempo, o Judiciário foi alçado a uma posição de influência que não tinha antes. Incrementado geometricamente o número de litígios, e passando estes a abranger cada vez mais questões de Direito Público, o Judiciário viu postergado seu papel tradicional de árbitro de rotineiras pendências entre particulares, para assumir a função de moderador da Política Econômica, podendo até pôr em xeque decisões do Executivo ofensivas à ordem constitucional – coisa inconcebível anteriormente, visto que, como regra, o Executivo entre nós sempre deteve poderes fáticos incontrastados, mesmo fora dos períodos de exceção.

Tudo isso açulou os ânimos contra o Judiciário. Contra este passou-se a esgrimir exemplos de condutas aéticas e ilícitas de magistrados, procurando-se, sofisticamente, confundir esses casos patológicos com o dia-a-dia da judicatura. Nisso o erro lógico e jurídico é palmar. As falhas cometidas por integrantes de uma instituição não deslustram a própria instituição, senão apenas os seus autores, em caráter pessoal. No Direito moderno toda responsabilidade é individual. Pode-se excepcionar esse princípio, mas isso só costuma ocorrer em conseqüência de guerra, como, por exemplo, sucedeu com as *Waffen-SS* e a *Gestapo*, após a derrota do Eixo na II Guerra Mundial. Assim, o fenômeno da responsabilização coletiva é desconhecido no Estado de Direito, base do nosso ordenamento constitucional.

3. A campanha pelo controle externo do Judiciário

A discussão em torno do controle externo do Judiciário afigura-se estéril, uma vez que ele não se coaduna com o ordenamento constitucional. A teor do que prescreve o art. 2º da Carta Política, e conforme regra tradicional em nosso Constitucionalismo, os Poderes estatais são *independentes* e *harmônicos entre si*. Por figurar na Constituição a regra assume veste jurídica, mas sua essência é intrinsecamente política, isto é, relativa ao poder *in natura*, no plano fático. Poder "independente" significa Poder que existe de per si, sem estar adstrito a outro, e haurindo sua potestade diretamente do texto constitucional. Poderes "harmônicos" é cláusula que impõe aos mesmos viver em concerto, cada qual dentro de sua órbita de competência constitucional, e sem penetrar na seara dos outros. Por via de conseqüência, a nenhum dos Poderes é facultado interferir nos outros, seja no plano jurídico, seja no plano fático.

Na doutrina norte-americana, de onde se originou o princípio, leciona-se que *one branch is not permited to encroach on the domain of another*, o que implica dizer, em linguagem metafórica, que a nenhum dos Poderes se faculta invadir o território dos outros.

Esse princípio exprime, sob outra ótica, o mesmo princípio maior da separação dos Poderes, como óbvio. Se a qualquer dos Poderes fosse lícito interferir nos outros, o princípio da independência deixaria de viger de fato, se não de direito.

Ora, instituir controle externo a um Poder vale o mesmo que tolher a sua independência, não exatamente tornando-o subordinado ou dependente, porém antes cerceando a sua independência e reduzindo-a a mera expressão verbal. Em suma, o órgão externo de controle do Judiciário assumirá, de modo sub-reptício, ascendência sobre este, criando uma espécie de tutela, à semelhança desse instituto civilístico. Em conseqüência, o Judiciário transformar-se-á, de fato, num Poder debilitado, diminuído, submisso, ou, em suma, num meio-poder, ou num subpoder, como se preferir, e a tripartição dos Poderes ter-se-á convertido numa dicotomia.

Reforma constitucional para instituir esse controle é *a priori* inviável, tendo em conta que a separação dos Poderes se reveste da natureza de cláusula pétrea, infensa, destarte, a projetos de reforma da Constituição.

Impende observar que todos os Poderes estatais e os que neles exercem funções são suscetíveis de controles internos, a par do controle externo, exercido pelo Congresso, com auxílio do TCU, e pelos órgãos correspondentes nos Estados e Municípios, nos termos dos arts. 70 e 75 da CF. Todavia, há órgãos que, mesmo não se revestindo da categoria de Poderes estatais, não sofrem esses controles, como, à guisa de exemplo, o Ministério Público e a OAB, e contra essa situação de fato não se desenvolve campanha alguma.

Do antes expendido infere-se que a sistemática de controle estatal no país é, na prática, pouco divulgada, e menos ainda implementada. Querer implantá-la onde ela não cabe (entre os Poderes estatais) desvela incompreensão do tema; não implementá-la onde ela é legítima traduz timidez política. Disciplinando todos os assuntos, a Constituição tornou-se um mecanismo de difícil manejo; responsabilizando todo o mundo, a Constituição acaba responsabilizando ninguém, de acordo com expressivo provérbio português, que reza: "Se todos são responsáveis, ninguém é responsável".

Pelo visto, o problema do controle do Poder não se situa apenas no Judiciário, sendo imanente a qualquer um dos Poderes estatais, que o exercem de acordo com o pactuado na Constituição. É admissível que um Poder exerça certo controle sobre os outros, porém apenas e forma parcial e limitada; se o controle fosse total o Poder controlador dominaria o controlado, decaindo este de sua independência.

Preconizar o controle externo do Judiciário implica, com a devida vênia, dois equívocos: primeiro, o de que seja permissível o controle de um Poder sobre o outro fora dos parâmetros constitucionais; segundo, o de que a sociedade civil possa participar, por direito próprio, desse controle. O primeiro equívoco resulta de albergar menoscabo ao princípio da separação de Poderes, e, portanto, é de se repelir, à luz do ordenamento constitucional; o segundo promana da crença de que componentes da sociedade civil possam assumir funções públicas desinteressadamente, e desempenhá-las melhor do que aqueles que estão investidos de algum múnus, na qualidade de membros do aparato estatal. Essa crença envolve não só uma falácia, como tem algo de utópico ou lendário, na medida em que credita a membros da sociedade civil a capacidade de agir como heróis mitológicos ou das modernas histórias em quadrinhos, utilizando faculdades supernaturais.

Todos sabemos que a mitologia e a ficção têm pontos de contato com a realidade e ambas buscam exprimi-la, de certo modo, mas também não se ignora que tanto uma como a outra não se prestam a servir de modelos para a construção da realidade. Assim, acreditar que membros da sociedade civil possam desempenhar uma função pública, qual seja, o controle de um dos Poderes estatais, para melhorá-la, sem que incidam nas falhas inerentes aos que exercem o mesmo Poder, é acreditar em algo mítico. Obviamente, esses fiscais estarão sujeitos à mesma patologia que pode afligir os exercentes do Poder, em todos os quadrantes do Planeta.

Além disso, a função de fiscalizar os Poderes (e, por via mediata, controlá-los) já está sistematicamente afeta ao Ministério Público (art. 129, II, da CF) e aos Tribunais e Conselhos de Contas, os quais podem requerer diligências à Polícia, órgão investigatório por excelência. Superpor a esse sistema, ainda que possa ser falho, alguma forma de controle que infrinja a Constituição significa não apenas afrontar a letra do Texto Maior, senão também, no plano fático, pavimentar o caminho para algum regime de exceção, freqüentemente preconizado em países de certa instabilidade política, como sói acontecer com aqueles que estão emergindo do Terceiro Mundo.

Curioso que certos órgãos públicos não estejam sujeitos a controle, malgrado a sua influência na vida pública, tais como o Ministério Público e a OAB. Detecta-se aí exemplo da intrincada questão *quis custodiet ipsos custodes?* ("quem guardará os guardiães?") – que não é problema jurídico, como muitos pensam, porém de Ciência Política.

4. A CPI do Judiciário

A criação de uma CPI para tratar de alegadas irregularidades do Poder Judiciário padece de um rematado erro de Direito Constitucional, acoplado a uma evidente incompreensão da realidade política do país.

Se os Poderes constituídos são independentes e harmônicos entre si, afigura-se patente que nenhum tem a faculdade de inquirir diretamente membros dos outros. A previsão constitucional das Comissões Parlamentares de Inquérito (CPIs) não abre exceção ao princípio da separação dos Poderes. Através desse instrumento ao Congresso é lícito investigar seus próprios membros, como óbvio, bem como os servidores do Executivo Federal, que não são agentes políticos, mas simples funcionários. No sistema constitucional brasileiro o Poder Executivo é exercido apenas pelo Presidente da República, dentro da teoria da presidência unipessoal (art. 76 da CF); daí inferir-se que só o Presidente é imune a investigação pelo Congresso, no âmbito do Executivo.

Nessa linha de raciocínio, todos os magistrados também possuem imunidade em relação a CPIs, uma vez que, inequivocamente, são agentes políticos, isto é, exercentes de um dos Poderes estatais, e não simples funcionários. Quanto aos serventuários, que são os funcionários comuns do Judiciário, não existe óbice jurídico a serem objeto de CPI, porém é muito mais lógico que o Congresso, ao invés de ocupar seu tempo com essa investigação, apenas comunique o fato ao Judiciário, para que a efetue.

Há ainda outra limitação ao poder das CPIs, em virtude do regime federativo. Sendo os Estados-membros autônomos, o Congresso não tem poderes para investigar os agentes públicos destes quanto aos atos praticados dentro dos limites das respectivas funções. O Congresso Nacional, efetivamente, é um Poder da União, não da Federação. O Senado, por exemplo, não representa os Estados-membros, especialmente porque estes não enviam representação própria ao Governo Federal. Ou seja, os senadores não são escolhidos pelos Estados, senão eleitos em número fixo através dos eleitores domiciliados nos Estados – o que é coisa diversa. Por isso, o Congresso, ou cada uma de suas Câmaras, só atua em relação aos Estados naquilo que a Constituição, de expresso, preveja. A sistemática dos Poderes, com efeito, não afeta o regime federativo e a autonomia dos Estados-membros, tanto assim que a intervenção nos Estados, por exemplo, compete à União, e não a qualquer dos Poderes constituídos, isoladamente.

No mais, impende observar que a CPI não é um superpoder, acima do Legislativo Federal, e muito menos acima dos Poderes estatais; ela não constitui senão um desdobramento, uma *longa manus*, do Congresso para investigar *fato determinado*, nos termos do art. 58, § 3º, da Carta Magna. Onde está escrito "fato", no singular, também se pode ler "fatos", no plural; porém, seria sobremaneira impróprio pretender que essa função abranja os "Poderes" estatais, em sua inteireza. Depreende-se, por meio de elementar construção lógico-jurídica, que essa atribuição não ultrapassa o domínio dos fatos, sendo inextensível, por definição, aos Poderes estatais.

"Apurar", de resto, é típica atribuição do Executivo. Dir-se-ia, mesmo, que se cuida de tarefa inerente à função administrativa, exercendo-a o Legislativo e o Judiciário, excepcionalmente, no âmbito de seus servidores e seus serviços administrativos. Se se trata de crime a tarefa investigatória incumbe à Polícia Judiciária ou à autoridade administrativa que, por lei, detenha poderes de perquirição. Logo se denota que as CPIs representam uma exceção na atividade do Poder Legislativo, pois, elementarmente, os órgãos legiferantes existem para editar leis, e não para investigar fatos. Por via de conseqüência, se chegarem ao conhecimento dos legisladores notícias de fatos que configuram ilícitos, cabe a estes encaminhar os documentos recebidos ao Ministério Público, a fim de ser promovida a ação penal ou, se necessário, serem investigados os fatos pela Polícia.

Importante enfatizar que o dispositivo constitucional pertinente às CPIs diz que estas "terão poderes de investigação próprios das autoridades judiciais", porém no ordenamento jurídico brasileiro não compete aos juízes qualquer poder investigatório, como só acontecer em outros sistemas jurídicos onde vige o regime do juizado de instrução, ou jurisdição instrutória. Logo, cuida-se, aí, de um equívoco dos Constituintes, que supuseram que o nosso Judiciário investiga ilícitos penais, quando, na realidade, isto não sucede; o Judiciário entre nós processa e julga conforme elementos probatórios coligidos pela Polícia e, eventualmente, pelo Ministério Público, de onde a manifesta impropriedade dessa cláusula normativa.

Do brevemente enunciado ressalta que a idéia de criação de uma CPI para apurar fatos atinentes ao Judiciário hospeda um rol de equívocos, de pronto detectados por uma perfunctória análise do ordenamento jurídico do país, bem assim de considerações óbvias em torno dos fatos políticos subjacentes quer ao Judiciário, quer a esse movimento.

Como sempre os fatos surgem antes do Direito, afigura-se lógico encetar a análise com estes. Em decorrência da juridicização total do país introduzida pela Carta Política de 1988, o Judiciário assumiu um perfil muito mais significativo, passando a julgar não apenas as conhecidas questões cíveis e criminais de sempre, senão também grande número de matérias de Direito Público, que interessam a um sem-número de pessoas e que, às vezes, põem em xeque os escalões superiores do Governo, notadamente no âmbito da Economia. Com isso, o Judiciário passou a deter poder político (no sentido da Ciência Política), que antes lhe era ignoto, bem assim viu crescer assustadoramente o seu volume de serviço. Obviamente, a produtividade do Judiciário como um todo decresceu, gerando, assim, maior insatisfação com o seu desempenho.

Do ângulo da Ciência Política quer parecer que a cerrada pregação contra o Judiciário faz parte de uma estratégia de luta pelo poder. Em termos práticos, o Executivo, através das medidas provisórias, já encampou parte do poder nuclear do Legislativo, que é o de editar leis. Se conseguir retirar a independência do Judiciário, despojando-o dos seus predicamentos tradicionais, o Executivo tornar-se-á o único Poder, com indiscutível supremacia sobre os outros, ainda que estes conservem a denominação de "Poderes". Entendemos que, no plano fático, já houve uma espécie de aglutinação entre o Executivo e o Legislativo, que na prática constituem mais um Poder em escala majorada do que dois Poderes distintos. Desse modo, se for instituído controle externo do Judiciário e Executivo será o único verdadeiro Poder. Na Ciência Política esse fenômeno recebe o nome de absolutismo, e, concretizando-o, o país terá percorrido um caminho inverso ao da Revolução Francesa, indo do regime constitucional da tripartição dos Poderes para o *Ancien Régime* de poder unitário.

No plano normativo cumpre, sem dúvida, reformar o Judiciário, cujos quadros e métodos de trabalho foram excogitados para atender a um pequeno número de causas rotineiras, de Direito Privado, ao passo que hodiernamente ele processa e julga, em maioria, causas massificadas de Direito Público, além de proferir decisões que podem interferir na condução da Política Econômica, como as privatizações. Contudo, reformar um Poder estatal não é tolhê-lo, ou descaracterizá-lo, mas sim adaptá-lo às novas circunstâncias que enfrenta, e para as quais não se preparou (ou não foi preparado pelos efetivos detentores do poder político). Todavia, óbvio que a reforma não deve processar-se através de um confronto, num clima emocional e ao-Deus-dará de eventuais maiorias no Congresso, pressionado pelo clamor da opinião pública, que se forma apenas sob o influxo de casos teratológicos noticiados pela mídia. Vale dizer: pretende-se conduzir a reforma do Judiciário em função de irregularidades e até ilícitos penais que têm vindo à tona em relação ao mesmo, mas nada se fala sobre racionalização, sobre aumento dos quadros de magistrados e de serventuários, sobre medidas para reduzir os litígios com a União e o INSS, que congestionam as pautas dos juízos monocráticos e dos tribunais, nem muito menos sobre reformulação dos direitos assegurados pela Constituição, que excedem de muito as disponibilidades administrativas e econômicas do país.

O tão decantado controle externo do Judiciário não viria resolver qualquer desses problemas, como é óbvio, além de configurar um retrocesso político de mais de dois séculos, repristinando a sistemática judiciária do *Anciem Régime* francês. Aos acólitos do controle resta demonstrar que esse sistema era melhor do que o da separação dos Poderes, inspirado na Constituição Estadunidense. A reapreciação de decisões judiciárias por algum organismo externo de controle tornará instável a coisa julgada e, por conseqüência, o próprio inter-relacionamento social. Ademais, será duvidoso que os cidadãos encontrem num Judiciário controlado por não-magistrados receptividade adequada para suas pretensões em face do Poder Público, pois os integrantes do organismo de controle estarão, necessariamente, situados na estrutura do Poder estatal.

Em suma, a instituição do controle externo do Judiciário, além de ir contra a evolução histórica do Direito Constitucional e do Direito Processual, não ministra garantia alguma de que tornará melhor a prestação jurisdicional. Mis provável é que seja criado um órgão burocratizado, muito semelhantes às diversas comissões que existem no serviço público, e que apenas opinam, sem nada decidir. Ora, se nada decidem, para quê existem?

5. *Conclusão: a necessidade de reforma do Judiciário*

A necessidade de reformar o Judiciário biparte-se em dois aspectos: mudança estrutural, atinente à recomposição e funcionamento do Judiciário, e mudança instrumental, relativa ao processo, que é o instrumento da função jurisdicional. O primeiro é de natureza constitucional, a ser complementado basicamente pelas leis de organização judiciária, uma federal e as demais editadas pelos Estados-membros; o segundo pertence à competência legislativa da União, com a concorrência de leis estaduais em matéria de custas dos serviços forenses, juizados de pequenas causas, procedimento e assistência judiciária (art. 24, IV, X, XI e XIII, da CF).

A organização judiciária, em sentido lato, constitui o embasamento, a infra-estrutura, do Poder Judiciário; o processo depende da organização judiciária, e não o inverso. Pretender reformar o processo sem o prévio ajuste da organização judiciária significa o mesmo que construir em edifício sem fundações. Em duas oportunidades o legislador editou codificações de processo civil, em 1939 e 1973, sem antes, e nem depois, tratar da organização judiciária, e em ambos os casos não houve melhoria substancial dos serviços judiciários.

Por isso, a bandeira da "reforma do Judiciário" é protéica, assumindo qualquer feição que empolgue seus fautores. Na realidade, algumas das colocações propugnadas pelos reformistas são utópicas e impossíveis de concretização, ainda que sejam editadas em textos legais. Outras já estão previstas em lei, bastando implementá-las.

Todavia, como quer que seja, a reforma é inevitável. O Judiciário foi estruturado para atender a um pequeno número de causas, interessando basicamente às classes média e alta (Justiça Cível) e à classe baixa (Justiça Criminal). Essa dicotomia social modificou-se profundamente, devido à urbanização, à industrialização e ao desenvolvimento de um vigoroso mercado consumidor. Por último, adveio a revolução da Informática. A riqueza multiplicou-se sobremaneira, e com ela a insatisfação social, porquanto pessoas que antes não tinham sequer o mínimo para a subsistência passaram a ambicionar supérfluos.

A Constituição de 1988 produziu fundo impacto na tessitura social. Sua estruturação centrada na outorga de direitos subjetivos, sem precisar as correspondentes obrigações e as fontes de custeio, acirrou os ânimos e induziu a grande número de conflitos. Passou a ser moda litigar com o Poder Público, uma vez que a letra da Constituição e das leis assegura direitos, porém o espírito das autoridades e dos servidores públicos ainda se rege por idéias formuladas em épocas anteriores, quando era incomum acionar os entes públicos.

Por conseguinte, o Judiciário foi trazido à arena política, dele se exigindo decisões e providências que não está em condições de propiciar. Por outras palavras: o desempenho do Judiciário tornou-se inferior ao que a sociedade ele espera, não porque a qualidade do seu serviço tenha decaído, mas antes porque a sociedade, modificando-se radicalmente, passou a exigir mais. Em outros termos, tem-se um Judiciário velho para uma sociedade nova, exsurgindo desse descompasso uma área de atrito que se amplia cada vez mais.

Óbvio que a solução é a reforma do Judiciário e do seu instrumento, o processo. Cumpre lembrar, porém, que essa reforma provavelmente não terá grande sucesso sem concomitante atualização e aperfeiçoamento do Direito Material, o que implica dizer que o país carece de uma reforma jurídica omniabrangente.

Essa macro-reforma tem sido tentada setorialmente há vários anos, com sucesso bastante modesto. De resto, apesar de todas as reformas legislativas a sociedade continua a mesma, de acordo com as sábias palavras de Cruet no frontispício do conhecido livro *La Vie du Droit et l'Impuissance des Lois*: "vê-se todos os dias a sociedade reformar a lei, nunca se viu a lei reformar a sociedade". Provavelmente, dessa perspectiva, uma reforma legislativa não constitui mais que uma quimera. Pior ainda, uma reforma açodada do Judiciário, como para exorcizá-lo, sob a ilusão de que dele provêm os magnos problemas que afligem o país.

PARECERES

MINISTÉRIO PÚBLICO – VITALICIEDADE DE SEUS MEMBROS – NÃO-VITALICIAMENTO DE PROMOTOR DE JUSTIÇA EM ESTÁGIO PROBATÓRIO – VIOLAÇÃO DO PRINCÍPIO DO DEVIDO PROCESSO LEGAL

FÁBIO KONDER COMPARATO

Doutor *Honoris Causa* da Universidade de Coimbra – Doutor em Direito da Universidade de Paris – Professor Titular da Faculdade de Direito da USP

1. Posição dos princípios fundamentais no ordenamento jurídico. 2. O princípio do devido processo legal. 3. A inobservância do princípio do devido processo legal no caso em exame: 3.1 Decadência do poder de propor o não-vitaliciamento – 3.2 Dupla preclusão processual – 3.3 Inépcia da impugnação ao vitaliciamento – 3.4 Ausência de acórdão de julgamento do recurso.

CONSULTA

O Procurador-Geral de Justiça em exercício do Estado de São Paulo demitiu do Quadro do Ministério Público, nos termos do art. 131, § 2º, da Lei Complementar estadual 734, de 26.11.1993, um Promotor de Justiça em estágio probatório.

O ilustre advogado Édson Edmir Velho pediu-me que examinasse, sob o aspecto de sua regularidade constitucional e legal, o processo administrativo que culminou com essa decisão de não-vitaliciamento do Promotor de Justiça e exarasse parecer fundamentado. Passo a fazê-lo, sustentando que, efetivamente, a demissão em causa feriu direito líquido e certo do demitido, em razão de manifesto descumprimento de princípios e normas constitucionais e legais relativas ao regime dos servidores públicos.

PARECER

1. Posição dos princípios fundamentais no ordenamento jurídico

O regime dos princípios jurídicos ocupa, hoje, um lugar de grande importância na Teoria Geral do Direito.

No passado os chamados princípios gerais de Direito, tal como dispõem a nossa Lei de Introdução ao Código Civil (art. 4º) e o Estatuto da Corte Internacional de Justiça (art. 38), por exemplo, exerciam o papel de mera fonte supletiva do Direito, situando-se em posição inferior à lei ou aos tratados internacionais, e mesmo abaixo dos costumes. Houve até quem negasse o caráter jurídico dos princípios, sustentando que eles "se mantêm como princípios de moral, de política ou de costumes morais, e têm que ser distinguidos das normas jurídicas, cujo conteúdo a eles correspondem".[1]

Na Dogmática atual, porém, não só se reconhece que os princípios são autênticas normas jurídicas, mas ainda que eles representam, por assim dizer, a chave-de-abóbada de todo o ordenamento estatal. No gênero *norma jurídica*, por conseguinte, compreendem-se duas espécies: princípios e regras.

O eminente professor J. J. Gomes Canotilho[2] aponta cinco critérios para distinguir os princípios das regras, a saber:

a) *grau de abstração*: os princípios têm um campo de aplicação muito mais vasto que o das regras;

b) *grau de determinabilidade*: diversamente das regras, os princípios exigem, em sua aplicação, a mediação de um veículo concretizador, que pode ser uma regra (lei complementar ou regulamentar) ou o juiz, quando assim permitido pelo ordenamento (mandado de injunção, por exemplo);

c) *caráter de fundamentalidade*: os princípios estão sempre em posição hierárquica suprema no ordenamento jurídico, ou seja, eles sobrelevam as regras de Direito e fundamentam a sua vigência;

d) *"proximidade" da idéia de Direito*: os princípios têm uma carga valorativa muito maior do que as regras, pois estas podem ser, freqüentemente, simples normas técnicas;

e) *natureza normogenética*: os princípios engendram regras de aplicação, mas não o contrário.

Na Constituição Brasileira de 1988 devemos distinguir os princípios fundamentais, que regem todo o sistema normativo, dos princípios setoriais, relativos a determinadas partes do sistema apenas, como aqueles referentes à ordem econômica (art. 170) ou à ordem social (art. 193).

Os princípios fundamentais subdividem-se, por sua vez, em três espécies: a) os que organizam o país como Estado Democrático de Direito, e que estão enumerados no art. 1º; b) os princípios teleológicos, expressos no art. 3º; e, finalmente, c) os princípios de proteção da dignidade humana, os quais vêm declarados no Título II da Constituição Brasileira.

2. *O princípio do devido processo legal*

O respeito ao devido processo legal, declarado no inciso LIV do art. 5º de nossa CF, é um princípio fundamental de garantia de direitos, e não apenas uma regra de garantia processual. Ele possui, com efeito, as cinco características essenciais acima enumeradas, as quais constituem a diferença específica dos princípios em relação às regras de Direito. Assim é, por exemplo, no tocante à chamada eficácia normogenética. O respeito ao devido processo legal não se reduz à coleção de regras de garantia fundamental que se encontram declaradas no art. 5º da CF, mas abrange também outras que, embora não declaradas, consideram-se indispensáveis à preservação dos direitos fundamentais da pessoa humana no processo penal ou disciplinar.

1. Hans Kelsen, *Allgemeine Theorie der Normen*, Viena, 1979, p. 94, em crítica a Josef Esser, *Grundsatz und Norm*, 4ª ed., Tübingen, 1990, p. 69, que afirmara ser o princípio jurídico "uma parte jurídico-dogmática do sistema normativo, ou seja, ele vale *normativamente*".

2. *Direito Constitucional e Teoria da Constituição*, 3ª ed., Coimbra, Almedina, pp. 1.086-1.087.

Acrescente-se, ainda, que em nosso ordenamento constitucional, diversamente do que ocorre no sistema norte-americano, o princípio do devido processo legal atua unicamente no processo, e não fora dele. Todavia, no âmbito processual ele rege todas as espécies de processo, tanto o judicial quanto o administrativo.

Aduza-se, finalmente, que o âmbito de proteção desse princípio fundamental é mais extenso do que o sugerido por uma exegese literal do art. 5º, LIV, da CF. De um lado, ele não se limita a garantir a pessoa humana contra os atos de privação de direito, tão-somente, mas protege-a também contra restrições indevidas de seus direitos. De outro lado, os bens fundamentais a serem preservados não são apenas a liberdade e os direitos patrimoniais, mas todos os demais direitos ligados à dignidade da pessoa, como, por exemplo, o *status* funcional. O termo "bens", constante da norma, inclui, obviamente, o conjunto dos direitos e interesses legítimos da pessoa.

3. A inobservância do princípio do devido processo legal no caso em exame

Cuida-se, no caso objeto da consulta, da demissão de um agente público. Ora, no Direito Administrativo Brasileiro a demissão (que a Lei Complementar estadual 734, de 1993, denomina erroneamente "exoneração") é uma pena,[3] consistente na supressão do *status* funcional do agente público; pena, essa, que só pode ser legitimamente aplicada com rigorosa observância do princípio do devido processo legal.

O servidor público demitido, no caso, é membro de um Poder do Estado, o Ministério Público. Tal não significa, porém – escusa lembrá-lo –, que ele pode ser tratado em juízo de forma diversa daquela pela qual devem ser tratados os agentes públicos que não são membros de um Poder estatal. O princípio fundamental da isonomia a isto se opõe, terminantemente (CF, art. 5º, *caput*). Seria, com efeito, aberrante que o Poder Judiciário julgasse as lides que envolvem os direitos fundamentais de seus membros, ou dos integrantes do Ministério Público, com menos rigor e consideração do que as atinentes a direitos fundamentais de outros servidores públicos.

Ora, na espécie, o processo administrativo que se concluiu com a demissão de um Promotor de Justiça foi viciado por várias e graves irregularidades. Vejamos.

3.1 Decadência do poder de propor o não-vitaliciamento

A CF dispõe em seu art. 128, § 5º: "Leis complementares da União e dos Estados, cuja iniciativa é facultada aos respectivos Procuradores-Gerais, estabelecerão a organização, as atribuições e o estatuto de cada Ministério Público, observadas, relativamente a seus membros: I – as seguintes garantias: a) vitaliciedade, após dois anos de exercício, não podendo perder o cargo senão por sentença judicial transitada em julgado".

Nunca é demais relembrar que a vitaliciedade, assim do membro do Ministério Público como dos magistrados, é uma garantia institucional do regime democrático e dos direitos fundamentais do cidadão.[4] Tal significa que ela não existe para preservar, tão-só, direitos individuais desses altos servido-

3. Cf. Cármen Lúcia Antunes Rocha, *Princípios Constitucionais dos Servidores Públicos*, São Paulo, Saraiva, 1999, p. 452.

4. A noção de garantia institucional foi elaborada pela doutrina constitucionalista alemã na época da República de Weimar e retomada com o nascimento da República Federal Alemã, depois da guerra. Cf. Karl Stern, *Das Staatsrecht der Bundesrepublik Deutschland*, III/I, Munique, Verlag Beck, 1988, § 68. Entre nós ocupou-se do assunto o professor Paulo Bonavides em seu *Curso de Direito Constitucional*, 7ª ed., São Paulo, Malheiros Editores, Capítulo 15.

res públicos, mas principalmente para garantir o conjunto das instituições em que se funda o Estado Democrático de Direito: separação de Poderes, supremacia da Constituição e da lei sobre a vontade dos governantes, respeito aos direitos fundamentais da pessoa humana.

Quando, por conseguinte, a Constituição declara que o membro do Ministério Público, nomeado por concurso, adquire a vitaliciedade após dois anos de exercício, é evidente que ela não admite seja esse prazo prolongado por lei ou – o que é muito pior – pelos órgãos superiores do Ministério Público. As garantias institucionais, tal como as demais garantias fundamentais do cidadão, não podem ser suprimidas ou enfraquecidas nem mesmo por via de emenda constitucional.

É dentro desse espírito que se deve interpretar a Lei federal 8.625, de 12.2.1993, a qual instituiu a Lei Orgânica Nacional do Ministério Público e dispôs sobre normas gerais para a organização do Ministério Público dos Estados. Ela determinou, quanto à impugnação ao vitaliciamento de promotor de justiça, que a lei orgânica estadual "disciplinará o procedimento de impugnação, cabendo ao Conselho Superior do Ministério Público decidir, no prazo máximo de sessenta dias, sobre o não-vitaliciamento e ao Colégio de Procuradores, em trinta dias, eventual recurso" (art. 60, § 1º). Exatamente porque o biênio de estágio probatório não é suscetível de alongamento, os prazos processuais aí estabelecidos são fatais e improrrogáveis.

No Estado de São Paulo a Lei Orgânica do Ministério Público dispôs que "o Corregedor-Geral do Ministério Público, *2 (dois) meses antes de decorrido o biênio*, remeterá ao Conselho Superior do Ministério Público e ao Órgão Especial do Colégio de Procuradores de Justiça relatório circunstanciado sobre a atuação pessoal e funcional dos membros do Ministério Público em estágio probatório, concluindo, fundamentadamente, pelo seu vitaliciamento ou não" (art. 129).

Observe-se que esse prazo de dois meses imediatamente anteriores ao decurso do biênio de estágio probatório já é, em si, muito exíguo, pois não se coaduna com os prazos máximos, estabelecidos na Lei 8.625, de 1993, para a decisão da proposta de não-vitaliciamento, em primeira e segunda instâncias. É uma razão a mais para se perceber que tal prazo não pode, de forma alguma, ser ainda mais encurtado, por eventual negligência do Corregedor-Geral da instituição, sem causar um duplo prejuízo.

Prejuízo, de um lado, para o próprio Ministério Público. Com efeito, a Lei Orgânica paulista dispõe que "os membros do Conselho Superior do Ministério Público e do Órgão Especial do Colégio de Procuradores de Justiça poderão impugnar, no prazo de 15 (quinze) dias a contar do recebimento do relatório do Corregedor-Geral do Ministério Público, por escrito e motivadamente, a proposta de vitaliciamento" (art. 129, § 2º). É óbvio que, apresentado com atraso o relatório do Corregedor-Geral, reduz-se fatalmente o tempo dentro do qual deverá ser concluído o eventual processo administrativo de não-vitaliciamento, o que significa a limitação do tempo de instrução necessário à prova dos fatos que motivam a impugnação. Atente-se para o fato de que, enquanto a lei determina deva ser *fundamentada* a proposta de não-vitaliciamento emanada do Corregedor-Geral, ela se limita a dispor que a impugnação, feita por um membro do Conselho Superior do Ministério Público ou do Órgão Especial do Colégio de Procuradores de Justiça, seja simplesmente *motivada*. "Fundamentar" uma proposta significa apoiá-la num mínimo de provas; ao passo que "motivá-la" é simplesmente alegar os seus motivos ou razões. Por conseguinte, as alegações da impugnação que for apresentada subseqüentemente ao relatório do Corregedor-Geral devem ser provadas, abrindo-se para tanto a necessária dilação processual.

Por outro lado, a apresentação serôdia do relatório do Corregedor-Geral sobre o transcurso do estágio probatório acarreta também, obviamente, um prejuízo manifesto àquele cujo não-vitaliciamento é proposto. O impugnado vê reduzido o tempo e, portanto, objetivamente, reduzidas as possibilidades de exercer em plenitude o seu direito fundamental de ampla defesa (CF, art. 5º, LV).

A conclusão que se deduz de tudo isso é lógica e irrecusável: o prazo fixado no art. 129, *caput*, da Lei Orgânica do Ministério Público não é suscetível de redução. Especificamente em relação ao promotor cuja demissão seja proposta, esse prazo é de *decadência*.

A doutrina administrativista contemporânea distingue precisamente a *decadência* da *prescrição* e da *preclusão*.[5] Ela segue, nesse particular, os clássicos ensinamentos da Dogmática privatista e da Teoria Geral do Processo.

Ao contrário da prescrição, que é matéria só de exceção e não pode pois ser conhecida e declarada pelo juiz *ex officio*, a decadência opera sempre como uma perda de direitos *ex lege* pelo decurso do tempo.[6] Ela não precisa, pois, ser invocada pela parte a quem aproveita, para ser declarada pelo julgador no processo judicial ou administrativo. Além disso, tratando-se de prazo cujos efeitos operam de pleno direito, ele não é suscetível de interrupção ou suspensão. No caso ora examinado esta última diferença é facilmente compreensível: se o prazo fatal de dois meses pudesse ser interrompido ou suspenso, é evidente que o biênio constitucional poderia ser livremente prolongado por iniciativa do Corregedor-Geral do Ministério Público, o que é um rematado absurdo.

5. Cf., no Brasil, Celso Antônio Bandeira de Mello, *Curso de Direito Administrativo*, 11ª ed., São Paulo, Malheiros Editores, 1999, pp. 95 e ss.; na Alemanha, Hans J. Wolff, Otto Bachof e Rolf Stober, *Verwaltungsrecht I*, 10ª ed., Munique, 1994, § 37, ns. 14 e ss.

6. Cf. Werner Flume, *Das Rechtsgeschäft*, 3ª ed., Springer-Verlag, Berlim/Heildelberg/Nova York, 1979, pp. 121 e ss.

Por outro lado, enquanto a prescrição representa uma defesa contra o exercício de uma pretensão, isto é, contra o direito do credor de exigir do devedor o cumprimento da prestação devida, a decadência extingue, além das pretensões, também outras espécies de poderes ou direitos subjetivos. São assim extintos por via decadencial os chamados direitos potestativos ou formadores, dos quais o direito de impugnação para fazer cessar uma relação jurídica, ou uma situação funcional, constitui um bom exemplo.[7]

A decadência deve também ser distinguida da preclusão, pois esta só ocorre no processo (judicial ou administrativo), ao passo que aquela diz respeito também a direitos materiais, e não meramente procedimentais.

Ora, na espécie, a decadência ocorreu inelutavelmente, pelo fato de o Corregedor-Geral do Ministério Público não ter cumprido no prazo legal um ato administrativo, o qual, como todo ato administrativo, constitui um *poder-dever*. A lei determina, em disposição de manifesta ordem pública, que a proposta de não-vitaliciamento de promotor de justiça em estágio probatório seja feita "2 (dois) meses antes de decorrido o biênio". Deixando de obedecer a tempo a essa imposição legal, como ficou registrado nos autos do processo administrativo, o titular da Corregedoria do Ministério Público perdeu, inquestionavelmente, o direito de impugnar o vitaliciamento do Promotor de Justiça em estágio probatório.

Em conseqüência, nulo é o processo administrativo contra ele aberto, e insanavelmente nulo o ato de demissão.

3.2 Dupla preclusão processual

Como já foi salientado, a Lei federal 8.625 determinou que a lei orgânica esta-

7. Werner Flume, *Das Rechtsgeschäft*, cit., p. 125; Larenz/Wolf, *Allgemeiner Teil des Bürgerlichen Rechts*, 8ª ed., Munique, Verlag Beck, 1997, § 16, 63.

dual do Ministério Público disciplinasse o procedimento de impugnação ao vitaliciamento de Promotor de Justiça, "cabendo ao Conselho Superior do Ministério Público decidir, no prazo máximo de sessenta dias, sobre o não-vitaliciamento e ao Colégio de Procuradores, em trinta dias, eventual recurso" (art. 60, § 1º).

Escusa frisar que onde a lei determina um *prazo máximo* não podem os órgãos superiores do Ministério Público entender que se trata de prazo meramente ideal, suscetível de prolongamento em razão do excesso de trabalho ou da complexidade da causa. Já se sublinhou que o vitaliciamento de promotor de justiça, por se tratar de uma garantia institucional, não é suscetível de supressão ou enfraquecimento, nem mesmo por via de emenda constitucional.

Em conseqüência, aqueles prazos processuais fixados na citada Lei federal 8.625 e reafirmados no art. 131 da Lei Orgânica do Ministério Público paulista são claramente de preclusão. Deixando o Conselho Superior do Ministério Público de julgar a impugnação à vitaliciedade de um promotor de justiça no prazo máximo de 60 dias, e o Órgão Especial de julgar o eventual recurso no prazo de 30 dias, o processo extingue-se de pleno direito.

Ora, na espécie, apresentada a impugnação ao vitaliciamento do Promotor de Justiça em 18 de outubro de 1999, o egrégio Conselho Superior do Ministério Público somente veio a decidi-la em 28 de dezembro do mesmo ano, ou seja, *71 dias depois*.

Não bastasse isso, o colendo Órgão Especial do Colégio de Procuradores de Justiça não obedeceu, tampouco, ao prazo improrrogável de 30 dias para o julgamento do recurso interposto pelo Corregedor-Geral da decisão que rejeitou a sua impugnação ao vitaliciamento. Com efeito, recebido o recurso em 6 de janeiro de 2000, o Órgão Especial somente veio a decidi-lo em 15 de março, isto é, *69 dias após*.

Como se percebe, ainda que a impugnação ao vitaliciamento do mencionado Promotor de Justiça tivesse sido feita no prazo prescrito em lei - o que não ocorreu –, o ato de demissão seria nulo e de nenhum efeito, pois, extinto o processo em virtude da preclusão, o vitaliciamento já se aperfeiçoara em 15 de dezembro de 1999, data do decurso do biênio constitucional.

3.3 Inépcia da impugnação ao vitaliciamento

Já se assinalou que a Lei Orgânica do Ministério Público do Estado de São Paulo, ao regular o ato de impugnação, pelo Corregedor-Geral, do vitaliciamento de promotor de justiça em estágio probatório, dispõe que ela deverá ser *fundamentada* (art. 129, *caput*). Salientou-se, também, que a mesma lei determina seja apenas *motivada* a impugnação eventualmente feita por um dos membros do Conselho Superior do Ministério Público ou do Órgão Especial do Colégio de Procuradores de Justiça, à vista do relatório sobre o vitaliciamento apresentado pelo Corregedor-Geral.

A razão dessa diferença de qualificação não é difícil de se entender. O Corregedor-Geral do Ministério Público, pela própria natureza das funções que exerce, tem o dever funcional de acompanhar *pari passu* a atuação dos promotores de justiça. Compete-lhe, especialmente, "realizar correições e visitas de inspeção nas Promotorias de Justiça" (Lei Complementar 734, art. 42, II). No concernente aos promotores de justiça em estágio probatório essa atividade de correição e inspeção é mesmo indispensável para a elaboração do "relatório circunstanciado sobre a sua atuação pessoal e funcional", como dispõe o inciso VIII do mesmo artigo de lei.

De fato, não se percebe como um ato da gravidade de uma impugnação ao vitaliciamento possa ser feito sob a forma de meras alegações, despidas de qualquer prova ou indício de prova. Tanto mais que, como foi visto, o processo administrativo aberto com essa impugnação deve transcorrer celeremente, de modo a se evitar a preclusão.

Ora, na espécie, a impugnação ao vitaliciamento do Promotor de Justiça foi apresentada (fora de prazo) desacompanhada de todo e qualquer elemento de prova. O Corregedor-Geral juntou à peça nada menos do que 10 documentos – nove declarações de Promotores de Justiça e uma certidão –, *todos eles abonando a atuação funcional do citado Promotor*. Nenhuma declaração de crítica, ou certidão comprovadora de falta funcional, foi apresentada.

Diante da falta de fundamentação da proposta de não-vitaliciamento, o Conselho Superior do Ministério Público entendeu de realizar uma sindicância – o que está manifestamente fora de suas atribuições –, a fim de permitir que a Corregedoria-Geral cumprisse *a posteriori* o requisito de fundamentação de sua peça acusatória, tal como prescreve a lei.

Não é preciso insistir sobre o fato óbvio de que a falta de fundamentação do ato impugnatório torna-o irremediavelmente inepto, pouco importando a circunstância de o órgão processante haver acolhido inicialmente a impugnação, para depois rejeitá-la no mérito por unanimidade.

3.4 Ausência de acórdão de julgamento do recurso

Ao regular a ordem dos processos nos tribunais o Código de Processo Civil dispõe que, "proferidos os votos, o presidente anunciará o resultado do julgamento, designando para redigir o acórdão o relator, ou, se este for vencido, o autor do primeiro voto vencedor" (art. 556). "As sentenças e acórdãos" – dispõe ainda o mesmo Código (art. 165) – "serão proferidos [*rectius* redigidos] com observância do disposto no art. 458"; isto é, deverão conter: 1) o relatório; 2) os fundamentos, com a análise das questões de fato e de direito; 3) o dispositivo, com a resolução das questões submetidas a julgamento.

Tais disposições do Código de Processo Civil, pela sua clareza e importância, devem, obviamente, reger, subsidiariamente, todos os processos, judiciários ou não.

Ora, do julgamento proferido pelo Órgão Especial do Colégio de Procuradores de Justiça não foi lavrado acórdão. Dos autos constam apenas o voto do relator (vencido) e uma "declaração de voto vencedor", além de uma certidão, expedida pela Secretaria do Órgão Especial, onde se declara, sumariamente, como votaram os julgadores.

Como foi pertinentemente salientado em doutrina,[8] "tem grande relevância prática a distinção entre fundamentos *do acórdão* e fundamentos *do voto*". O acórdão há de conter a reunião de todos os fundamentos dos votos vencedores, porque é por eles que se estabelece o juízo de legalidade ou constitucionalidade da decisão proferida, ou, simplesmente, de sua divergência com a orientação jurisprudencial. Foi exatamente por esta razão que o STF assentou, na Súmula 283, ser "inadmissível o recurso extraordinário, quando a decisão recorrida assenta em mais de um fundamento suficiente e o recurso não abrange todos eles".

Pode-se, pois, dizer que a decisão do Órgão Especial *não se aperfeiçoou*. Faltou um requisito essencial, que é justamente o acórdão. Deixando de se aperfeiçoar, prevalece a decisão recorrida que rejeitou, por unanimidade, a proposta de não-vitaliciamento apresentada pelo Corregedor-Geral.

Note-se que, nas contra-razões do recurso ao Órgão Especial, o Promotor de Justiça suscitou 10 preliminares. No entanto, o único voto vencedor redigido somente se pronuncia sobre uma delas. Do teor da certidão expedida pela Secretaria fica-se sabendo que o Órgão Especial dividiu-se em quatro correntes de opinião: uma que rejeitava todas as preliminares e negava provimento ao recurso; outra que rejeitava todas as preliminares e dava provimento ao recurso; uma terceira que acolhia a quarta preliminar e

8. J. C. Barbosa Moreira, *Comentários ao Código de Processo Civil*, 3ª ed., v. V, arts. 476-565, Rio de Janeiro, Forense, 1978, pp. 743-744.

dava provimento ao recurso; e, finalmente, uma quarta corrente que acolhia a quarta preliminar e negava provimento ao recurso.

Houve, assim, claramente, duas correntes vencedoras. Qual a divergência entre os fundamentos de ambas? Permanece-se na completa ignorância.

Nem se diga que essa divergência existiu apenas quanto ao julgamento das preliminares, e não quanto ao mérito. À falta de acórdão, a única peça de controle é o mencionado voto vencedor. Que diz ele a esse respeito?

Da sua leitura colhe-se a seguinte espantosa declaração: "Como há certeza de que o recorrido deixou sérias incertezas sobre a conveniência da sua confirmação, fundadas dúvidas sobre sua aptidão para ser vitaliciado, evidentemente que esta dúvida o prejudica, e, conseqüentemente, beneficia a Administração Superior do Ministério Público".

Para o ilustre Procurador de Justiça que proferiu esse voto, um membro do Ministério Público – e o argumento vale, obviamente, também para os juízes – nomeado por concurso pode ser demitido da função pública, tal como um empregado pode ser despedido do emprego: por simples conveniência do serviço!

Não passou pela cabeça do julgador que o processo de demissão de um agente público é de natureza disciplinar, isto é, punitiva, e que a única diferença entre a demissão de um promotor vitalício e de um não-vitalício encontra-se no fato de que este último pode ser demitido pela Chefia do órgão, mediante o competente processo administrativo, enquanto aqueloutro só pode ser demitido por sentença judicial passada em julgado. Mas em ambas as hipóteses o promotor em questão defende-se de *acusações sobre fatos precisos* (pressuposto do direito de ampla defesa), e não é simplesmente convidado a convencer a Administração Superior do Ministério Público de que é conveniente a sua permanência na Instituição ...

Em suma, se se quiser, contra toda a evidência, tomar a única declaração de voto vencedor como equivalente a um acórdão, é irrecusável reconhecer que a decisão do Órgão Especial do Colégio de Procuradores de Justiça feriu direito líquido e certo do Promotor demitido.

É o meu parecer.

São Paulo, 28 de abril de 2000

ACORDO DE ACIONISTAS – EMPRESA ESTADUAL CONCESSIONÁRIA DE SERVIÇO PÚBLICO FEDERAL – MANUTENÇÃO DA QUALIDADE DE ACIONISTA CONTROLADOR

ADÍLSON ABREU DALLARI

Titular de Direito Administrativo da PUC/SP

1. Considerações introdutórias. 2. Os fatos. 3. Legislação. 4. Doutrina. 5. Conclusões.

CONSULTA

Em virtude de operação realizada após leilão público, Southern Electric do Brasil Participações Ltda. (Southern) tornou-se titular de 32,964% do capital votante da sociedade de economia mista Cia. Energética de Minas Gerais – CEMIG. Na ocasião celebrou com o acionista controlador Estado de Minas Gerais, detentor de 50,958% do capital votante, um Acordo de Acionistas disciplinando as relações entre as partes, cujos termos foram expressamente determinados em edital.

O objetivo da operação foi admitir um sócio estratégico que, em sintonia com o Estado, pudesse contribuir para a modernização tecnológica da CEMIG, visando à excelência de seus serviços e a seu futuro desenvolvimento no mercado competitivo de energia elétrica, o qual está sendo implantado pela nova regulação do setor, concebida pela União Federal. Nesse sentido, o Estado promoveu a pré-qualificação dos possíveis adquirentes, estabelecendo as qualificações técnicas e financeiras que também estavam inseridas no edital.

Sendo certo que o Estado buscava a escolha de um parceiro capaz de dar sua contribuição tecnológica e financeira à CEMIG, esse objetivo exigia compromissos que atendessem aos interesses societários de ambas as partes. Tais compromissos consistiam, essencialmente, no direito e no dever de a nova acionista contribuir para certas decisões fundamentais da empresa.

Com essa preocupação, o Acordo de Acionistas e a nova redação do Estatuto Social, dele resultante, estabeleceram regras quanto à Assembléia-Geral, ao Conselho de Administração, à Diretoria Executiva e à cessão de ações, na forma seguinte.

1. *Assembléia-Geral*: Algumas deliberações da Assembléia-Geral que podem im-

plicar alteração nas regras vigentes dependem da aprovação conjunta pelo Estado e pela nova acionista, a Southern. São elas alterações do Estatuto Social no tocante ao objeto social, capital social e ações, competência, composição e funcionamento dos órgãos da administração e apuração de resultados. Além disso, certos atos assembleares que possam acarretar alteração na equação de capital (emissão de debêntures e bônus de subscrição, criação de partes beneficiárias, resgate e amortização de ações, fusão, cisão, incorporação, dissolução ou liquidação da CEMIG) também requerem a aprovação conjunta do acionista controlador e do sócio estratégico. Finalmente, a deliberação sobre distribuição de dividendos em percentual diverso do obrigatório previsto no Estatuto Social, pela importância especial da decisão, foi igualmente incluída no rol das deliberações conjuntas.

2. *Conselho de Administração*: Está previsto que a CEMIG tem um Conselho de Administração composto de 11 membros titulares e 11 suplentes. Para sua formação o Estado passou a indicar 6 membros titulares e os respectivos suplentes, e a Southern 4 membros e seus suplentes. Aos demais acionistas minoritários ficou cabendo a indicação 1 membro e seu suplente. Em regra, as reuniões do Conselho de Administração serão instaladas com a presença de seis conselheiros, e suas deliberações serão tomadas pela maioria de votos dos conselheiros presentes, cabendo a seu presidente, em caso de empate, o voto de qualidade. Entretanto, algumas matérias a serem votadas pelo Conselho, em vista de sua repercussão direta nos resultados da empresa, dependerão de *quorum* qualificado, ou seja, o voto de oito conselheiros. Tais matérias são: contratos entre a CEMIG e qualquer de seus acionistas ou empresas que sejam controladoras destes, sejam por eles controladas ou estejam sob seu controle comum; alienação ou constituição de ônus reais sobre bens do ativo permanente da CEMIG e sobre a prestação por esta de garantias a terceiros; deliberação sobre empréstimos, financiamentos e outros negócios jurídicos a serem celebrados pela CEMIG acima de certo valor; e a escolha (e, se for o caso, destituição) dos auditores independentes. Os membros do Conselho de Administração são livres para decidir segundo suas próprias convicções, só estando obrigados a seguir orientação de voto para dar cumprimento ao Acordo de Acionistas.

3. *Diretoria Executiva*: A Diretoria Executiva da CEMIG passou a ser composta de oito diretores, escolhidos com base em critério de competência técnica e profissional. Cabe ao Estado indicar cinco deles (diretor-presidente, diretor de finanças, diretor de gestão empresarial, diretor de projetos e construções e diretor de distribuição) e à Southern a indicação de três (diretor-vice-presidente, diretor de suprimento e de material e diretor de produção e transmissão). Deverão ser objeto de deliberação colegiada algumas matérias de competência da Diretoria que, pela sua importância, podem afetar significativamente o resultado da CEMIG. Dependem, por isto, do voto afirmativo de seis dos diretores as seguintes matérias: elaboração do plano de organização da CEMIG; aprovação do plano qüinqüenal de negócios; aprovação do orçamento anual; aprovação de alienação ou constituição de ônus reais sobre bens do ativo permanente acima de certo valor; aprovação de empréstimos, financiamentos ou outros negócios acima de determinado valor; e exercício de voto junto a coligadas e coligadas quando versarem sobre matérias incluídas no plano de negócios da CEMIG. No entanto, nem o Acordo de Acionistas nem o Estatuto Social exigem que os diretores sigam orientação de voto de qualquer acionista.

4. *Cessão de ações*: O Acordo não veda às partes signatárias a cessão das ações que possuem no capital da CEMIG, estabelecendo, ao contrário, que pode ocorrer independentemente de consentimento ou direito de preferência da outra parte. Entretanto, o Estado, por manter a condição de acionista controlador, somente poderá fazê-lo

com prévia autorização legislativa, mediante leilão em Bolsa de Valores, de conformidade com as normas da Comissão de Valores Mobiliários, se tal puder acarretar a transferência do controle da empresa. Assim também, e em vista da possibilidade de transferência de suas ações, na hipótese de a Southern reduzir sua participação, em qualquer momento, a menos de 30% das ações ordinárias da CEMIG ficarão suspensas as prerrogativas relativas à necessidade de aprovação conjunta nas deliberações da Assembléia-Geral, bem como aquelas que asseguram à Southern o direito de indicar nomes para integrar o Conselho de Administração e a Diretoria.

Importante ressaltar que a alienação das ações da CEMIG, pelo Estado de Minas Gerais, foi autorizada pela Lei estadual 11.968, de 1.11.1995.

Não obstante o bom relacionamento dos acionistas desde o implemento do negócio jurídico acima delineado, o Estado de Minas Gerais, após sucessão governamental, determinou à sua Procuradoria a propositura de ação visando à declaração de nulidade do referido Acordo de Acionistas. Frise-se, inclusive, que o Estado, mediante concessão de tutela antecipada pela Justiça Mineira, logrou obter a suspensão provisória da eficácia do Acordo de Acionistas, situação, esta, que perdura até o presente momento.

Pois bem, diante dos fatos narrados e da documentação que acompanha a presente Consulta, solicita-se a V. Sa. parecer a respeito dos seguinte pontos:

a) O Acordo de Acionistas celebrado entre o Estado de Minas Gerais e a Southern é ilegal ou inconstitucional?

b) A celebração do referido Acordo de Acionistas implicou a transferência do controle acionário da CEMIG, detido pelo Estado de Minas Gerais, a particulares?

c) Considerando que a minuta do Acordo de Acionistas em questão integrou o Edital de Licitação e, ainda, que o Estado de Minas Gerais, no mesmo Edital, obrigou-se firmar tal instrumento com o novo acionista da CEMIG, a eventual anulação de tal Acordo de Acionistas poderia ser declarada sem a anulação de todo o negócio jurídico delineado no mencionado Edital de Licitação e, em sua conformidade, realizado?

PARECER

1. Considerações introdutórias

A Administração Pública tem sua atuação condicionada à observância do princípio da legalidade. Para se saber o que a Administração Pública pode ou não pode fazer é preciso consultar a lei.

Porém, nenhuma disposição normativa tem vida fora do contexto em que está necessariamente inserida. O universo normativo não é um amontoado caótico de prescrições, mas, sim, um sistema, organizado, articulado e hierarquizado, no qual as contradições são apenas aparentes.

Nunca se pode apreender a totalidade do conteúdo normativo de um dispositivo legal isolado, sem relacioná-lo com outros dispositivos, e muito especialmente com princípios contidos no ordenamento jurídico do qual ele é apenas uma parte. A correta elaboração desse relacionamento exige conhecimentos científicos específicos. A ciência que cuida da interpretação das normas jurídicas é a Hermenêutica.

Entre os cultores dessa ciência destaca-se a figura exponencial de Carlos Maximiliano, de cuja obra *Hermenêutica e Aplicação do Direito* (Rio de Janeiro, Forense, 1984, pp. 128-129) foi extraída a seguinte passagem:

"O Direito Objetivo não é um conglomerado caótico de preceitos; constitui vasta unidade, organismo regular, sistema, conjunto harmônico de normas coordenadas, em interdependência metódica, embora fixada cada uma no seu lugar próprio. De princípios jurídicos mais ou menos gerais deduzem corolários; uns e outros se condicionam e restringem reciprocamente, embora se desenvolvam de modo que constituem elementos autônomos operando em campos diversos.

"Cada preceito, portanto, é membro de um grande todo; por isso do exame em conjunto resulta bastante luz para o caso em apreço.

"Confronta-se a prescrição positiva com outra de que proveio, ou que da mesma dimanaram; verifica-se o nexo entre a regra e a exceção, entre o geral e o particular, e deste modo se obtêm esclarecimentos preciosos. O preceito, assim submetido a exame, longe de perder a própria individualidade, adquire realce maior, talvez inesperado. Com esse trabalho de síntese é melhor compreendido."

Os avanços alcançados pela doutrina já permitem perceber que as normas legais podem comportar uma pluralidade de entendimentos, cabendo ao intérprete buscar para cada norma o significado mais condizente com o contexto no qual ela está necessariamente inserida, conforme ensina Juarez Freitas (*A Interpretação Sistemática do Direito*, São Paulo, Malheiros Editores, 1995, p. 54): "Destarte, assumindo uma ótica ampliativa e mais bem equipada, a interpretação sistemática deve ser definida como uma operação que consiste em atribuir a melhor significação, dentre várias possíveis, aos princípios, às normas e aos valores jurídicos, hierarquizando-os num todo aberto, fixando-lhes o alcance e superando antinomias, a partir da conformação teleológica, tendo em vista solucionar os casos concretos".

Essa busca do melhor significado entre aqueles comportados pela norma somente se completa diante do caso concreto. A melhor interpretação será aquela que, além de manter coerência com outros preceitos correlatos, permita dar ao caso concreto a solução mais justa, à luz dos princípios gerais de Direito e dos valores fundamentais de um dado sistema normativo.

"A norma geral pode ser entendida, é claro, pelo sentido abstrato das palavras por ela utilizadas. Trata-se, porém, de mero entendimento prévio. Esse entendimento não exaure o âmbito da incidência normativa, pois ele só se consuma perante os fatos concretos da vida" (TRF-3ª R., voto do Des. federal Newton De Lucca no MS 94.03.093099-3-SP, publicado no *Boletim AASP* 2.043/473).

No caso em exame é imperioso que se proceda a um cuidadoso exame das normas constitucionais, legais, editalíciais e contratuais que afetam a específica questão, mas é também essencial atentar para os dados fáticos, para os antecedentes do caso em exame e para as possíveis conseqüências fáticas de cada opção interpretativa, pois o Direito não briga com o bom senso.

Toda norma legal decorre de um ambiente político, social e econômico vigente no momento de sua edição. Mas esse ambiente muda com o decorrer do tempo, exigindo do intérprete e aplicador da lei um esforço de adaptação, para que possa dar a correta solução aos problemas emergentes. É certo, portanto, que a melhor interpretação da lei (entre as várias possíveis) vai variar ao longo do tempo de sua vigência. Uma interpretação incontestavelmente correta adotada em um momento do passado pode tornar-se inaceitável em ocasião posterior, pois, obviamente, não faz sentido dar-se a mesma solução para um problema que se tornou diferente, em razão de alterações no plano da realidade fática.

Um exemplo basta: o Código Penal, de 1940, tipifica como crime a prática de ato obsceno em lugar público ou aberto ao público (art. 233) e a comercialização de escrito, desenho, pintura, estampa ou qualquer objeto obsceno (art. 234). Embora o texto legal tenha permanecido o mesmo até hoje, seu significado variou ao longo do tempo, em decorrência das alterações havidas no plano dos fatos.

A interpretação das leis em geral e dos próprios preceitos constitucionais deve ter um caráter evolutivo, deve ser feita de maneira atualizada, conforme ensina o renomado mestre da Universidade de Palermo, Antonino Pensovecchio Li Bassi, em sua notável monografia sobre *L'Interpretazione delle Norme Costituzionali* (Milão, Giuffré Editore, 1972, pp. 62-81), ao dizer que o intérprete deve valer-se do método evolutivo, levando em conta as mutações das exigências político-sociais da coletividade, buscando o sentido não com base na realidade existente quando a norma foi produzida, mas, sim, no ambiente existente no momento de sua aplicação, "per trarre dell'esame della stessa realtá opportuni elementi di valutazione che consentano di accertare il processo evolutivo delle norme e di evitare conclusioni distacate della vita reale".

A aplicação do método evolutivo nada tem de "alternativo". Muito ao contrário, tem perfeito respaldo no disposto no art. 5º da LICC, e, conforme ressalta a doutrina, longe de significar um enfraquecimento do texto legal, lhe dá força e assegura a sobrevida:

"A fórmula legal situa-se num circunstancialismo social, que é indispensável à sua compreensão, de modo que o intérprete encontra uma realidade em movimento, quando procede à obra de interpretação. Assim, a fórmula toma objetivamente o sentido que lhe é conferido pelo condicionalismo social em que se integra.

"A ordem jurídica, adaptando-se à evolução social, regenera-se e adapta a lei às necessidades novas. Velhas fórmulas ajustam-se aos novos tempos, pois o Direito é vida. Por isso, quando o intérprete inclina-se para o sentido atual, abstraindo o sentido originário para o qual a lei foi criada, está assumindo uma orientação objetivista e atualista, que longe de menosprezar a lei é condição de sua sobrevivência, impedindo que ela seja descartada pelo desuso" (Christiano José de Andrade, *O Problema dos Métodos da Interpretação Jurídica*, São Paulo, Ed. RT, 1992, pp. 150-151).

No caso em exame, em razão da enorme e radical transformação sofrida pela Administração Pública ao longo do tempo, culminando com o advento da EC 19, de 4.6.1998, especialmente no que tange à situação das empresas estatais, não é possível interpretar a Lei 6.404, de 1976, com base na realidade fática existente no momento em que ela foi editada.

Diante de uma questão jurídica é preciso atentar para os fatos sociais e para a finalidade de interesse público que se visa a atingir, afastando empecilhos decorrentes da literalidade, para buscar a solução no sistema jurídico em seu conjunto, cujos princípios fundamentais devem servir como norte ao intérprete e aplicador da lei. Não é admissível que se observe a letra da lei violando seu espírito, seu verdadeiro propósito, seu objetivo, sua finalidade e os valores sociais vigentes no momento atual.

Para finalizar estas considerações preliminares, cabe invocar a palavra autorizada de Eros Roberto Grau (*A Ordem Econômica na Constituição de 1988*, São Paulo, Ed RT, 1990, p. 187):[1]

"A aplicação do Direito – e este ato supõe interpretação – não é mera dedução dele, mas sim processo de contínua adaptação de suas normas à realidade e seus conflitos. Da mesma forma, a ordem jurídica, no seu evolver em coerência com as necessidades reais, embora haja de respeitar a Constituição, não se resume a uma mera dedução dela.

"A Constituição é um dinamismo."

Realidades emergentes exigem soluções criativas. Não é possível aplicar velhas soluções a novos problemas.

A realidade fática, atualmente, é a de que o Poder Público não dispõe de capacidade de investimento e precisa, forçosamente, do concurso da iniciativa privada para que possa promover o desenvolvimento nacional e assegurar um certo padrão de bem-estar à coletividade a quem deve servir.

1. V. 5ª ed., Malheiros Editores, 2000, p. 186.

Ora, se o Poder Público precisa atrair capitais privados é evidente que precisa, também, oferecer garantias e até mesmo vantagens que sirvam efetivamente como atrativos.

Já vai longe o tempo das sociedades de economia mista de fachada, criadas como simples meio de fugir aos controles e às limitações existentes para a Administração direta, sem qualquer aporte significativo de capitais privados.

Os tempos são outros, e o jurista deve adaptar-se aos novos tempos, sem perder sua condição de jurista, mantendo seu compromisso com a ordem jurídica, mas explorando intensamente todas as suas potencialidades.

O momento histórico atual exige do Poder Público um notável esforço de adaptação, e do jurista um correspondente esforço de interpretação.

2. Os fatos

O Poder Público dispõe de uma pluralidade de formas de atuação, mediante entidades dotadas de personalidade jurídica de Direito Privado. Se o Poder Público pretender exercer atividade não-econômica (cultural ou assistencial) a forma mais conveniente ou mais adequada será a de fundação privada. Se a atividade a ser exercida for de natureza econômica e o Poder Público não desejar ou não necessitar do concurso de capitais privados a forma própria será a de empresa pública em sentido estrito.

Sociedade de economia mista é uma forma de atuação estatal utilizada quando houver conveniência ou necessidade da conjugação de capitais públicos ou privados. Neste caso (tratando-se de uma verdadeira sociedade de economia mista, e não apenas uma sociedade de fachada, constituída apenas para burlar as limitações e os controles existentes sobre a Administração direta e autárquica) é absolutamente indispensável a existência de vantagens ou de garantias destinadas a atrair investidores privados, sem que com isso se sacrifique o interesse público determinante da criação de uma específica sociedade de economia mista.

Não é exatamente correta a afirmação da existência de interesses opostos entre o Poder Público e o investidor privado, pois este sabe que a obtenção dos resultados econômicos depende ou tem como meio a realização de interesses públicos, e o Poder Público, por sua vez, sabe que a realização da finalidade pública passa, necessariamente, pela satisfação de interesses privados. Há, portanto, na sociedade de economia mista uma necessária e elementar conjugação de interesses, sem a qual não haveria a *afectio societatis*, indispensável à formação e manutenção de qualquer entidade associativa.

É ponto pacífico que não basta a existência, na composição acionária de uma empresa qualquer, de capitais públicos e privados para que se tenha uma sociedade de economia mista. Também não é suficiente que os capitais públicos sejam majoritários. O que realmente caracteriza a sociedade de economia mista é a circunstância de que ela deve cumprir uma finalidade pública, realizar um objetivo estatal, pois, em última análise, ela é uma forma de atuação estatal. Daí a necessidade de que a direção da empresa, a condução de seus negócios, fique nas mãos do Poder Público.

O presente estudo parte desses pressupostos e segue uma diretriz pragmática, atento para a importantíssima circunstância existente no caso em exame, onde quem está investindo, aportando novos recursos ao negócio, é o acionista minoritário, em termos de controle da sociedade.

Com efeito, não obstante o problema em exame se tenha originado da assinatura dos contratos firmados entre entidades da Administração descentralizada Federal e o Governo Estadual (MGI – Minas Gerais Participações S/A, BNDES – Banco Nacional de Desenvolvimento Econômico e Social, BNDES Participações – BANDESPAR e Governo do Estado de Minas Gerais) tendo por finalidade a venda das ações da

CEMIG, para os efeitos deste estudo tomar-se-á como ponto de partida a publicação do Edital do Leilão Público de debêntures resgatáveis em ações ordinárias da Cia. Energética de Minas Gerais – CEMIG, cujo objeto está descrito da seguinte forma:

"1. *Esclarecimentos básicos*:

"1.1 A alienação em bloco das 18.719.600 debêntures tem por objetivo, no caso de exercício do direito de resgate dos títulos em ações, o ingresso, na CEMIG, de um *sócio estratégico que possua experiência no setor de atividade da empresa.*

"1.2 Somente serão admitidos ao leilão participantes que cumpriram os requisitos da pré-qualificação, nos termos do presente Edital.

"1.3 O adquirente, pela aceitação da oferta, na eventualidade do resgate das debêntures em ações, celebrará com o Estado de Minas Gerais, acionista controlador da CEMIG, *Acordo de Acionistas estabelecendo os princípios gerais de condução dos negócios da empresa, bem como sua representação nos órgãos de administração e no Conselho Fiscal da CEMIG, permanecendo o Estado de Minas Gerais detentor da maioria das ações ordinárias e no exercício dos poderes de acionista controlador* da CEMIG.

"1.4 O modelo de Acordo de Acionistas, publicado nos órgãos oficiais do Estado de Minas Gerais e da União, a ser eventualmente assinado pelo adquirente *e o modelo do Estatuto da CEMIG*, que dela constitui parte integrante, *encontram-se à disposição dos interessados* (...)" (grifei).

O objeto da licitação é bastante claro, cabendo, entretanto, destacar dois pontos fundamentais para o presente estudo: o papel a ser desempenhado pelo sócio minoritário e a previsão expressa do Acordo de Acionistas.

Com efeito, o Edital não abriu a licitação para qualquer interessado, mas, sim, apenas para interessados em investir na empresa que detivessem largos conhecimentos de sua área de atuação. O que se buscou não foi um sócio qualquer, mas, sim, "um sócio estratégico que possua experiência no setor de atividade da empresa". Não se estava procurando um simples investidor, mas, sim, um investidor dotado de capacidade gerencial, que efetivamente fosse detentor de conhecimentos que o habilitassem a participar da gestão da empresa, para torná-la competitiva.

Obviamente, o universo de eventuais proponentes foi limitado por tal exigência, mas essa limitação é tolerável pela ordem jurídica, em razão de sua pertinência com o objetivo de procurar alguém para efetivamente participar da gestão da empresa.

Salta aos olhos que retirar do vencedor do certame licitatório a capacidade para efetivamente participar da gestão da empresa vai significar uma burla aos demais eventuais investidores interessados não detentores de experiência no setor de atividade da empresa. Caso se aniquile a razão pela qual a licitação foi licitamente feita num universo limitado de proponentes a própria licitação será nula, sendo nulo o contrato dela decorrente.

A doutrina é absolutamente pacífica nesse entendimento. Na legislação, a Lei 8.666, de 1993, que estabelece normas gerais de licitações e contratos, no § 2º de seu art. 49, afirma, com caráter de princípio, que "a nulidade do procedimento licitatório induz à do contrato" – regra, essa, que, por analogia, se aplica perfeitamente ao caso em exame. A jurisprudência também aponta para o mesmo caminho. Com efeito, a Súmula 347 do STF diz, claramente, que de atos nulos não se originam direitos.

Essa efetiva possibilidade de participação na gestão da empresa não era acenada como algo vago e impreciso. Muito pelo contrário: os termos dessa participação efetiva e concreta na condução dos negócios societários, que *estava expressamente prevista para conviver harmonicamente com o exercício dos poderes de acionista controlador pelo Estado de Minas Gerais*, tinha seus termos perfeitamente delineados no modelo de Acordo de Acionistas mencionado no item 1.4 supratranscrito, além de ter suas linhas básicas figurando no próprio corpo do Edital:

"*Características básicas do Acordo de Acionistas a ser assinado entre o Estado de Minas Gerais e o adquirente das debêntures no caso de exercício do resgate em ações ordinárias da CEMIG*:

"A COMPANHIA será administrada por um Conselho de Administração e por uma Diretoria Executiva, que funcionarão em conformidade com o seu Estatuto Social.

"O Conselho de Administração será composto de 11 (onze) membros titulares e igual número de suplentes. Na sua composição tanto o Estado de Minas Gerais – ESTADO como o adquirente terão efetiva participação, cabendo ao primeiro indicar 6 (seis) membros titulares e respectivos suplentes, ao adquirente indicar 4 (quatro) membros e seus suplentes, e aos demais acionistas minoritários da COMPANHIA indicar 1 (um) membro e seu suplente.

"A Diretoria da COMPANHIA será composta de 8 (oito) diretores designados Diretor-Presidente, Diretor-Vice-Presidente, Diretor de Projetos e Construções, Diretor de Finanças, Diretor de Distribuição, Diretor de Gestão Empresarial, Diretor de Produção e Transmissão e Diretor de Suprimentos e de Material, a serem eleitos pelo Conselho de Administração. Caberá ao ESTADO indicar, com base em critério de competência técnica e profissional, o Diretor-Presidente, o Diretor de Finanças, o Diretor de Gestão Empresarial, o Diretor de Projetos e Construções e o Diretor de Distribuição. Com base no mesmo critério, caberá ao adquirente indicar o Diretor-Vice-Presidente, o Diretor de Suprimento e de Material e o Diretor de Produção e Transmissão.

"O Conselho Fiscal da COMPANHIA funcionará em caráter permanente e será composto de 5 (cinco) membros efetivos e respectivos suplentes. O ESTADO escolherá 3 (três) membros titulares e respectivos suplentes, inclusive o Presidente, e o adquirente escolherá os outros 2 (dois) membros titulares e respectivos suplentes.

"*O adquirente se comprometerá a contribuir para o desenvolvimento tecnológico e empresarial da COMPANHIA, mediante*:

"a) *aporte tecnológico no desenvolvimento de projetos de geração térmica*, visando ao aproveitamento dos recursos energéticos existentes no Estado de Minas Gerais;

"b) participação ativa na estruturação de projetos no regime aplicável a produtores independentes de energia;

"c) participação ativa na estruturação organizacional de empresas sujeitas à competição por mercados de energia elétrica;

"d) *cessão de experiência gerencial em negociação com consumidores em ambiente de competição, negociação com fornecedores de bens e serviços em ambiente de desregulamentação, desenvolvimento de novos negócios e competição por novos mercados*;

"e) participação ativa no gerenciamento de projetos, seguros e risco, visando a facilitar o acesso a recursos de financiamentos;

"f) participação ativa na definição de novos investimentos que contribuam para o resultado empresarial.

"O Acordo de Acionistas vigorará por 35 (trinta e cinco) anos."

Tal Acordo de Acionistas, que tem *vigência temporária*, deixa absolutamente fora de qualquer dúvida que a licitação foi feita com o propósito específico de selecionar investidor dotado de capacidade técnica e gerencial para colaborar eficazmente na condução dos negócios sociais, de maneira a assegurar tanto o atingimento dos fins da empresa em um novo ambiente de competição quanto, muito especialmente, os fins almejados pelo Governo do Estado de Minas Gerais ao instituir a CEMIG, conforme fica perfeitamente evidente pela simples leitura dos itens adiante transcritos:

"*Sexta – Princípios Gerais de Condução dos Negócios Sociais*

"6.1 As PARTES se comprometem a orientar seus representantes nos órgãos de administração da COMPANHIA de acordo com os seguintes princípios e objetivos:

"a) a COMPANHIA deverá manter padrão de qualidade de serviços compatível com o exigido pelas autoridades competentes, *e buscar gradativamente atingir padrões mais elevados*, compatíveis com os praticados por empresas do setor energético reconhecidamente eficientes;

"b) *a COMPANHIA deverá reservar, anualmente, recursos de no mínimo 5% (cinco por cento) de seu lucro líquido ajustado para serem investidos na expansão do sistema elétrico do Estado de Minas Gerais, visando a atender aos consumidores de baixa renda*, conforme definição do Departamento Nacional de Águas e Energia Elétrica – DNAEE, *como também aos consumidores rurais*;

"c) a COMPANHIA procurará obter novas concessões para geração, transmissão e distribuição de energia elétrica que assegurem, no mínimo, condições idênticas àquelas por ela detidas na data deste Acordo;

"d) as PARTES, na qualidade de acionistas da COMPANHIA, bem como a própria COMPANHIA agirão sempre de forma compatível com os mais elevados padrões éticos em suas respectivas atividades: em particular, *comprometem-se as PARTES a abster-se de qualquer pagamento, promessa ou oferta, sob qualquer forma, de bens ou valores a qualquer funcionário público, partido político ou candidato a cargo eletivo, bem como a qualquer empregado da COMPANHIA, que não estiver em estrito acordo com as leis e regulamentos aplicáveis*;

"e) as PARTES se conduzirão com lealdade à COMPANHIA, abstendo-se de praticar, por si, por suas controladoras, controladas ou por empresa que esteja sob controle comum com as mesmas, atos que possam implicar conflito de interesses com a mesma, comprometendo-se a comunicar uma à outra a existência de qualquer circunstância que possa conduzir a tal conflito, entendendo-se por conflito de interesses, para os fins do presente Acordo, toda situação que implique auferimento de vantagem por uma PARTE em detrimento da COMPANHIA, da outra PARTE ou dos demais acionistas da COMPANHIA;

"f) a COMPANHIA, sempre que sua situação econômica e financeira assim o permitir, considerará a possibilidade de efetuar a distribuição de seus recursos excedentes.

"6.3 Observados os princípios estabelecidos nos itens precedentes e as condições específicas que forem acordadas em cada caso, a COMPANHIA poderá solicitar a contribuição da SOCIEDADE, *e esta se compromete a contribuir, para o desenvolvimento tecnológico e empresarial da COMPANHIA, mediante*:

"a) *aporte tecnológico no desenvolvimento de projetos de geração térmica*, visando ao aproveitamento dos recursos energéticos existentes no Estado;

"b) participação ativa na estruturação de projetos no regime aplicável a produtores independentes de energia;

"c) participação ativa na estruturação organizacional de empresas sujeitas à competição por mercados de energia elétrica;

"d) *cessão de experiência gerencial em negociação com consumidores em ambiente de competição, negociação com fornecedores de bens e serviços em ambiente de desregulamentação, desenvolvimento de novos negócios e competição por novos mercados*;

"e) participação ativa no gerenciamento de projetos, seguros e risco, visando a facilitar o acesso a recursos de financiamentos;

"f) participação ativa na definição de novos investimentos que contribuam para o resultado empresarial."

A leitura inteligente e desapaixonada desse plexo de atribuições, compromissos e responsabilidades permite concluir que *o Governo do Estado de Minas Gerais não está alienando ou abrindo mão de sua condição de acionista controlador, nem de direito, nem de fato.* Seria rematado absurdo dizer que, por força desses termos de Acordo de Acionistas, o investidor estratégico adquiriu a condição de acionista controlador. Quem permanece como detentor da supremacia na condução dos negócios sociais ainda é o Governo do Estado.

Talvez o Governo do Estado de Minas Gerais tenha perdido a prerrogativa que legalmente nunca teve e que, atualmente (independentemente do Acordo de Acionistas), não pode ter, qual seja, a de atuar, de fato, como detentor do controle *absoluto* da CEMIG, podendo disso se valer para atingir objetivos totalmente divorciados dos interesses da empresa e dos interesses públicos que justificaram sua criação.

3. Legislação

Argumentam os ilustres juristas que sustentam a ilicitude do Acordo de Acionistas em exame que tal ajuste desnatura a sociedade de economia mista, por lhe retirar a capacidade *absoluta* de controle.

Tal capacidade *absoluta* de controle inegavelmente existiu, mas apenas de fato, ao tempo em que as sociedades de economia mista eram criadas apenas para burlar os sistemas de controle, ao tempo em que a participação estatal no capital de tais sociedades atingia quase a totalidade, havendo um ou outro acionista privado apenas para preencher requisitos formais. Já se aceitou que a condição de acionista controlador dava ao Estado poderes *absolutos* para mandar e desmandar, usar e abusar dos recursos da sociedade.

Atualmente isso é absolutamente impossível, especialmente no caso em exame, conforme se demonstrará pelo exame articulado do complexo de normas legais incidentes sobre a específica sociedade de economia mista em questão, a CEMIG, que é uma empresa integrante da Administração direta estadual, mas prestadora de serviço público federal.

O exame da legislação pertinente começa exatamente no art. 1º da CF, cujo *caput* afirma e consagra o princípio federativo. Dizer que o Brasil é uma República Federativa significa reconhecer e proclamar a autonomia dos entes formadores da União.

Tal autonomia tem inúmeras conseqüências e implicações, mas a mais elementar delas é o reconhecimento, necessariamente implícito, de que cada Estado-membro regula e disciplina, por lei própria, sua respectiva administração. Cabe exclusivamente a cada Estado-membro dispor sobre a organização e funcionamento de sua estrutura administrativa, de seus órgãos e de suas entidades.

No exercício dessa autonomia, o Estado de Minas Gerais, podendo ter constituído uma empresa pública (da qual seria senhor absoluto), preferiu instituir a CEMIG como sociedade de economia mista, o que implica a necessária participação de capitais privados, quebrando qualquer aspiração absolutista.

Merece alguma atenção também o fato de que no inciso IV desse mesmo art. 1º a Constituição Federal afirma como fundamentos da República Federativa do Brasil "os valores sociais do trabalho e da livre iniciativa". Este tema é retomado mais adiante, no art. 170, onde estão os princípios que devem nortear a atividade econômica, mas é importante salientar desde já a importância que o sistema jurídico nacional confere à livre iniciativa e aos investidores privados, os quais, no mínimo, não podem ser tomados como "inimigos" do interesse público.

Ainda quanto ao art. 1º da CF, cabe destacar que seu parágrafo único traz uma importantíssima inovação com relação aos textos constitucionais anteriores, qual seja, a afirmação da democracia também participativa, e não apenas representativa. Isso significa que o exercício da cidadania não se resume à eleição dos representantes do povo, mas, sim, que aos cidadãos e aos grupos intermediários da sociedade (entre os quais as empresas privadas) compete participar efetivamente das ações e decisões políticas e administrativas. Não se admite mais o divórcio absoluto entre governantes e governados.

Logo em seguida, no art. 3º, a Constituição Federal enumera, expressamente, entre os objetivos fundamentais da República Federativa do Brasil, "garantir o desenvolvimento nacional", o que há de ser feito pela conjugação dos esforços dos governantes e dos governados, do setor público e do setor privado.

São incompatíveis e desconformes com o texto constitucional as interpretações tendentes a inviabilizar ou prejudicar o desenvolvimento nacional, mesmo que atendam a interesses legítimos das entidades federadas e muito especialmente quando voltadas para a satisfação de interesses secundários do aparelhamento administrativo dessas entidades ou, pior ainda, para os interesses pessoais dos governantes.

Tanto as normas constitucionais isoladas quanto a legislação ordinária haverão de ser interpretadas e aplicadas em consonância com os princípios acima referidos, à luz da realidade emergente e com especial atenção às diretrizes da reforma do Estado, que afetam inexoravelmente a CEMIG.

Convém ressaltar e deixar bem claro que a CEMIG é uma empresa prestadora de *serviço público federal*, conforme o que está expressamente previsto na Constituição Federal: "Art. 21. Compete à União: (...) XII – explorar, diretamente ou mediante autorização, concessão ou permissão: (...) b) os serviços e instalações de energia elétrica e o aproveitamento energético dos cursos de água, em articulação com os Estados onde se situam os potenciais hidroenergéticos".

Embora a CEMIG seja uma sociedade de economia mista estadual, ela não pode desviar-se dos parâmetros estabelecidos para tais entidades pela própria Constituição Federal, cujo art. 173, agora, com a redação dada pela EC 19, de 4.6.1998, prevê a edição de um novo estatuto jurídico para tais empresas, do qual constarão, expressamente, a fiscalização pela sociedade e, muito especialmente, a *participação dos acionistas minoritários*:

"Art. 173. Ressalvados os casos previstos nesta Constituição, a exploração direta de atividade econômica pelo Estado só será permitida quando necessária aos imperativos da segurança nacional ou a relevante interesse coletivo, conforme definidos em lei.

" § 1º. *A lei estabelecerá o estatuto jurídico da empresa pública, da sociedade de economia mista* e de suas subsidiárias que explorem atividade econômica de produção ou comercialização de bens ou de prestação de serviços, dispondo sobre:

"I – sua função social e formas de *fiscalização pelo Estado e pela sociedade*;

"II – a sujeição ao regime jurídico próprio das empresas privadas, inclusive quanto aos direitos e obrigações civis, comerciais, trabalhistas e tributários;

"III – licitação e contratação de obras, serviços, compras e alienações, observados os princípios da administração pública;

"IV – *a constituição e o funcionamento dos Conselhos de Administração e Fiscal, com a participação de acionistas minoritários*;

"V – os mandatos, a avaliação de desempenho e a responsabilidade dos administradores."

A doutrina mais moderna e mais autorizada já se deu conta dessa significativa alteração trazida pela EC 19, de 1998. Lucia Valle Figueiredo, discorrendo sobre o controle das empresas estatais, menciona em primeiro lugar o controle interno e, em segundo lugar, o controle participativo:

"Como segunda forma de controle temos o controle com participação; e verifiquem que nossa Constituição arrolou dentre os princípios, logo em seu 'Preâmbulo', a participação direta.

"Controle com participação é o feito com fiscalização do próprio administrado, é controle com fiscalização do povo. Já que o dinheiro é público, é imprescindível que se dê ao administrado a possibilidade de controle" (*Curso de Direito Administrativo*, 4ª ed., São Paulo, Malheiros Editores, 2000, p. 118).

Cabe acrescentar que o particular acionista minoritário não perde a condição de "povo", exercente do controle participativo, em oposição ao controle interno, da própria Administração. O acionista minoritário está especialmente habilitado para exercer esse tipo de controle, pelo especial nível de conhecimento de que dispõe sobre a área de atuação da empresa estatal da qual é parceiro.

Nem se diga que isto irá ocorrer apenas após a edição do novo estatuto das empresas estatais. É regra elementar de Hermenêutica que os dispositivos e princípios constitucionais, mesmo que dependentes de legislação ordinária, são dotados de um mínimo de eficácia, proscrevendo a prática de atos e a interpretação de textos normativos que com eles conflitem, determinando que estes sejam interpretados de maneira conforme à Constituição.

No caso em exame é erro grosseiro interpretar, atualmente, o art. 238 da Lei 6.404, de 1976, como outorgante de um *poder absoluto de controle*, pois o texto constitucional em vigor não mais admite isso, dado que afirma como um valor de nível constitucional, um vetor interpretativo, a participação concreta, real, verdadeira e efetiva dos acionistas minoritários na gestão das empresas estatais.

Some-se a isso o fato de que a CEMIG, por ser concessionária de serviço público, também está obrigada a cumprir a legislação federal, editada com base no art. 175 da CF, que é frontalmente incompatível com qualquer veleidade de poder absoluto de controle.

Resumindo: geração e distribuição de energia elétrica, por força do disposto no art. 21, XII, "b", da CF, é um serviço público federal. Entretanto, é perfeitamente possível que o Governo Federal outorgue a concessão desse serviço a uma entidade da Administração indireta estadual, integrante da Administração indireta de algum Estado-membro, para que esta o execute. Em tal caso a titularidade permanece com a União, cabendo à empresa governamental estadual a simples execução do serviço, de acordo com normas fixadas pelo concedente.

Quem oferece um foco de luz para que se possa perceber a distinção entre verdadeiras e falsas concessões de serviço público é Celso Antônio Bandeira de Mello (*Curso de Direito Administrativo*, 12ª ed., São Paulo, Malheiros Editores, 2000, p. 157), cujos comentários ajustam-se perfeitamente à questão em debate:

"Habitualmente, as prestadoras de serviços são consideradas concessionárias de serviço público. Tal suposição, na qual já incorremos no passado, nem sempre é exata. Com efeito, parece forçado considerá-las como concessionárias, quando forem formadas exclusivamente por recursos oriundos da mesma esfera governamental que as criou com o fito de secundá-la na prestação de serviço público de sua própria alçada. *Idem, quando na formação do capital das referidas entidades concorrem apenas simbólicos e ínfimos recursos privados, que os diretores designados aportam apenas para ensejar que a entidade tenha a configuração de sociedade mista e não de empresa pública*. Com efeito, em hipóteses deste jaez não faria sentido considerar presente, na relação entre a criatura e seu sujeito criador (que pode até mesmo extingui-la, a seu talante), o específico plexo de direitos oponíveis pelo concessionário ao concedente. De outro lado, os poderes da entidade criadora em relação à criatura também não teriam por que se delinear na conformidade dos específicos poderes que se reconhecem a um concedente. Logo, considerar tais situações como configuradoras de uma concessão de serviço público não faz sentido algum e só propicia confusões.

"Diversamente, caberá, sim, falar em concessão de serviço público quando se ponham em pauta os direitos, deveres e poderes que entram em jogo no referido instituto. Isto ocorre nos casos em que há verdadeiramente concurso de (a) capitais particulares na formação do capital da sociedade; (b) capitais provenientes de órbita governamental diversa da órbita da pessoa a quem assiste a competência constitucional para prestá-lo. Nas duas hipóteses mencionadas *estes acionistas têm direito a que se assegurem os termos próprios de uma concessão, como garantia dos interesses que os levaram a aportar recursos integradores do capital da entidade*" (grifei).

No caso em exame pode-se falar em verdadeira concessão exatamente porque a outorga do serviço público federal foi feita a uma empresa estadual e principalmente porque o capital privado não ingressa como mero figurante, mas sim como um dos atores principais, exercendo um papel bastante significativo na condução da sociedade.

Concordam os autores em que na concessão de serviço público existe sempre a transferência da execução de um serviço público a quem se disponha a prestá-lo por sua conta e risco. Na concessão típica, tal como prevista na Lei 8.987, de 1995, o executante do serviço deve ser um terceiro, um particular, mas também pode ser uma empresa estatal criada por uma esfera de governo alheia à Administração concedente, e com o qual ela firma um contrato.

Trata-se, portanto, a concessão, de um ajuste, um acordo, uma avença, entre o Poder Público concedente e um terceiro, pelo qual é feita a transferência apenas e tão-somente da execução de um determinado serviço ao concessionário, por um prazo determinado. É preciso repetir e deixar bem claro que o serviço continua sendo público, que a titularidade do serviço continua pertencendo ao concedente, cabendo ao concessionário apenas e tão-somente a execução desse serviço.

Além disso, pelo fato de permanecer como titular dos serviços, o Poder Público que outorgou a concessão pode exigir alterações na forma de execução desses serviços, quer para ampliá-los, quer para diminuí-los, quer para, de qualquer forma, alterar o ajuste inicialmente feito. O concessionário não tem direito de prestar o serviço na forma avençada; muito ao contrário, tem o dever de submeter-se às determinações do Poder Público concedente no tocante à prestação do serviço.

É também da essência da concessão de serviço público que a atividade seja desenvolvida por conta e risco do concessionário, cabendo a este desenvolver suas atividades a contento, com diligência e economicidade, de forma a poder efetivamente obter os resultados almejados.

No passado as empresas concessionárias estaduais podiam ser até perdulárias e deficitárias, sobrevivendo à custa de subsídios governamentais. Atualmente, na linha de implantação dos princípios fundamentais da Reforma Administrativa, é absolutamente certo que o concedente federal pode exigir do concessionário estadual a fidelidade a esses mesmos princípios, entre os quais estão a eficiência, a auto-sustentabilidade, a adoção de modernas tecnologias e a competitividade.

Seja permitido transcrever apenas alguns fragmentos da Lei 8.987, de 13.2.1995, que demonstram o despropósito da disputa pelo controle absoluto da CEMIG, pois isso não mais pode existir, dado o enorme grau de ingerência do concedente federal em sua gestão:

"Art. 29. Incumbe ao poder concedente:

" I – regulamentar o serviço concedido e fiscalizar permanentemente a sua prestação;

"(...)

"III – intervir na prestação do serviço, nos casos e condições previstos em lei;

"(...).

"Art. 30. No exercício da fiscalização, o poder concedente terá acesso aos dados relativos à administração, contabilidade, recursos técnicos, econômicos e financeiros da concessionária.

"Parágrafo único. A fiscalização do serviço será feita por intermédio de órgão técnico do poder concedente ou por entidade com ele conveniada, e, periodicamente, conforme previsto em norma regulamentar, por comissão composta de representantes do poder concedente, da concessionária e dos usuários."

No caso em exame o Governo Federal efetivamente aparelhou-se para fixar a política governamental em matéria de energia elétrica e para fiscalizar eficazmente os concessionários, inclusive estaduais, conforme o que consta dos infratranscritos preceitos da Lei 9.427, de 26.12.1996, que institui a ANEEL:

"Art. 2º. A Agência Nacional de Energia Elétrica – ANEEL tem por finalidade regular e fiscalizar a produção, transmissão, distribuição e comercialização de energia elétrica, em conformidade com as políticas e diretrizes do Governo Federal.

"Art. 3º. Além das incumbências prescritas nos arts. 29 e 30 da Lei n. 8.987, de 13 de fevereiro de 1995, aplicáveis aos serviços de energia elétrica, compete especialmente à ANEEL:

"I – implementar as políticas e diretrizes do Governo Federal para a exploração da energia elétrica e o aproveitamento dos potenciais hidráulicos, expedindo os atos regulamentares necessários ao cumprimento das normas estabelecidas pela Lei n. 9.074, de 7 de julho de 1995;

"(...)

"VIII – estabelecer, com vistas a propiciar concorrência efetiva entre os agentes e a impedir a concentração econômica nos serviços e atividades de energia elétrica, restrições, limites ou condições para empresas, grupos empresariais e acionistas, quanto à obtenção e transferência de concessões, permissões e autorizações, à concentração societária e à realização de negócios entre si;

"(...)."

Em síntese, o cenário dentro do qual a CEMIG está operando atualmente é totalmente diverso daquele que existiu no passado, quando ela foi criada. Por conseguinte, os poderes inerentes à condição de acionista controlador, que sempre foram e continuam sendo titularizados pelo Governo do Estado de Minas Gerais, também se modificaram.

É essencial, portanto, que as normas que regulam a matéria sejam interpretadas para a identificação de seu significado atual, decorrente do contexto normativo vigente e da realidade fática presente.

A Constituição do Estado de Minas Gerais, ao traçar as linhas-mestras da Administração Pública estadual, é expressa ao salientar que a validade ou invalidade dos atos administrativos deve ser avaliada "em face dos dados objetivos de cada caso", ou seja, dos dados que afetam a decisão adotada no momento em que isso ocorreu, à luz da realidade fática presente:

"Art. 13. A atividade de administração pública dos Poderes do Estado e a de entidade descentralizada se sujeitarão aos princípios de legalidade, impessoalidade, moralidade, publicidade e razoabilidade.

"§ 1º. A moralidade e a razoabilidade dos atos do Poder Público serão apuradas, para efeito de controle e invalidação, em face dos dados objetivos de cada caso."

Note-se o especial destaque dado ao princípio da razoabilidade, que não comporta apreciações universais, preestabelecidas, mas, sim, que exige um cuidadoso exame de todas as circunstâncias de cada caso.

Portanto, a validade ou invalidade do Acordo de Acionistas em face da Constituição estadual não comporta um exame genérico, teórico e meramente formal, baseado na literalidade da lei. Ao contrário, requer um exame detalhado de cada dispositivo de tal Acordo, para que se examine a razoabilidade de cada específico ajuste.

Como é elementar, somente pode ser anulado aquilo que padece de invalidade. Não se pode anular o todo por motivo da ocorrência de vício em uma parte autônoma e perfeitamente destacável.

Dizendo melhor: no caso em exame, cada específico dispositivo do Acordo de Acionistas teria que ser devida e cuidadosamente apreciado para que se possa saber se compromete, anula ou conflita com os poderes inerentes ao acionista controlador.

Não se está propondo o exame de cada decisão concreta que eventualmente tenha sido tomada. O que se aponta como indispensável é o exame da licitude, da juridicidade, de cada uma das disposições normativas do Acordo, dado que algumas delas nem mesmo tangenciam poderes do acionista controlador.

Conforme foi visto, algumas das vedações estabelecidas pelo Acordo de Acionistas em exame correspondem exatamente ao que a Lei 6.404, de 1976, já proíbe expressamente. Obviamente, tais dispositivos não podem ser havidos como nulos, não havendo, assim, possibilidade alguma de se anular totalmente, em bloco, o Acordo de Acionistas em exame.

Com efeito, o inciso II do § 4º do art. 14 da Constituição do Estado de Minas Gerais não proíbe e nem exige autorização legislativa para a alienação de ações de empresas estaduais, senão quando de tal alienação resultar a perda de controle pelo Estado: "§ 4º. Depende de lei, em cada caso: (...) II – a autorização para instituir e extinguir sociedade de economia mista e empresa pública e para alienar ações que garantam, nestas entidades, o controle pelo Estado".

Uma específica cláusula do Acordo de Acionistas que apenas repete o que já está dito na lei não concorre para a alienação e nem mesmo afeta o controle do Estado. Logo, não pode ser anulada com base nessa inverossímil alegação.

Cada uma das demais cláusulas deve ser analisada isoladamente, para que se verifique, concretamente, se acarreta ou significa uma alienação do controle do Estado, atentando-se para o fato de que "alienar" (no contexto do dispositivo constitucional supratranscrito) não significa apenas abrir mão, extinguir, mas, sim, significa transferir para outrem. Portanto, sempre será necessário verificar quem adquiriu aquilo que teria sido alienado.

No caso em exame seria necessário demonstrar que, por força desta ou daquela específica cláusula do Acordo de Acionistas, o parceiro minoritário adquiriu a prerrogativa de impor determinadas condutas ao acionista majoritário. Uma coisa é *impedir* a prática de certos atos, outra coisa, muito diferente, é *obrigar* que se faça certas coisas. Quem apenas impede não manda, não domina, não conduz.

Cabe salientar que desde a criação da CEMIG sempre foi permitida a venda de ações que não afetassem a detenção do controle acionário pelo Estado. A Lei 828, de 1951, condicionava a venda da ações mencionadas no parágrafo único do art. 1º ("maioria de ações com direito a voto") a prévia autorização legislativa. Essa lei foi derrogada, nos termos do § 1º do art. 2º da LICC, pela Lei 11.968, de 1995, cujo art. 8º expressamente autoriza a alienação de ações da CEMIG, desde que mantida a maioria de ações com direito a voto em poder do Estado.

Essa regra e, especialmente, essa condição estão em perfeita harmonia com o art. 14, § 4º, II, da Constituição estadual, já acima transcrito. Este dispositivo constitucional foi fielmente observado na autorização legislativa concedida para a alienação das ações da CEMIG, em exame neste estudo.

O que a Lei 11.968, de 1.11.1995, proíbe e expressamente impede é, única e exclusivamente, que dessa alienação decorra a outorga de poderes de mando, de supremacia, de domínio, a outrem:

"Art. 1º. Fica o Poder Executivo autorizado a alienar ações preferenciais e ordinárias de propriedade do Estado que integram o capital social da Cia. Energética de Minas Gerais – CEMIG e do Banco do Estado de Minas Gerais S/A – BEMGE.

"§ 1º. Excluem-se da alienação de que trata este artigo as ações que asseguram a participação majoritária do Estado no capital votante da CEMIG e do BEMGE."

Resta acrescentar que restrições de direitos não se presumem. O dispositivo legal acima transcrito autoriza a alienação das ações com *uma única restrição, qual seja, a perda, pelo Estado, da condição de acionista majoritário*. Observada essa restrição, nada impede que a alienação seja feita em qualquer uma das formas permitidas pela Lei 6.404, de 1976, entre elas a que é feita com vinculação à assinatura de um Acordo de Acionistas – figura, essa, já prevista na mencionada lei federal, à disposição dos acionistas de qualquer companhia, inclusive de economia mista.

Evidentemente, a vedação estabelecida pela lei terá sido burlada se dos termos do Acordo de Acionistas puder resultar a perda pelo Estado da condição de acionista majoritário. Mas isso somente se poderá inferir do exame detalhado e aprofundado dos exatos termos de tal Acordo. Não se pode dizer que a vedação legal foi violada porque houve um Acordo de Acionistas. Somente haverá nulidade se, em função do disposto em alguma específica norma desse Acordo, o Estado perder seu poder de mando, sua superioridade, em favor de um terceiro, ao qual ele, Estado, deva se submeter.

Neste exame da legislação pertinente cabe, agora, examinar o texto da Lei 6.404, de 15.12.1976, a chamada Lei das Sociedades Anônimas, pois é nele que estão estabelecidas as normas de Direito Mercantil que deverão ser observadas pelas pessoas jurídicas de Direito Público e capacidade política (União, Estados, Distrito Federal e Municípios) quando pretenderem criar determinada sociedade de economia mista, como forma de obter o concurso da iniciativa privada em seus empreendimentos.

A Lei das Sociedades Anônimas dedica todo um capítulo às sociedades de economia mista, mas é oportuno repetir, mais uma vez, que as normas aí contidas não esgotam a matéria, dado que a elas necessariamente se agregarão as normas administrativas, em cada caso específico, pois uma sociedade de economia mista é, por definição, uma figura híbrida.

A Lei 6.404, de 1976, cuida precipuamente dessa matéria nos arts. 235 a 242, mas alguns preceitos dessa mesma lei ordinária federal, aplicáveis à sociedade de economia mista, estão fora do capítulo específico, por serem disposições aplicáveis a toda e qualquer sociedade, seja ela constituída com ou sem a participação de capitais públicos. É o caso do art. 109, que cuida dos direitos inalienáveis de todo e qualquer acionista. Esta referência é feita para deixar claro que o acionista privado de uma sociedade de economia mista não é um pária, totalmente desprovido de direitos oponíveis ao Poder Público instituidor da sociedade.

Ao contrário, a Lei das Sociedades Anônimas já estabelece, diretamente, algumas limitações ao Poder Público detentor do controle da sociedade, visando à proteção dos acionistas minoritários, como é o caso da obrigatoriedade de existência de um Conselho de Administração do qual deve participar (no mínimo) um representante da minoria (art. 239) e do funcionamento permanente do Conselho Fiscal, no qual a proteção é ainda maior, dado que se prevê a presença de um representante dos detentores das ações ordinárias minoritárias e de outro representante dos detentores das ações preferenciais (art. 240).

Conforme já foi destacado, a proteção e a participação dos acionistas minoritários na gestão da empresa passaram a ter, atualmente, respaldo constitucional (art. 173 da CF, acima transcrito).

Não se alegue que com tais meios de proteção às minorias, já contidos no próprio texto da Lei 6.404, de 1976, estaria esgotada a matéria. Como fica evidente pela simples leitura do texto legal em exame, o que aí se estabelece são garantias mínimas, que podem ser ampliadas.

As questões principais a serem examinadas são aquelas que dizem respeito ao acionista controlador da sociedade de economia mista, previsto no art. 238: "Art. 238. A pessoa jurídica que controla a companhia de economia mista tem os deveres e responsabilidades do acionista controlador (arts. 116 e 117), mas poderá orientar as atividades da companhia de modo a atender ao interesse público que justificou a sua criação".

É absolutamente fora de qualquer dúvida que o acionista controlador de uma sociedade de economia mista somente pode ser o Poder Público, que a instituiu ou assumiu o seu controle para fazer dessa entidade um instrumento de sua ação.

Com efeito, o acionista controlador detém os poderes de direção das atividades sociais, mas não poderá orientar as atividades da companhia senão para um único sentido: aquele determinado pela lei que autorizou a constituição da sociedade. O art. 238 da Lei 6.404, de 1976, contém uma evidente impropriedade de redação, pois o acionista controlador não tem a mera faculdade mas, sim, o dever irrecusável de "orientar as atividades da companhia de modo a atender ao interesse público que justificou sua criação".

Isso já mostra que os poderes do acionista controlador são exercidos de modo permanente, mas não em caráter absoluto, de forma incontrastável. Importa, isto, sim, que o interesse público sempre prevaleça, no sentido de não ser sobrepujado por interesses particulares. Mas não significa que a vontade do acionista controlador deva ser sempre a lei suprema, em detrimento dos legítimos interesses dos acionistas privados, que ficariam inermes e indefesos diante de simples atos de má administração.

Ao dispor sobre o acionista controlador da sociedade de economia mista o art. 238 faz referência aos arts. 116 e 117, que cuidam, respectivamente, da conceituação e dos deveres e responsabilidades do acionista controlador de toda e qualquer sociedade. Isso não impede adaptações às circunstâncias e particularidades de cada específica empresa estatal.

O art. 116 delineia o perfil do acionista controlador, descreve os traços fundamentais para a sua identificação, mas não esgota o assunto:

"Art. 116. Entende-se por acionista controlador a pessoa, natural ou jurídica, ou o grupo de pessoas vinculadas por acordo de voto, ou sob controle comum, que:

"a) é titular de direitos de sócio que lhe assegurem, de modo permanente, a maioria dos votos nas deliberações da Assembléia-Geral e o poder de eleger a maioria dos administradores da companhia; e

"b) usa efetivamente seu poder para dirigir as atividades sociais e orientar o funcionamento dos órgãos da companhia.

"Parágrafo único. O acionista controlador deve usar o poder com o fim de fazer a companhia realizar o seu objeto e cumprir sua função social, e *tem deveres e responsabilidades para com os demais acionistas da empresa, os que nela trabalham e para com a comunidade em que atua, cujos direitos e interesses deve lealmente respeitar e atender*."

A legislação federal mercantil não pode ser contrariada, mas pode e deve ser amoldada às particularidades do Poder Público como acionista controlador e às especificidades de cada empreendimento, sempre de molde a atender ao interesse público.

Não se pode ignorar o fato de que o acionista controlador privado é diferente do acionista controlador público. As conseqüências de ordem econômica, para um e para outro, são totalmente distintas. O acionista controlador privado é o titular do interesse em jogo (o seu patrimônio pessoal é afetado por suas decisões), ao passo que, por definição, administração pública é a atividade de quem não é dono (o patrimônio da coletividade, difusa e amorfa, é que será afetado).

O art. 117 protege a minoria apenas quanto a "danos causados por atos praticados com abuso de poder", mas não protege contra danos decorrentes de uma administração canhestra, ou seja, contra simples atos de má administração sem ser abusiva. Isso talvez seja desnecessário com relação ao acionista controlador privado, mas é essencial quando o controle é exercido pelo Poder Público.

Concluindo o exame do texto da Lei 6.404, de 1976, cabe apenas referir que ela contempla expressamente, no art. 118, a figura do Acordo de Acionistas, que pode perfeitamente abranger, inclusive, o "exercício do direito de voto". Isso, portanto, não é algo estranho ou incompatível com a sociedade anônima, nem existe qualquer vedação explícita ou implícita de sua utilização nas sociedades de economia mista, desde que isso não sirva para retirar o poder de controle (que não é absoluto) das mãos do Poder Público.

Da mesma forma que o acionista controlador público é diferente do acionista controlador privado, também não se pode considerar como situações idênticas a outorga de competência para executar serviços públicos a uma empresa privada e a uma empresa estatal, mesmo que estruturada sob a forma de sociedade de economia mista.

O acionista minoritário de uma sociedade de economia mista concessionária de serviço público tem sua margem de liberdade bastante reduzida, em decorrência do plexo de normas e controles que recaem tanto sobre a empresa quanto sobre o serviço. Tal acionista não tem como desvirtuar a atuação da empresa, mas, sim, precisa de especial proteção.

Em geral, a lei interessa primordialmente aos mais fracos, pois os fortes não precisam de proteção. A legislação de sociedades anônimas, no dizer dos autores de seu anteprojeto, é um sistema de proteção das minorias, pois quem detém o controle da empresa não precisa de proteção.

No caso, não se pode esquecer que tanto o concedente quanto o acionista controlador são segmentos do Poder Público, sendo titulares de prerrogativas excepcionais, as quais precisam ser compensadas, de molde a se alcançar um padrão de eqüidade, sem bloquear o funcionamento da empresa mas viabilizando o atingimento de seus objetivos sociais e dos objetivos dos sócios envolvidos.

Cabe salientar – conforme recorda André Martins de Andrade (*Anotações à Lei das Sociedades Anônimas*, São Paulo, Atlas, 1977, p. 263) – que a Exposição Justificativa que acompanhou o projeto da Lei das Sociedades Anônimas (Lei 6.404, de 15.12.1976) afirmava que a inclusão, em seu texto, de um capítulo destinado às sociedades de economia mista visava, essencialmente, à defesa dos minoritários, os investidores particulares: "A Lei de Sociedades Anônimas, além de dispor sobre essa forma de sociedade quando utilizada pelo setor privado, é lei geral das sociedades de economia mista, que por ela se regem, com as derrogações constantes das leis especiais que autorizam a sua constituição (Constituição, art. 170, § 2º). Daí as normas reunidas neste capítulo, que dizem respeito, essencialmente, à disciplina dos direitos e à defesa dos minoritários, adaptando às peculiaridades da empresa mista os princípios básicos da lei. Com efeito, ao buscar a forma anônima para o empreendimento que promove, o Estado visa assegurar ao particular, aos quais oferece associação, os mesmos direitos e garantias de que fruem os acionistas das demais companhias, sem prejuízo das disposições especiais da lei federal (art. 235)".

Fica claro, nesse texto, que as garantias aí consignadas são mínimas, comportando a adição de outras, pelos meios e modos comportados pelo sistema jurídico, dentre os quais está, exatamente, o Acordo de Acionistas.

É certo, conforme já foi dito, que a lei já prescreve a responsabilidade do acionista controlador pela prática de abuso de poder:

"Art. 117. O acionista controlador responde pelos danos causados por atos praticados com abuso de poder.

"§ 1º. São modalidades do exercício abusivo de poder:

"a) orientar a companhia para fim estranho ao objeto social ou lesivo ao interesse nacional, ou levá-la a favorecer outra sociedade, brasileira ou estrangeira, em prejuízo da participação dos acionistas minoritários nos lucros ou no acervo da companhia, ou da economia nacional;

"b) promover a liquidação de companhia próspera, ou a transformação, incorporação, fusão ou cisão da companhia, com o fim de obter, para si ou para outrem, vantagem indevida, em prejuízo dos demais acionistas, dos que trabalham na empresa ou dos investidores em valores mobiliários emitidos pela companhia;

"c) promover alteração estatutária, emissão de valores mobiliários ou adoção de políticas ou decisões que não tenham por fim o interesse da companhia e visem a causar prejuízo a acionistas minoritários, aos que trabalham na empresa ou aos investidores em valores mobiliários emitidos pela companhia;

"d) eleger administrador ou fiscal que sabe inapto, moral ou tecnicamente;

"e) induzir, ou tentar induzir, administrador ou fiscal a praticar ato ilegal, ou, descumprindo seus deveres definidos nesta Lei e no Estatuto, promover, contra o interesse da companhia, sua ratificação pela Assembléia-Geral;

"f) contratar com a companhia, diretamente ou através de outrem, ou de sociedade na qual tenha interesse, em condições de favorecimento ou não-eqüitativas;

"g) aprovar ou fazer aprovar contas irregulares de administradores, por favorecimento pessoal, ou deixar de apurar denúncia que saiba ou devesse saber procedente, ou que justifique fundada suspeita de irregularidade;

"h) subscrever ações, para os fins do disposto no art. 170, com a realização em bens estranhos ao objeto social da companhia."

Na prática, porém, ao tempo em que as sociedades de economia mista eram uma simples fachada, um mero arranjo formal, pois o capital era quase que totalmente governamental, tudo isso que está relacionado no § 1º do art. 117 jamais (ou, pelo menos, muito raramente) ensejou qualquer punição.

No caso em exame, agora que o particular ingressa efetivamente como parceiro do Governo do Estado, o que se está objetivando por meio do Acordo de Acionistas é prevenir que tais atos sejam praticados, viabilizar a responsabilização caso venham a ocorrer e estabelecer formas de prevenção e responsabilização por outras condutas que, embora não configurem abuso de poder, também são danosas para a CEMIG.

A nova ordem das coisas exige uma reformulação do equilíbrio entre prerrogativas e responsabilidades. Enquanto não se edita uma nova legislação é preciso interpretar a antiga pelo método evolutivo e apelar para as formas consensuais já previstas na lei vigente.

O Acordo de Acionistas, reforçando, especificando e prevenindo a responsabilidade prevista no art. 117, limitando poderes do acionista controlador (sem lhe retirar essa condição) e, assim, viabilizando o aporte de recursos financeiros, técnicos e gerenciais substanciosos, não descaracteriza a sociedade de economia mista, mas, ao contrário, serve exatamente para caracterizá-la, na medida em que dá concreção à idéia de parceria que inspirou sua instituição nessa específica modalidade de empresa estatal.

O que se pode observar é que não existe o menor risco de que o Poder Público perca o controle sobre a prestação do serviço, pois ele, na verdade, dispõe de um duplo comando: o primeiro, exercitado pela União, decorre de sua condição de titular do serviço cuja mera execução foi confiada à sociedade de economia mista; e o segundo é exercitado pelo Governo do Estado de Minas Gerais, por força de sua posição de acionista controlador dessa mesma sociedade.

Data venia de eventuais opiniões divergentes (pois em Direito isso sempre pode existir), não se pode afirmar que o Acordo de Acionistas, limitando poderes do acionista controlador, lhe retira tal condição.

Isso ocorreria se houvesse uma inversão no comando da sociedade, se o acionista controlador pudesse ser compelido a fazer algo contra sua vontade. Porém não ocorre inversão no comando quando o acionista controlador apenas não pode fazer tudo aquilo que for de sua vontade; quando para a tomada de certas e específicas decisões houver necessidade de concordância dos outros acionistas, os quais, em contrapartida, são desprovidos de qualquer possibilidade de impor qualquer decisão ao controlador.

Por força da legislação vigente, sociedade de economia mista não é apenas uma forma de co-participação no capital, mas, sim, necessariamente, por expressa determinação contida no art. 239 da Lei 6.404, de 1976, também uma forma de co-participação na gestão da companhia. O Acordo de Acionistas apenas amplia a participação do acionista minoritário, mas não inverte o comando societário. Em resumo, trata-se apenas de uma questão de quantidade (maior ou menor participação nos atos de gestão), mas a participação em si mesma é elementar, podendo-se afirmar, com total segurança, que a sistemática normativa vigente não aceita, não comporta, não se coaduna, repele o controle *absoluto* pelo Estado.

Dizendo de maneira mais simples, nada impede que os acionistas minoritários no capital votante possam simplesmente vetar certas decisões, desde que o poder decisório permaneça com o acionista controlador, sem cuja concordância os acionistas minoritários não podem decidir coisa alguma.

É da essência da sociedade de economia mista a conciliação entre os interesses da sociedade e o interesse público. Este deve ser realizado por meio daquele, que não pode ser simplesmente sacrificado. Portanto, nada existe de estranho no veto a uma decisão danosa para a empresa, ainda que de interesse público. Cabe ao acionista controlador buscar soluções que levem à satisfação do interesse público e, conjuntamente, da empresa, sem sacrificar os legítimos interesses econômicos dos acionistas.

Pode-se afirmar, portanto, que, no caso em exame, o Governo do Estado de Minas Gerais, dentro dos limites estabelecidos pela legislação federal e atento às determinações da ANEEL, terá sempre, em caráter permanente, a possibilidade de decidir sobre meios e modos de prestação do serviço, de fixar as tarifas, de eleger a maioria dos administradores da companhia e de dirigir efetivamente as atividades sociais, pois jamais será minoritário nas deliberações da Assembléia-Geral e da Diretoria.

Quando a Lei 11.968, de 1.11.1995, do Estado de Minas Gerais, autorizou a alienação de ações da CEMIG ela fixou pontos que não poderiam ser alterados, que deveriam ser necessariamente obedecidos, mas deixou uma ampla abertura para que o detalhamento da sociedade de economia mista fosse estabelecido nos seus Estatutos Sociais, admitindo, implicitamente, a possibilidade de um Acordo de Acionistas complementando as disposições estatutárias, conforme o previsto no art. 118 da Lei 6.404, de 1976.

Positivamente, não havia qualquer necessidade de autorização expressa para a celebração de Acordo de Acionistas, desde que ficasse assegurada "a participação majoritária do Estado no capital votante" (§ 1º do art. 12 da Lei 11.968, de 1995).

Cabe deixar bem claro e fora de qualquer dúvida que *no caso em exame não hou-*

ve privatização da CEMIG. Participação de particulares na gestão é uma coisa; privatização é algo muito diverso. Sem maiores digressões, é suficiente, para demonstrar isso, a transcrição do conceito de "privatização" contido no § 1º do art. 2º da Lei 8.031, de 1990: "§ 1º. Considera-se privatização a alienação, pela União, de direitos que lhe assegurem, diretamente ou através de outras controladas, preponderância nas deliberações sociais e o poder de eleger a maioria dos administradores da sociedade".

Somente existe privatização, com a decorrente extinção do poder de controle do Estado, quando este perde a "preponderância nas deliberações sociais e o poder de eleger a maioria dos administradores da sociedade". Ou seja, quando os poderes do acionista controlador são apenas mitigados, limitados, sem que se lhe retire a posição de supremacia, não há privatização nem alienação do poder de controle.

A palavra-chave, portanto, é "preponderância", conforme destacou o Min. Néri da Silveira, do STF, ao relatar a ADIn 2.341/600-RJ (*RT* 725/116), versando sobre a indispensabilidade de autorização legislativa para a venda de ações de empresa estatal da qual resulta a perda do controle acionário. Ponderando que "não é possível deixar de interpretar o sistema da Constituição Federal sobre a matéria em exame em conformidade com a natureza das atividades econômicas e, assim, com o dinamismo que lhes é inerente e a possibilidade de aconselhar periódicas mudanças nas formas de sua execução, notadamente quando revelam intervenção do Estado", afirmou, quanto à específica questão em debate, que "a autorização, por via de lei, há de ocorrer quando a alienação das ações implique transferência pelo Estado de direitos que lhe assegurem preponderância nas deliberações sociais".

Ou seja: *não há perda do controle acionário enquanto for assegurada a preponderância nas deliberações sociais.*

4. Doutrina

Os que defendem a existência de poderes absolutos de controle por parte do governo instituidor da sociedade de economia mista fundamentam-se numa antiga distinção entre capital de comando e capital de investimento, atribuindo a este uma presença totalmente passiva:

"Como observa Francesco Galgano, a distinção entre maioria e minoria não é, na sociedade por ações, uma distinção apenas quantitativa, ou seja, baseada no fato em si da maior ou menor quantidade de ações possuídas. Assinala o jurista italiano que tal distinção passa a ser qualitativa, fundando-se sobre funções diversas, derivadas da detenção de ações de maioria ou de ações de minoria, as primeiras constituindo o capital de comando ou de controle da sociedade (capital dirigente) e as segundas constituindo o *capitale di risparmio*, ou capital monetário. Alude ele aos acionistas majoritários como acionistas empreendedores e aos acionistas minoritários como *azionisti risparmiatori*.

"A diversidade de funções entre a maioria e a minoria resulta, em verdade, das intenções dos prestadores de capital, entre os quais se distinguem aqueles que visam a instituir, comandar e dirigir a empresa, orientando-a para fins preordenados segundo um planejamento próprio, e aqueles que, confiando no empreendimento, nele aplicam suas poupanças, sob a forma de investimentos mobiliários, animados pela expectativa de lucratividade regular, que lhes remunere e aumente o capital empregado, com segurança e liquidez variáveis" (Egberto Lacerda Teixeira e José Alexandre Tavares Guerreiro, *Das Sociedades Anônimas no Direito Brasileiro*, v. 1, São Paulo, José Bushatsky Editor, 1979).

A situação acima descrita pode ser admitida para as sociedades em geral, de fins exclusivamente econômicos, mas não se ajusta às sociedades de economia mista, muito menos no momento econômico brasileiro e muitíssimo menos no caso em exame, em que se buscou um *sócio estratégico*, para participar não apenas do capital, mas, sim, necessariamente, da *gestão da empresa*, trazendo sua experiência, seu acervo tecnológico e sua capacidade gerencial.

Aquela dicotomia não existe e não pode existir na sociedade de economia mista, pois ela é quebrada pela presença necessária, em posição dominante, do acionista governamental. O exercício dos poderes de acionista controlador pelo Poder Público transtorna totalmente a vida da companhia, conforme demonstram os mais respeitados analistas desse assunto.

"O controle público (com influências no planejamento e na execução) é um controle de forte conotação política pois que é este o único caminho para o equilíbrio das forças sociais. Abundam nas empresas controladas pelo governo os processos políticos, que muitas vezes oneram de várias formas os processos operacionais e administrativos ou, mesmo, opõem-se a eles. Esta convivência é natural e necessária, desde que sejam expurgados os excessos e preservados os domínios naturais dos sistemas vitais."

"Em decorrência do controle político que é inexoravelmente exercido sobre as estatais, é também natural que a cúpula destas empresas componha-se de elementos de confiança do Poder Executivo que exerce a gestão em nome da sociedade. Ocorre que esta forma de composição acaba por gerar dissonâncias na organização, seja em razão da formação de novos executivos, seja por incompreensão dos demais em relação à lógica deste critério. Fato semelhante ocorre entre componentes do corpo permanente e do não-permanente, sejam estes de cúpula ou não. Quando se trata da cúpula, as trocas de governos são sentidas nas empresas como 'transplantes de cérebro', os quais exigem do corpo permanente estrutura sólida, ágil e bem organizada para suportar a transição. Já com a troca do corpo não-permanente em outros níveis ocorrem problemas dos dois lados. O desconhecimento das novas assessorias as faz encarar o corpo permanente com certa desconfiança, indispõem-se com a percepção de desequilíbrios de *status*, experiência, dedicação etc., dificultando a manutenção de um clima cooperativo. Somese a isto o fato de que o corpo não-permanente é o agente comumente utilizado pelo novo governo para a implantação de eventuais mudanças intencionadas, sejam elas agradáveis ou não."

"Estes problemas, apontados de forma tópica, tornam-se mais complexos porque, dentro da estrutura da empresa, adquirem caráter sistêmico. Nada ocorre isoladamente; todos os aspectos são interdependentes, formando cadeias verdadeiramente tirânicas, não só pela complexidade como pelo desencontro em relação aos limites, e, no caso de empresas públicas, há o agravante da transitoriedade do corpo não-permanente – em posição, em geral, inconveniente para as análises de longo prazo" (Bruce Baner Johnson, Flávio Azevedo Marques de Saes, Hélio Janny Teixeira e James Terence Coulter Wright, *Serviços públicos no Brasil – Mudanças e Perspectivas*, São Paulo, Edgard Blücher, 1996, pp. 81, 82 e 83).

Note-se que os ilustres autores não estão destacando aspectos patológicos, excepcionais ou extraordinários, mas apenas descrevendo aquilo que normalmente ocorre em tais empresas. Na prática, porém, com a experiência vivida desde que se iniciou o processo de estatização da economia brasileira, que agora está sendo desmontado, o que se observou (com raríssimas e honrosas exceções) foram desmandos e absurdos de toda ordem, exatamente em decorrência do *controle absoluto de fato* que era exercido pelos governos instituidores de tais entidades.

Não é o caso de se enumerar aqui um elenco de comportamentos desse tipo, até porque são públicos e notórios. É suficiente que se traga à tona a manifestação serena, objetiva e incisiva de Odete Medauar, expondo, em louvável síntese, as modificações havidas nesse cenário ao longo das últimas décadas:

"As estatais tiveram grande expansão nas décadas de 60 e 70. Sua situação, no geral, suscitou vários problemas. Os objetivos de eficiência e agilidade não foram atingidos. Tornaram-se 'cabides' de empregos e feudos de grupos políticos. Acarretaram grandes dívidas e déficits que o Tesouro Público tinha de cobrir; este, por sua vez, ante a escassez de recursos, não poderia arcar com tais rombos. Os muitos mecanismos criados para controlar as estatais revelaram-se ineficazes. No Brasil há mais de uma década a imprensa vem noticiando, com freqüência, os problemas relativos aos déficits, ineficiências, abusos e incontrolabilidade das estatais.

"Surgiu, então, a partir da década de 80, um movimento inverso, tanto nos países desenvolvidos como nos países menos desenvolvidos, no sentido de transferir para o setor privado entes estatais ou áreas absorvidas pelo Estado. Ante o quadro acima, esse movimento teve motivos pragmáticos, para liberar o Estado dos custos das estatais e arrecadar recursos, e motivos políticos, para criar nova dinâmica econômica, inspirada no exemplo inglês (privatizações da era Tatcher) e americano. Esse movimento recebe nomes diversos: reforma do Estado, redução do setor público, desestatização, desregulamentação, privatização."

"A desestatização significa a existência de maior autonomia para a sociedade decidir seu próprio destino, com menos presença do Estado" (*Direito Administrativo Moderno*, São Paulo, Ed. RT, 1996, pp. 102 e 103).

Conforme já foi acima ressaltado, no caso em exame não existe privatização, pois está sendo mantida a predominância do Governo de Minas Gerais na gestão da CEMIG. Apenas, por meio do Acordo de Acionistas, foi encontrada uma forma de vetar os abusos e desmandos e aumentar a eficiência empresarial, em favor da melhor satisfação do interesse público (que não se confunde com o interesse dos governantes).

Mesmo um dos mais ferrenhos opositores do processo de reforma do Estado Brasileiro que está em curso reconhece que o texto da Lei 6.404, de 1976, reflete valores e concepções então vigentes:

"Houve, com efeito, no período, uma drástica institucionalização das companhias, mediante sua sujeição aos fins públicos, em detrimento das prerrogativas dos acionistas e da visão privativista da sociedade anônima. Esse o motivo da delegação de poderes aos administradores e de serem eles responsáveis apenas perante o grupo de controladores".

"A ênfase sobre os objetivos empresariais a serviço do projeto governamental dos anos 70, da grande potência, e a prevalência, naquele período, das metas do planejamento sobre os fins propriamente societários são ressaltadas no próprio texto legal."

"*Ao empolgarem praticamente sozinhos o reduzido colégio votante, os controladores têm o domínio* ***absoluto*** *da companhia* e, por outro lado, a responsabilidade também total sobre a realização de seus objetivos empresariais, respondendo perante o Estado, a comunidade de acionistas, empregados e coletividade em geral" (Modesto Carvalhosa, *Comentários à Lei de Sociedades Anônimas*, 2º v., São Paulo, Saraiva, 1997, pp. 423 a 425 – grifamos).

Mas os tempos mudaram, e não é mais possível interpretar a lei à luz dos valores vigentes quando de sua edição. É indispensável que o intérprete se valha do processo evolutivo de interpretação para dar às mesmas normas um significado compatível com os princípios constitucionais e os valores sociais atualmente consagrados.

A nova tônica da presença do Estado no desenvolvimento de atividades econômicas foi destacada pelo próprio atual Presidente da República ao prefaciar obra jurídica a respeito do direito de parceria:

"A perda progressiva da capacidade de investimento do Estado Brasileiro em infra-estrutura tem implicações preocupantes. Compromete a qualidade da prestação dos serviços públicos, e causa desequilíbrios econômicos pela elevação do chamado 'custo Brasil'.

"Agora, cabe ao setor privado atender à convocação para recolocar o Brasil na trilha do crescimento econômico sustentado. No modelo proposto, o desenvolvimento será financiado pela iniciativa privada, à qual caberá o papel de agente executor dos serviços públicos, em vez de ter como base principal os recursos orçamentários. Ao Governo compete, como missão irrevogável e fundamental, a regulamentação e fiscalização dos serviços, representando e defendendo os usuários e os interesses da sociedade" (Arnoldo Wald, Luíza Rangel de Moraes e Alexandre de M. Wald, *O Direito de Parceria e a Nova Lei de Concessões*, São Paulo, Ed. RT, 1996, p. 7, "Prefácio" de Fernando Henrique Cardoso).

No caso em exame não se está repassando o serviço público à iniciativa privada, mas, apenas, reequilibrando a participação do Governo e dos investidores particulares minoritários na CEMIG, de maneira coerente com os objetivos nacionais acima apontados.

Diogo de Figueiredo Moreira Neto, em sua atualíssima monografia sobre as *Mutações do Direito Administrativo* (Rio de Janeiro, Renovar, 2000, p. 34), onde delineia as tendências atuais da Administração Pública no sentido da busca da eficiência, da efetiva participação e da consensualidade, adverte que não basta promover alterações de estrutura e de funcionamento, pois "*é preciso mudar a mentalidade dos administradores públicos*, para que não mais se considerem *senhores da coisa pública*", divorciados das exigências concretas da realidade atual.

Cabe acrescentar que também *é essencial mudar a mentalidade dos intérpretes e aplicadores da lei*, para que abandonem uma tradicional postura formalista e burocrática, divorciada da finalidade cogente que impulsiona e anima a Administração Pública, e passem a contemplar as normas jurídicas, mesmo e especialmente as produzidas no passado, à luz das tendências acima apontadas.

José Renato Nalini, com a franqueza e a argúcia que lhe são peculiares, depois de discutir a postura conservadora de alguns juízes diante do Programa Nacional de Desestatização, vislumbrando nisso um latente temor de privatização da Justiça, faz as seguintes judiciosas e oportunas considerações:

"O juiz lúcido, o juiz moderno, não se atemoriza perante as transformações. Sabe que elas são essenciais, pois a paralisia extrema necrosa. Aceita as profundas transformações estruturais a que se submeterá o equipamento convencional de realização do justo concreto, pois o que interessa é o atingimento da ordem jurídica justa, não a preservação de modelos que perderam a eficiência".

"Essa linha de orientação deve estimular entidades interessadas no aperfeiçoamento do Estado de Direito, para que a comunidade jurídica saia do seu hermetismo e se deixe penetrar pela aragem saudável do mundo real. Chegou a hora de construir uma nova Dogmática Jurídica que possa corresponder ao direito do desenvolvimento e ao espírito da parceria, sem sacrificar a segurança jurídica e sem descambar para o perigo de decisões subjetivas que caracterizem o Direito alternativo" ("O juiz e a privatização", *Revista CEJ* 9/61 e 63, Brasília, Centro de Estudos Judiciários do Conselho da Justiça Federal, setembro-dezembro de 1999).

Realmente, o que não faz sentido é interpretar e aplicar a lei, hoje, da mesma maneira que isso era feito no passado, somente porque no passado assim o fizeram ilustres doutrinadores e exímios juízes, pois hoje a realidade é outra e os valores consagrados no sistema jurídico são outros. Não se pode dar a mesma solução para problemas diferentes.

5. *Conclusões*

Em face das considerações acima desenvolvidas, resta apenas responder sinteticamente ao que foi especificamente perguntado.

a) O Acordo de Acionistas celebrado entre o Estado de Minas Gerais e a Southern é ilegal ou inconstitucional?

Resposta: Não existe qualquer inconstitucionalidade ou ilegalidade. O Acordo de Acionistas em exame está em perfeita consonância com o princípio participativo, consagrado pela Constituição Federal tanto no parágrafo único de seu art. 1º quanto, muito especialmente, no § 1º do art. 173, com a redação que lhe foi dada pela EC 19, de 5.6.1998, que instituiu a chamada Reforma Administrativa. Além disso, não ofende a única limitação estabelecida pelo legislador ordinário estadual ao autorizar a alienação das ações.

b) A celebração do referido Acordo de Acionistas implicou a transferência do controle acionário da CEMIG, detido pelo Estado de Minas Gerais, a particulares?

Resposta: Não houve transferência do poder de controle, dado que o Estado de Minas Gerais continua detendo a preponderância nas deliberações sociais e o poder de eleger a maioria dos administradores da sociedade, não havendo qualquer possibilidade de que o acionista estratégico minoritário imponha sua vontade ou determine condutas ao acionista majoritário. Este apenas perdeu o poder absoluto que detinha apenas de fato, mas que não é compatível com a ordem jurídica vigente.

c) Considerando que a minuta do Acordo de Acionistas em questão integrou o Edital de Licitação e, ainda, que o Estado de Minas Gerais, no mesmo Edital, obrigou-se a firmar tal instrumento com o novo acionista da CEMIG, a eventual anulação de tal Acordo de Acionistas poderia ser declarada sem a anulação de todo o negócio jurídico delineado no mencionado Edital de Licitação e em sua conformidade realizado?

Reposta: Considerando que o Acordo de Acionistas era um dado absolutamente fundamental na licitação, que foi aberta apenas para um limitado grupo de interessados detentores de conhecimentos e experiências na área de atuação da CEMIG, com o propósito de selecionar um sócio estratégico para participar efetivamente de sua gestão, é fora de qualquer dúvida que a eventual declaração de sua nulidade acarretará, inexoravelmente, a nulidade do Leilão e de todos os atos e contratos dele decorrentes.

S.m.j., é o parecer.

São Paulo, 22 de março de 2000

PARECERES

CONVÊNIO ENTRE ENTIDADES PÚBLICAS EXECUTADO POR FUNDAÇÃO DE APOIO – SERVIÇO DE SAÚDE – CONCEITO DE SERVIÇO PÚBLICO E SERVIÇO DE RELEVÂNCIA PÚBLICA*

Paulo Modesto

Promotor de Justiça

I – Os fatos. II – Regime constitucional dos serviços de saúde. Serviço público e serviço de relevância pública. III – Serviços de saúde e entes de cooperação. IV – Fundações de apoio e fundações governamentais. V – Prestação de contas dos entes de cooperação. VI – Conclusão.

Ementa: Convênio entre entidades públicas executado por fundação de apoio – Serviços de saúde – Conceito de serviço público e serviço de relevância pública – Crescimento da utilização das entidades privadas sem fins lucrativos como prestadoras de serviços de relevância pública – Dever de prestar contas – Forma de prestação de contas – Alcance do art. 70, parágrafo único, da CF, com a redação dada pela EC 19/98 – Invalidade do art. 133 do Regimento do Tribunal de Contas do Estado da Bahia – Problemas decorrentes da sistemática atual de prestação de contas – Necessidade de ampliação do controle sobre as subvenções e os recursos públicos transferidos às entidades privadas sem fins lucrativos.

Exmo. Sr. Procurador de Justiça:

I – Os fatos

1. Tratam os autos da prestação de contas do "Convênio de Cooperação Técnica" relativo ao "Projeto Cansanção", firmado entre a SESAB (Secretaria de Saúde do Estado da Bahia) e a UFBA (Universidade Federal da Bahia), com interveniência da FAPEX (Fundação de Apoio à Pesquisa e Extensão), em 24 de abril de 1992.

2. O Convênio tinha como objeto "a implantação, a execução e avaliação de um Projeto de Extensão em Odontologia Preventiva, para a ampliação de métodos preventivos e restauradores da saúde oral de crianças situadas entre as faixas etárias de 6

* Parecer oferecido no Processo SESAB/42.8391/92; origem: SESAB – Secretaria de Saúde; assunto: Convênio SESAB e UFBA, com interveniência da FAPEX – Fundação de Apoio à Pesquisa e Extensão.

e 12 anos, residentes e domiciliadas no Município de Cansanção/BA, realizado por professores e alunos da Universidade" (fls. 35).

3. Nos termos do Convênio, a SESAB assumiu como obrigação básica a de "transferir" recursos públicos para a FAPEX, em três parcelas, no valor global de Cr$ 25.000.000,00 (vinte e cinco milhões de cruzeiros), bem como exercer o "controle" sobre a adequada aplicação dos recursos repassados. A UFBA, através da Coordenação de Extensão, cumpriria um papel de "apoio" administrativo e operacional, "articulando" os alunos e professores envolvidos no projeto, além de "remeter, trimestralmente, à SESAB, relatórios circunstanciados das atividades desenvolvidas com vistas às avaliações periódicas, devendo, nos 30 dias posteriores ao término do Convênio, remeter o relatório final" (fls. 36). À FAPEX, na qualidade de "interveniente", caberia, entre outras obrigações: "a) responsabilizar-se pelo gerenciamento administrativo e financeiro dos recursos repassados pela SESAB, de acordo com o Plano de Aplicação aprovado pelas partes; b) assegurar o pagamento das diárias e transportes dos participantes e a manutenção de veículos que estiverem em uso na área do Projeto, segundo a programação estabelecida; c) efetuar prestação de contas à SESAB dos recursos por esta repassados conforme Plano de Aplicação, na forma estabelecida pela legislação estadual pertinente, devendo também apresentar execução físico-financeira, execução de receita e despesa, conciliação do saldo bancário, cópia dos extratos bancários da conta específica" (fls. 36-37).

4. Verifica-se, com apoio nos próprios termos do Convênio, que a FAPEX, embora nominada como interveniente, é verdadeiramente a entidade gestora dos recursos públicos repassados, a principal executora dos serviços na área de saúde pactuados, bem como a responsável pela prestação de contas do Convênio, nos seus mais diversos aspectos, funcionando a UFBA, em termos práticos, como simples intermediária nesta prestação de contas.

5. Registre-se que o presente processo diz respeito à prestação de contas da primeira parcela do Convênio, conforme se constata a fls. 3. As duas outras fases do Convênio, firmado em abril de 1992, com prazo de vigência de 12 meses, provavelmente já consumadas, não constam dos autos. Nenhum dos relatórios de execução referidos a fls. 36 e 37 foi trazido ao conhecimento do Tribunal de Contas do Estado da Bahia. Os documentos referentes a esta primeira parcela do Convênio ingressaram nesta Corte de Contas com 1.573 dias de atraso.

6. Segundo verificação da 4ª Coordenadoria de Controle Externo, o presente processo ressente-se de várias deficiências, com destaque para a ausência do parecer do responsável pela fiscalização da execução do Convênio, a ausência do comprovante de recolhimento do saldo não aplicado na conta da SESAB e a ausência de demonstrativo financeiro e orçamentário das aplicações dos recursos recebidos, assinado por profissional responsável pela Contabilidade (fls. 42). Os autos foram autuados a partir do Ofício 82/97, de 27.1.1997, proveniente da Secretaria da Saúde do Estado da Bahia (fls. 7).

7. A Procuradoria Especializado do Estado junto ao Tribunal de Contas Estadual, diante das falhas e deficiência apontadas, requereu a notificação do responsável para saná-las (fls. 46), com a plena concordância do Ministério Público (fls. 48). Foi deferida a notificação do responsável, e a notificação do órgão de origem, no sentido de que "venham aos autos os documentos/informações de sua responsabilidade" (fls. 49).

8. A Secretária de Saúde respondeu com envio de duas declarações. Na primeira, nominada de "declaração de execução do objeto de convênio", identifica como convenente a "FAPEX", afirmando que as ações programadas foram executadas e os recursos repassados foram aplicados de acordo como o objeto do Convênio (fls. 52).

Mas não apresenta qualquer dos relatórios previstos no Convênio ou qualquer outro elemento de convicção ou verificação relacionado à declaração de execução. A segunda informa que "a remessa do processo de prestação de contas em questão ao TCE com atraso" decorreu da "mudança de sala do Arquivo desta Seção do 1º andar para o subsolo, ficando o mesmo arquivado em caixa, juntamente com os processos de pagamento das gestoras" (fls. 53). O responsável pela FAPEX, embora notificado mais de uma vez (fls. 54, 64 e 71), não se dignou a comparecer ao Tribunal de Contas do Estado ou enviar os documentos solicitados.

9. Em seu relatório final, a 4ª Coordenadoria de Controle Externo afirma que o processo em tela "encontra-se em desacordo com o disposto no art. 44 da Resolução Regimental 12/93 deste Tribunal, uma vez que não constam nos demonstrativos financeiro e orçamentário da aplicação dos recursos assinatura do Contabilista e o número do CRC. Observa, ainda, que "os comprovantes da despesa foram apresentados em cópia xerográfica, infringindo o art. 12, § 1º, da citada resolução" (fls. 67). Informa também que, "da análise da documentação comprobatória da despesa, verificamos sua regularidade, bem como a utilização parcial (Cr$ 11.048.669,96) dos recursos recebidos, ficando um saldo da ordem de Cr$ 9.638.272,56 a ser incorporado ao valor da segunda parcela" (fls. 68). Ao final, conclui opinando pelo "trancamento e o arquivamento do processo, sem dar quitação ao responsável , como prevê o art. 12, § 1º, da Resolução Regimental 12/93, deste Tribunal, se assim acatar o Exmo. Sr. Conselheiro Relator" (fls. 68).

10. Os autos foram encaminhados ao Ministério Público para pronunciamento. Na Procuradoria Especializada junto ao Tribunal de Contas, o seu Coordenador, eminente Procurador de Justiça Dr. Alberto José Gomes, solicitou-me uma análise do processo. Resumidos assim os fatos, passo a opinar.

II – Regime constitucional dos serviços de saúde. Serviço público e serviço de relevância pública

11. A Constituição Federal dispõe que a saúde é um *direito de todos* e um *dever do Estado* (art. 196). Mas, de outra parte, declara expressamente que a atividade de assistência à saúde é *livre à iniciativa privada* (CF, art. 199, *caput*). Essas duas normas, aparentemente em testilha, explicam por que as ações e os serviços de saúde são expressamente conceituados na Lei Fundamental como atividades de *relevância pública* (CF, art. 197), e não como *serviço público*. A distinção entre esses dois conceitos é ainda pouco explorada na doutrina brasileira, mas parece relevante para precisar o regime jurídico dos serviços de saúde e útil à avaliação das formas possíveis de prestação dos serviços de saúde no Brasil.

11.1 *Serviço público*: O *conceito jurídico* de serviço público não é um conceito naturalístico ou existencial. Não é mais admissível, no estágio atual do Direito Administrativo Brasileiro, admitir a existência de "serviços públicos por natureza". O conceito jurídico, *objetivo* e *restrito*, de serviço público pressupõe a conjugação de diversos elementos de caracterização: exige a determinação de um específico regime jurídico e a demarcação de um campo material onde este regime encontre aplicação.

Primeiro, exige-se que a atividade corresponda ao desempenho de uma "prestação administrativa", vale dizer, ao oferecimento de uma utilidade concreta fruível direta ou indiretamente pelo administrado, mas imediatamente a cargo do Estado ou de seus delegados, realizada no exercício da função administrativa.

Segundo, a assunção pelo Estado da titularidade exclusiva dessa atividade (*publicatio*), mediante prescrição legal ou constitucional.

Terceiro, a submissão dessa atividade ao regime jurídico de Direito Público e a princípios específicos (continuidade, mutabilidade, igualdade, obrigatoriedade, entre outros).

Quarto, a exclusão da livre ação das pessoas privadas no âmbito dessa atividade, ressalvada a possibilidade de atuarem como delegados do Poder Público.[1]

11.2 *Serviço de relevância pública*: O conceito de relevância pública é menos exigente. São relevantes em termos públicos as atividades consideradas essenciais e prioritárias à comunidade, que transcendem a dimensão individual e repercutem necessariamente sobre a coletividade, obrigando o Poder Público a controlá-las, fiscalizá-las e incentivá-las de modo particularmente intenso. Não há, aqui, exigência de aplicação necessária do regime jurídico público. Nem titularidade exclusiva desses interesses pelo Estado, admitindo-se a livre atuação privada. Mas se impõe que a fiscalização e regulação dessas atividades pelo Poder Público sejam minudente e tutelar.[2]

11.3 *Serviços de saúde*: Esta última é a situação objetiva dos serviços de assistência à saúde no Brasil. A Constituição da República não submeteu os serviços e ações

1. Não há uniformidade sobre o conceito de serviço público no Direito Positivo ou na doutrina brasileira. Na Constituição Federal dois conceitos de serviço público são freqüentemente utilizados: o conceito orgânico, com significado de aparato administrativo do Estado (*v.g.*., arts. 37, XIII; 39, § 7º; 40, III; 40, § 16; 136, § 1º, II; e 198; ADCT, arts. 11, 19 e 53), e o conceito objetivo, significando uma modalidade de atividade de natureza pública (arts. 21, XIV; 30, V; 37, § 6º; 54, I, "a"; 61, § 1º, II, "b"; 139, VI; 145, II; 175; 202, § 5º; e 241; ADCT, art. 66). Na doutrina o conceito permanece equívoco, divergindo os autores em notas fundamentais. O conceito de serviço público é apresentado segundo diferentes critérios (serviço público em sentido amplo, restrito, objetivo, subjetivo, formal, próprio, impróprio, geral, específico, originário ou congênito e derivado ou adquirido etc.). No entanto, pode-se perceber que o conceito amplo de serviço público, que reunia em si toda a atividade administrativa pública, entrou em decadência. Em geral, os autores mais modernos não tratam da matéria em sentido amplo nem em sentido orgânico, mas em sentido restrito e objetivo, procurando especificar os traços diferenciais da atividade de serviço público e isolá-la no interior da atividade administrativa do Estado. No texto segue-se a mesma trilha, buscando-se uma categorização estritamente objetiva do conceito de serviço público, independente das formas de organização adotadas pelo Estado ou por seus delegados. Declarar que alguma atividade é serviço público (*rectius*: subordina-se ao regime jurídico do serviço público) constrange, restringe, limita, a órbita de ação livre dos particulares, o que exige ao menos declaração em nível legal e determinação conceitual rigorosa. Essa diretriz não impede, entretanto, que se estenda o regime do serviço público para atividades não-privativas ou reservadas desempenhadas pelo aparato administrativo público, quando o sistema legal assim o estabeleça por razões de conveniência ou para ampliação das garantias dos administrados. Sobre o tema do serviço publico, cf., entre outros, no Direito Brasileiro: Celso Antônio Bandeira de Mello, *Natureza e Regime Jurídico das Autarquias*, São Paulo, Ed. RT, 1968, pp. 130-176; Caio Tácito, "Conceito de serviço publico", *Temas de Direito Público (Estudos e Pareceres)*, 1º v., Rio de Janeiro, Renovar, 1997, pp. 637-642; Adílson Abreu Dallari, "Conceito de serviço público", *RTDP* 15/112-117, São Paulo, Malheiros Editores, 1996; Maria SylviA Zanella Di Pietro, *Parcerias na Administração Pública: Concessão, Permissão, Franquia, Terceirização e Outras Formas*, 2ª ed., São Paulo, Atlas, 1997; Odete Medauar, "Serviço público", *RDA* 189, 1992; Carlos Roberto Martins Rodrigues, "A crise e a evolução do conceito de serviço público", *RDP* 14/130-146, ns. 57-58, São Paulo, Ed. RT, janeiro-junho de 1981; Sérgio de Andréa Ferreira, *Direito Administrativo Didático*, 3ª ed., Rio de Janeiro, Forense, 1985; Diogo de Figueiredo Moreira Neto, *Curso de Direito Administrativo*, 10ª ed., Rio de Janeiro, Forense, 1994, pp. 317-333; Diógenes Gasparini, *Direito Administrativo*, 4ª ed., São Paulo, Saraiva, 1995, pp. 208-220; Hely Lopes Meirelles, *Direito Administrativo Brasileiro*, 20ª ed., atualizada por Eurico de Andrade Azevedo, Délcio Balestero Aleixo e José Emmanuel Burle Filho, São Paulo, Malheiros Editores, 1995.

2. Sobre o tema, cf. Sueli Gandolfi Dallari (org.), *O Conceito Constitucional de Relevância Pública*, 2ª ed., Brasília, Organização Pan-americana da Saúde, 1992, onde são consolidados pareceres e textos de diversos autores sobre o tema.

de saúde a uma *reserva de Direito Público*, isto é, não os subtraiu da esfera de livre atuação das pessoas privadas. Nem confiou ao Estado a sua titularidade exclusiva ou privativa. Nem impediu os particulares de neles livremente atuarem, salvo por delegação em cada caso do Poder Público, mediante autorização, permissão ou concessão de serviço público, sempre após *licitação* (CF, art. 175). Mas tampouco negou a Constituição a *essencialidade dos serviços e ações na área de saúde*, uma vez que, por seus próprios termos, embora admitindo a livre iniciativa privada na área, deixa explícito que a saúde é um *direito fundamental*, defendido inclusive pela atuação do Ministério Público (CF, art. 129, II).

É certo também que os serviços de saúde como outras atividades de relevância pública, quando desempenhadas pelo Poder Público como encargo, submetem-se ordinariamente ao *regime de Direito Público*, quer por ser este o *regime jurídico comum e normal da função administrativa do Estado*, quer por expressa decisão legal. Neste sentido, para vários autores também os serviços de saúde seriam "serviços públicos" *quando prestados pelo Estado.*[3] Não seriam serviços públicos *quando desempenhados por particulares*.

Celso Antônio Bandeira de Mello adota esse entendimento, escrevendo, com a costumeira objetividade:

"Dentre o *total* de atividades ou serviços suscetíveis de serem desenvolvidos em uma sociedade, alguns são públicos e outros privados.

"Para separar uns dos outros, identificando aqueles que o Estado pode colocar debaixo do regime de Direito Público (serviços públicos), temos que nos valer de *duas ordens de indicações* contidas no Texto Constitucional.

"A primeira delas é a de que certas atividades a própria Carta Constitucional definiu como serviço públicos: *alguns deles em todo e qualquer caso* e *outros deles apenas quando prestados pelo Estado*; pois ou (a) entregou-os expressamente à responsabilidade *privativa* do Estado, ora devendo ser prestados *exclusivamente* por ele ou por empresa sob controle acionário estatal, caso dos arrolados no art. 21, X e XI, ora cabendo sua prestação quer ao Estado, quer a terceiro, mediante autorização, concessão ou permissão, caso dos previstos no inciso XII do mesmo art. 21; ou então (b) previu-os como serviços incluíveis na categoria de serviços públicos, *quando prestados pelo Estado*. É o caso dos serviços (I) de saúde, conforme previsão do art. 196 ('dever do Estado'), os quais, entretanto, também estão entregues à livre iniciativa, como estabelece o art. 199 ('A assistência à saúde é livre à iniciativa privada'), sendo de todo modo qualificados como 'serviços de relevância pública' (art. 197, primeira parte), e (II) educação, *ex vi* do art. 205 ('dever do Estado'), embora também eles estejam entregues à livre iniciativa, a teor do art. 209 ('O ensino é livre à iniciativa privada, atendidas as seguintes condições: I – cumprimento das normas gerais da educação nacional; II – autorização e avaliação de qualidade pelo Poder Público').

"Estes últimos, por conseguinte, *não serão serviços públicos quando desempenhados por particulares*, uma vez que a Carta Magna não limitou a prestação deles ao Estado ou a quem lhe faça as vezes. Seguese que o Estado jamais poderia pretender outorgá-los em concessão a alguém, sob pe-

3. Contra a conceituação dessas atividades sociais do Estado como "serviço público" escreve Juan Carlos Cassagne (*La Intervención Administrativa*, 2ª ed., Buenos Aires, Abeledo-Perrot, 1994, p. 40): "Los servicios públicos propios se distinguen también de los llamados servicios sociales que presta el Estado en áreas tales como la cultura, salud pública, previsión social, cuya gestión suele encomendarse a órganos u entes administrativos, sin perseguirse fines de lucro. Esta actuación estatal, para la realización de prestaciones que no poseen contenido económico, no implica reemplazar ni sustituir la iniciativa privada que, respecto de estas actividades, continúa regida por el principio de la libertad, sin perjuicio de lo cual – cuando la actividad la lleva a cabo el Estado – se aplican los principios y normas propios de la función administrativa".

na de ferir os direitos de prestá-los que assistem às demais pessoas que preencham os requisitos legais necessários à comprovação de suas habilitações"[4] (grifos do autor).

Segue-se, portanto, que não podem ser nomeadas como *serviço público* atividades desempenhadas por particulares, ainda quando afetem relevantes interesses coletivos, se não foram *reservadas* pela Constituição da República ou por leis ordinárias ao Poder Público ou aos seus delegados.

Como referido, algumas atividades são também rotuladas como *serviço público* apenas quando "prestadas pelo Poder Público" (exemplo: saúde, educação, pesquisa científica, defesa do patrimônio ambiental). Não são "serviço público" segundo um *critério objetivo-formal*, mas apenas segundo um *critério subjetivo*, consoante sejam desenvolvidas pelo Estado ou por seus entes instrumentais. Essa "subjetivação" da noção de serviço público, embora tradicional, parece prejudicar a clareza e a autonomia dogmática do próprio conceito de serviço público, dado que, como certa vez escreveu Celso Antônio, "haverá serviço público quando o legislador atribua um regime especial – o administrativo – a determinadas atividades".[5] Essa "subjetivação" do conceito de serviço público, no entanto, será inevitável quando feita diretamente pela lei, e em muitos casos será útil em termos pragmáticos, pois permite ampliar as garantias dos administrados quando aplicada a pessoas jurídicas estatais de Direito Privado (*v.g.*, art. 37, § 6º). Seja como for, no campo das atividades que vimos de expor, quando os particulares atuam com ou sem fins lucrativos, mas por *direito* ou *titularidade própria* (*iure proprio*), não se sujeitam ordinariamente ao regime do *serviço público* ou do Direito Administrativo, mas ao regime jurídico típico das pessoas de Direito Privado, o que muitas vezes lhes confere maior agilidade ou presteza no atendimento dos seus objetivos sociais.

11.4 *Serviços de saúde e dever do Estado*: A declaração do *direito à saúde* como direito do cidadão e dever do Estado obriga a que o Estado *garanta o direito à saúde*, e não que ofereça *diretamente e de forma executiva* o atendimento a todos os brasileiros. A palavra "saúde", constante do art. 199 da CF, refere um bem jurídico, uma utilidade fruível pelo administrado, que deve ser assegurada pelo Estado, independentemente de este fazê-lo direta ou indiretamente, mediante emprego do aparato público ou a utilização de terceiros.

O dever de garantir a assistência à saúde pode ser atendido pelo Estado também por mecanismos de *fomento público* (por exemplo, mediante financiamento global da assistência médica gratuita prestada por entes privados sem fins lucrativos) ou por *contratação de serviços* (por exemplo, mediante a compra de serviços médicos específicos por procedimentos realizados). Em momento algum a Constituição obriga que esse dever do Estado, e o correspondente direito do cidadão, se concretize apenas com a atuação direta e executiva do Poder Público. Ao contrário, consoante o art. 197 da CF, cabe ao Poder Público, no âmbito dos serviços de saúde, "dispor, nos termos da lei, sobre sua regulamentação, fiscalização e controle, devendo sua execução ser feita diretamente ou através de terceiros e, também, por pessoa física ou jurídica de Direito Privado".

11.5 *Serviços de saúde e pessoas privadas*: Os serviços de saúde, assim, segundo o diploma constitucional brasileiro, podem ser desempenhados por entidades particulares, independentemente de delegação do Poder Público, por *livre iniciativa privada* ou por *iniciativa do próprio Estado* (execução pública por "terceiros", na dicção constitucional), classificando-se essas pessoas privadas em dois grandes setores: *instituições privadas com fins lucrativos* e *instituições privadas sem fins lucrativos*.

4. *Curso de Direito Administrativo*, 11ª ed., São Paulo, Malheiros Editores, 1999, p. 496.

5. *Natureza e Regime Jurídico* ..., cit., p. 169.

A distinção tem direta repercussão na Lei Fundamental: "As instituições privadas podem participar de forma complementar do *Sistema Único de Saúde*, segundo diretrizes deste, mediante *contrato de Direito Público ou convênio*, tendo *preferência as entidades filantrópicas e as sem fins lucrativos*" (CF, art. 199, § 1º). Podem ser também destinados "recursos públicos e subvenções" a instituições privadas sem fins lucrativos, mas é recusada expressamente essa possibilidade a "instituições privadas com fins lucrativos" (CF, art. 199, § 2º).

A expressão constitucional "Sistema Único de Saúde" (SUS) refere-se a *ações de saúde* e a *serviços públicos de saúde* (em sentido orgânico), integrados em termos nacionais, mas não a todo e qualquer serviço de assistência à saúde (CF, art. 198). No entanto, mesmo no Sistema Único de Saúde, como referido antes, não se afasta a atuação privada na execução de ações e serviços, desde que respeitadas as *diretrizes do sistema*, especialmente o "acesso universal igualitário" (CF, art. 196, *caput*), desde que realizada prévia pactuação mediante "contrato de Direito Público e convênio" (CF, art. 199, § 1º).

11.6 *Contrato administrativo e convênio*: *Contrato de Direito Público* e *convênio* são ambos ajustes de vontades, distinguindo-se basicamente pela natureza dos interesses de ambas as partes. Ambos são vínculos regidos pelo Direito Público. No contrato os interesses são, de regra, antagônicos ou contraditórios; no convênio os interesses são comuns ou convergentes.[6]

É evidente que a Constituição da República, na norma referida, pretendeu distinguir entre *dois modos de prestação de serviços de saúde por particulares*. No primeiro, mediante a referência ao instrumento do *contrato de Direito Público*, admite a *terceirização*, vale dizer, a contratação de particular-empresário, com vistas ao desempe-

6. Alguns autores fazem uso de uma compreensão ampliada do conceito de contrato: distinguem os contratos "comutativos' ou 'distributivos" (instrumentos de concerto de interesses, de integração de interesses contrapostos) e os contratos "cooperativos" ou 'contratos com comunhão de escopo' (onde não há, em princípio, contraposição de interesses, mas a prossecução de um objetivo comum). Marçal Justen Filho (1998:629), por exemplo, depois de referir a doutrina de Tullio Ascarelli, admite a dualidade, e, tratando dos contratos "cooperativos', nesta categoria enquadra os "contratos societários". Nestes contratos, quando há divergência entre os partícipes, a contenda atina aos meios, ao modo de execução, havendo concordância e harmonia quanto ao fim do ajuste, vale dizer, com a prossecução de determinada finalidade comum (Justen Filho 1997:22). Para Marçal Justen, atualmente, "podem, mesmo, existir contratos administrativos em que ambas as partes integram a estrutura administrativa do Estado" (1998:628). Reconhece o ilustre professor curitibano, no entanto, que, "quando se alude a contrato administrativo, indica-se um tipo de avença que se enquadra, em termos de Teoria Geral do Direito, na categoria dos contratos 'comutativos' ou 'distributivos' (ainda quando se trata de contratos unilaterais). Em tais atos não há comunhão de interesses ou fim comum a ser buscado. Cada parte vale-se do contrato para atingir um fim que não é compartilhado pela outra. Já no chamado 'convênio administrativo' a avença é instrumento de realização de um determinado e específico objetivo, em que os interesses não se contrapõem – ainda que haja prestações específicas e individualizadas, a cargo de cada partícipe. No convênio a assunção de deveres destina-se a regular a atividade harmônica de sujeitos integrantes da Administração Pública, que buscam a realização imediata de um mesmo e idêntico interesse" (1998:629). Dissentimos, aqui, apenas num ponto: os convênios não se destinam a regular apenas a atividade de sujeitos integrantes da Administração Pública, mas também atividades "cooperativas" do Poder Público com particulares. Não se trata de uma questão terminológica. O emprego da expressão para referir esse segundo tipo de relações é expresso no Direito Positivo (*v.g.*, art. 116 da Lei 8.666, de 1993). Além disso, é preciso cautela na incorporação do conceito de contrato cooperativo no Direito Administrativo, tendo em conta as diversas normas que regulam o regime dos convênios no Brasil. O assunto, como é óbvio, embora estimulante, não pode ser desenvolvido neste momento, por exceder amplamente os propósitos da presente análise.

nho de *atividades-meio* na área de saúde financiada pelo Estado[7] ou de *atividades específicas*. Esta prestação de serviço, é certo, revestida de caráter empresarial e lucrativo, exige prévia *licitação* ou sua *dispensa fundamentada*. No segundo modo, mediante a referência ao instrumento do convênio, admite a Lei Maior a colaboração de entidades sem fins lucrativos, com interesses coincidentes com os da Administração Pública, não sendo cogitadas remuneração pela gerência do serviço nem reciprocidade de obrigações. Por essas razões, a celebração de convênio ordinariamente dispensa a *licitação*.[8]

Na hipótese de contrato, pelo caráter próprio da terceirização, não há ou não deve haver prestação global do serviço de saúde, mas sim atuação em simples *atividades operacionais* ou *ancilares* (serviços de vigilância, manutenção, limpeza, transporte, seguro etc.) e atividades especificas (serviços técnicos específicos). Na hipótese de convênio, com aplicação também para a figura de acordo ou compromisso, impropriamente denominada "contrato de gestão", não há impedimento à execução global do serviço pela instituição privada sem fins lucrativos, pois trata-se de atividade livre à ação privada, fomentada ou financiada pelo Estado, mas não titularizada por ele. Pode-se, portanto, a partir da própria Constituição, apartar as duas figuras referidas, esclarecendo-se os limites de sua aplicação.

Em nenhuma das duas hipóteses o contrato e o convênio referidos podem ser confundidos com fórmulas de delegação de serviço público (concessão, autorização ou permissão de serviço). Em primeiro lugar, como visto, porque as ações e serviços de assistência à saúde são livres à iniciativa privada (CF, art. 199, *caput*), não constituindo atividade exclusiva de Estado, passível de *delegação executiva* em sentido próprio. Em segundo lugar porque a concessão e a permissão de serviço incidem sobre atividades econômicas, onerosas, financiadas pelos próprios particulares-usuários mediante *tarifas* (CF, art. 175), o que, obviamente, não se aplica ao Sistema Único ou público de Saúde, cujas ações e serviços são ofertados segundo princípios da *universalidade* e *gratuidade*.

11.7 *Desacordos verbais*: Essas considerações preliminares são importantes para evitar "desacordos verbais" muito comuns quando se trata de serviços de saúde ou outro qualquer serviço de importância vital para a comunidade. É que os juristas, bem como os leigos, empregam ora o *conceito jurídico* (formal) de "serviço público" e ora o *conceito existencial* (material) de "serviço público", muitas vezes sem o devido rigor, com prejuízo para uma clara identificação do regime jurídico aplicável à atividade desempenhada.

Sem dúvida, as ações e os serviços de saúde são e devem ser tidos como fundamentais, essenciais, prioritários, vitais ou relevantes para a existência da coletividade. Neste sentido, são amiúde referidos como "serviços públicos impróprios". Essa expressão, no entanto, é equívoca, referindo um dado existencial e não um regime jurídico. Para fins jurídicos, evitando confusões inúteis, devem ser consideradas como serviço público em sentido objetivo apenas as atividades submetidas total ou parcialmente ao regime jurídico público, exercitadas diretamente pelo Poder Público ou por particulares quando atuem como delegados do Estado, sob as formas de autorização, concessão e permissão de serviço. É este o conceito constitucional (art. 175, *caput*). E esse, já vimos, decididamente, não é o caso das ações e serviços de assistência à saúde (CF, art. 199, *caput*), ressalvada a hipótese em que o próprio Poder Público os desempenhe.

Na verdade, a participação complementar de entidades privadas no próprio sistema público de saúde, autorizada expressamente pela Constituição, não apenas é prag-

7. Maria Sylvia Zanella Di Pietro, *Parcerias* ..., cit., p. 123.

8. Maria Sylvia Zanella Di Pietro, idem, p. 131.

mática como pode ser percebida como uma das respostas conseqüentes à crise do aparelho do Estado no âmbito da prestação dos serviços sociais. O Estado não tem, efetivamente, condições de *monopolizar* a prestação direta, executiva, dos serviços de assistência social de interesse coletivo. Estes podem ser geridos ou executados por outros sujeitos, públicos ou privados, *preferencialmente instituições "públicas não-estatais" (pessoas privadas mas sem fins lucrativos)*, consoante impõe a própria Constituição (art. 199, § 1º), sob a fiscalização e supervisão imediata do Estado. Nestes casos, "não prover diretamente" não quer dizer tornar-se irresponsável perante essas necessidades sociais básicas ou negar o direito fundamental à saúde. O Estado com elas não se despede da responsabilidade de assegurar e garantir direitos sociais. O Estado continua regulador, fiscalizador, executor e financiador de serviços sociais, mas pode contar também com *mecanismos de parceria* ágeis, ampliando a sua capacidade de assegurar a efetiva fruição dos direitos sociais básicos.[9]

III – Serviços de saúde e entes de cooperação

12. Sentido da expressão "entes de cooperação" – Os "entes de cooperação" são pessoas jurídicas de Direito Privado ocupadas com a satisfação de atividades de relevância pública ou de interesse social, fomentadas ou financiadas pelo Poder Público, submetidas a especial controle administrativo, mas não encartadas na Administração direta ou indireta do Estado.

São entidades "paraestatais" em sentido próprio, isto é, entidades que realizam "cometimentos paralelos aos do Estado".[10] O conceito de entidade "paraestatal", no entanto, foi entre nós completamente desfigurado, com inclusão até de entidades diretamente criadas por lei para desempenho de atividades econômicas ou serviços públicos,[11] razão pela qual deve ser abandonado.

9. O caráter do Estado é definido menos pela dimensão do seu aparato burocrático quanto pela destinação do seu orçamento. Os Estados atuais são sobretudo centros de transferência de recursos econômicos e sociais. A atividade de prestação de serviços pelo Estado-aparato responde apenas por uma parcela da intervenção do Estado nas sociedades contemporâneas. As transferências de recursos tributários, as isenções especiais e os subsídios, entre outras formas de estimulo e limitação da atividade privada, respondem por grande parte da interferência estatal em nossa vida cotidiana. Lamentavelmente, trata-se de setor em que reinam uma quase-absoluta opacidade e anomia, pois entregue completamente à lógica econômica. Por isso, se quisermos saber se um Estado é de fato "social" devemos consultar o orçamento público e as efetivas transferências de recursos para o financiamento de serviços sociais, independentemente da natureza da entidade responsável pela realização desses serviços. É este o dado essencial a considerar quando se pretende determinar o compromisso do Estado com a realização do direito à saúde, e não o campo das formas organizacionais que o Estado adota ou de que se serve para obter bens ou utilidades coletivas. Registre-se, por fim, que as normas que regem a "forma de organização" não informam necessariamente as "normas de funcionamento" das entidades públicas ou privadas de interesse público existentes no Brasil, sendo usual que entidades estatais de Direito Privado estejam vinculadas, em diversos aspectos do seu funcionamento, a normas de Direito Público, o mesmo ocorrendo com simples pessoas jurídicas privadas de interesse público.

10. Oswaldo Aranha Bandeira de Mello, *Princípios Gerais de Direito Administrativo*, 1969, p. 266.

11. Hely Lopes Meirelles, por exemplo, incluía no *gênero* paraestatal as seguintes *espécies*: empresas públicas, sociedades de economia mista e serviços sociais autônomos. Segundo este autor, as duas primeiras integram a Administração indireta e os últimos, fora dessa Administração, integrariam a categoria dos "entes de cooperação" (*Direito Administrativo* ..., cit., p. 323). Esse conceito de paraestatal foi logo objetado por Oswaldo Aranha Bandeira de Mello por "incluir, no mesmo conceito genérico, seres de natureza as mais díspares: sociedades e fundações privadas criadas pelo Estado e sociedades e fundações criadas pelos particulares" (*Princípios* ..., cit., p. 267). Para este último autor o conceito de paraestatal deveria ser reservado apenas para designar "entidades, na regência de interesse coletivo, mas sob organização jurídica privada" (ob. cit., p. 266).

Os entes de cooperação são entidades "quase-públicas", ou "públicas não-estatais", porque ocupadas com o desempenho de atividades de imediato interesse coletivo. Em regra, são instituições sem ânimo de lucro, reinvestindo todas as suas receitas ou excedentes financeiros nas próprias finalidades sociais.[12] São ordinariamente instituições "sem dono", de gestão autônoma de serviços sociais pelos próprios interessados, geralmente mediante representação classista direta ou mediante conselhos eleitos ou parcialmente eleitos pela comunidade e constituídos para esse fim. São instituições criadas de formas variadas (reconhecidas pelo poder Público *a posteriori*, após sua constituição por particulares, ou de constituição previamente autorizada por lei específica, limitadora da ação posterior de particulares), apresentando, ainda, graus diferentes de vinculação finalística ao Poder Público.

São entidades do chamado "terceiro setor", organizações que não são nem estatais, nem mercantis, vale dizer, que, sendo privadas, não perseguem o lucro e, sendo constituídas para um fim social, não são estatais. Segundo Boaventura de Souza Santos são instituições que tentam realizar o compromisso prático entre a eficiência e a eqüidade em atividades sociais, adotando a flexibilidade operacional típica de pessoas privadas sem prejuízo da busca de eqüidade social inerente a qualquer instituição pública.[13] Porém – ao menos assim entendo –, por receberem auxílios públicos e privados em nome do desempenho de atividades socialmente relevantes, são e devem ser mais intensamente fiscalizadas pelo Poder Público e pela comunidade do que as demais pessoas privadas, através de controles formais e materiais que assegurem a fidelidade de sua ação ao escopo que devem prosseguir.

São exemplos de entidades de cooperação no Direito Brasileiro as entidades declaradas de utilidade pública, as entidades declaradas como organizações sociais, as entidades declaradas organizações da sociedade civil de interesse público e os serviços sociais autônomos. As entidades denominadas "fundações de apoio" podem assumir tanto uma forma estatal quanto não-estatal. Conseqüentemente, ora podem figurar entre as "entidades de cooperação", ora entre as entidades integrantes da Administração indireta do Estado, qualificando-se neste último caso como "fundações governamentais".

Sobre o regime jurídico das entidades de utilidade pública, das organizações sociais e das organizações da sociedade civil de caráter público tive oportunidade de escrever dois artigos, já publicados.[14]

12. Existem entes de cooperação que desempenham atividades econômicas. O exemplo mais eminente são as cooperativas, referidas expressamente na Constituição Federal, no título "Da Ordem Econômica e Financeira" (art. 174, § 2º). As cooperativas são associações de pessoas, de auxílio mútuo ou de solidariedade, reunidas para a prossecução de objetivos econômicos. Embora a lei defina a cooperativa como sociedade "sem objetivo de lucro" (art. 3º da Lei 5.764, de 1971), na verdade a associação é assim tratada unicamente porque os resultados econômicos são destinados à distribuição entre os seus associados. A cooperativa desempenha atividade econômica para proveito econômico dos seus associados, e não objetivando o lucro como um fim em si, auto-referido à própria organização. Sobre o tema, bem como sobre a impropriedade da utilização dessa forma jurídica no serviços de saúde, analisando a experiência do PAS, cf. Maria Paulo Dallari Bucci, "O Plano de Atendimento à Saúde (PAS) e o abuso das formas jurídicas", *RDA* abril-junho de 1997, Rio de Janeiro, Renovar, pp. 111-137.

13. *A Reinvenção Solidária e Participativa do Estado*, conferência apresentada no Seminário Internacional "A Sociedade e a Reforma do Estado", promovido pelo Ministério da Administração e Reforma do Estado do Brasil (MARE) e pelo Conselho da Reforma do Estado, em São Paulo, no mês de março de 1998, publicado na *Internet*, *url*: *http://www.mare.gov.br/Historico/Reforma/conselho/Boaventura.PDF*, p. 20.

14. O primeiro texto referido, "Reforma administrativa e marco legal das organizações sociais no Brasil: as dúvidas dos juristas sobre o modelo das organizações sociais", foi apresentado no II

Nesta oportunidade, para os fins deste parecer, interessa aprofundar a discussão sobre as fundações de apoio, esclarecendo alguns aspectos do seu regime jurídico, especialmente no que diz respeito à forma pela qual devem prestar contas dos recursos públicos que eventualmente lhes sejam entregues pelo Estado como "subvenção" ou "transferência" vinculada à prestação de atividades de relevância pública.

IV – Fundações de apoio e fundações governamentais

13. A Constituição da República não emprega uma terminologia uniforme ao tratar das fundações estatais. Por vezes refere as "fundações e sociedades instituídas e mantidas pelo Poder Público" (arts. 71, II e III; 150, § 2º; 165, § 5º, III; e 169, § 1º; 18, 35 e 64 do ADCT); outras vezes emprega a expressão "fundação pública" (art. 19 do ADCT; art. 39, *caput*, revogado pela EC 19, de 1998); por fim, emprega isoladamente a palavra "fundação" (arts. 37, XVII e XIX, e 39, § 7º).

13.1 A doutrina jurídica, enfrentando o problema, assentou distinções relevantes, que permitem uma leitura sistemática da Constituição. Distinguiu entre fundações governamentais de direito privado, ou simplesmente *fundações governamentais*, e fundações de Direito Público, ou simplesmente *fundações públicas*, como espécies do gênero fundação estatal.

As fundações públicas possuem o regime jurídico das autarquias – são *autarquias fundacionais*. Por isso, são constituídas por lei (art. 37, XIX), com subordinação plena ao Direito Público, caracterizando-se por serem "entidades estatais personalizadas de competência exclusivamente administrativa".[15]

As fundações governamentais, por outra via, são entidades caracterizadas pela personalidade de Direito Privado, de constituição *autorizada* por lei (art. 37, XIX, *in fine*), mas igualmente subordinadas a normas de Direito Público em determinados aspectos do seu funcionamento, segundo o disposto em nível legal ou constitucional

Congresso Interamericano sobre a Reforma do Estado e da Administração Pública, promovido pelo CLAD – *Centro Latinoamericano de Administración para el Desarrollo*, na Ilha de Margarita, Venezuela, em outubro de 1997. Foi atualizado em 3 de novembro de 1997 em razão da edição da MP 1.591, de 9 de outubro, publicada no *DOU* de 10.10.1997, e, posteriormente, atualizado novamente em face da edição da Lei 9.637, de 15.5.1998. É de fácil acesso, tendo sido publicado pelos seguintes veículos: *Revista do Serviço Público* 48/27-57, n. 2, Distrito Federal, ENAP – Escola Nacional de Administração Pública, maio-agosto de 1997; *RDA* 210, Rio de Janeiro, Fundação Getúlio Vargas/Renovar, outubro-dezembro de 1997; *BDA* (*Boletim de Direito Administrativo*) 4/231-244, ano XIV, São Paulo, NDJ, abril de 1998; *RIL* (*Revista de Informação Legislativa*) 34/315-331, n. 136, outubro-dezembro de 1997. Na *Internet* foi publicado na *Revista Jurídica **Jus Navegandi***, a partir de abril de 1999, *url*: *http://www.jus.com.br/doutrina/orgsoci2.html*; *Revista Jurídica* **DATAVENI@** 25, ano IV, junho de 1999, *url*: *http://www.datavenia.inf.br*. O segundo texto referido, "Reforma do marco legal do terceiro setor no Brasil", foi escrito em coletânea organizada pela UNESCO – Organização das Nações Unidas para a Educação, a Ciência e a Cultura, mas também foi publicado em revistas jurídicas especializadas. O texto foi escrito em 13 de outubro de 1998 e atualizado em 24 de março de 1999, em razão da rápida aprovação do Projeto de Lei 4.690, apresentado em 28.8.1998 e já transformado na Lei 9.790, de 23.3.1999. A versão original do texto foi publicada na *RDA* 214/55-68, Rio de Janeiro, Fundação Getúlio Vargas/Renovar, outubro-dezembro de 1998. Mas a versão atualizada pode ser conferida nas seguintes revistas: *Revista Jurídica – Administração Municipal* 5/41-64, Salvador/BA, JAM, maio de 1999; *Revista Interesse Público* 1/31-46, ano 1, janeiro-março de 1999. Na *Internet* encontra-se publicado na *Revista Jurídica Virtual da Sociedade Brasileira de Direito Público*, *url*: *http://www.sbdp.org.br*. Consulte-se também, com proveito, sobre o tema das organizações sociais, o trabalho de Juarez Freitas, "O controle e o regime das organizações sociais", *O Controle dos Atos Administrativos e os Princípios Fundamentais*, 2ª ed., São Paulo, Malheiros Editores, 1999, pp. 180-192.

15. Celso Antônio Bandeira de Mello, *Curso* ..., cit., p. 102.

(exemplo: obrigação de realização de concurso público).

As fundações governamentais caracterizam-se por: não exercitarem, a título próprio, prerrogativas de Direito Público; se submeterem ao controle externo do Tribunal de Contas e interno do Poder Executivo; serem passíveis de modificação por lei; dispensarem a fiscalização do Ministério Público; equipararem os seus agentes a servidores públicos e sujeitarem os seus dirigentes a mandado de segurança e a ação popular quando no exercício de função delegada; deverem submissão à Lei de Licitações; gozarem de imunidade tributária unicamente sobre impostos incidentes sobre o patrimônio, a renda ou serviços vinculados a atividades essenciais.

13.2. Essa distinção não tem nada de nova, pois remonta à orientação do STF ainda na vigência da Carta Constitucional de 1969. De forma incisiva, à época, assentou o STF o seguinte:

"Nem toda fundação instituída pelo Poder Público é fundação de Direito Privado. As fundações, instituídas pelo Poder Público, que assumem a gestão de serviço estatal e se submetem a regime administrativo previsto, nos Estados-membros, por leis estaduais são fundações de Direito Público, e, portanto, pessoas jurídicas de Direito Público. Tais fundaçoes são espécie do gênero autarquia, aplicando-se a elas a vedação a que alude o § 2º do art. 99 da Constituição Federal. São, portanto, constitucionais o art. 2º, § 3º, da Lei n. 410, de 12.3.1981, e o art. 1º do Decreto n. 4.086, de 11.5.1981, ambos do Estado do Rio de Janeiro. Recurso extraordinário conhecido e provido" (Tribunal Pleno, RE 101.126-RJ, rel. Min. Moreira Alves, j. 24.10.1984, *DJU* 1.3.1985, p. 2.098, *Ement.* 01368-02/188).

"Natureza jurídica das fundações instituídas pelo Poder Público. Desde que assumam a gestão de serviço estatal e sejam mantidas por recursos orçamentários, sob a direção do Poder Público, integram a Administração indireta, e são jurisdicionadas à Justiça Federal, se instituídas pelo Governo Federal. Recurso conhecido e provido" (2ª T., RE crim. 115.134-DF, rel. Min. Carlos Madeira, j. 8.4.1988, *DJU* 6.5.1988, p. 10.635, *Ement.* 01500-04/708).

13.3 Essa orientação jurisprudencial durante a vigência da Constituição de 1988:

"*Ementa*: Recurso extraordinário – Universidade do Rio de Janeiro – Expedição de diploma – Condenação – Conflito de competência – Natureza jurídica das fundações instituídas pelo Poder Público – Conflito de competência. Art. 109, I, da Constituição Federal.

"1. A Fundação Universidade do Rio de Janeiro tem natureza de fundação pública, pois assume a gestão de serviço estatal, sendo entidade mantida por recursos orçamentários sob a direção do Poder Público, e, portanto, integrante da Administração indireta.

"2. Conflito de competência entre a Justiça Comum e a Justiça Federal – Art. 109, I, da Constituição Federal. Compete à Justiça Federal processar e julgar ação em que figure como parte fundação instituída pelo Poder Público Federal, uma vez que o tratamento dado às fundações federais é o mesmo deferido às autarquias.

"3. Embora o art. 109, I, da Constituição Federal não se refira expressamente às fundações, o entendimento desta Corte é no sentido de que a finalidade, a origem dos recursos e o regime administrativo de tutela absoluta a que, por lei, está sujeita a entidade fazem dela espécie do gênero autarquia e, por isso, são jurisdicionadas à Justiça Federal, se instituídas pelo Governo Federal. Recurso extraordinário conhecido e provido" (STF, 2ª T., RE 127.489-DF, rel. Min. Maurício Corrêa, j. 25.11.1997, *DJU* 6.3.1998, p. 16, *Ement.* 01901-03/425).

13.4 Neste quadro, como caracterizar as fundações instituídas para "dar apoio a projetos de pesquisa, ensino e extensão e de desenvolvimento institucional, científico e tecnológico de interesse das instituições federais" de ensino superior? Muitas delas existem unicamente para colaborar com o Poder Público e subsistem unicamente em razão dos recursos aferidos com as parcerias que estabelecem com o Poder Público. São, por esse fato, entidades da Administração indireta? Algumas são registradas por particulares; outras pelo próprio Poder Público, muitas vezes sem a devida autorização legislativa. Há diferenças jurídicas decorrentes desta circunstância?

A doutrina nacional tem sido vacilante e muitas vezes omissa a respeito do tema. É freqüente o silêncio completo sobre o assunto nos manuais e monografias nacionais de Direito Administrativo.

Penso que o problema deve ser resolvido à luz da Constituição. Embora a interpretação literal seja a mais pedestre das interpretações, não parece razoável desprezar a dicção constitucional quando exige para caracterizar entidades como integrantes da Administração indireta fundacional que sejam "instituídas e mantidas pelo Poder Público" (arts. 71, II e III; 150, § 2º; 165, § 5º, III; e 169, § 1º; e 18, 35, V, e 64 do ADCT). Esses dois elementos (a instituição e a manutenção) são exigidos de forma conjugada, e não alternativamente. Há quem, nos textos doutrinários, faça leitura diferente do texto constitucional. No entanto, não tem sentido, dentro, agora, da sistemática constitucional, supor que a simples manutenção ou a colaboração para manutenção de entidades privadas de interesse público transformem entidades instituídas por particulares em entidades da Administração indireta, com direito a imunidade tributária de impostos, subordinação à exigência de concurso público e à necessidade de lei para autorização de sua extinção ou efetivação de sua extinção. Pense-se nas milhares de creches subvencionadas quase exclusivamente com recursos públicos, instituições de acolhimento de excepcionais, entre outras. Mas é preciso cautela. Nos casos em que o Poder Público institui uma fundação, inclusive pelo ato de destinar recursos públicos para a formação do patrimônio inicial da entidade, há fundação governamental ou fundação pública, conforme o caso, ainda que constituída de modo irregular.[16]

Quando a entidade criada for uma unidade orçamentária do Poder Público, tendo sido constituída pelo Estado, é também parte da organização pública, integrando a Administração indireta. Mesmo que esta se atribua a condição de entidade não-estatal. Mas simples subvenções, auxílios e transferências eventuais, por atividade desempenhada, não possuem o condão de transformar entidades instituídas por particulares em unidades personalizadas da Administração Pública.

Neste diapasão, especificamente sobre as fundações de apoio, assentou o STJ:

"Mandado de segurança – Anistia concedida aos servidores públicos e empregados de sociedade de economia mista sob o domínio da União – Lei n. 8.878/94 – Inaplicação aos empregados de pessoa jurídica de Direito Privado.

"A Lei n. 8.878/94 (art. 1º) só anistiou os empregados que tiveram os contratos rescindidos, por motivação política, no período compreendido entre 16 de março de 1990 a 30 de setembro de 1992, e só alcançou aqueles (empregados) vinculados a órgãos da Administração indireta da União (sociedades de economia mista e empresas públicas).

16. Miguel Reale Jr., em texto sobre o tema, registrou um dado histórico pouco conhecido. Segundo o professor, "o projeto da Constituição até o segundo turno estabelecia: "fundações e sociedades instituídas *ou* mantidas pelo Poder Público'. A redação para o segundo turno trouxe a correção da aditiva: "instituída *e* mantida pelo Poder Público" ("Fundações – Fiscalização pelo Ministério Público", *RDP* 98/72, ano 24, abril-junho de 1991). Trata-se de mais um elemento auxiliar de convicção, a demonstrar que a exigência dos dois elementos pelo Constituinte não foi casual ou gratuita. É certo, porém, que a lei deve ser compreendida nos seus próprios termos, e não conforme a orientação histórica do legislador real. Quando os dois entendimentos convergem, no entanto, não há por que não ressaltar também o elemento histórico na interpretação.

"Fundação de Apoio ao Ensino, Pesquisa e Extensão (FAEPE), de que se dizem os impetrantes empregados regidos pela CLT, é pessoa jurídica de Direito Privado, sem vínculo jurídico com a União, e, por isso mesmo, os seus empregados, embora com a rescisão dos respectivos contratos no período considerado, não se beneficiaram com a anistia.

"O recrutamento de pessoal através de convênio (tal qual acontecia entre a União e a FAEPE) pela Administração Pública não gera vínculo empregatício direto com a União, salvo se implementadas as condições previstas nos incisos I e II do art. 37 da Constituição Federal.

"A reintegração, segundo a definição legal, só aproveita ao servidor estável no cargo anteriormente ocupado quando este tiver sido demitido ilegalmente. Segundo os cânones da lei (Lei n. 8.878/94), o retorno ao serviço dar-se-á exclusivamente no cargo ou emprego anteriormente ocupado, ou, quando for o caso, naquele resultante da respectiva transformação. Não estando os impetrantes, antes da rescisão dos seus contratos, a serviço da União ou de seus órgãos, impossível determinar-se o retorno ao serviço público e, de outro feito, em cargos (ou empregos) que, antes, não ocupavam, na definição legal. Segurança denegada. Decisão unânime" (1ª S., MS 3.979-DF, rel. Min. Demócrito Reinaldo, j. 11.9.1996; v. u., ementa; *BAASP* 2.014/58-e, de 4.8.1997; *JSTJ/TRF* 91/64, março de 1997 – Reforma Administrativa – Estabilidade funcional) (grifos nossos).

13.5 Trata-se, portanto, de visualizar adequadamente o problema. O nome diz pouco. A fundação de apoio será entidade da Administração indireta se instituída e mantida pelo Poder Público; será fundação de Direito Privado particular ou não-estatal, entidade de colaboração, se for constituída por particulares e subvencionada pelo Poder Público ou por particulares. O Estado, neste último caso, não lhe deve dotações orçamentárias, mas recursos de fomento (subvenção social) ou valores correspondentes ao pagamento pela prestação de serviços.

V – Prestação de contas dos entes de cooperação

14. Até 4 de junho de 1998, data da promulgação da EC 19, essa distinção no regime jurídico tinha enorme repercussão no tema da prestação de contas das entidades denominadas fundações de apoio. Entendia-se que se fundação fosse instituída pelo Poder Público, ainda que de forma irregular, a prestação de contas deveria ser *direta* e *periódica* ao Tribunal de Contas competente. A fundação assim criada deveria ser integrada na Administração indireta do Estado. Mas se a fundação de apoio fosse instituída por particulares apenas os recursos públicos recebidos deveriam ser objeto de prestação de contas, porém não de forma direta ao Tribunal de Contas competente, e sim perante as entidades do Poder Público que travavam com aquelas entidades os respectivos vínculos de colaboração. O Tribunal de Contas conheceria ou fiscalizaria a gestão dos recursos públicos pela entidade privada subvencionada ou de outro modo beneficiada quando realizasse a avaliação das contas da entidade pública gestora do convênio ou contrato; vale dizer, a fiscalização da entidade pública responsável pela avaliação dos serviços realizados pela entidade de colaboração.

14.1 É certo, ainda, que uma exceção era aberta: quando, diante de circunstâncias concretas, houvesse indício de que essas entidades privadas de colaboração estivessem dando causa a perda, extravio ou outra irregularidade de que resultasse prejuízo ao erário público. Nestes casos instaurava-se uma tomada de contas para apurar *diretamente* a boa ou má utilização de recursos públicos pela entidade de colaboração, em razão da expressa previsão constitucional do art. 71, II, *in fine*, da CF.

14.2 O TCU, depois de um período em que exigia a prestação de contas diretamente pelas entidades denominadas fundações de apoio, sumulou entendimento contrário a essa exigência, mediante o seguinte enunciado: "As fundações de apoio constituídas ou instituídas no âmbito das instituições federais de ensino superior estão desobrigadas de apresentarem diretamente ao Tribunal de Contas da União prestação de contas, nos termos das disposições e princípios constantes da Lei n. 8.958/94" (TCU, ED-198, precedentes: AC-107-40/95-P, AC-126-44/95-P; DC-230-22/95-P).

Registre-se que a Lei 8.958, de 1994, tratou especificamente da contratação pelas instituições federais de ensino superior e de pesquisa científica e tecnológica, por prazo determinado, de serviços de "instituições criadas com a finalidade de dar apoio a projetos de pesquisa, ensino e extensão e de desenvolvimento institucional, científico e tecnológico de interesse das instituições federais contratantes". Mas, ao dispor sobre o tema, estabeleceu reflexivamente aspectos do regime jurídico a ser aplicado às fundações de apoio.

As disposições desta lei são simples e diretas, dispensando demoradas paráfrases interpretativas. Reza a Lei 8.958, de 1994, especificando o regime das fundações de apoio:

"Art. 2º. As instituições a que se refere o art. 1º deverão estar constituídas na forma de fundações de Direito Privado, sem fins lucrativos, regidas pelo Código Civil brasileiro, e sujeitas, em especial:

"I – a fiscalização pelo Ministério Público, nos termos do Código Civil e do Código de Processo Civil;

"II – à legislação trabalhista;

"III – ao prévio registro e credenciamento no Ministério da Educação e do Desporto e no Ministério da Ciência e Tecnologia, renovável bienalmente.

"Art. 3º. Na execução de convênios, contratos, acordos e/ou ajustes que envolvam a aplicação de recursos públicos, as fundações contratadas na forma desta Lei serão obrigadas a:

"I – observar a legislação federal que institui normas para licitações e contratos da Administração Pública, referentes à contratação de obras, compras e serviços;

"II – *prestar contas dos recursos aplicados aos órgãos públicos financiadores*;

"III – submeter-se ao controle finalístico e de gestão pelo órgão máximo da instituição federal de ensino ou similar da entidade contratante;

"IV – *submeter-se à fiscalização da execução dos contratos de que trata esta lei pelo Tribunal de Contas da União e pelo órgão de controle interno competente*" (grifos nossos).

O entendimento do TCU, diante da publicação da Lei 8.958, de 1994, a partir da sessão do Tribunal Pleno de 31 de maio de 1995 (Processo TC-021.921/94-6, Ata 22/95, Decisão 230/95, rel. Min. Olavo Drummond), caminhou no sentido de desobrigar as fundações de apoio a instituições de ensino superior de apresentarem diretamente as respectivas prestações de contas ao Tribunal. Mais ainda: dispensou a prestação de contas anteriores, caso esta não tenha ainda sido feita, quando relativas a exercícios anteriores a 1994.

Essa orientação permanece acatada e dominante no âmbito do TCU até este momento, embora tenha sido alterado o estatuto constitucional nesta matéria, como adiante analisaremos.

15. Problemas decorrentes da atual sistemática de prestação de contas – A prestação de contas das entidades de cooperação sob forma indireta ou oblíqua produz inconvenientes diversos à efetividade do sistema de controle externo. O crescimento do chamado "terceiro setor" e o incremento da subvenção às organizações não-governamentais colocaram na ordem-do-dia a necessidade de uma reflexão, ainda que breve, sobre essa questão.

A prestação de contas indireta é, em primeiro lugar, uma prestação condicionada à efetiva fiscalização do órgão ou entidade do Poder Público. Traduz procedimento dependente, subordinado ao interesse e à efetiva aptidão da entidade pública de administração para uma fiscalização efetiva do contrato, do convênio, do termo de parceria; enfim, da boa aplicação dos recursos públicos destinados a organizações não-governamentais. Lamentavelmente, a regra é que o procedimento primário de fiscalização seja deficiente, quando não completamente omisso. A conseqüência é a ação tardia do sistema de controle das contas públicas.

A prestação indireta, além disso, freqüentemente cria paroxismos no controle das contas estatais. É comum que, depois de aprovadas as contas do órgão ou da entidade pública (secretaria, autarquia, contas do Governo etc.), o Tribunal de Contas tome conhecimento tardio de irregularidades praticadas em convênios destas unidades governamentais com entidades não-governamentais. Não é preciso ir longe: a fiscalização do Convênio destes autos dormiu nas dependências da Secretaria de Saúde por vários anos, com atraso de sua apresentação ao Tribunal de Contas de 1.573 dias. A prestação de contas em análise, frise-se novamente, diz respeito à prestação de contas da primeira parcela do Convênio. Neste momento, como é óbvio, o Convênio já produziu todos os seus efeitos e ultrapassou todas as suas fases. Esse fato revela o grau de deficiência desse procedimento, especialmente quando coloca o Tribunal de Contas do Estado numa situação contraditória, pois este não pode referendar as irregularidades apuradas no convênio, mas já aprovou há vários anos as contas da entidade pública que se omitiu de denunciá-las e apurá-las a seu tempo.

16. Reforma administrativa e controle dos recursos públicos destinados aos entes de cooperação – A EC 19, promulgada em 4.6.1998, conhecida também como "Emenda da Reforma Administrativa", não desconheceu o assunto. Alterou o disposto no art. 70, parágrafo único, da CF, alargando a ação direta dos Tribunais de Contas.

Dizia o dispositivo alterado, em sua redação original:

"Art. 70. (...).

"Parágrafo único. Prestará contas qualquer pessoa física ou entidade pública que utilize, arrecade, guarde, gerencie ou administre dinheiro, bens e valores públicos ou pelos quais a União responda, ou que, em nome desta, assuma obrigações de natureza pecuniária."

A nova redação, resultante da EC 19, de 1998, adota o enunciado seguinte:

"Art. 70. (...).

"Parágrafo único. Prestará contas qualquer pessoa física ou jurídica, pública ou privada, que utilize, arrecade, guarde, gerencie ou administre dinheiro, bens e valores públicos ou pelos quais a União responda, ou que, em nome desta, assuma obrigações de natureza pecuniária."

Comentando a alteração, com observações oportunas, escreveu Jessé Torres Pereira Jr.:

"Ao tratar do dever de prestar contas do uso de dinheiros, bens e valores públicos, a Emenda 19 supre lacuna do passado e provê para o futuro. A modificação que introduziu no parágrafo único do art. 70 consiste em estender aquele dever às pessoas jurídicas privadas.

"Supre lacuna do passado porque ditas pessoas sempre receberam auxílios e subvenções do Poder Público sem a correspondente obrigação de prestar contas de sua aplicação, o que significava a possibilidade de destiná-los a objetivos diversos daqueles que houvessem oficialmente motivado a liberação. Ou seja, o erário liberava dinheiro e outros valores públicos que poderiam vir a ser destinados, sem controle, à satisfação de interesses particulares, a pretexto de que estariam atendendo a finalidades de utilidade pública, por meio de entidades privadas de benemerência, assistência social, educação ou saúde, entre outras.

"É bem verdade que o Tribunal de Contas da União contornava a lacuna ao entender que a prestação de contas era devida pela pessoa física do gestor dos recursos recebidos pela pessoa jurídica privada. Entendimento placitado pela Suprema Corte, *verbis*: 'Prestação de contas referente à aplicação de valores recebidos de entidades da Administração indireta, destinados a programa assistencial de servidores de Ministério, em período em que o impetrante era presidente da associação dos servidores do Ministério. O dever de prestar contas, no caso, não é da entidade, mas da pessoa física responsável por bens e valores públicos, seja ela agente público ou não. Embora a entidade seja de Direito Privado, sujeita-se à fiscalização do Estado, pois recebe recursos de origem estatal, e seus dirigentes hão de prestar contas dos valores recebidos; quem gere dinheiro público ou administra bens ou interesses da comunidade deve contas ao órgão competente do Tribunal de Contas da União para julgar a matéria em causa, a teor do art. 71, II, da Constituição, havendo apuração dos fatos em procedimentos de fiscalização, assegurada ao impetrante ampla defesa. Mandado de segurança indeferido' (MS n. 21.644-1, rel. Min. Néri da Silveira, *DJU* 8.11.1996, p. 43.204).

"A solução, de indiscutível base constitucional e com sólido alicerce nos princípios da impessoalidade e da moralidade administrativa, ressentia-se, no entanto, de efetividade se na raiz de desvios eventualmente apurados estivessem, principalmente, a estrutura organizacional da pessoa jurídica e a atuação de outros de seus dirigentes, além do gestor responsabilizado. Apenar-se-ia este, mas livrar-se-ia a entidade para continuar a malbaratar recursos públicos.

"A Emenda provê também para o futuro porque a Lei n. 9.637, de 15.5.1998, ao criar a figura da 'organização social' (pessoa jurídica de Direito Privado, sem fins lucrativos, cujo objetivo societário seja atuar no campo do ensino, da pesquisa cientifica, do desenvolvimento tecnológico, da proteção e preservação do meio ambiente, da cultura ou da saúde), declara-a de interesse social e utilidade pública, e autoriza o Poder Público a destinar-lhe recursos de toda sorte (verbas orçamentárias, bens públicos e até pessoal — arts. 11-14) para a realização de planos e programas estabelecidos em contrato de gestão.

"Certo é que a Lei n. 9.637/98 incumbe os responsáveis pela fiscalização da execução desse contrato de, sob pena de responsabilidade solidária, dar ciência ao Tribunal de Contas 'de qualquer irregularidade ou ilegalidade na utilização de recursos ou bens de origem pública por organização social' (art. 99). Todavia, tal dever de 'dar ciência' não incluía na competência do Tribunal o exercício permanente, de ofício, do controle externo sobre as organizações sociais. A Emenda 19 veio fazê-lo".[17]

Justifica-se, portanto, o acréscimo realizado pela Emenda Constitucional: o crescimento das parcerias do Poder Público com o terceiro setor deve ser acompanhado da uma concomitante ampliação da fiscalização do Poder Público sobre a boa aplicação desses recursos. Atualmente, após a EC 19, de 1998, não há relevo em considerar se a entidade é pública ou privada, se a parceria é firmada como contrato ou convênio, contando unicamente a origem pública dos bens ou recursos administrados para o fim de fixar a obrigação de prestação direta de contas ao Tribunal de Contas.

Certo, essa ampliação de tarefas provavelmente exigirá uma série de providências administrativas de reordenação do sistema de controle, mecanismos de verificação por amostragem ou diferenciação da fiscalização pelo montante de recursos transferidos, um esforço extraordinário dos Tribunais de Contas; porém representa, induvidosamente, um avanço no controle da aplicação dos recursos públicos, e, conseqüentemente, um maior resguardo da moralidade administrativa.

17. Cf. *Da Reforma Administrativa Constitucional*, Rio de Janeiro, Renovar, 1999, pp. 295-298.

Diante desse quadro parece mais fácil entender as deficiências encontradas no curso deste processo e a urgência em repensar o processo de fiscalização das entidades privadas sem fins lucrativos no âmbito do Tribunal de Contas do Estado da Bahia.

A matéria diz respeito a uma interpretação das normas regentes do funcionamento do Tribunal de Contas do Estado da Bahia à luz do novo contexto constitucional.

17. Invalidade do art. 133 do Regimento do Tribunal de Contas do Estado da Bahia – O art. 133 do Regimento Interno do Tribunal de Contas da Bahia prescreve:

"Art. 133. As instituições e entidades, inclusive as de natureza não-governamental sem fins lucrativos, que recebam recursos públicos, *prestarão contas ao Tribunal de Contas, através da Secretaria ou órgão subordinado ao Governador que lhes repassou os fundos, dentro de trinta dias do término do prazo para sua execução, liquidação e aplicação.*

"§ 1º. A aplicação dos recursos estaduais pelas organizações não-governamentais se fará em obediência aos princípios da licitação incorporados às normas próprias da entidade.

"§ 2º. *Ficam excluídas da obrigação estabelecida no "caput" deste artigo as instituições que recebem recursos de entidades da Administração indireta que tenham suas contas julgadas pelo Tribunal de Contas por exercício ou gestão, as quais incluirão em suas demonstrações financeiras as transferências de que trata esta Seção*" (grifos nossos).

Na Lei Orgânica do Tribunal de Contas do Estado da Bahia, no entanto, além de não se encontrar apoio direto à norma enunciada, identificamos prescrições que caminham em sentido contrário, a exemplo das seguintes:

"Art. 1º. Ao Tribunal de Contas do Estado da Bahia, órgão autônomo e independente, incumbido de auxiliar o controle externo a cargo da Assembléia Legislativa, *compete*, na forma estabelecida na Constituição do Estado:

"(...)

"VI – apreciar a legalidade, legitimidade, economicidade e razoabilidade dos procedimentos licitatórios, contratos, convênios, ajustes ou termos, envolvendo concessões, cessões, doações e permissões de qualquer natureza, a título oneroso ou gratuito, de responsabilidade do Estado, por qualquer de seus órgãos ou entidades da Administração direta ou indireta;

"(...)

"XI – *fiscalizar a aplicação de qualquer recurso repassado pelo Estado, mediante convênio, acordo, ajuste ou outros instrumentos congêneres*;

"(...)."

Adiante, dispõe a Lei Orgânica do Tribunal:

"Art. 7º. Estão sujeitos à jurisdição do Tribunal de Contas e só por ato seu podem ser liberados de responsabilidade:

"(...)

"VII – os responsáveis pela aplicação de quaisquer recursos repassados pelo Estado, mediante convênio, acordo, ajuste ou outros instrumentos congêneres;

"(...)."

Frise-se que essa última norma filia-se ao disposto na Constituição do Estado da Bahia. Segundo o disposto no diploma constitucional estadual, o Tribunal de Contas do Estado e dos Municípios mantém atribuição para "fiscalizar a aplicação de qualquer recurso repassado pelo Estado e pelos Municípios, mediante convênio, acordo, ajuste, ou outros instrumentos congêneres" (art. 91, XI).

Essa enunciação ampla da norma constitucional estadual não é desconhecida do próprio Tribunal de Contas da Bahia. Em trabalho premiado pelo Tribunal, o auditor Carlos Vasconcelos Domingues, assessor do ilustre Cons. Adhemar Bento Gomes, escreveu: "A norma constitucional estadual não limita, como o faz a federal, o exercício do controle externo, apenas, aos recursos públicos transferidos às pessoas jurídicas de Direito Público. Por isso mesmo, na Bahia, as organizações não-governamentais que recebem recursos estaduais estão submetidas ao controle externo".[18]

A conclusão do autor entendo verdadeira, mas não as suas premissas, pois admito que também a Constituição Federal autoriza o controle externo sobre as entidades de cooperação, denominadas também entidades não-governamentais, que recebam recursos públicos. Até a EC 19 autorizava o controle externo mediante tomada de contas direta ou prestação de contas indireta; hoje, depois da Emenda, também a prestação de contas direta.[19] É óbvio que, se atualmente a Constituição Federal contraditasse com a Constituição estadual na matéria, pouco adiantaria o alcance dado nesta última à competência do Tribunal, uma vez que o texto seria inconstitucional, írrito, nulo.

Existe, assim, incontendível invalidade no processo atual de prestação de contas das entidades de cooperação no Estado da Bahia. A sistemática atual, apoiada diretamente no art. 133 do Regimento Interno do Tribunal, é inválida, quer por afrontar diretamente a nova redação do texto constitucional federal, quer por reduzir o alcance do texto constitucional estadual.

O assunto não é secundário, como revelam as deficiências apontadas pelo corpo técnico neste processo, muitas das quais relacionadas à deficiência na fiscalização do Convênio no momento oportuno.

VI – Conclusão

18. As considerações anteriores podem ser traduzidas em termos sintéticos:

18.1 A prestação de serviços de saúde pelos particulares é possível e juridicamente legítima, independentemente de delegação do Poder Público, por se tratar de serviço de relevância pública, e não serviço público em sentido próprio ou estrito.

18.2 A declaração do direito à saúde como direito do cidadão e dever do Estado obriga a que o Estado garanta o direito à saúde, e não que ofereça diretamente e de forma executiva o atendimento à saúde.

18. *O Controle Externo e os Novos Modelos de Gestão de Serviços Públicos: as Organizações Sociais*, texto impresso e encadernado, s.e., setembro de 1998, p. 98.

19. Não farei no texto a distinção entre prestação de contas e comprovação de contas, constante do art. 11 da Lei Orgânica do Tribunal de Contas da Bahia. Segundo o dispositivo, "as contas dos responsáveis por dinheiro, valores, materiais e outros bens pertencentes ao Estado ou pelos quais este responda são objeto de comprovação, prestação ou tomada de contas" (art. 11, *caput*, da Lei Complementar 5, de 1991). Sujeitam-se a *comprovação de contas* "os atos de dirigentes de repartições que tenham sob sua guarda ou administração dinheiro, valores ou materiais e outros bens do Estado, também os que arrecadem, paguem ou recebam depósitos de terceiros, e, ainda, os responsáveis por adiantamento ou execução de contrato e as *instituições ou entidades que recebam subvenção dos cofres públicos*". Sinteticamente, atos dos administradores públicos ou privados que recebam recursos direta ou indiretamente públicos. De outra parte, define-se prestação de contas como a "apresentação de elementos previstos na legislação pertinente que retratem a atividade administrativa, contábil, orçamentária, financeira, patrimonial e operacional dos *órgãos e entidades da Administração Pública, durante um exercício ou gestão*". É dizer: a prestação de contas alcançaria apenas as entidades públicas. As razões para a não-adoção da terminologia são pragmáticas: prefiro empregar de forma ampla a expressão "prestação de contas", para ser entendido. Porém, outras razões também comparecem: a) uso equívoco da expressão "comprovação de contas" por outras normas da Lei Orgânica (*v.g.*, art. 18); b) emprego da expressão "prestação de contas" também para as entidades não-governamentais pelo Regimento Interno do Tribunal (*v.g.*, art. 133); c) o caráter ambíguo da expressão "comprovação de contas", uma vez que diz respeito a atividade de entidades não-governamentais ou à atuação de administradores públicos, coincidindo parcialmente, ao menos em relação a esses últimos, com o conceito de prestação de contas.

18.3 As pessoas jurídicas privadas podem participar do sistema público de saúde, mediante contrato ou convênio, tendo preferência as entidades sem fins lucrativos.

18.4 As fundações de apoio podem apresentar-se como entidades da Administração indireta (fundações governamentais) ou como entidades de cooperação.

18.5 Quando compareçam como entidades de cooperação, integrantes do chamado terceiro setor, estão sujeitas a prestação de contas em relação aos recursos públicos que recebam à conta de subvenções ou transferências do Poder Público.

18.6 Após a EC 19, de 4.6.1998, essa prestação de contas deve ser direta, ao final ou durante a execução do contrato ou convênio com o Poder Público, segundo o disposto na lei ou nas cláusula da avença.

18.7 São inválidas e inconvenientes, por permitirem inefetividade do sistema de controle, as disposições que transferem a prestação de contas das entidades de cooperação para o interior de processos de prestação de contas das entidades públicas.

18.8 No âmbito do Estado da Bahia as disposições do Regimento Interno do Tribunal de Contas que estabelecem a prestação indireta de contas ou a dispensa da prestação de contas para entidades de cooperação são inválidas, contraditando com o novo texto constitucional e a Constituição do Estado da Bahia.

É o parecer, s.m.j.

Salvador, 21 de setembro de 1999

CONFLITO POSSESSÓRIO E POSITIVISMO ÉTICO

O agente público em face da decisão ilegal*

SÉRGIO SÉRVULO DA CUNHA

1. Objeto deste estudo. 2. O problema da ordem ilegal no plano do Direito Administrativo. 3. Problemas da norma e da sentença ilegal. 4. A inexecução, por parte de agente público, de decisão ilegal. 5. Obedecer, cumprir, executar. 6. Democracia e pessoa humana.

"Sabemos contar mentiras que passam por verdade, e quando queremos sabemos dizer verdades também. Assim falaram as filhas de Zeus mestras em jogar com palavras." (Hesíodo, *Teogonia*)

1. Objeto deste estudo

No campo e na cidade, o Brasil vive uma aguda desigualdade social. A crescente concentração de riqueza tem gerado massas de excluídos, pessoas sem trabalho, sem moradia e sem terra.

Esses fatos têm-nos levado, em congressos como este, a refletir, no campo jurídico-dogmático, sobre a posse e sua proteção. Não obstante crendo que o arcabouço legal brasileiro oferece proteção suficiente a essas pessoas (*v.g.*, *A Nova Proteção Possessória*, 2º Congresso Internacional de Direito Alternativo; "Direito à moradia", *RIL* 127/49), temos estudado e proposto novas medidas legais, que contribuam para soluções mais justas nos conflitos possessórios (*v.g.*, *Seminário sobre Direito Agrário*, Câmara dos Deputados, julho de 1996). E temos assistido, impotentes, à execução de sentenças judiciais proferidas ou consumadas contra a lei, vitimizando posseiros rurais ou urbanos.

A crônica judiciária vem contabilizando grande número dessas violações e denunciando o comprometimento do Judiciário, não só em face de uma ordem social injusta, mas em face das próprias normas de Direito Material e do devido processo legal, a dano do pobre.

Por isso, neste painel sobre "Acesso à Terra e Mecanismos de Reforma", peço li-

* Texto apresentado ao III Congresso Internacional de Direito Alternativo, realizado em Florianópolis em outubro de 1996.

cença para debater um tema que mais pertence ao terreno da Ética.

Quero discutir aqui a seguinte questão: a pessoa a quem, em razão de ofício público, cabe executar decisão judicial ilegal está autorizada a não fazê-lo? A título de conseqüência, põe-se também, secundariamente, outra questão: essa pessoa é obrigada a esclarecer-se sobre a legalidade das decisões que precisa executar?

Vejam que não se trata do direito de resistência, nem da desobediência civil, mas da inexecução, por parte de servidor público, de uma decisão ilegal.

Creio que a maioria – se não praticamente a unanimidade das pessoas, e com mais razão as que possuem instrução jurídica – responderá sem hesitar com um redondo "não". Mais do que isso, há de considerar ambas as perguntas como absolutamente descabidas. Como assinala Dalmo Dallari em seu precioso opúsculo sobre *O Poder dos Juízes* (São Paulo, Saraiva, 1996), tornou-se lugar-comum o dito: "Decisão judicial não se discute, cumpre-se". Antes mesmo de que o cérebro comece a elaborar a resposta ortodoxa (a desobediência às decisões judiciais violaria o princípio da convivência e da ordem social), fere-nos a sensibilidade a carga anárquica da indagação: seria subversivo subordinar a eficácia da coisa julgada, da decisão tomada pela autoridade legalmente e tecnicamente competente, à instância subjetiva e atécnica de um agente executivo.

Não obstante, estou convencido de ser afirmativa a resposta a ambas as perguntas. E, seja com o propósito de ser dissuadido caso não consiga convencê-lo, seja com o propósito de conseguir sua adesão ao meu ponto de vista, peço-lhe que acompanhe este raciocínio.

2. *O problema da ordem ilegal no plano do Direito Administrativo*

Quando questão idêntica se apresentou no campo do Direito Administrativo, suscitou, de início, a mesma repugnância: como seria possível ao subalterno desobedecer à ordem de seu superior hierárquico, alegando sua pretensa ilegalidade?

Até há bem pouco tempo, aliás, ainda havia quem partilhasse, na doutrina, dessa estranheza. O grande administrativista Marcello Caetano, por exemplo, que sucedeu a Oliveira Salazar no governo de Portugal antes da Revolução dos Cravos, assim dissertava, a respeito: "A corrente hierárquica sustenta que o funcionário não pode nem deve apreciar a legalidade da ordem recebida. A diferenciação entre superiores e subalternos existe, justamente, para que os primeiros ordenem, definindo o que os segundos têm de fazer a fim de desempenharem a sua obrigação de serviço. Se estes pudessem sobrepor o seu critério ao dos superiores, discutir as ordens recebidas e executá-las ou não, segundo a interpretação que dessem à lei, seria destruída a ordem hierárquica. Quando muito o subalterno, se duvidar da legalidade de uma ordem, poderá representar respeitosamente sobre essa dúvida ao superior; mas caso a ordem seja reiterada, terá de a cumprir" (*Manual de Direito Administrativo*, v. II, Coimbra, Almedina, p. 732).

Esse ponto de vista foi, evidentemente, superado. Porque se a autoridade administrativa não pode por si mesma praticar ilegalidade, também não pode praticá-la com o concurso do subordinado, nem utilizar, para sua prática, o subordinado.

Com base em inúmeras decisões judiciais, entende-se, hoje, no Direito Brasileiro que o funcionário público não está obrigado obedecer à ordem ilegal (v. os arts. 194, VII, do anterior Estatuto dos Funcionários Públicos Civis da União – Lei 1.711, de 1952 – e 116, IV, do atual Estatuto – a Lei 8.112, de 1990), assim como ninguém é obrigado a fazer ou deixar de fazer alguma coisa senão em virtude de lei. O funcionário ou particular que dá curso a ordem ilegal assume-lhe a responsabilidade, juntamente com quem a emitiu, não tendo a seu favor a dirimente do exercício regular de direito ou do estrito cumprimento do dever legal, de que tratam os arts. 160, I, do CC e 23, III, do CP.

Conseqüentemente, se o subalterno que lhe dá curso torna-se também responsável pela ordem ilegal, tem o direito e o dever de se esclarecer sobre a legalidade dessa ordem. É grande, aliás, seu interesse em se informar sobre a legalidade das ordens que executa, a fim de não ser responsabilizado juntamente com quem ordena. Sob esse aspecto o Direito desempenha relevante função ética; o funcionário, não sendo uma peça mecânica, deve assumir plenamente os riscos de sua condição humana: nenhum pode acomodar-se sob o manto da decisão superior. Esse risco não é desprezível: se o funcionário desobedece à ordem que lhe parece ilegal, precisa estar preparado para demonstrar ou fazer com que se demonstre essa ilegalidade, sob pena de sofrer a respectiva sanção administrativa ou penal.

Dois fatores político-históricos contribuíram na idade moderna para o estabelecimento dessa licença por parte do encarregado de cumprir uma ordem administrativa. O primeiro desses fatores foi a instauração da tripartição dos Poderes e a adoção do princípio da legalidade. A conformidade com a lei tornou-se, a partir daí, padrão de comportamento da Administração Pública. Antes disso era inimaginável aquela faculdade por parte do subordinado, não só pela sacralidade da autoridade, mas porque na Coroa se concentrava a integralidade da soberania. Decisão do Rei, qualquer que fosse, não se discutia, devia ser cumprida.

3. Problemas da norma e da sentença ilegal

Nas democracias modernas, porém, não são apenas os atos administrativos que sofrem controle, mediante seu cotejo com a norma legal. Com a constitucionalização fixou-se um novo patamar no controle dos atos do Poder Público, passando-se a confrontar os próprios atos legislativos com um padrão superior, estabelecido na Lei Fundamental.

A crítica demolidora ao Executivo, que desaguou na República, concentrou-se modernamente sobre o Legislativo como objeto de suspeita. A presunção de que o legislador age movido pelo interesse geral e de que a norma legal corresponde à objetivação da justiça cede à experiência da corrupção dos Parlamentos e de sua exposição a grupos de pressão.

A Constituição, por isso, consagra o Judiciário –como Poder presumivelmente neutro – como o apto a controlar a atividade do Executivo e do Legislativo, abrindo-lhe uma pauta larga de comportamento, na medida em que subordina a aplicação da lei à consecução de objetivos programáticos, dos quais o principal é a realização da justiça (Constituição Brasileira, "Preâmbulo" e art. 3º).

Entretanto, não há corretivo no ordenamento jurídico moderno para a atuação do juiz iníquo, a não ser no duplo grau de jurisdição.

Precária garantia, se as liminares, cautelares e antecipatórias, quando chegam à instância superior, chegarem como fatos consumados; se houver nos tribunais uma política de dissuasão de recursos; se os regimentos, o volume de serviço e a praxe fizerem repousar sobre o relator a responsabilidade das decisões colegiadas; e se os tribunais participarem dos preconceitos político-ideológicos da primeira instância.

Esses são fatores que tornam compreensível – dada a permeabilidade entre o Judiciário e os Poderes locais – a instituição, no Brasil, de uma terceira instância federalizada, à qual acorre quem pode, na esperança de obter justiça.

Nessa evolução histórica, que sai do Executivo, passa pelo Legislativo e chega ao Judiciário, é impossível a progressão ao infinito. No Estado Democrático de Direito qualquer instituição que se criasse para julgar as decisões do Judiciário estaria exercendo, ao fazê-lo, função judicial. E há de haver, forçosamente, uma instância judicial soberana que ponha termo às controvérsias.

Entretanto, quando críticos do Judiciário dizem que juízes e desembargadores agem "como se tivessem o rei na barriga" não chegam a perceber que o rei de fato está ali dentro, inseminado pelo ordenamento e pela cultura jurídica. Foi esse ordenamento que conferiu ao juiz os atributos majestáticos da soberania, da vitaliciedade e da irresponsabilidade. Pouco falta, assim – talvez a veste augusta, talvez a restauração do crime de lesa-majestade (que se poderia chamar desobediência, atentado contra a dignidade da Justiça, ou *contempt of court*), ou talvez a criação pretoriana da hereditariedade –, para que o juiz seja, de fato, rei.

4. A inexecução, por parte de agente público, de decisão ilegal

4.1 Transporto, agora, para o plano da decisão judicial e sua execução o mesmo argumento que utilizei, acima, com relação à ordem administrativa: se o juiz não pode, por si mesmo, proferir decisão ilegal, executar decisão ilegal ou executar de modo ilegal uma decisão legal, também não pode utilizar com esse objetivo a pessoa do servidor público.

Prevejo a objeção, prática, a esse argumento teoricamente irrefutável: o cerne do problema não é esse, mas consiste exatamente na caracterização da ilegalidade; há presunção *juris et de jure* da legalidade da decisão judicial transitada em julgado; a coisa julgada faz do branco preto, e do quadrado redondo.

Concedo. A objeção, todavia, procedente sob o ponto de vista das necessidades práticas, não destrói a veracidade teórica do argumento. Imaginemos a hipótese de que a última instância judiciária, contra cujas decisões não cabe recurso, resolve deixar de fundamentá-las; ou que resolva determinada lide afirmando: "Estou consciente de que esta decisão agride a lei e a Constituição, mas decido assim porque acho politicamente conveniente, e decidido está". Não se trata, aliás, de hipótese de realização improvável. Sem maior pesquisa, acorre-me imediatamente um exemplo: a histórica decisão do STF, sendo relator o Min. Nélson Hungria, denegatória de mandado de segurança impetrado pelo Presidente Café Filho, licenciado da presidência por motivo de saúde e impedido, na seqüência, de reassumi-la, por veto militar (essa decisão, ao menos, tem a virtude, um tanto rara entre nós, de não haver tergiversado).

Executam-se, pois, sem discussão, decisões judiciais ilegais com a mesma resignação com que, no passado, obedecia-se a absurdas ordens régias. O juiz – diz o Des. Márcio Pugina – é a única pessoa com álibi perfeito para infringir a lei.

Montesquieu afirmava que "a extrema obediência pressupõe ignorância naquele que obedece; faz suspeitar também ignorância naquele que comanda; neste caso ele não terá de deliberar, de duvidar e nem de raciocinar; não deverá senão querer".

A escrupulosa recomendação de Marcello Caetano, ao cabo do texto acima reproduzido, faz-me imaginar uma carta, postada de algum lugar como Auchwitz, Dachau ou Treblinka:

"Sehr geherter Führer

("Prezado Sr. Adolfo)

"Têm-me assaltado dúvidas de consciência sobre a legalidade da ordem, que me incumbe executar, de exterminar os judeus em câmaras de gás. Assim, respeitosamente, endereço-lhe a presente representação, assinalando, desde já, minha firme determinação no sentido de cumprir aquela ordem, caso seja confirmada."

O mais espantoso é que Hitler – caso se dignasse a responder à carta ao invés de mandar também desinfetar o argüente – poderia assegurar que seus atos eram legais. Era essa, aliás, a defesa dos criminosos de guerra em Nuremberg: que apenas prestavam obediência a ordens legais.

Sustento, assim, que é lícito recusar-se o servidor público a executar ou auxiliar a execução de decisão ilegal. E, mais, que ele tem o dever ético de recusar-se a executá-la. Há uma diferença evidente, todavia, entre essa situação e a do servidor que se nega a obedecer à ordem administrativa ilegal: é que, neste caso, ele pode discutir a legalidade da ordem perante instâncias administrativas ou judiciais. E, naquele, inexiste instância que, por sua provocação, possa rever a decisão ilegal. O preço de sua recusa pode ser punição administrativa ou penal.

4.2 Contra essa opinião, que sustento, parece levantar-se um formidável opositor: ninguém mais, ninguém menos, do que Sócrates. É famoso sei diálogo com Críton, que lhe oferece a fuga, para escapar da condenação à morte. O filósofo recusa firmemente, fundado na sua adesão ao pacto social: onde ficaria sua promessa de respeitar os julgamentos realizados pela Justiça do Estado? A pátria é o que há de mais sagrado; ele não pode, sem contradição, furtar-se à aplicação do ordenamento segundo o qual seus pais se casaram, de acordo com o qual foi nutrido e educado. Fugir para salvar-se seria injusto; seria agir como um escravo e violar a promessa de submissão à lei, que alicerçou toda sua vida como cidadão.

Para os membros da elite ateniense a democracia resultava, sem dúvida, de um pacto. Sócrates admite ser injusta sua condenação, mas considera ser mais injusto, para salvar sua vida, romper aquele pacto. Podemos, entretanto, duvidar de que ele se dispusesse a executar, contra outrem, uma condenação injusta. Pois não é sua a afirmação de que, a praticar uma injustiça, é preferível sofrê-la?

Estamos em condições, agora, de recuar ao início deste trabalho. Note que a resposta à primeira questão não envolve o conceito de legalidade, como não envolveria o conceito de justiça caso de seu enunciado, em vez de "decisão judicial ilegal", constasse "decisão judicial injusta". Veja que, sob o ponto de vista ético, permanece o mesmo dilema caso a questão seja assim formulada: "Pode o agente negar execução à decisão judicial de cuja ilegalidade está convencido?" Suposto que o agente não age levianamente, que se esclareceu sobre a decisão, e está honestamente convencido da sua ilegalidade, a resposta é afirmativa.

4.3 O agente executor, ou quem o auxilia, é obrigado eticamente, e também juridicamente, sob pena de responsabilidade, a conferir a legalidade da ordem que executa ou ajuda a executar; e obrigado a abster-se de executá-la, se a ordem for ilegal.

Não estou falando, aqui, da responsabilidade do Estado por atos ilegais dos seus agentes. Essa responsabilidade é objetiva e independente da culpa dos agentes, seja dos que emitiram a ordem ilegal, seja dos que a executaram ou lhe auxiliaram a execução. Não é difícil imaginar hipóteses dessa responsabilidade do Estado; é o que acontece com a execução de decisões ilegais liminares, cautelares ou antecipatórias que venham a ser reformadas; ou de decisões ilegais transitadas em julgado que venham a ser revistas ou rescindidas; ou nos casos de anistia e de leis retroativas.

Falo, em primeiro lugar, do encarregado de executar a ordem judicial, seja oficial de justiça, governador ou secretário de Estado. Não há, com relação a qualquer deles, ordem judicial que possam executar sem o respectivo mandado. O mandado é a primeira medida da legalidade; serve tanto ao executor quanto ao executado, e daí a necessidade de contrafé. Ao recebê-lo, deve o executor examinar suas características extrínsecas, como, por exemplo, se está assinado e se a assinatura é de autoridade judicial.

Às formalidades extrínsecas estão associadas algumas questões que, mesmo sendo de alta indagação, não escapam à esfera jurídica do executor. Por exemplo: a ordem foi emitida por autoridade competente? Sendo nula a decisão proferida por autoridade absolutamente incompetente, o servidor público deve negar-lhe execução; por isso está autorizado, qualquer que seja sua formação ou nível de instrução, a ir além do mandado, para cotejá-lo com a lei.

Esse juízo – a que se acha humana e profissionalmente obrigado o executor da ordem – ultrapassa o exame das formalidades extrínsecas do mandado e de questões processuais como as indicadas acima: ele se estende ao próprio mérito da decisão, como espero agora demonstrar. Darei um exemplo bem flagrante de caso em que o servidor, após conferir o mandado e achá-lo correto, após examinar a ordem sob o prisma processual e entendê-la sem mácula, deve negar-lhe execução: é o caso de uma sentença de morte. Nenhum agente público brasileiro, vigente o atual ordenamento, executará sentença de morte, porque sabe não haver, para essa pena, previsão legal. Nenhum jurista sustentará que esse mandado ilegal deva ser executado.

Creio já estar demonstrada a tese de que ordens ilegais não devem ser executadas; de que o agente público responde pela sua execução; de que, por isso, tem a obrigação de examinar a legalidade das ordens que recebe e o direito de recusar execução às ilegais.

Alguém dirá: a) que o exemplo acima (pena de morte) é evidente demais; b) que não envolve interpretação; c) que não envolve apreciação sobre matéria de fato.

Respondo. Quanto a "a": a tese, portanto, está demonstrada ao menos com relação a todos os casos em que a ilegalidade for evidente, em que a ordem for, por exemplo, em vez de matar, de torturar; observe-se, porém, que a maior ou menor evidência depende da acuidade com que se vê; na ilegalidade não há graus: é tão ilegal a decisão que manda matar alguém quanto a liminar concedida contra posse velha, com mais de ano e dia. Quanto a "b": a tese, portanto, está demonstrada ao menos com relação a todos os casos em que a ilegalidade for evidente, e envolva apenas questão de direito; contudo, pode haver decisões envolvendo questões de fato tão flagrantemente ilegais quanto as que envolvam questões de direito.

Resumindo, e concluindo. Em todos os casos em que é possível responsabilizar o Estado por execução ilegal há direito de recusa, por parte do executor. Mesmo quando inexista responsabilidade do Estado, pode haver recusa justificada do executor: quando o exercício do ato não se contém na esfera de atribuições do seu cargo; quando ele argúi objeção de consciência. Podemos, com efeito, imaginar um país onde se considerem legais a pena de morte e a tortura; inexiste violência que – sendo horrenda e criminosa quando cometida por particular – não tenha sido já exercida pelo Estado. Não cabe, portanto, ao particular de quem o Poder Público exija a prática de violência o ônus de demonstrar a liceidade de sua recusa.

Algumas autoridades policiais pretendem lavar as mãos, alegando que, em casos de requisição de força policial pelo juiz, são meros auxiliares do oficial de justiça, a quem compete a execução. Por isso, estariam dispensadas até mesmo de conferir o mandado, cabendo-lhes exclusivamente atender às orientações do oficial de justiça. Sofisma. O oficial de justiça, na execução da ordem, não tem maior arbítrio do que o juiz, cuja ordem executa. Se o juiz precisa fundamentar suas decisões, cabe ao oficial de justiça justificar seus atos, mediante a exibição do mandado, tanto ao executado como aos auxiliares da execução. Mesmo porque é a esses mesmos policiais, auxiliares da execução, que o executado deve pedir proteção contra o arbítrio do oficial de justiça. Em ações possessórias esses são delitos habituais, praticados por oficial de justiça com apoio de força policial: extensão da execução a áreas contíguas, destruição de moradias, de benfeitorias, de plantações. Como o juiz nunca acompanha a execução de sua ordem, o real executor é o grileiro, de quem o oficial de justiça e a força policial agem, nesses casos, como auxiliares.

4.4 Não é objetivo deste trabalho a discussão das conseqüências práticas, sob o ponto de vista político e administrativo, do fato de que a legalidade das decisões judiciais passa pelo crivo pessoal dos agentes encarregados de sua execução. Creio que não se pode deduzir, deste trabalho, uma adesão à ética da convicção, em detrimento de uma ética da responsabilidade. Também não é meu intento que se recue à anarquia florianista. A supremacia do Judiciário corresponde a uma etapa irreversível, dentro de uma evolução que precisa enfrentar agora uma nova fase histórica: a da sua dessacralização, paralela à sua legitimação social.

5. Obedecer, cumprir, executar

Tentei, no curso desta exposição, precisar o significado de alguns termos que soem ser usados negligentemente.

O termo "obedecer", por exemplo, vem alcançando, na prática legislativa e judiciária, uma extensão que não lhe é própria. Esse termo implica uma relação de subordinação. Assim – ressalvado não ser a obediência mecânica nem quando se trata com menores –, é adequado dizer que o funcionário deve obediência ao superior hierárquico. Parece-me inadequado dizer que juízes e pessoas em geral devem obediência à lei. Aqui vêm à baila outros termos: os juízes e os destinatários da lei devem-lhe cumprimento, observância. A lei observa-se, cumpre-se.

Os advogados e as partes não devem obediência ao juiz. Evite-se, pelos excessos do autoritarismo, o uso desse termo quando inexiste relação hierárquica, mesmo se a autoridade exerce poder de polícia. Evitem-se a processualização do Direito Material e a criminalização do Direito Processual.

A parte não deve obediência a decisão ou a mandado judicial. Se não a cumpre, está sujeita às sanções legais previstas para o caso de descumprimento – basicamente, as sanções legais previstas para o caso de inadimplemento da obrigação que ensejou a decisão –, mas não pratica nisso desobediência, nem comete crime de desobediência. Em crime de desobediência só se pode falar se há, para aquele tipo de descumprimento, prévia e expressa cominação legal.

Discute-se se as ações mandamentais só se dirigem contra órgão da Administração; caso se extraia mandado judicial para execução por órgão da Administração, a inexecução não implica, de per si, a prática de um delito, salvo havendo sanção penal prévia e materialmente cominada; caso se admita ação mandamental contra particular, a sanção pelo descumprimento é ordinariamente a prevista na norma material de regência da respectiva obrigação; as injunções processuais não podem ferir o princípio da proporcionalidade e, notadamente, o princípio da insubordinabilidade, que transforma toda obrigação jurídica numa alternativa entre seu adimplemento e a exposição à respectiva sanção legal, prévia e abstratamente cominada.

A parte vencedora, o juiz, os serventuários de justiça, o agente do Executivo, praticam atos de execução e atos auxiliares de execução da decisão judicial. Não assim a parte vencida, contra a qual se dirige a execução. Esta "cumpre" ou "descumpre" a decisão judicial.

6. Democracia e pessoa humana

O exercício do poder é uma atividade cada vez mais técnica, exigindo qualidades e conhecimentos especializados. Sem acesso aos fatos materiais e internos da Administração é difícil mesmo ao observador atento fixar um juízo correto sobre o acerto dos atos políticos e administrativos. Na sociedade de massa as impressões tomam o lugar das opiniões. O *glamour*, a dissimulação, a arte da manipulação, ascendem à ribalta da democracia. Entretanto, é sobre o acerto das decisões administrativas, políticas e também judiciais, cujos condicionamentos desconhece, que o homem comum deve se manifestar, não só durante as eleições, mas no seu dia-a-dia como particular e como cidadão. A conformidade às regras procedimentais é invenção valiosa para medida dos atos de governo, que alguns (*v.g.*, Giovanni Sartori, *Teoria da Democracia*) querem entender como suficiente à caracterização da democracia (democracia mínima, ou procedimental). Não dispensa, entretanto, a legitimação que advém do exercício regular do poder.

A tese de que o homem comum é inapto para ajuizar sobre os negócios públicos é facilmente demonstrada no livro *Vestígios do Dia* (Kazuo Ishiguro, Ed. Rocco), cujo enredo se passa nas décadas de 30 e 40: realiza-se na Inglaterra uma reunião de altas personalidades que discutem assuntos de economia e de política internacional. O defensor dessa tese pede auxílio ao mordomo do anfitrião, e lhe faz três perguntas sobre aqueles assuntos; o mordomo responde que, infelizmente, não tem como auxiliá-lo na resolução desses problemas.

O livro parece, portanto, um libelo contra a democracia.

Ao fim da guerra, morre no opróbrio *Lord* Darlington, o patrão a quem, durante toda sua vida, aquele mordomo servira com minuciosa eficiência e fidelidade. A mansão é vendida. O mordomo – representado na versão cinematográfica por Anthony Hopkins – sai em viagem de férias e encontra-se casualmente com um instigante personagem: outro homem comum, que lhe faz insistentes perguntas, entre as quais se não lhe despertara escrúpulos o fato de servir a um colaborador dos nazistas; o mordomo responde que desconhecia esse fato, e sempre confiaria no patrão, de cujas intenções jamais cogitara duvidar.

O que parecia um libelo contra a democracia revela-se como a condenação da arrogância técnica; a caracterização da política como domínio comum do homem; e a apologia da intransferível responsabilidade pessoal, como sede da dignidade humana.

No papel de governanta, subordinada ao mordomo, está Emma Thompson. Quando *Lord* Darlington resolve dispensar duas serviçais, por serem judias, a governanta repreende o mordomo por sua concordância com a ordem e lhe assegura que, se as moças saírem, sairá também.

Posteriormente, reconsidera a decisão e fica. Reconhece, vexada: "Não tenho família, nem para onde ir; é isso que vale toda a minha indignação: no fundo, sou uma covarde" (cito de memória).

Florianópolis, 18 de outubro de 1996

ADMINISTRAÇÃO PÚBLICA E DEMOCRACIA: PERSPECTIVAS EM UM MUNDO GLOBALIZADO

LEONEL OHLWEILER

Promotor de Justiça – Professor da UNISINOS/RS – Mestre em Direito Público

1. Aspectos introdutórios. 2. Administração Pública e as promessas da modernidade: a crise do Estado e o paradigma dogmático. 3. Globalização e o efeito desagregador: dissolvendo a soberania estatal. 4. Administração Pública e a ética dos direitos fundamentais: uma análise prospectiva do Estado. 5. Aportes finais.

1. Aspectos introdutórios

O presente estudo busca fazer uma análise da questão da Administração Pública e Democracia, estabelecendo a relação com a globalização, a influência deletéria do Dogmatismo, bem como novas possibilidades discursivas em que se adote os direitos fundamentais como critério significativo. Por certo, muito mais do que soluções, são aventados alguns questionamentos, como início de uma pesquisa no âmbito do Direito Administrativo.

Na primeira parte serão abordadas a crise pela qual passa atualmente o Estado de Direito e, por via de conseqüência, a Administração Pública; a dificuldade de implementar uma racionalidade discursiva voltada para a efetivação do Estado Social e o paradigma dogmático prevalecente. No item seguinte, dentro de uma perspectiva interdisciplinar, passarão a ser questionados os efeitos da chamada transnacionalização de mercados e o impasse da Administração Pública no cumprimento de suas finalidades democráticas. Na última parte buscar-se-á localizar os direitos fundamentais, bem como uma prática dialógica do poder administrativo, como instrumentos necessários para consolidar a Democracia, possibilitando uma mudança do elemento discursivo do Direito Administrativo.

2. Administração Pública e as promessas da modernidade: a crise do Estado e o paradigma dogmático

Hodiernamente estamos imersos em plena onda (neo)liberal e o Estado passa a ser visto dentro de uma perspectiva da necessidade de circulação de capitais frente a um mercado globalizado.[1] Pode-se dizer haver uma crise não apenas dos entes estatais,

1. Conforme Yves Dezalay e David M. Trubek ("A restruturação global e o Direito", in José Eduar-

mas sobretudo dos próprios instrumentos de regulação sociais tradicionais. A Administração Pública, assim, está a sofrer os reflexos deste contexto histórico, sendo propalado um discurso voltado para uma adequação do Poder Público aos parâmetros de uma visão dita "pós-moderna".

Mas é preciso compreender a grande contradição existente. O Estado Moderno (século XVI) assumiu uma feição liberal, após emergir de um período de absolutismo, sendo, por razões óbvias, predominante o aspecto de limitação da atividade estatal, mostrando-se imperiosa uma necessária tutela das liberdades individuais. Dentro de uma perspectiva econômica, "o liberalismo que lhe inspira está baseado sobre o princípio da limitação da intervenção estatal, da liberdade do indivíduo e da crença na superioridade da regulação espontânea (Hayek) da sociedade".[2]

Como especifica Morais, podem ser apontadas como características do Estado do tipo Liberal a separação entre Estado e sociedade civil mediada pelo Direito; as garantias das liberdades individuais; surgimento da Democracia vinculada ao ideário da soberania da nação produzido pela Revolução Francesa, e o Estado passa a ser apresentado como Estado Mínimo, possibilitando uma maior atuação dos indivíduos.[3]

No entanto, além deste modelo liberal, passou a ser exigida do Estado uma feição social, e os direitos começaram a ser incluídos não apenas para uma atividade limitadora do ente estatal, mas direitos para as "prestações do Estado", eclodindo o chamado Estado-Providência (*Welfare State*), pois "a destruição rápida das solidariedades tradicionais, familiares e territoriais obrigou o Estado a intervir cada vez mais, desde o último quarto do século XIX e, sobretudo, desde a I Guerra Mundial, nos campos econômico e social".[4] Aqui, a própria noção de legalidade deixa de ser utilizada simplesmente como ordem geral e abstrata, passando a ser concebida como instrumento de ação concreta do Estado, podendo ser direcionada para atender a determinadas peculiaridades.[5]

A crise atualmente em debate surge exatamente da construção de teses no sentido de que este modelo de Estado já não consegue absorver as demandas, cujos mecanismos econômicos não mais funcionam, havendo necessidade de redimensionar a atuação estatal. Fala-se, então, na volta de um modelo liberal de Estado, cuja atuação deve ser reduzida, a fim de possibilitar o "progresso da sociedade" (de que sociedade?) e a melhor defesa dos "interesses dos cidadãos" (quais cidadãos?). Parece difícil aceitar acriticamente tais postulados quando se mostra evidente que no Brasil não houve a efetiva implementação do chamado *Welfare State*. Ora, como agora se quer diminuir o Estado

do Faria (org.), *Direito e Globalização Econômica*, pp. 29-30), com a globalização estão ocorrendo diversos fenômenos no cenário mundial, dentre eles: mudança dos padrões de produção, união de mercados financeiros, aumento da importância das empresas multinacionais, aumento da importância do intercâmbio e crescimento de blocos regionais de comércio, ajuste estrutural e privatização, hegemonia de conceitos neoliberais de relações econômicas, tendência mundial à democratização, proteção dos direitos humanos e renovado interesse do Direito e o surgimento de protagonistas supranacionais e transnacionais.

2. André-Noël Roth, "O Direito em crise: fim do Estado Moderno", in José Eduardo Faria (org.), *Direito e Globalização Econômica*, cit., p. 17.

3. José Luiz Bolzan de Morais, *Do Direito Social aos Interesses Transindividuais – O Estado e o Direito na Ordem Contemporânea*, pp. 70-71. O autor menciona que a nota principal deste Estado reside em apresentar-se como uma limitação jurídico-legal negativa, quer dizer, "como garantia dos indivíduos-cidadãos frente à eventual atuação do Estado, impeditiva ou constrangedora de sua ação cotidiana" (p. 72).

4. José Luiz Bolzan de Morais, idem, ibidem.

5. José Luiz Bolzan de Morais, idem, pp. 73-74. Segundo o autor, "a lei assume uma segunda função, qual seja, a de instrumento de ação concreta do Estado, aparecendo como mecanismo de facilitação de benefícios" (p. 79).

se as ditas promessas da modernidade sequer foram cumpridas?

Os administradores públicos devem pautar sua autuação de acordo com um modelo jurídico do tipo liberal ou social?[6] Em face desta evidente crise do fenômeno jurídico, qual será a função da Administração Pública?

É importante visualizar que o paradigma dogmático prevalecente, sustentado pelo sentido comum teórico dos juristas e alimentado pelo *habitus*, tem-se mostrado incapaz de evidenciar o simulacro da modernidade, desnudando os discursos liberais que propugnam que a modernidade já está esgotada, havendo a necessidade de voltarmos a uma postura liberal do ente estatal. Como bem coloca Vieira, este simulacro significa que estamos diante de um projeto de modernidade que nunca existiu, não se podendo falar em pós-modernidade,[7] pois a industrialização sequer foi capaz de instituir e consolidar uma ordem legal formalmente igualitária, sendo que a construção do *Welfare State* sofreu diversos condicionantes e desvios, deixando também de haver uma atuação eficaz dos movimentos sociais.

As políticas intervencionistas que ocorreram ao longo da história do Brasil muito mais contribuíram para o favorecimento das elites e para acentuar um caráter autoritário, corporativo e excludente do que cumprir as promessas da modernidade e do sistema capitalista, como ocorreu na Europa Social Democrática, deixando de haver a distribuição do que se acumulou ao longo da história, bem como olvidando-se o poder dominante de distribuir eqüitativamente os benefícios econômicos, além de estabelecer a democratização do Estado.[8]

Por tal razão, mostra-se preocupante a advertência feita por Roth sobre a proposta do chamado "Direito reflexivo" como solução para retirar os Estados da atual crise, importando criar um modelo de regulação social neofeudal.[9]

6. Importante mencionar que o Direito do Estado Liberal possui como característica básica o objetivo de proteger os indivíduos do Estado, possibilitando, assim, uma melhor circulação das idéias, das pessoas e dos bens. De outra banda, o Direito do Estado Social "busca orientar as condutas humanas para a promoção do desenvolvimento econômico e social, sendo que o Direito é vislumbrado como uma técnica de regulação social" (cf. André-Noël Roth, "O Direito em crise: fim do Estado Moderno", cit., in José Eduardo Faria (org.), *Direito e Globalização Econômica*, p. 19).

7. José Ribas Vieira, *Teoria do Estado (A Regulação Jurídica)*. Para o autor o simulacro apresenta dois pontos centrais. Um seria o próprio resultado do processo de industrialização, e o outro o debate sobre a existência ou não do Estado do Bem-Estar Social entre nós (p. 74). Tal tipo de Estado, que nunca chegou a ser verdadeiramente implantado no Brasil, com as atuais políticas liberais e o Estado cada vez mais retirando-se do cenário de legitimação das pretensões sociais, eis que submetido ao projeto econômico globalizado, tem agora menos perspectivas de desenvolvimento. Com efeito, a atuação estatal apresenta-se mais impotente para resolver problemas sérios de acumulação e distribuição eqüitativa dos benefícios econômicos, juntamente com a função de reestruturação democrática.

8. José Ribas Vieira, *Teoria do Estado (A Regulação Jurídica)*, cit., pp. 74-78. Conforme um estudo divulgado pelo BID ("A América Latina face às desigualdades", *Folha de S. Paulo* 14.12.1998) o Brasil é o país mais desigual da América Latina. O décimo da população mais rica, no Brasil, recebe 47% da renda nacional, enquanto o mesmo percentual dos mais pobres recebe 0,8% da renda nacional. Na educação os 10% dos brasileiros mais pobres estudaram em média dois anos.

9. André-Noël Roth, "O Direito em crise: fim do Estado Moderno", cit., in José Eduardo Faria (org.), *Direito e Globalização Econômica*, pp. 22-27. O Direito reflexivo seria "um Direito procedente de negociações, de mesas redondas etc., constitui uma tentativa para encontrar uma nova forma de regulação social, outorgando ao Estado e ao Direito um papel de guia (e não de direção) da sociedade" (p. 22). O caráter neofeudal pode ser representado pela interpenetração cada vez maior das esferas públicas e privadas, pelo caráter do poderio econômico que passa a pesar mais sobre as políticas sócio-econômicas internas, e a multiplicação das instâncias decisórias, em níveis diferentes ao Estado,

O fato é que o Poder Público cada vez mais é imobilizado e atrelado a esta estrutura liberal-individualista mas, ao mesmo tempo, premido pelos novos movimentos sociais que clamam pela redução das desigualdades e implementação de uma justiça social, criando novas demandas incapazes de ser resolvidas pelos paradigmas prevalecentes.

O aspecto atinente à crise do Estado, com efeito, não se trata de uma invenção, mas corolário do próprio contexto histórico-social. As instituições estão desacreditadas, assim como o ente estatal e seus instrumentos de participação,[10] acrescido da absoluta falta de competência do Poder Público em prover a população mais carente com serviços básicos de saúde, moradia, escola, saneamento básico e outros;[11] enfim, mostra-se combalido quando o assunto é a implementação efetiva de direitos sociais assegurados constitucionalmente.

Diante deste quadro desolador é que surgem os questionamentos dos paradigmas dogmáticos, onde os fenômenos jurídicos, como menciona Campilongo,[12] tendem a ser unicamente examinados sob a perspectiva dos formalismos procedimentais. O Direito Administrativo, em especial as doutrinas que estudam a Administração Pública, já não comporta mais uma análise deste tipo, pois o Dogmatismo tão-somente tende a agravar a falta de efetividade do Estado. Estruturado com base em parâmetros liberais, o Direito Administrativo passa a apresentar como características: ser instrumental, normatizando a sociedade através de condicionantes; ser formal, pois fundamentado no mito da igualdade de direito dos sujeitos, até porque mostra-se imperioso que, formal e racionalmente, garanta o funcionamento do Estado, propalando verdades e certezas jurídicas; legitima-se através da dominação racional/legal; e, finalmente, é pacificador, utilizando como instrumento o poder de império, o que acaba por transformá-lo em um Direito repressivo.[13]

Em geral, os administrativistas ainda fulcram suas concepções de Administração Pública na idéia de um Estado formado por um povo, território e governo soberano,[14] acabando por assim defini-la: "em sentido formal, é o conjunto de órgãos instituídos para consecução dos objetivos do governo; em sentido material, é o conjunto das fun-

acaba por dissolver o ente estatal dentro de uma infinidade de instâncias de promulgação e de aplicação de regras jurídicas. Cf. Wilson Ramos Filho, "Direito Pós-Moderno: caos criativo e neoliberalismo", *Direito e Neoliberalismo (Elementos para Uma Leitura Interdisciplinar)*, p. 86: "Os Estados nacionais, sob vários aspectos, perdem o monopólio do Direito, da violência física legítima, em face de uma normatividade supranacional, de mecanismos de redes de decisões não localizados ou localizáveis em um único país, com normas próprias, jurisdição própria, jurisprudência própria, e, o que é mais importante, com padrões éticos diferenciados. Ou seja, microssistemas interligados e imbricados entre si substituem os 'monismos' estatais".

10. Celso Campilongo, "Representação política e crise do Estado", *Representação Política e Ordem Jurídica: os Dilemas da Democracia Liberal*. O autor analisa com propriedade a questão atinente à representação política e à crise do Estado. Pode-se dizer que as instituições – e por que não o Direito? – deixaram de ser portadoras de demandas sociais específicas, fracassando igualmente na produção de identidades coletivas. Tal fenômeno está inserido na problemática já mencionada, pois "crise de representação, déficit de legitimidade, ingovernabilidade e crise fiscal são, assim, parte de um todo: a crise do Estado Social" (p. 98).

11. Wilson Ramos Filho, "Direito Pós-Moderno: caos criativo e neoliberalismo", cit., *Direito e Neoliberalismo (Elementos para Uma Leitura Interdisciplinar)*, p. 82.

12. "Representação política e crise do Estado", cit., *Representação Política e Ordem Jurídica: os Dilemas da Democracia Liberal*, p. 89.

13. Tais características do Direito Liberal foram formuladas por Celso Campilongo, "Representação política e crise do Estado", cit., *Representação Política e Ordem Jurídica: os Dilemas da Democracia Liberal*, p. 95.

14. Hely Lopes Meirelles, *Direito Administrativo Brasileiro*, p. 56.

ções necessárias aos serviços públicos em geral; em acepção operacional, é o desempenho perene e sistemático, legal e técnico, dos serviços próprios do Estado ou por ele assumidos em benefício da coletividade".[15] Como corolário, há a formulação de uma teoria abstrata da Administração Pública, em que acaba sendo privilegiado o enfoque neoformalista, sendo vista tão-somente como um conjunto de órgãos públicos burocratizados.

Ademais, quando os administradores públicos defrontam-se com normas jurídicas cunhadas na tentativa de implementar um Estado Social – e a Constituição Federal é um exemplo em diversos preceitos – esbarram em uma cultura excessivamente individualista e formalista,[16] até porque possuem uma formação dogmática voltada muito mais para posturas corretivas do que distributivas. Deste quadro decorre uma prática disfuncional e contraditória do próprio Poder Público, mostrando-se até hoje muito mais eficiente para atender somente a alguns setores minoritários e economicamente favorecidos, contribuindo, assim, para o aumento da grande dívida social das promessas da modernidade que não foram cumpridas.

O paradigma normativista prevalecente, típico de uma sociedade liberal, é eficaz em uma sociedade com enormes desníveis culturais, estigmatizada pelos mais diversos dualismos estruturais? Outrossim, até que ponto é possível separar o Direito Administrativo, tido como um sistema fechado, coerente e abstrato, das variadas implicações sociais, políticas e econômicas inerentes ao seu funcionamento?

Hodiernamente parece razoável admitir a necessidade de adequar a cultura jurídica a uma sociedade complexa, inserida em um Estado Social de Direito, com o objetivo de implementar um Estado Democrático, o que, por certo, exige a substituição de objetivos jurídicos a serem alcançados: a certeza jurídica e a proteção da liberdade negativa cedem lugar a uma postura dos operadores mais teleológica ou finalista, "valorizando antes os resultados do que os meios e contrapondo a liberdade positiva à negativa".[17]

Destarte, faz-se mister ultrapassar o Dogmatismo calcado em categorias jurídicas abstratas, o que pode ensejar uma estruturação jurídica não condicionada a uma estrita legalidade, passando a pensar as situações jurídicas dentro de uma perspectiva mais concreta, sem um *a priori* formal, onde as condutas são orientadas por um sistema promocional.[18] Com efeito, pode-se concluir que, em virtude desta crise pela qual passa o Estado, em que está, obviamente, inserido o Direito Administrativo, o caminho mais frutífero parece ser a estruturação de um conhecimento voltado para a interdisciplinariedade. As teorizações sobre a Administração Pública necessitam da inserção em seu campo de conhecimento de discus-

15. Hely Lopes Meirelles, idem, p. 60. Outros autores chegam a estabelecer uma diferenciação de critérios para estabelecer a definição, mencionando que a Administração Pública pode ser tomada em um sentido subjetivo, designando os entes que exerçam a atividade administrativa, e em sentido objetivo, quando designa a natureza da atividade exercida pelos referidos entes (cf. Maria Sylvia Zanella Di Pietro, *Direito Administrativo*, p. 49). Por óbvio, não se está a retirar a utilidade dos estudos mais dogmáticos. No entanto – e é preciso explicitar –, a complexidade do mundo tem revelado a insuficiência desta visão do fenômeno jurídico, não apenas em razão de não fornecer maiores subsídios para a compreensão de certos acontecimentos, mas por levar os operadores do Direito a um distanciamento político, histórico e social, o que também tem contribuído para o agravamento desta crise.

16. Tal individualismo pode ser traduzido pela convicção de que os direitos do indivíduo estão acima dos direitos da comunidade. Outrossim, o formalismo é caracterizado por um apego a um conjunto de ritos e procedimentos burocratizados e impessoais, justificados em nome da certeza jurídica a da segurança do processo.

17. Idem, p. 54.

18. Idem, p. 51.

sões sociológicas, filosóficas e políticas, oferecendo mecanismos de comutação discursiva, de compreensão e enriquecimento.[19]

Como lembra Warat, a tematização do papel da Dogmática é um espaço aberto, não havendo trabalhos sistemáticos sobre uma metadogmática, mas cujo crescimento deveria orientar-se para uma desdogmatização e "abrir-se para os domínios afins ao jurídico, desde os quais pode extrair novos critérios de significação jurídica, mais conformes com a dinâmica social atual, cuja complexidade e alterabilidade estão crescendo aceleradamente".[20]

3. Globalização e o efeito desagregador: dissolvendo a soberania estatal

Adotando uma abordagem mais interdisciplinar da Administração Pública, dentro de uma perspectiva jus-sociológica, é importante melhor caracterizar os impactos da chamada transnacionalização dos mercados. Não ocorrem por acaso esforços incomensuráveis de países europeus para a unificação de padrões monetários. Atualmente as decisões em matéria de moeda, produção industrial, novas tecnologias, distribuição dos mercados, são tomadas no âmbito de organismos internacionais, conglomerados econômicos etc. Os efeitos deste fenômeno são preocupantes. Os entes estatais, a Administração Pública, já não conseguem desvincular a realização de políticas sociais do chamado "mercado internacional" ou transnacional.[21] Pode-se dizer que há um verdadeiro deslocamento das esferas de decisão e que já não mais estão localizadas no interior dos Estados nacionais, o que acaba por influenciar não apenas as atividades administrativas, mas igualmente a produção legislativa e decisões judiciais.

Como menciona Faria, "acima de tudo, ao gerar formas de poder novas, autônomas e desterritorializadas, a transnacionalização dos mercados debilitou o caráter essencial da soberania, fundado na presunção *superiorem non recognocens*, e pôs em xeque tanto a centralidade quanto a exclusividade

19. Cf. Marcelo Neves, "Teoria do Direito e modernidade tardia", in Kátia Argüello (org.), *Direito e Democracia*, p. 104. O autor faz uma análise sobre a própria Teoria Geral do Direito, cujo raciocínio aplica-se ao tema aqui em discussão. Refere que, "nesta perspectiva, a TGD não vai apenas facilitar a compreensão da Dogmática Jurídica. Ela vai oferecer mecanismos para a ampliação do horizonte dessa disciplina técnico-jurídica. A TGD pode advertir que a Dogmática, na medida em que permanece presa aos esquemas de subsunção lógica, não pode responder aos problemas concretos da sociedade de hoje. Torna viável que dados sociológicos e nova valoração sejam transmitidos à Dogmática numa roupagem lingüística e conceitual compreensiva a essa e, portanto, passível de releitura e aplicabilidade dogmáticas às situações sociais emergentes" (p. 104).

20. Luís Alberto Warat, "Sobre a Dogmática Jurídica", *Introdução Geral ao Direito-II*, p. 39.

21. Cf. José Eduardo Faria, "Direitos humanos e globalização econômica: notas para uma discussão", *O Mundo da Saúde* 22/4. Segundo o autor: "À medida que o processo decisório foi sendo transnacionalizado, as decisões políticas tornaram-se crescentemente condicionadas por equilíbrios macroeconômicos que passaram a representar, mais do que um simples indicador, um efetivo princípio normativo responsável pelo estabelecimento de determinados limites às intervenções reguladoras e disciplinadoras dos governos". A conseqüência deste processo de ingerência dos mercados econômicos sobre a Administração Pública é gerar potencialidades conflitivas, quer dizer, ao mesmo tempo que o ente estatal é premido pelas camadas menos favorecidas, que não receberam os frutos das promessas da modernidade, igualmente as suas políticas sociais estão atreladas a uma conjuntura internacional e que passa a ditar quando e onde a Administração Pública deverá investir. O caso brasileiro é exemplar, pois enquanto o país passa por um verdadeiro caos social em matéria de políticas sociais, sendo o campeão das desigualdades, o FMI é que dita o *quantum* a ser gasto com benefícios para a população e quais "cortes" devem ser realizados pelo Governo. V. também Francisco Luiz Corsi, "A globalização e a crise dos Estados nacionais", *Desafios da Globalização*, pp. 102-108.

das estruturas jurídico-políticas do Estado-nação".[22] O grande desafio apresentado para os administradores públicos é como harmonizar o princípio do mercado com as necessárias melhorias sociais, através de políticas públicas de distribuição de serviços, riquezas, bens etc.[23] Vale mencionar que esta situação tem gerado a formação de uma "hegemonia ideológica neoliberal", procurando criar um consenso significativo segundo o qual "aos Estados não restaria alternativa frente à globalização senão imprimir políticas econômicas calcadas na estabilização dos preços e do câmbio, na desregulação dos mercados e na privatização (...)".[24]

A Administração Pública, para o cumprimento de suas funções estatais, conta com os seus poderes administrativos, que são imprescindíveis, pois sem eles não conseguirá "fazer sobrepor-se a vontade da lei à vontade individual, o interesse público ao interesse privado".[25] No entanto, conforme adverte Faria – e aqui reside um aspecto importantíssimo –, tais poderes foram concebidos para terem atuação limitada a um espaço territorial preciso, cuja imposição ocorre através dos clássicos instrumentos do monopólio de violência estatal. Como corolário, há uma diminuição de seu alcance, havendo uma diminuição do seu universo de atuação, na medida em que ocorre a superação das barreiras geográficas pela expansão da microeletrônica, telecomunicações e transporte.[26] Como falar, por exemplo, no poder normativo para regulamentar alguns serviços públicos sem considerar a limitação de despesas com benefícios sociais imposta pela conjuntura econômica internacional?

A conseqüência é que, a partir do momento em que não há mais respostas satisfatórias da Administração Pública, "surgem espaços infra-estatais polarizados por formas inoficiais ou não-oficiais de resolução dos conflitos – como usos, costumes, diferentes estratégias de mediação, negociação e conciliação, autocomposição de interesses, auto-resolução de divergências, arbitragens privadas, ou mesmo a imposição da lei do mais forte (...)".[27] A complexidade da situação tem levado a Administração Pública a adotar uma estratégia de diminuir o campo de atuação estatal direta, através de políticas, amplamente incentivadas por organismos internacionais(!), de desregulamentação, deslegalização e desconstitucionalização.[28]

22. Cf. José Eduardo Faria, "Direitos humanos e globalização econômica: notas para uma discussão", cit., *O Mundo da Saúde* 22/4.

23. Manuel García-Pelayo (*Las Transformaciones del Estado Contemporáneo*, pp. 105-120) faz uma abordagem deste fenômeno sob a perspectiva da teoria sistêmica, mencionando que a organização administrativa tem aumentado em extensão e conseqüente complexidade. Transformou-se em um sistema complicado, constituído por uma pluralidade de componentes e de subsistemas dificilmente controláveis, não só pelas instâncias políticas, senão também pelas instâncias administrativas superiores (p. 109). Com efeito, para o autor o Estado, para levar a cabo seus objetivos de expansão e de direção econômicas nacionais, há de vincular sua própria ação e seus próprios objetivos com os das empresas privadas, seja através de planificações imperativas, seja através de planificações indicativas destinadas a criar um ambiente que as impulsione a atuar em um determinado sentido (p. 110).

24. Cf. Francisco Luiz Corsi, "A globalização e a crise dos Estados nacionais", cit., *Desafios da Globalização*, p. 102.

25. Maria Sylvia Zanella Di Pietro, *Direito Administrativo*, cit., p. 74.

26. José Eduardo Faria, "Direitos humanos e globalização econômica: notas para uma discussão", cit., *O Mundo da Saúde* 22/4.

27. Idem, ibidem.

28. Esta tendência tem refletido profundamente na estrutura do Direito Administrativo. Para Caio Tácito ("Perspectivas do Direito Administrativo no próximo milênio", *RDA* 212/1-6) a partir da Constituição Federal de 1988 há uma nítida inversão na política intervencionista do Estado, com o retorno à iniciativa privada de áreas ocupadas pela gestão estatal. Tal fenômeno tem sido chamado no Direito Espanhol de "fuga do Direito Administrati-

Outro aspecto perverso deste fenômeno reside na diluição das potencialidades simbólicas do sistema jurídico-administrativo de estabelecer coesões sociais, através de um imaginário social, de cumprimento das promessas normativas. Parece ter razão Pierre Bourdieu quando afirma que o discurso neoliberal, instaurando o reino absoluto da flexibilidade, concorre para abolir a solidariedade coletiva.[29]

Diante deste quadro desolador, cumpre questionar: o que fazer? Como implementar um Estado Social e Democrático de Direito se para tal desiderato, necessariamente, há que ser estabelecida uma política de respeito aos direitos fundamentais, sendo que tal realização só pode necessariamente passar pelo Poder Público, combalido em sua efetividade?

4. Administração Pública e a ética dos direitos fundamentais: uma análise prospectiva do Estado

Inicialmente, no intuito de direcionar uma atuação do Poder Público para a concretização de uma democracia substancial, faz-se mister haver uma (re)significação do paradigma responsável pelo modo de como o administrador público vê o Direito Administrativo e a Administração Pública. Faz-se mister privilegiar uma postura que prime por uma *racionalidade constitucional* neste ramo da Ciência Jurídica, em que o texto constitucional passe a ser visto como um espaço garantidor das relações democráticas entre o Estado e a sociedade, constituindo-se em uma zona mais ou menos segura de mediação entre legitimidade e justiça.[30] À Administração Pública, como forma de estabelecer uma proposta de resgate dos direitos fundamentais do cidadão, cabe desvelar o sentido das normas constitucionais, especialmente aquelas referentes ao Estado Democrático de Direito. O texto constitucional deve servir de referência significativa para a validade, por exemplo, dos atos administrativos, abandonando-se a posição formal de validade, buscando-se primar por uma validade substancial.[31]

O Direito Administrativo, dentro desta perspectiva, passa a ser visualizado como um Direito instrumental – não apenas formalmente –, ou seja, um instrumento de realização da Constituição. Infelizmente, a posição do Dogmatismo que tem imperado por parte dos administradores públicos tem servido como um verdadeiro obstáculo para a realização dos direitos constitucionais. A Administração Pública precisa ser melhor contextualizada no paradigma constitucional do Estado Democrático de Direito, instituindo-se não como Administração meramente sancionadora, mas, sobretudo, como promovedora e transformadora do *status quo*.

Os objetivos fundamentais da República Federativa do Brasil estão expressos na Carta Federal, dentre eles a construção de uma sociedade livre, justa e solidária (art. 3º, I). É preciso atentar para a mudança das relações entre o Estado e a sociedade, devendo o Poder Público passar de autoritário e agressivo para prestador de serviços.[32]

vo". Um exemplo prático, com reflexos na Administração Pública, é a criação das chamadas organizações sociais, disciplinadas pela Lei 9.637, de 1998, e "são pessoas jurídicas de Direito Privado, sem fins lucrativos, instituídas por iniciativa de particulares, para desempenhar serviços sociais não-exclusivos do Estado, com incentivo e fiscalização do Poder Público, mediante vínculo jurídico instituído por meio de contrato de gestão" (cf. Maria Sylvia Zanella Di Pietro, *Direito Administrativo*, cit., p. 311). Cf. Diogo de Figueiredo Moreira Neto, "Organizações sociais de colaboração (descentralização social e Administração Pública não-estatal", *RDA* 210/183-194.

29. "A máquina infernal", *Folha de S. Paulo* 12.7.1998, "Caderno Mais!".

30. Cf. Elias Diaz, *Ética Contra Política. Los Intelectuales y el Poder*, p. 34.

31. Cf. Luigi Ferrajoli, *Derecho y Razón*, p. 355.

32. Cf. Maria Teresa de Melo Ribeiro, *O Princípio da Imparcialidade da Administração Pública*, p. 58.

Acima do seu conteúdo normativo e legalista, a ordem constitucional possibilita a concretização de valores éticos, pois a Administração Pública deve sentir-se obrigada a fornecer para os administrados "todos os benefícios do progresso, colocando-se ao serviço de uma sociedade mais justa, especialmente para os mais desfavorecidos".[33]

Vale mencionar a preciosa lição de Elias Diaz, para quem a Constituição é o grande pacto político-social, de caráter fundamental e institucional, consubstanciando-se em um espaço de convergência e zona de mediação entre legitimidade democrática e justiça material.[34] Como menciona Morais, "o Estado Democrático de Direito carrega consigo um caráter transgressor que implica agregar o feitio incerto da Democracia ao Direito, impondo um caráter (re)estruturador à sociedade e revelando uma contradição fundamental com a juridicidade liberal a partir da reconstrução de seus primados básicos de certeza e segurança jurídicas, para adaptá-los a uma ordenação jurídica voltada para a garantia/implementação do futuro, e não para a conservação do passado".[35] Portanto, vê-se a grande importância da Constituição, apresentando uma forma normativa, não apenas sob a perspectiva negativista, mas sobretudo como vinculação positiva para a Administração Pública. O Texto Magno "define uma resposta para o passado e uma proposta para o futuro".[36]

Como instrumento útil para que a Administração Pública venha a produzir uma nova relação discursiva com a sociedade, o garantismo (Luigi Ferrajoli) apresenta uma potencialidade simbólica significativa, pois possui como elemento central a pessoa, "em nome de quem o poder deve constituir-se e a quem deve servir",[37] sendo que o sistema jurídico passa a constituir-se de finalidades e valores a serem perseguidos pelo Estado, isto é, a dignidade humana, a paz, a liberdade plena e a igualdade substancial.

Portanto, o garantismo pode ser vislumbrado "(...) como técnica de limitación y de disciplina de los Poderes Públicos dirigida a determinar lo que los mismos no deben y lo que deben decidir, puede muy bien ser considerado el rasgo más característico (no formal, sino) estrutural y substancial de la democracia: las garantías, tanto liberales como sociales, expresan en efecto los derechos fundamentales de los ciudadanos frente a los Poderes del Estado, los intereses de los débiles respecto a los fuertes, la tutela de las minorías marginadas o discrepantes respecto a las mayorías integradas, las razones de los de abajo respecto a los de arriba".[38]

Sob uma perspectiva garantista, a atividade da Administração Pública deve ser progressiva, e não regressiva, quer dizer, não estaria conforme a um Estado Social e Democrático de Direito uma atuação dos poderes administrativo que simplesmente buscasse a formulação significativa das normas constitucionais no sentido de reduzir o seu alcance, a fim de conformá-las com normas infraconstitucionais, tudo no intuito de manter a chamada coerência do sistema jurídico. De outra banda, para o jusfilósofo, seria progressiva aquela que, em que pese a fazer crescer a incoerência do ordenamento, é extensiva dos valores constitucionais.[39] Como refere Cademartori, as modernas Constituições apresentam como nota carac-

33. Maria Teresa de Melo Ribeiro, idem, ibidem.

34. *Ética Contra Política. Los Intelectuales y el Poder*, cit., pp. 34-35.

35. José Luiz Bolzan de Morais, *Do Direito Social aos Interesses Transindividuais: o Estado e o Direito na Ordem Contemporânea*, cit., p. 81.

36. Clèmerson Merlin Clève, "A teoria constitucional e o Direito Alternativo", *Uma Vida Dedicada ao Direito*, p. 43.

37. Cf. Sérgio Cademartori, *Estado de Direito e Legitimidade: Uma Abordagem Garantista*, p. 72.

38. Luigi Ferrajoli, *Derecho y Razón*, cit., p. 864.

39. Luigi Ferrajoli, idem, p. 867.

terística a incorporação de princípios ético-políticos, ensejando, assim, valorações ético-políticas e de justiça das normas produzidas,[40] havendo uma mudança também na aplicação das normas legais pelo administrador público, que igualmente irá lidar com tal espécie de valores, não sendo suficiente a adoção de critérios dogmáticos e típicos do Estado Liberal. Esta atividade passa a significar a busca de uma *legitimidade substancial*, quer dizer, referida a toda uma gama de conteúdos significados pelas normas superiores.

Destarte, toda a atuação da Administração Pública não pode ser fulcrada em uma concepção normativa fechada em si mesma, construída através de critérios orgânicos, mas deve ser, como menciona Ferrajoli, *heteropoiética*, isto é, segundo a qual a legitimação política do Direito e do Estado seja proveniente "de fuera o desde abajo", ou seja, da sociedade, "entendida como suma heterogénea de personas, de fuerzas y de clases sociales".[41] Aqui reside um aspecto importante: a construção de um modelo de controle da validade substancial dos atos administrativos, típico de um Estado de Direito, deve ser caracterizada pela "funcionalização de todos os Poderes do Estado a serviço da garantia dos direitos fundamentais dos cidadãos".[42] No entendimento de Cademartori, ao retratar a teoria do garantismo: "o Estado de Direito é caracterizado politicamente pelo garantismo de Ferrajoli como um modelo de ordenamento justificado ou fundamentado por fins completamente externos, geralmente declarados em forma normativa por suas Constituições, mas sempre de forma incompleta, e a política como dimensão axiológica (externa) do agir social, servindo de critério de legitimação para a crítica e a mudança do funcionamento de fato e dos modelos de Direito das instituições vigentes".

Estas características de incompletude, dimensão axiológica e valorização dos direitos fundamentais podem permitir o desenvolvimento de condições propícias para "a formação de novos poderes sociais capazes de contrapor ao poder privado e particularista do capital, compensando assim a erosão da soberania dos Estados-nação na nova ordem econômica internacional".[43] A Administração Pública, com efeito, deixa de ser uma instância meramente burocrática do Estado para se constituir em uma instância simbólica da realização da Democracia, privilegiando os espaços sociais e buscando instituir um processo de inclusão. Uma concepção democrática do Estado-Administração passa por uma pré-compreensão dialógica. Faz-se mister estabelecer a idéia de que o exercício dos poderes administrativos passa necessariamente por uma significação normativa, obtida através de uma postura de perguntas direcionadas ao texto constitucional. O administrador público é um desvelador privilegiado dos sentidos normativos – o privilégio decorre de apresentar uma posição tópica inicial de aplicação da lei –, sendo importante que exerça um trabalho de diálogo, dialético e contextualizado, buscando na própria sociedade a sua legitimação decisória, em que vai haver um comprometimento social com as posturas estatais adotadas.

O caráter ético dos direitos fundamentais, aliado à dimensão dialógica antes mencionada, é elemento importante para o desenvolvimento de uma solidariedade social. Como menciona Pierre Rosanvallon, "na sociedade social-estatal, as relações de solidariedade entre os homens assumem a forma de uma soma de relações que se manifestam entre os indivíduos e o sistema. Salários, preços, lucros, impostos, cotizações so-

40. *Estado de Direito e Legitimidade: Uma Abordagem Garantista*, cit., p. 78.

41. Luigi Ferrajoli, *Derecho y Razón*, ci., p. 882.

42. Luigi Ferrajoli, idem, p. 856.

43. Cf. José Eduardo Faria, "Direitos humanos e globalização econômica: notas para uma discussão", *O Mundo da Saúde* 22/80.

ciais, são percebidos como variáveis econômicas isoladas de seu suporte social real".[44] O Estado, atualmente, funciona como uma "caixa preta", uma gigantesca *interface*, sendo imprescindível que seja aumentada a visibilidade social, tornando o social mais visível para os cidadãos, dissipando a neblina que permeia a atuação da Administração Pública. A explicitação, a postura dialógica com a sociedade, por certo, podem favorecer o aparecimento da legitimidade social necessária para o Poder Público. É claro que tal desiderato não se dá sem os necessários conflitos, mas dentro da idéia do autor acima referido de que "o ideal democrático não consiste em negar ou ocultar os conflitos, a pretexto de improvável 'consenso', mas em torná-los produtivos e construtivos".[45]

5. *Aportes finais*

As questões debatidas ao longo deste estudo, portanto, são importantes para possibilitar a (re)construção da doutrina administrativista sobre a Administração Pública, devendo abandonar-se posturas dogmáticas, passando-se a privilegiar uma compreensão mais interdisciplinar, calcada em uma pré-compreensão significativa de valores democráticos, em que a politicidade dos direitos fundamentais é extremamente importante.

É claro que, em razão do atual quadro descrito ao longo da pesquisa, em especial do domínio dos mercados econômicos e imposição das políticas sociais a serem adotadas pelos administradores, há um certo ceticismo, mas que não pode ser simbolizado como impossível. Resultados a curto prazo, efetivamente, não existirão, sendo imperioso cada vez mais reafirmar o trabalho de construir uma *razão emancipatória*. Para concretizar os direitos humanos, como menciona Faria, deve ser superada a concepção juridicista em favor de práticas políticas comprometidas (a) com a reconstrução ética dos vínculos sociais, (b) com a condição de dignidade humana a ser incorporada no universo normativo-institucional, (c) com a desalienação técnica e (d) com a substituição dos cidadãos-servos por cidadãos plenos.[46]

Trata-se, por certo, de um novo *horizonte de sentido*, primando pelo caráter utópico de autonomização dos sujeitos como forma de privilegiar o alargamento dos espaços públicos e a solidificação da solidariedade social. A Administração Pública deve assumir uma tarefa de desenvolver processos de inclusão e não de exclusão dos cidadãos na vida democrática. O Poder Público, diante da política capitalista dos mercados financeiros, excludente e desigual, só pode contar com um aparato de legitimação social, construído não necessariamente nos espaços estatais, mas ainda assim possuindo o caráter simbólico de público, social, cidadão. Esta instância democrática é criada na própria sociedade, a fim de que os administrados se sintam partícipes comprometidos com os destinos do Estado. Este passa a ser visto não como um conjunto de órgãos burocráticos, mas como um espaço de mediação ético-político a ser ocupado pelos cidadãos, sendo assim (re)funcionalizada a antiga relação Estado-sociedade.

A Administração Pública assume um grande e importante papel de invocar o "sentimento de civilidade", quer dizer, passa a "fazer algo mais do que exigir o império da lei; é, para além disso, promover a extensão da cidadania do plano político institucional para os demais planos econômico, social, cultural e familiar, mediante o reconhecimento dos direitos dos indivíduos de influir nos destinos globais da coletividade".[47] Com efeito, os caminhos vislumbrados neste

44. *A Crise do Estado-Providência*, p. 94.

45. Cf. Pierre Rosanvallon, idem, p. 96.

46. Cf. José Eduardo Faria, "Democracia e governabilidade: os direitos humanos à luz da globalização", *Direito e Globalização Econômica: Implicações e Perspectivas*, p. 152.

47. Cf. José Eduardo Faria, idem, p. 157.

estudo exigem novas linhas de pesquisa no Direito Administrativo, pois passam a inserir neste ramo da Ciência Jurídica alguns postulados não questionados pela Dogmática Jurídica tradicional. Questões políticas, sociológicas e filosóficas são elementos atualmente indispensáveis para aqueles que pretendem encontrar novas possibilidades significativas para a doutrina administrativista, sempre com o objetivo de melhor entender os fenômenos da modernidade e o futuro da Administração Pública.

Referências bibliográficas

CADEMARTORI, Sérgio. *Estado de Direito e Legitimidade: Uma Abordagem Garantista*. Porto Alegre, Livraria do Advogado, 1999.

CAMPILONGO, Celso. "Representação política e Crise do Estado". *Representação Política e Ordem Jurídica: os Dilemas da Democracia Liberal*. Inédito.

DEZALAY, Yves, e TRUBEK, David M. "A reestruturação global e o Direito". In: FARIA, José Eduardo (org.). *Direito e Globalização Econômica: Implicações e Perspectivas*. São Paulo, Malheiros Editores, 1996.

DI PIETRO, Maria Sylvia Zanella. *Direito Administrativo*. 10ª ed. São Paulo, Atlas, 1998.

DIAZ, Elias. *Ética Contra Política. Los Intelectuales y el Poder*. Madri, Centro de Estudios Constitucionales, 1990.

FARIA, José Eduardo. "Direitos humanos e globalização econômica: notas para uma discussão". *O Mundo da Saúde* 22. Ano 22. São Paulo, março-abril de 1998.

______ (org.). *Direito e Globalização Econômica: Implicações e Perspectivas*. São Paulo, Malheiros Editores, 1996.

FERRAJOLI, Luigi. *Derecho y Razón*. Madri, Editorial Trotta, 1995.

GARCÍA-PELAYO, Manuel. *Las Transformaciones del Estado Contemporáneo*. Madri, Alianza, 1996.

MEIRELLES, Hely Lopes. *Direito Administrativo Brasileiro*. 20ª ed. São Paulo, Malheiros Editores, 1995.

MORAIS, José Luiz Bolzan de. *Do Direito Social aos Interesses Transindividuais – O Estado e o Direito na Ordem Contemporânea*. Porto Alegre, Livraria do Advogado, 1996.

MOREIRA NETO, Diogo de Figueiredo. "Organizações sociais de colaboração (descentralização social e Administração Pública não-estatal"). *RDA* 210/183-194. Rio de Janeiro.

NEVES, Marcelo. "Teoria do Direito e modernidade tardia". In: ARGÜELLO, Kátia (org.). *Direito e Democracia*. Florianópolis, Letras Contemporâneas, 1996.

RAMOS FILHO, Wilson. "Direito Pós-Moderno: caos criativo e neoliberalismo". *Direito e Neoliberalismo (Elementos para Uma Leitura Interdisciplinar)*. Curitiba, EDIBEJ, 1996.

RIBEIRO, Maria Teresa de Melo. *O Princípio da Imparcialidade da Administração Pública*. Coimbra, Almedina, 1996.

ROSANVALON, Pierre. *A Crise do Estado-Providência*. Goiânia, UnB, 1997.

ROTH, André-Noël. "O Direito em crise: fim do Estado Moderno". In: FARIA, José Eduardo (org.). *Direito e Globalização Econômica: Implicações e Perspectivas*. São Paulo, Malheiros Editores, 1996.

TÁCITO, Caio. "Perspectivas do Direito Administrativo no próximo milênio". *RDA* 212. Rio de Janeiro, Renovar, 1998.

VIEIRA, José Ribas. *Teoria do Estado (A Regulação Jurídica)*. Rio de Janeiro, Lumen Juris, 1995.

WARAT, Luís Alberto. "Sobre a Dogmática Jurídica". *Introdução Geral ao Direito-II*. Porto Alegre, Sérgio Fabris Editor, 1995.

UMA RELEITURA DO PODER DE MODIFICAÇÃO UNILATERAL DOS CONTRATOS ADMINISTRATIVOS ("IUS VARIANDI") NO ÂMBITO DAS CONCESSÕES DE SERVIÇOS PÚBLICOS*

FERNANDO VERNALHA GUIMARÃES

Mestrando em Direito Administrativo pela Universidade Federal do Paraná
– Pós-graduado em "Controle da Administração Pública"
– Membro do Instituto Brasileiro de Direito Administrativo

1. Introdução. 2. Concessão de serviço público e alteração e normas regulamentares. 3. "Ius variandi" e reserva de lei. 4. Natureza do "poder" de instabilização do contrato. 5. Formação de autoridade do "ius variandi". 6. Intangibilidade da equação econômico-financeira do conrato. 7. Pressupostos do "ius variandi". 8. Conclusão.

1. Introdução

O Estado nacional experimenta, nos tempos que correm, verdadeiro surto de transferência de gestão de serviços públicos à esfera privada, por conta do tão em evidência processo de redução das dimensões estatais. O modelo de Administração Pública que exsurge, fundado sobretudo na substituição da responsabilidade de execução de tarefas públicas por uma responsabilidade-garantia, tem realçado o exercício de competências de programação, orientação e regulação das entidades privadas, às quais se passa a confiar a prestação dos serviços públicos.

Sem dúvida, essa realidade vem implicar a necessidade de se revisitar o instituto das concessões de serviços públicos, particularmente no que toca a seu âmbito regulamentar. Neste aspecto, a discussão que se põe envolve modernamente a questão dos contratos administrativos.

A mais espetacular das singularidades do contrato administrativo – já disse Enter-ría[1] – trata-se do poder que possui o ente público de instabilizar o vínculo, alterando as condições originariamente pactuadas, para melhor atendimento do interesse geral buscado pelo contrato. Esse poder *variandi*, que na concessão de serviços públicos[2] se

* Monografia vencedora do prêmio "Guimarães Menegale" por ocasião do XIII Congresso Brasileiro de Direito Administrativo. O texto original foi ampliado pelo autor.

1. *Curso de Direito Administrativo*, p. 648.

2. O princípio da mutabilidade do contrato administrativo tem o seu modelo originário nas concessões de serviços públicos; nasceu de uma

manifesta mais notoriamente que em outras espécies de contrato administrativo – pela nitidez acentuada da cláusula de sujeição do contratante-concessionário –, parece estar, hoje, sofrendo uma sensível transformação teorética, especialmente naquilo que diz com o seu âmbito de emanação, limites e pressupostos.[3]

Ao lado dos limites materiais que se impõem à emanação do *ius variandi*, tem-se visto o desenvolvimento de requisitos procedimentais que vão sendo conferidos ao rito de formação do ato que o manifesta. A "processualização" da formação da autoridade pública que impõe modificações ao co-contratante, fruto da afirmação de uma gestão burocrática da Administração, parece erigir de uma tendência de absorção da participação do particular em decisões que atinjam direitos seus; trata-se de uma ordem de "contratualização" de certas decisões da Administração Pública que compreendam direitos recíprocos.

Assim, mesmo que o *ius variandi* denote um aspecto regulamentar da Administração no âmbito das concessões de serviços públicos, é certo que tal "poder", além de estar condicionado à verificação de determinados pressupostos, bem assim encontrar limites quanto ao conteúdo da alteração manifestada, tem a formação de sua autori-

imposição de adaptação e dinamicidade de serviço público, proclamada originariamente em 1910 pelo Conselho de Estado Francês, através do *arrêt Cie. Générale Française des Tramways*.

3. Desgraçadamente, a doutrina nacional ainda não se ocupou de um exame mais profundo acerca do *ius variandi*, o que faz com que se recorra ao plano da doutrina alienígena para a explicação da figura. Nesse sentido, é do próprio discurso de afirmação do instituto do contrato administrativo, haurido originariamente na jurisprudência do Conselho de Estado Francês e contundentemente rejeitado pela doutrina alemã de sua época, que se retiram os fundamentos dessa competência "exorbitante"; é também a experiência do Conselho de Estado a que erigiu a teoria do equilíbrio financeiro do contrato, assegurando para o co-contratante (concessionário), ante a alteração contratual, o reequilíbrio da economia do contrato.

O exemplo alemão (depois seguido por autores italianos como Cameo, Ranelletti e Zanobini), no exercício de rechaça à figura do "contrato administrativo", em muito contribuiu para a afirmação de uma figura jurídica que explicasse a bilateralidade de certos atos administrativos; discussão que pode ser resgatada com vistas a aperfeiçoar o provimento unilateral de modificação contratual. Nesse sentido, muitos exemplos são reitrados da evolução doutrinária alemã que recusou a idéia de contrato administrativo. Destacam-se as categorias desenvolvidas por Otto Mayer (ato administrativo de colaboração), W. Jellinek (sistematização de atos bilaterais e contratos públicos) e Forsthoff (atos administrativos carecidos de colaboração do particular).

De outro lado, tem-se a experiência moderna norte-americana, que, absorvida pelo Direito Europeu, fomentou aquilo que se tem chamado de "americanização" do Direito Administrativo Europeu, resultando no incremento de resolução alternativa de conflitos. Com efeito, o exemplo das agências reguladoras parece haver contribuído para um melhor desempenho na solução de litígios instalados entre poder concedente e concessionário, a par de modificações unilaterais no contrato, o que tem propiciado mais celeridade e eficácia da atuação regulamentadora.

Como anota Pedro Gonçalves: "Na Europa, o 'ataque' aos serviços públicos é em grande medida comandado a partir de Bruxelas; as razões das investidas são óbvias: o serviço público é o Estado, não é o mercado – o princípio fundamental da integração européia é a liberdade de empresa e o mercado; o serviço público está associado ao mercado e ao público" (*A Concessão de Serviços Públicos*, p. 13). E, mais adiante, oberva: "Ora, todo este processo (liberalização das indústrias de rede, direito de acesso às redes públicas, regulação por instâncias administrativas especiais, sujeições das empresas a obrigação de serviço público ou de serviço universal) é claramente inspirado no modelo norte-americano das *publics utilities*, conceito essencialmente aplicável às actividades exploradas pelas designadas indústrias de rede (água, comunicações, televisão, rádio, transportes ferroviários e aéreos, energia, gás) – as empresas que actuam no setor das *publics utilities* são definidas como *enterprizes engaged in furnisching communication services, water suplies, transportation by bus, truck or rail, or in manufactoring and distribution gas or eletricity to the general public*" (p. 18).

dade pautada por requisitos procedimentais pertinentes a um *iter* concreto de produção do ato modificador, sede em que se exige a "participação" do co-contratante.

Não obstante a tendência delineada, muito se tem visto que o Poder Público, pela mera invocação da permissividade genérica do *ius variandi* (art. 58 da Lei 8.666, de 1993), tem levado a efeito modificações unilaterais no âmbito das concessões, de modo a desprezar o enquadramento normativo do instituto, furtando-se à observância de seus requisitos procedimentais próprios, usando de regulação naquilo que é de contrato, manifestando pretensão arbitrária onde existe vinculação.

Faz-se oportuno, assim, revisitar o estudo do "princípio da mutabilidade do contrato administrativo",[4] aqui enfocado a partir da faceta regulamentar das concessões de serviços públicos, de maneira a conferir-lhe um âmbito de pertinência próprio à compatiblização com a realidade jurídica que se vive.

2. Concessão de serviço público e alteração de normas regulamentares

O regime jurídico das concessões é complexo, porquanto ditado por uma lógica de conciliação de interesses – *caráter de serviço público da atividade assegurada* e *caráter de pessoa privada do concessionário* (como refere Laubadère[5]); coexistem contrato e regulamento, numa composição entre interesse público e privado. Abstraindo-se propriamente a discussão que vem, há muito, se estabelecendo acerca da natureza jurídica das concessões,[6] dividindo a doutrina entre os "contratualistas" e os que reputam às concessões uma natureza mista (contrato e regulamento), o que importa considerar, de logo, é a existência, no seu bojo, de cláusulas regulamentares, alteráveis, e cláusulas econômicas, imutáveis.[7]

Naquilo que respeita às cláusulas regulamentares, portanto, é certo que o Poder Público concedente, sob o patrocínio do interesse geral criteriosamente definido no caso concreto, poderá exercer alguma modificação dos termos originários, nos limites da legislação vigente e dos princípios que regem a matéria. Nesse sentido, Laubadère anota que "o concedente, porque deve permanecer dono do funcionamento do serviço público, pode modificar as regras deste funcionamento a fim de as adaptar às necessidades do público, as quais podem mudar; por isso, ele tem o direito de impor ao concessionário alterações às cláusulas regulamentares, sob reserva do direito do concessionário a uma indenização pecuniária, se essas alterações forem onerosas para ele".[8]

Portanto, mesmo que se considere uma situação de "imutabilidade"[9] dos termos contratuais, essa imutabilidade impera até o momento em que se oportunizar a necessidade de adequação do serviço público a no-

4. Expressão batizada por G. Péquignot (*Théorie Générale du Contrat Administratif*, 1945).

5. *Direito Público Econômico*, 1985.

6. É possível dividir em três as fases do processo evolutivo que marcou a compreensão da natureza jurídica da concessão de serviços públicos: contrato de Direito Privado; ato do Poder Público (unilateral); e contrato administrativo. Com relação ao tema na doutrina nacional, v., sobretudo, monografia de Oswaldo Aranha Bandeira de Mello, "Natureza jurídica da concessão de serviço público", *Revista da Faculdade de Direito de Porto Alegre* II, 1951.

7. Em verdade, todas as cláusulas afiguram-se mutáveis; não é propriamente a cláusula contratual econômica que é imutável, mas a equação econômico-financeira que se estabelece. É certo que a alteração de cláusula regulamentar implicará, para a recomposição (manutenção) da equação lesada, a modificação de cláusula econômica, assegurando-se o princípio do equivalente econômico.

8. *Direito Público Econômico*, cit., p. 403.

9. Horgué Baena observa que o *ius variandi* afigura-se exceção e não regra. *La modificación del contrato administrativo de obra (el ius variandi)*, Madrid: Marcial Pons, 1997, p. 46.

vas condições de execução, de acordo com um critério finalístico, assegurado o equilíbrio contratual. Alude-se a um "critério finalístico" pois que a contratação administrativa informa-se pelo princípio do fim sobre o objeto, donde o particular co-contratante, portador de um interesse meramente pecuniário no âmbito da relação, deve subordinar-se a uma situação de mutabilidade[10] ditada pela oportunidade do interesse geral, o qual, como ensina Ariño Ortiz,[11] trata-se do *fim primário* do contrato.

Essa possibilidade de alteração contratual regulamentadora, no entanto, não se afigura como uma "faculdade" do Poder Público, mas tem lugar por uma exigência do interesse geral concretamente verificado. Tal "poder" não emana de um juízo essencialmente discricionário, mas está estritamente pautado por pressupostos determinados, vinculativos, que exsurgem como condição de validade da manifestação de instabilização.

É possível, pois, explicar o *ius variandi*, enquanto manifestação de regulamentação no âmbito de concessão de serviço público, como uma competência (dever-poder) funcional do Poder Público, descendente de lei, própria a alterar as cláusulas regulamentares do serviço público para melhor atendimento do interesse geral perseguido, tendo sua emanação pautada por limites materiais e formais (procedimento). Os limites materiais consistem em parâmetros de definição do conteúdo do ato de alteração contratual, além de pressupostos substanciais, os quais assentam-se na existência de situação fática superveniente à celebração do contrato e *determinante* da alteração visada; os requisitos procedimentais focalizam-se no rito burocrático que preside a formação da autoridade. Quanto ao conteúdo do ato modificador, a investida deve observar a inalterabilidade do objeto contratual;[12] a exeqüibilidade fática da prestação (assegurando condições exeqüíveis de prazo, por exemplo) e a manutenção da equação econômico-financeira do contrato.

Antes de se adentrar o exame dos pressupostos ao exercício do *ius variandi* importa tecer breves considerações acerca da natureza da competência manejada pelo Poder Público nesta sede, assim como da relação de legalidade que informa a sua oportunidade.

3. *"Ius variandi" e reserva de lei*

Não se nega, no âmbito da relação contratual administrativa, a existência de atos administrativos destacáveis e que se destinam à execução do contrato; caracterizam-se como sede de constituição de poderes da Administração sobre o co-contratante, sendo esses, portanto, a própria manifestação da "exorbitância" que repousa sobre a relação contratual administrativa. Neste âmbito insere-se o *ius variandi*.

Esses "poderes" inerentes à execução contratual depreendem-se exclusivamente do regime jurídico-administrativo, e estão dimensionados pelo quadro principiológico que desenha a teoria geral dos contratos administrativos. No Direito nacional, tal como acontece no Direito Alemão e ao contrário do que se passa no Direito Francês,[13] a com-

10. Conforme noticia Caio Tácito, L'Uiller contestou, formalmente, a tese, que lhe pareceu mítica, de um poder geral de modificação unilateral dos contratos administrativos. "Observa que os contratos administrativos têm, em princípio, força de lei; não podem ser alterados, senão pelo mesmo processo de sua formação. Concede, no entanto, que, excepcionalmente, poderão ser modificados, ou mesmo rescindidos, por ato unilateral do Estado, segundo cláusulas expressas ou implícitas, ou, ainda, em virtude de texto legal imperativo" ("O equilíbrio financeiro na concessão de serviço público", *Temas de Direito Público*, 1º v., p. 204).

11. *Teoría del Equivalente Económico en los Contratos Administrativos*, 1968.

12. A modificação não pode implicar a perda da substância própria do contrato (Vedel e Delvolvé, *Droit Administratif*, t. 1, p. 420). Trata-se de restrição imposta sobretudo em respeito a princípios licitatórios.

13. No Direito Francês o contrato funciona como fonte de competência regulamentar; os pode-

petência de alteração unilateral, enquanto exercício de poder da Administração sobre o co-contratante, constitui matéria de reserva legal, derivando o seu regulamento unicamente a partir do texto legal. Decorre que a única fonte regulamentar de competência para o exercício de modificações unilaterais contratuais é a lei. O plano contratual não tem o condão de atribuir competência dessa ordem. Bem por isso, a competência de instabilização do vínculo nasce de uma relação de legalidade pautada por um princípio de reserva de lei.[14]

Portanto, em nosso Direito não é possível, em sede contratual, atribuir (constituir) originariamente poderes à Administração. O contrato não funciona como fonte, originária ou suplementar, de competência regulamentar, mas tão-somente como forma de aplicação dos imperativos estatuídos no ordenamento legal exigíveis à situação regulada, desde um prisma de conformação (subsunção). Com efeito, não há qualquer discricionariedade ou autonomia contratual na tarefa criativa de concepção de poderes do Poder Público sobre o co-contratante.

Outro aspecto que cabe perquirir é quanto ao cunho injuntivo ou dispositivo que caracteriza as leis aplicáveis. Como se sabe, enquanto as normas injuntivas possuem uma aplicabilidade autonomizada da pactuação contratual das partes, as normas dispositivas têm entre os seus pressupostos a sua manifestação de vontade. Parece certo que as normas legais pertinentes ao regime jurídico do *ius variandi* possuem um caráter injuntivo, pois que não se limitam a fornecer uma base legal para que, desde que previsto no plano contratual, o poder de instabilização possa ser exercido pela Administração-contratante. De fato, a previsão normativa por si só autoriza o exercício do *ius variandi* nos moldes em que o concebeu. Mesmo que não haja previsão contratual, esse "poder" se impõe na oportunidade e condições que a norma estatuiu, indiferente se restou ou não firmado em sede contratual. Posição diversa implicaria desconsiderar os efeitos do princípio da reserva de legalidade que cobre toda a atividade administrativa.

De outra parte, é inegável que, não obstante a competência de instabilização contratual seja típica, caracterizada pela conformação normativa, a aplicação do *ius variandi* ao caso concreto comporta certa atitude discricionária, reservada particularmente à avaliação dos pressupostos fáticos havidos e que ensejam a providência.[15] É oportuno, a par dessa consideração, elucidar primariamente o sentido funcional do "poder" manejado pela Administração.

res da Administração sobre o co-contratante depreendem-se da lei e também do próprio contrato. É dizer: a previsão contratual autoriza a criação de poderes unilaterais da Administração sobre o co-contratante. De outro lado, a ausência de prescrição contratual não impede o exercício do *ius variandi*, pois que tal poder se fundamenta nas exigências do serviço público. Nesse particular, Laubadère, Venezia e Gaudemet comentam: "O fundamento do poder de modificação unilateral se acha nas exigências do serviço público e mais precisamente nos princípios de adaptação constante e de continuidade do serviço público. Essas exigências, sendo variáveis, o interesse geral pode, num dado momento, necessitar que seja imposta a prestação de obrigações que não tinham sido previstas no momento do contrato. Resulta desse fundamento que não apenas o poder de modificação unilateral não precisa estar previsto no contrato, mas também que a Administração não pode validamente renunciar à sua prevalência no contrato" (trad. livre) (*Traité de Droit Administratif*, t. II, pp. 687-688).

14. Como anota Canotilho, "a relação entre a reserva da lei e o princípio da legalidade da Administração continua a apontar para a acentuação da 'legalidade substancial' que exige: (1) fundamento legal para os poderes conferidos à Administração; (2) determinação e densificação, por parte do legislador, dos limites materiais da acção da Administração". Sobre o princípio da reserva de lei, v. Sérvulo Correia, *Legalidade e Autonomia Contratual nos Contratos Administrativos*.

15. Essa é uma questão, de certa forma, controversa. Para a doutrina tradicional a qualificação jurídica de pressupostos fáticos é caso de interpretação, e não de discricionariedade. O ato de qualifi-

4. Natureza do "poder" de instabilização do contrato

O "poder" de alteração contratual é, antes de tudo, manifestação da função pública. Essa consideração, embora muito difundida, parece importante de ser previamente firmada, porquanto ilumina o sentido das competências públicas. Enquanto função, os poderes públicos estão afetados ao atingimento de interesses alheios aos de quem imediatamente os manipula (os agentes públicos); são poderes que instrumentam a busca, pela Administração Pública, de um interesse de outrem: da coletividade. Esse interesse caracteriza-se como o interesse geral havido concretamente num certo tempo e num dado lugar. Daí a indisponibilidade dos interesses manejados pelo Poder Público. Diz-se que quando o Estado manipula poderes públicos dessa ordem o faz patrocinado por um interesse público primário.[16] Explica excelentemente Afonso Queiró que, "enquanto a essência do Direito Privado está na autonomia de vontade dos respectivos sujeitos; a essência do Direito Público, do Direito Administrativo, *in specie*, está na obrigação para os respectivos agentes de realizarem os interesses que as leis lhes entregam para que deles curem (...). Não sem intenção dizemos que essa é a essência, quer dizer, o que há de irredutível em qualquer norma de Direito Administrativo: esta supõe sempre um agente, um órgão, e atribui-lhe uma função, ou seja, atribui-lhe alguns interesses específicos, um ou alguns fins concretos, uma ou algumas atividades determinadas".[17]

Com Alessi[18] tem-se que esses poderes trazem uma noção implícita de *dever*; são objetos de um dever jurídico de se atingir a finalidade pública ditada na lei. Por isso, usa-se dizer que a competência disponibilizada para que o Poder Público promova o interesse geral afigura-se um dever-poder.[19] Da mesma forma que o interesse pú-

cação jurídica de pressupostos fáticos, por respeitar geralmente a uma atitude de conformação de elementos fáticos a conceitos indeterminados alocados na previsão da norma (e não na estatuição), tem a natureza interpretativa e não discricionária. Neste sentido, v., sobretudo, André Gonçalves Pereira, *Erro e Ilegalidade no Acto Administrativo*, Lisboa, Ática. Não obstante essa corrente doutrinária tenha firmado entendimento no sentido de estabelecer a distinção conceitual entre a tarefa interpretativa e a atitude discricionária do agente público, é certo que não se omite a declarar a insuperável dificuldade de se alcançar a univocidade interpretativa no campo prático. Entendemos que na questão de qualificação jurídica dos pressupostos fáticos há atitude discricionária, sendo que tal residirá no âmbito da zona de incerteza que acometerá o juízo interpretativo. Esse entendimento implica admitir um tratamento único, pelo Direito, a espaços de decisão deferidos à Administração, seja pela pertinência de uma margem de livre apreciação, seja pela natureza discricionária da margem decisória. Esse espaço de responsabilidade exclusiva deferido à Administração (que se trata de uma zona discricionária) reside dentro da zona cinzenta ou zona de incerteza, onde não se acham elementos objetivos capazes de identificar uma subsunção positiva ou negativa dos fatos ao âmbito normativo.

16. As noções de interesse público primário e interesse público secundário foram desenvolvidas pela doutrina italiana. Como leciona o publicista italiano Renato Alessi: "L'interesse c.d. *pubblico* non è nient'altro che l'interesse collettivo primario, considerato come oggetto di diretta tutela dell'azione amministrativa, mentre interesse dell'Amministrazione, in quanto apparato, non rappresenta se non uno degli interessi secondari esistenti nel gruppo sociale." (*Principi di Diritto Amministrativo*, v. 1, p. 226).

17. "Reflexões sobre a teoria de desvio de poder em Direito Administrativo", *Estudos de Direito Público*, v. I, p. 100.

18. *Sistema Istituzionale del Diritto Amministrativo Italiano*, p. 6.

19. Marçal Justen Filho chama a atenção para a natureza *passiva/ativa* que encerra a expressão "dever-poder"; passiva porque o seu detentor encontra-se em um estado de sujeição a um dever jurídico; ativa porque a função exige, necessariamente, a utilização de poderes jurídicos ao seu exercício. A natureza passiva – explica Justen Filho – dá-se em dois níveis: a) o administrador está obrigado a valer-se de todos os meios necessários à busca do

blico primário estabelece limites ou parâmetros à ação de modificação contratual, impõe sua investida quando a situação posta assim o exigir. Daí ser impróprio referir-se ao *ius variandi* como uma "faculdade" do poder concedente.

Resulta que o *ius variandi*, enquanto competência pública, afigura-se poder funcional, fiduciário, e que instrumenta a ação de instabilização do contrato administrativo predeterminada na lei. Não se nega, contudo, que neste âmbito o agente público (poder concedente) se vale, residualmente, de competência discricionária. A atitude discricionária que se verifica – sempre residualmente – tem lugar em muitos momentos do processo de formação do *ius variandi*. Mas irrompe particularmente na consideração dos fatos concretos (motivo do ato) que estão a reclamar a investida de instabilização, sendo certo que essa apreciação pauta-se por todo o regime jurídico-administrativo, o qual estabelece parâmetros de ação; critérios de valoração dos pressupostos fáticos. A teleologia normativo-legal e a conseqüente relação de conformação exigida implicam considerar que o fenômeno discricionário nunca exsurgirá de forma plena, a ponto de caracterizar uma liberdade autônoma ao âmbito subsuntivo legal, mas tão-somente irromperá na tarefa de integração necessária da norma ao caso concreto; exercerá uma função integrativa e acessória no processo de aplicação da lei.

Logo, é certo que a Administração Pública ressente-se do que se chama de "autonomia contratual (de vontade)" (G. Vedel e P. Delvolvé[20]), que se distingue, em essência, de discricionariedade.[21] É possível aludir a uma autonomia pública, consistente numa "liberdade de decisão positivamente orientada pelo ordenamento jurídico. Os actos concretos em que a autonomia pública se manifesta recebem uma conformação teleológica provinda de normas aplicáveis e emergem da deliberada omissão de uma predeterminação do acto, omissão, esta, que é apenas parcial e nunca integral".[22]

Forçoso concluir, a partir disso, que o regime jurídico-administrativo impõe-se à emanação do *ius variandi* não apenas como limite a essa competência, mas como o seu próprio fundamento.

5. *Formação de autoridade do "ius variandi"*

Sabe-se que o *ius variandi* manifesta-se por meio de ato administrativo.[23] Mesmo que essa competência surta efeitos num âmbito contratual, a emanação da autorida-

fim visado; e b) o agente não está autorizado a promover qualquer ação desnecessária na prossecução da finalidade perseguida mediante o uso da competência. Pela natureza ativa entende-se não só o poder jurídico a possibilitar a ação funcional, donde se infere que o sujeito está obrigado a praticar todas as condutas necessárias e adequadas para o atingimento da satisfação do interesse transcendente, mas também uma decorrente sujeição dos administrados ao poder emanado (*Concessões de Serviços Públicos*, p. 30).

20. Conforme Georges Vedel e Pierre Delvolvé em Direito Administrativo não existe o princípio da autonomia de vontade (*Droit Administratif*, cit., t. 1).

21. Marçal Justen Filho observa que "a evolução do Direito Administrativo conduziu à integral rejeição da possibilidade de identificar autonomia privada e discricionariedade administrativa. Não há qualquer similitude entre esses conceitos. A evolução do pensamento jurídico conduz à separação da concepção de que a discricionariedade consistiria em uma liberdade dentro da lei, para reconhecer-se que o Direito não é apenas limite, mas a própria máxima do agir e decidir discricionários" ("Contratos entre órgãos e entidades públicas", *Revista de Direito Administrativo Aplicado* 10/688).

22. Sérvulo Correia, *Legalidade e Autonomia Contratual nos Contratos Administrativos*, cit., p. 600.

23. Há quem tenha dito que o *ius variandi* manifesta-se também por lei, mas a hipótese mais comum é de ato administrativo, pois que a lei não teria a executoriedade integrativa de aplicação da modificação no caso concreto.

de pública se dá mediante ato administrativo, instrumento típico a concretizar a declaração do Poder Público. A manifestação desse ato, entretanto, além de estar condicionada à existência de pressupostos materiais, exige um *"iter" concreto* de produção, no qual se insere a manifestação do particular. Trata-se de ato administrativo que tem no seu rito de formação a "vontade" do Poder Púbico "interagida" com a manifestação do particular, donde exsurge a formação da autoridade.

Essa complexidade de formação do ato visualiza-se pela intimação do co-contratante para que se manifeste com respeito aos termos da alteração intentada e manutenção da base econômico-financeira contratual. Não que a negativa dessa manifestação macule a formação do ato; presume-se válida a formação burocrática da autoridade pela oportunidade de petição deferida ao co-contrante, concedendo-lhe prazo para manifestação. Essa construção encontra fundamento no art. 5º, LIV e LV, da CF, que estabelece a observância do contraditório e da ampla defesa ao exercício de competência pública quando apto a sacrificar direitos individuais.

É certo que a manifestação do particular (co-contratante), nesta sede, não significa o exercício de ingerência sobre o conteúdo da modificação proposta. O conteúdo decisório da alteração, em essência, é manifestado exclusivamente pela Administração Pública, sob o desempenho indisponível de competências. Todavia, o co-contratante tem de ser cientificado dos termos da modificação, tendo a oportunidade processual para argüir eventuais vícios que possam acometer a investida da instabilização do vínculo engendrada, assim como manifestar-se acerca do mérito da modificação. Verificada a ilegalidade denunciada, a Administração (poder concedente) tem o dever de nulificar o ato (essa é uma solução imposta pela indisponibilidade dos interesses manejados no setor administrativo-público).

A concepção de procedimentalização do *ius variandi* insere-se numa ordem de "contratualização" de atos públicos que atinjam direitos do particular (Vasco Pereira da Silva[24]). O fenômeno da procedimentalização do *ius variandi* resulta de considerá-lo como uma técnica alternativa de ato administrativo,[25] relativizado no que toca à sua imperatividade, pela implicação de direitos recíprocos.

Ainda que o chamamento do co-contratante não lhe outorgue a faculdade de interferir no mérito da modificação contratual proposta, é certo que a participação do particular poderá ser absorvida pela Administração como uma técnica de negociação preventiva. Certamente, a atitude "negocial"

24. *Em Busca do Ato Administrativo Perdido*, 1996.

25. A experiência alemã trouxe muitas referências de atos administrativos especiais que exigiam a participação do particular como condição de eficácia de sua executoriedade. Tais construções erigiram-se a partir de uma dialética de rechaça à figura do contrato administrativo, proveniente da Escola Publicista Francesa. De fato, a doutrina alemã, sobretudo depois de Otto Mayer, concebeu a categoria dos atos administrativos dependentes da manifestação de vontade do particular. Walter Jellinek, aperfeiçoando a categoria elaborada por O. Mayer, estabeleceu melhor sistematização, em que os atos administrativos de sujeição e os atos bilaterias ocupariam posições intermédias numa escala polarizada pelos contratos bilaterais de Direito Público e pela unitariedade de certos atos administrativos. Essa categorização trouxe interessante contribuição no que toca às conseqüências pela invalidade do ato, dando conta da anulabilidade pela falta de colaboração do particular nos atos considerados unilaterais, sem privá-los da produção de eficácia; e da incapacidade de produção de efeitos nos atos bilaterais. Também Forsthoff abordou os atos administrativos carecidos de colaboração, entendendo que a falta de consentimento do particular, especialmente naqueles que dizem de perto com o exercício de direitos fundamentais, implica a nulidade de certos atos. Sérvulo Correia chama a atenção para a crítica de Stassinopoulos à idéia de "ato administativo bilateral", que, segundo esse jurista, se arrisca inutilmenta a romper a unidade jurídica do ato administrativo e a introduzir a confusão (*Legalidade e Autonomia Contratual nos Contratos Administrativos*, cit., p. 346).

propiciada pela Administração (dentro da latitude de ação própria conferida pela lei) deverá conduzir a um melhor resultado prático, legitimando de plano a alteração contratual promovida, evitando-se, pois, alguma irresignação do co-contratante na utilização de seu direito de recorrer à tutela jurisdicional, o que poderá estorvar o processo, trazendo, em última análise, prejuízos ao usuário final.

Essa experiência de negociação prévia tem-se visto no âmbito das agências reguladoras norte-americanas, que, constantemente sufocadas em sua prática de regulação por litígios judiciais, acabaram por adotar um sistema de consenso, oportunizando ao concessionário uma instância preliminar negocial. O resultado é uma maior agilização da atividade reguladora, significando menor ônus ao usuário dos serviços.

A técnica negocial normativamente orientada funda-se sobretudo nos ditames de otimização e eficiência do exercício administrativo que se impõem a par do instituto do procedimento. É sabido que a função do procedimento não se resume unicamente a garantir a proteção dos direitos dos cidadãos-administrados, não se esgota no escopo garantístico de evitar arbitrariedades ou desvios teleológicos, mas se preocupa ainda em tonificar a eficiência da produção administrativa, em dar maior eficiência à atividade administrativa. Como observa J. C. Vieira de Andrade, um código de procedimento deve servir à Administração no fito de criar uma "Administração eficiente".[26]

Neste diapasão, é razoável que se pense numa margem negocial para que o poder concedente possa, dentro dos parâmetros positivamente estatuídos pelo ordenamento, compor litígios, evitando-se pendências desnecessárias. E o procedimento, neste âmbito, exercerá uma função tanto garantística como propiciadora de maior celeridade e eficácia nas ações administrativas. O que se busca, neste nível, é o "equilíbrio entre os interesses da Administração e da sua eficiência (que são, no fundo, também, interesses de todos os administrados) e os interesses dos administrados que participem directamente em cada procedimento".[27]

6. *Intangibilidade da equação econômico-financeira do contrato*

A associação do particular co-contratante à função de prossecução do interesse público – situando-o como colaborador da Administração, daí experimentando-lhe certa insegurança em face das alterações unilateralmente promovidas pelo ente público – foi o que concebeu o desenvolvimento de uma teoria do equilíbrio econômico-financeiro dos contratos administrativos, garantindo aos contraentes a intangibilidade da equação econômico-financeira travada. Trata-se de princípio que visa a assegurar aos contratantes a mesma relação de eqüidade existente ao tempo da celebração contratual (apresentação de proposta no âmbito licitatório) entre os encargos assumidos pelos particulares e a remuneração devida pela Administração.

Esse princípio erigiu-se a partir da jurisprudência do Conselho de Estado Francês e desde então foi recepcionado pela doutrina universal.[28]

A aplicação do princípio a par do *ius variandi* implica considerar a manutenção da equação econômico-financeira do contrato como *condição* à instabilização. Sua disciplina jurídica no Direito nacional decorre das leis específicas (Lei 8.666, de 1993, e

26. "As novas regras para a actividade administrativa", *Seminário sobre o Código do Procedimento Administrativo*, pp. 83-84.

27. Maria João Estorninho, *A Fuga para o Direito Privado*, p. 246.

28. No Direito Francês o reequilíbrio econômico-financeiro do contrato em face do exercício do *ius variandi* é tratado de forma semelhante ao nosso Direito. Não obstante, em relação a outras causas de desbalanceamento do equilíbrio contratual o tratamento jurídico é distinto.

Lei 8.987, de 1995), bem como do próprio texto constitucional. É possível encontrar na Constituição Federal fundamentos explícitos e implícitos à exigência de manutenção do equilíbrio econômico-financeiro do contrato. Celso Antônio Bandeira de Mello explica que a "moralidade administrativa", encartada no art. 37 da CF, impõe a intangibilidade do equilíbrio contratual, na medida em que "não se compadeceria com intuitos de a Administração sacar vantagens de um negócio em detrimento de outra parte, isto é, de obter ganhos não previstos nem consentidos pelo contrato quando do travamento da avença".[29]

De outro lado, e explicitamente, tem-se no art. 37, XXI, da Carta Federal a prescrição de que serviços governamentais serão contratados com obediência às cláusulas de pagamento, mantidas as condições efetivas da proposta.

Portanto, se a alteração unilateral regulamentar implicar a frustração do equilíbrio entre os encargos e a remuneração assegurada originariamente pelo contrato, deve o ato de instabilização assegurar o restabelecimento (manutenção) do equilíbrio econômico-financeiro do contrato, sob pena de nulidade. Isso não se justifica só na relação de eqüidade que deve pairar sobre a relação contratual (base econômica), mas também se funda na realização, viabilização e continuidade do interesse público perseguido pela via do contrato; se se desmonta a relação contratual corre-se o risco de se ver atingido, prejudicado e interrompido o interesse público perseguido; de resto, fica ameaçada a eficácia contratual. É neste sentido que se afirma que o equilíbrio contratual nos contratos administrativos assume rigidez mais acentuada do que nos contratos privados, quando a ruína do co-contratante pode comprometer "a necessária continuidade da satisfação das necessidades públicas" (Jean Rivero[30]).

Por isso é que, uma vez afetada a equação econômico-financeira, deve a Administração-contratante restabelecê-la *concomitantemente* à concretização da instabilização contratual, de sorte que a não-recomposição contemporânea à edição do ato modificador gera um vício de nulidade do provimento. Esse raciocínio impende admitir que a alteração contratual não poderá subsistir sem a manutenção do equilíbrio contratual, por defeito de formação. Repare-se que a dicção do art. 9º da Lei 8.987, de 1995, adota a locução "concomitantemente" para fixar a exigência de recomposição contemporânea do equilíbrio contratual. Infere-se do preceito que o restabelecimento da equação econômica está erigido à categoria de condição à emanação do ato que modifica o contrato.

Portanto, a manutenção do equilíbrio contratual, tal como estatuída na Constituição Federal e nas leis infraconstitucionais que regulam a matéria, é condição à emanação do *ius variandi*, donde é forçoso inferir-se que a sua negativa nulificará o ato de instabilização, impondo-se a imediata remoção de seus efeitos.

Perceba-se que o contrato administrativo está protegido por um princípio de "intangibilidade" da equação econômico-financeira, significando que o Poder Público tem o dever de *manutenção* da equação econômico-financeira do contrato. A permissividade da alteração condiciona-se à manutenção do equilíbrio contratual, e não se impõe independente deste, tão-somente gerando ao co-contratante um direito potestativo à recomposição dos encargos. O co-contratante poderá pretender tanto a resolução do contrato como a manutenção do vínculo contratual; nesse caso (continuidade do vínculo) poderá deduzir o ressarcimento indenizatório correspondente ou a nulidade do

29. "O equilíbrio econômico nos contratos administrativos", *Perspectivas de Direito Público (Estudos em Homenagem a Miguel Seabra Fagundes)*, 1995.

30. *Direito Administativo*, p. 150.

ato modificador, com o restabelecimento do estado anterior.

Poder-se-ia pensar que esse raciocínio jurídico estaria a desconsiderar a supremacia do interesse público em relação ao interesse privado, porquanto a promoção da alteração ditada pelo interesse geral só poderia estabelecer-se mediante a manutenção da equação econômica, de interesse meramente privado. Todavia, a questão não é de ser posta desta forma. Primeiro porque a manutenção do equilíbrio econômico, como já se disse, não possui dimensão unicamente privada, mas importa (ainda que mediatamente) para o interesse público, uma vez que o vínculo contratual estabelecido está informado por um princípio de continuidade da prestação do serviço público.

Depois porque o regime jurídico-administrativo não se assenta exclusivamente num primado de supremacia do interesse público sobre o interesse privado, mas, antes, legitima-se pelo equilíbrio entre as "prerrogativas públicas" e a proteção a direitos dos particulares. Verifica-se uma tensão relacional entre a proteção desses direitos individuais e as competências públicas executórias. Exemplo emblemático é o instituto "exorbitante" da desapropriação, que autoriza o Poder Público, no âmbito de função pública, a expropriar bem do particular, mas só podendo fazê-lo mediante justa e *prévia* indenização.

Demais disso tudo, esse entendimento poderia estimular o Poder Público a deixar de restabelecer a equação econômica do contrato no momento próprio e oportuno da emanação da providência, fazendo-o posteriormente. É inequívoco que tal expediente poderia resultar na ruína financeira do parceiro contratante, o que, inevitavelmente, resvalaria no interesse público perseguido pela relação contratual administrativa.

Encareça-se que a manutenção do equilíbrio contratual, sendo condição objetiva da alteração, não irrompe como expediente disponível pelas partes. A avaliação (o restabelecimento econômico-financeiro) que demanda é objetiva e, assim, afasta a vontade do particular como elemento de implicação. Essa, aliás, é uma lógica do regime jurídico de Direito Público, em que não existe disponibilidade de interesses. Não se nega, contudo, e como já se disse, certa margem de ação negocial, normativamente orientada.

7. Pressupostos do "ius variandi"

Como já se disse, o poder de instabilização encontra limite na lei, tanto de ordem formal quanto material.[31] Os limites formais, já examinados, são pertinentes ao procedimento de formação do *ius variandi*. Já os limites materiais, além da inalterabilidade do objeto do contrato, consistem em pressupostos fáticos a serem observados pela investida, sob pena de nulidade. Está-se a tratar propriamente do motivo do ato.

Primariamente, tem-se como pressuposto substancial autorizatório à mutação do contrato a existência de um *motivo* pertinente, isto é, situações fáticas supervenientes à celebração contratual determinantes da modificação visada,[32] novos fatos que impli-

31. García de Enterría e Tomás-Ramón Fernández aludem à impropriedade de se referir a limites (de ordem material) impostos ao poder de modificação contratual. Segundo os autores, "não se trata, com efeito, de limites no sentido de barreiras ou obstáculos que impeçam à Administração modificar, em certos casos, os contratos administrativos por ela subscritos. (...). Ao serviço de interesse público e de suas concretas e iniludíveis exigências, o *jus variandi* da Administração contratante é ilimitado em extensão ou intensidade, já que o interesse público prima sobre qualquer outra consideração" (*Curso de Direito Administrativo*, cit., p. 649).

32. Diferentemente, Pedro Gonçalves entende que: "Se o poder de modificação só pode ser exercido quando exista um interesse público real que o justifique, esse interesse não tem de ser determinado por circunstâncias ou factos supervenientes, podendo resultar antes de uma nova ponderação que a Administração concedente faz de circunstâncias já existentes no momento da celebração do

quem um redimensionamento do quadro antes estabelecido, de modo a *exigir* da Administração a investida de instabilização. Esses fatos havidos devem relacionar-se com o objeto contratual sob um critério de estreita *pertinência*, enquadrando-se num contexto de *relevância* e *necessidade* para com o interesse geral perseguido pela via da concessão; o motivo deve importar conseqüências de *elevada magnitude* na relação com os termos contratuais postos.

Assim, o nexo lógico-relacional entre o interesse público especificamente perseguido pela via contratual (causa-função do contrato) e o conteúdo da modificação é o primeiro elemento que se põe na verificação de um motivo válido. Esse exame decompõe-se numa análise de relevância e necessidade. O motivo fático deve ser relevante segundo o paradigma do interesse geral. Não é qualquer fato havido, mesmo que mantenedor de nexo relacional com a causa-função do contrato, que pode ensejar a modificação regulamentar. Deve ser relevante, de grande importância na avaliação contextual do serviço público focalizado. O critério de necessidade decorre do próprio sentido que a função administrativa outorga ao dever-poder que é manipulado pelo Poder Público para esse fim, informado pelo princípio da instrumentalidade dos poderes públicos. A competência oportunizada exige do agente público não só que promova todos os meios necessários à busca do interesse em questão, como o impede de manifestar qualquer ação que não se faça necessária na perseguição desses fins. Sendo assim, a modificação promovida em face da situação fática e superveniente verificada deve ser *relevante* e *necessária*. Do contrário afigura-se impertinente, inválida.

Vale referir que esses fatos novos podem traduzir-se na repulsa do usuário aos termos do serviço prestado. Uma legítima e concreta manifestação popular é motivo (situação determinante) idôneo a impor o exercício da função de regulação, da alteração contratual.[33] Se uma contratação não restou bem engendrada pela Administração-concedente, gerando reflexos negativos na comunidade (concretamente atestados), é dever do poder concedente modificá-la, de molde a contemplar o anseio dos usuários, respeitada a inalterabilidade do objeto.[34] Esta uma função própria dos serviços públicos e que contamina a delegação da gestão (execução). O usuário não pode ser penalizado por um erro técnico ou de planificação e prognose da Administração. Os aspectos mais relevantes do serviço público di-

contrato" (*A Concessão de Serviços Públicos*, cit., pp. 260-261). Na mesma linha posicionam-se García de Enterría e Tomás-Ramón Fernández (*Curso de Direito Administrativo*, cit., pp. 649-650). Já Geraldo Ataliba, Adílson Dallari e Rosolea Folgosi, fazendo cita à monografia de Brewer-Carías sobre contratos administrativos, observaram que "toda modificação na execução de um contrato administrativo deve corresponder a uma modificação das circunstâncias tomadas em consideração no momento da celebração do contrato. Mesmo essas modificações de circunstâncias, embora confiram certa liberdade, não justificam arbitrariedades, pois a própria discricionariedade tem limites" ("Conversão do contrato de empreitada em concessão", *Revista de Direito Administrativo Aplicado* 9/374). Maria João Estorninho filia-se a essa posição, aludindo a uma mudança no contexto fático capaz de impulsionar o *ius variandi* (*Réquiem pelo Contrato Administrativo*, 1990).

33. É bem verdade que muitas vezes falta ao usuário a correta noção da dimensão dos serviços e obras concedidos. No âmbito da concessão de serviços públicos há investimentos que não repercutirão de imediato, trazendo desde logo os benefícios a eles relativos. Inúmeros são os casos em que os investimentos voltam-se para resultados futuros, dentro de um projeto de melhoramento dos serviços a longo prazo. Neste aspecto é que se vê, por vezes, certa falta de responsabilidade das gerações presentes para com resultados futuros. Por isso é que as manifestações populares de repulsa à execução de determinados serviços públicos devem ser examinadas com reservas.

34. Se o interesse público impuser a alteração essencial do objeto do contrato a questão se resolverá pelo poder da Administração de rescisão do contrato.

zem de perto com os direitos dos usuários, que devem restar preservados pela Administração-concedente, detentora de uma responsabilidade-garantia com relação à prestação desses serviços.

Quando se diz que devem existir situações determinantes da alteração alude-se à objetividade que paira sobre o exame acerca da oportunidade da regulação. Não se trata, na essência, de atitude discricionária, manifestada a partir de uma avaliação independente da Administração. É função vinculada e oportunizada objetivamente pela ocorrência de situação fática própria a autorizar (impor) a regulamentação (modificação) dos serviços públicos geridos. Essa situação determinante pode ser, por exemplo, a repulsa popular concretamente verificada a certas nuanças de execução de serviços públicos.

A apreciação pela Administração acerca das alterações fáticas que advieram no curso da execução contratual (ou, melhor: após a apresentação das propostas no âmbito licitatório) também comporta certa margem discricionária, residual. No entanto, essa margem discricionária está submissa aos princípios e critérios redutores de discricionariedade (Brewer-Carías); a discrição exsurge esgotado o âmbito vinculativo dessas normas. Daí ser imperativo que o Poder Público exponha e justifique as novas circunstâncias e as razões que as qualificam como determinantes da alteração contratual, através de uma suficiente motivação.

O que se vê em larga medida é que o Poder Público invoca a disposição genérica do art. 58 da Lei 8.666, de 1993, a promover alterações contratuais, motivando sua investida pela existência de relevantes "interesses públicos", não especificando, identificando, particularizando, os interesses efetivamente envolvidos na questão, sequer demonstrando a relação de necessidade e relevância, necessárias à oportunidade da alteração. Trata-se, evidentemente, de ardilosa fraude ao dever de motivação ampla do ato administrativo, hoje direito público subjetivo fiscalizatório de toda a relevância na relação cidadão/Administração. É prática coibida pelo regime jurídico-administrativo, pois que infratora de uma motivação ampla exigida, e que muitas vezes se mira na vagueza dos termos indeterminados – como "interesse público" –, no fito de legitimar interesses desencontrados do interesse geral perseguido. É o caso da utilização das fórmulas *passe-partout*, assim nominadas pelo Direito Francês, que servem genericamente para qualquer hipótese, mas não dão conta da situação concreta e particularizada.

A relação de *pertinência lógica* com os elementos contratuais visados pela alteração será capturada pela motivação produzida pelo Poder Público; deve haver um atendimento à exigência de *suficiência* de motivo do ato. É a necessidade de adequação do pressuposto fático à sua finalidade. A modificação do vínculo contratual deve conter suficiente motivação a lhe dar validade.[35] Como já dissemos em outra oportunidade, o dever de motivação do ato administrativo trata-se de um dos corolários do Estado de Direito, possibilitando ao administrado, consumidor da imperatividade que emana da Administração, o conhecimento das razões do agir administrativo; em última análise, da promoção do interesse geral.

8. Conclusão

Em sede de conclusão, faz-se oportuno anotar que as considerações dispensadas passam, antes de tudo, pela afirmação de

35. Celso Antônio Bandeira de Mello, certamente um dos autores brasileiros que melhor se dedicaram ao tema, esclarece que: "A autoridade necessita referir não apenas a base legal em que se quer estribada, mas também os fatos ou circunstâncias sobre os quais se apóia e, quando houver discrição, a *relação de pertinência lógica entre seu supedâneo fático e a medida tomada*, de maneira a se poder compreender sua idoneidade para lograr a finalidade legal. A motivação é, pois, a *justificativa* do ato" (*Discricionariedade e Controle Jurisdicional*, 1992).

uma gestão burocrática da Administração Pública. Desgraçadamente, o *ius variandi* parece ainda não ter merecido, pela doutrina nacional, um tratamento doutrinário adequado, próprio a erigir uma regulação mais pormenorizada de seus aspectos objetivos e formais. Isso é tão mais grave quando se focaliza o problema especificamente no âmbito das concessões de serviços públicos, instituto em constante aperfeiçoamento e largamente utilizado em nosso dias. A ausência de orientação nesse sentido pode propiciar um exercício arbitrário e não condizente com um Estado Democrático de Direito, burocrático na sua essência.

Sobressaem deste ensaio duas considerações nucleares: antes, a afirmação da importância que assume o exercício de competências de regulação e orientação de serviços públicos quando a responsabilidade-garantia que vincula a Administração-concedente afigura-se irrenunciável e impõe uma atitude pública constante e efetiva junto ao desempenho dos serviços públicos transferidos. Essa função de regulamentação (em sentido amplo) é hoje exigência inarredável do Estado nacional e deve instalar-se sobretudo como função protetiva do direitos dos usuários dos serviços públicos.

Depois, ressalta-se o aspecto funcional da competência de regulamentação, que, sempre sob a teleologia da função própria dos serviços públicos (interesse geral), pauta-se não só pelo respeito a princípios licitatórios (que impõem a inalterabilidade do objeto), mas também pelo respeito à relação contratual-administrativa que se estabelece entre concedente/concessionário.

Diante disso, temos que o *ius variandi* não pode ser tomado como um poder afeito a uma autonomia de vontade do Poder Público (que, de resto, inexiste). Trata-se de competência regulada e pautada por pressupostos certos, determinados pela lei sob um princípio de reserva legal. Tal poder só tem na lei a sua fonte de regulação, não se podendo inferir do contrato sua oportunidade; é dizer: o contrato não poderá ser fonte originária de constituição de poderes de autoridade do poder concedente sobre o concessionário.

Bem assim, o *ius variandi*, no atendimento a pressupostos formais, deve ter a formação da autoridade presidida por um procedimento pautado pela manifestação do co-contratante. Não que essa manifestação implique um exercício de influência sobre o conteúdo da modificação (até porque tal é indisponível, é ditado objetivamente pelo interesse geral envolvido), mas certamente possibilitará ao particular deduzir eventuais vícios que possam acometer a formação da autoridade de instabilização contratual, assim como dimensionar seus direitos e deveres envolvidos na contratação. Neste aspecto, essa procedimentalização aludida deverá propiciar à Administração-contratante um ambiente "negocial" e preventivo de litígios.

Outro aspecto é a manutenção do equilíbrio econômico-financeiro do contrato, que deve ser assegurada pelo ato modificador sob pena de invalidade da medida. A intangibilidade do equilíbrio trata-se de condição à emanação do *ius variandi*; de sorte que a não-manutenção, em princípio, vicia, nulifica, o ato.

De resto, os pressupostos objetivos à emanação do *ius varaindi* traduzem-se num *motivo* pertinente, isto é, pressupõem a existência de situação fática superveniente à celebração contratual determinante da modificação visada; exige-se um nexo lógico-relacional entre o interesse público especificamente perseguido pela via contratual (causa-função) e o conteúdo da modificação. Essa verificação decompõe-se numa análise de relevância e necessidade.

Ressalta-se, por fim, que o dever de motivação do ato administrativo que manifesta o *ius variandi* trata-se de importante instrumento fiscalizatório do co-contratante, possibilitando-lhe apanhar vícios que possam acometer a investida de modificação, eis que muito freqüentemente se tem visto um exercício arbitrário deste "poder" *variandi*, pretensamente legitimado, acobertado, por fórmulas *passe-partout* e pelo preenchimento desorientado de conceitos indeterminados.

Bibliografia

ALESSI, Renato. *Principi di Diritto Amministrativo*. v. 1. Milão, Giuffrè, 1974.

———. *Sistema Istituzionale del Diritto Amministrativo Italiano*. 3ª ed. Milão, Giuffrè, 1960.

ATALIBA, Geraldo, DALLARI, Adílson, e FOLGOSI, Rosolea M. "Conversão do contrato de empreitada em concessão". *Revista de Direito Administrativo Aplicado* 9. Curitiba, Genesis, 1996.

AUBY, J.-B., LLORENS, François, e DELVOLVÉ, P. *La Concession de Service Public face au Droit Communautaire*. Paris, Sirey, 1992.

BAENA, Concepción Horgué. *La Modificación del Contrato Administrativo de Obra (el "Ius Variandi")*. Madri, Marcial Pons Ediciones Jurídicas y Sociales, 1997.

BANDEIRA DE MELLO, Celso Antônio. *Curso de Direito Administrativo*. São Paulo, Malheiros Editores, 1998.

———. *Discricionariedade e Controle Jurisdicional*. 2ª ed. São Paulo, Malheiros Editores, 1992.

———. "O equilíbrio econômico nos contratos Administrativos". *Perspectivas de Direito Público (Estudos em Homenagem a Miguel Seabra Fagundes)*. Belo Horizonte, Del Rey, 1995.

———. *Prestação de Serviços Públicos e Administração Indireta*. 2ª ed. São Paulo, Ed. RT, 1983.

BANDEIRA DE MELLO, Oswaldo Aranha. "Natureza jurídica da concessão de serviço público". *Revista da Faculdade de Direito de Porto Alegre* II. 1951.

BERÇAITZ, Miguel Ángel. *Teoría General de los Contratos Administrativos*. 2ª ed. Buenos Aires, Depalma, 1980.

CANOTILHO, J. J. Gomes. *Direito Constitucional*. Coimbra, Almedina, 1992.

CASSAGNE, Juan Carlos. *El Contrato Administrativo*. Buenos Aires, Abeledo-Perrot, 1999.

CORREIA, José Manuel Sérvulo. *Legalidade e Autonomia Contratual nos Contratos Administrativos*. Coimbra, Almedina, 1987.

DEVOLVÉ, P., LAUBADÈRE, André de, e MODERNE, Frank. *Traité des Contrats Administratifs*. 2ª ed., t. I. Paris, Librairie Générale de Droit et de Jurisprudence, 1993.

DEVOLVÉ, P., LLORENS, François, e AUBY, J.-B. *La Concession de Service Public face au Droit Communautaire*. Paris, Sirey, 1992.

DELVOLVÉ, P., e VEDEL, G. *Droit Administratif*. 12ª ed., t. 1. Paris, Presses Universitaires de France, 1992.

ENTERRÍA, E. García de, e FERNÁNDEZ, Tomás-Ramón. *Curso de Direito Administrativo*. São Paulo: Ed. RT, 1991.

———. "La figura del contrato administrativo". *RAP* 42. 1963.

ESTORNINHO, Maria João. *A Fuga para o Direito Privado*. Coimbra, Almedina, 1996.

———. *Réquiem pelo Contrato Administrativo*. Coimbra: Almedina, 1990.

FERNÁNDEZ, Tomás-Ramón, e ENTERRÍA, E. García de. *Curso de Direito Administrativo*. São Paulo: Ed. RT, 1991.

———. "La figura del contrato administrativo". *RAP* 42. 1963.

FREITAS, Juarez. *Estudos de Direito Administrativo*. São Paulo, Malheiros Editores, 1995.

GAUDEMET, Yves, LAUBADÈRE, André de, e VENEZIA, J.-C. *Traité de Droit Administratif*. 12ª ed., t. II. Paris, Librairie Générale de Droit et de Jurisprudence, 1992.

GIANNINI. *Diritto Amministrativo*. Milão, 1970.

GONÇALVES, Pedro. *A Concessão de Serviços Públicos*. Coimbra, Almedina, 1999.

GORDILLO, Agustín A. *Tratado de Derecho Administrativo*. t. 2. Buenos Aires, Macchi, 1991.

JÈZE, Gaston. *Principios Generales del Derecho Administrativo*. t. IV. Buenos Aires, Depalma, 1950.

JUSTEN FILHO, Marçal. *Comentários à Lei de Licitações e Contratos Administrativos*. São Paulo, Dialética, 1999.

———. *Concessões de Serviços Públicos*. São Paulo, Dialética, 1997.

———. "Contratos entre órgãos e entidades públicas". *Revista de Direito Administrativo Aplicado* 10. Curitiba, Genesis, 1996.

LAUBADÈRE, André de. *Direito Público Econômico*. Coimbra, Almedina, 1985.

LAUBADÈRE, André de, MODERNE, Frank, e DELVOLVÉ, P. *Traité des Contrats Administratifs*. 2ª ed., t. I. Paris, Librairie Générale de Droit et de Jurisprudence, 1993.

LAUBADÈRE, André de; VENEZIA, J.-C., e GAUDEMET, Yves. *Traité de Droit Administratif*. 12ª ed., t. II. Paris, Librairie Générale de Droit et de Jurisprudence, 1992.

LLORENS, François, AUBY, J.-B., e DELVOLVÉ, Pierre. *La Concession de Service Public face au Droit Communautaire*. Paris, Sirey, 1992.

ORTIZ, Gaspar Ariño. *Teoría del Equivalente Económico en los Contratos Administrativos*. Madri, Instituto de Estudios Administrativos, 1968.

PÉQUIGNOT, G. *Théorie Générale du Contrat Administratif*. Paris, 1945.

PEREIRA, André Gonçalves. *Erro e Ilegalidade no Acto Administrativo*. Lisboa, Ática.

PORTO NETO, Benedicto. *Concessão de Serviço Público no Regime da Lei n. 8.987/95, Conceitos e Princípios*. São Paulo, Malheiros Editores, 1998.

RIVERO, Jean. *Direito Administrativo*. Coimbra, Almedina, 1981.

SILVA, Vasco Pereira da. *Em Busca do Ato Administrativo Perdido*. Coimbra, Almedina, 1996.

TÁCITO. Caio. *Temas de Direito Público*. 1º v. Rio de Janeiro, Renovar, 1997.

VEDEL, G., e DELVOLVÉ, P. *Droit Administratif*. 12ª ed., t. 1. Paris, Presses Universitaires de France, 1992.

VENEZIA, J.-C., LAUBADÈRE, André de, e GAUDEMET, Yves. *Traité de Droit Administratif*. 12ª ed., t. II. Paris, Librairie Générale de Droit et de Jurisprudence, 1992.

Curitiba, 1999

PRISÃO CIVIL E PENAL E "EXECUÇÃO INDIRETA"

A garantia do art. 5º, LXVII, da Constituição Federal

EDUARDO TALAMINI

Advogado em Curitiba – Professor na Faculdade de Direito da UFPR – Mestrando em Direito Processual na Faculdade de Direito da USP

I – Introdução. II – Medidas coercitivas e execução. III – A regra constitucional sobre prisão civil. IV – O conceito constitucional de "depositário infiel". V – A nova extensão da garantia, pela ratificação de convenções internacionais. VI – A abrangência da prisão civil por dívidas de caráter alimentar. VII – Inviabilidade da tese de que a Constituição vedaria apenas prisão civil por dívidas pecuniárias. VIII – A prisão "penal" por crime de desobediência.

I – Introdução

1. Quando se buscam soluções para o problema da ineficácia das decisões judiciais, merece sempre especial destaque o instituto da prisão. É comum que se invoquem, a título de comparação, figuras de outros ordenamentos – para defender ou combater o maior emprego da coerção pessoal a fins civis.

Trata-se, contudo, de instituto cuja função e área de aplicabilidade estão delineadas na própria ordem constitucional brasileira – o que tem de ser necessariamente considerado no exame e nas propostas de seu emprego em prol da maior utilidade da tutela jurisdicional.

II – Medidas coercitivas e execução

2. A prisão civil, nos casos em que admitida, funciona como meio coercitivo para a concretização de decisões jurisdicionais. É exemplo daquilo que se denomina "execução indireta": o uso de mecanismos destinados a pressionar psicologicamente o devedor a fim de que ele mesmo satisfaça a obrigação (*rectius*: dever). Ameaça-se o devedor com medidas constritivas que o induzem a, por ato próprio, cumprir a prestação devida.

Para a doutrina majoritária nessas hipóteses não há execução propriamente dita: a atividade executiva implicaria necessariamente a adoção de meios sub-rogatórios, substitutivos da conduta do devedor. Na célebre definição de Liebman, a "verdadeira execução" consiste na efetivação da sanção *independentemente* da vontade do devedor.[1]

1. *Processo de Execução*, n. 1-3, pp. 2-6. Quanto à adesão da doutrina brasileira a esse entendimento, v. referências em Talamini, "Tutelas

O Estado, então, substitui o devedor para proporcionar ao credor o resultado mais próximo possível do que haveria se não tivesse sido violado o direito. Exemplo perfeito do uso de meios sub-rogatórios é a "execução por quantia certa": o devedor é citado; não pagando, o próprio Estado penhora-lhe bens, expropria-os e entrega ao credor o dinheiro obtido.

Chiovenda, diferentemente, sustentava haver atuação executiva tanto através dos "meios de sub-rogação" quanto pelos "meios de coação". Ambos seriam "meios executivos": "medidas que a lei permite aos órgãos jurisdicionais pôr em prática para o fim de obter que o credor logre praticamente o bem a que tem direito".[2]

Enquadrar ou não os meios coercitivos (a "execução indireta") no âmbito da execução propriamente dita depende da perspectiva que se adote. Carnelutti destacou o caráter híbrido dessas medidas, comparando-as com a "estrutura" e a "função" da "execução" (por sub-rogação, "restituição") e da "pena" ("punição", "penitência").[3] Sob o aspecto funcional a "execução" é meio adotado *a fim de que* se atinja a situação a que o Direito tende com o comando desobedecido; a "pena", ao invés, emprega-se *porque* aquela situação não se verificou. A "execução", em outros termos, visa à "satisfação" do direito violado; a "pena" impõe uma "aflição" em virtude da violação. Estruturalmente, a "execução" sacrifica o *mesmo* interesse (ou interesse *equivalente* ao) que se afetaria caso observado o comando; a "pena" golpeia um interesse *diverso*. A medida coercitiva constitui um terceiro gênero, entre a "pena" e a "execução". Apresenta em comum com a "pena" sua estrutura, pois recai sobre bem do devedor *diferente* daquele que é objeto do dever violado. Já funcionalmente identifica-se com a "execução": tem finalidade "satisfativa", antes que "aflitiva". Chiovenda, quando reputa propriamente executivo o emprego dos "meios de coação", toma em conta tal identidade funcional. A doutrina prevalecente, ao negar o caráter de "verdadeira execução" à "execução indireta", tem em mira a incompatibilidade estrutural, a diversidade quanto ao modo de operar, de uma e outra.

Classificações à parte, importa é reconhecer a diferença substancial entre a atuação de meios sub-rogatórios, com o Estado substituindo-se ao devedor, e o uso de meios coercitivos, com a imposição de um comando estatal direto ao devedor. Retoma-se o tema ao final.

III – A regra constitucional sobre prisão civil

3. Pela norma contida no art. 5º, LXVII, da CF, sob o título "Dos Direitos e Garantias Fundamentais", "não haverá prisão civil por dívida, salvo a do responsável pelo inadimplemento voluntário e inescusável de obrigação alimentícia e a do depositário infiel".

Relega-se a "prisão civil" – a constrição da liberdade como medida processual civil coercitiva, meio de "execução indireta" – à excepcionalidade. Fora da exceção estabelecida no próprio dispositivo constitucional, a prisão só poderá ser utilizada como "pena" propriamente dita, sanção para condutas tipificadas como crimes (ou, quando menos, "transgressões militares" – art. 5º, LXI) – e desde que observadas todas as ga-

'mandamental' e 'executiva *lato sensu*' e a antecipação *ex vi* do art. 461, § 3º, do CPC", *Aspectos Polêmicos da Antecipação de Tutela*, notas 6 e 23.

2. *Instituições de Direito Processual Civil*, v. I, n. 86, pp. 287-288.

3. "Diritto e processo nella teoria delle obbligazione", *Studi in Onore di Giuseppe Chiovenda*, n. 5, pp. 241-242; *Sistema di Diritto Processuale Civile*, v. I, n. 10, pp. 22-24; *Diritto e Processo*, ns. 23-27, pp. 39-44. Antes, em *Il Danno e il Reato* (ns. 10 e ss., pp. 31 e ss.) e em *Lezioni di Diritto Processuale Civile* (ns. 28-30, pp. 80-92), Carnelutti, ainda que sem examinar as medidas coercitivas, já havia tratado da diversidade de estrutura e função das diversas formas de sanção.

rantias constitucionais penais e processuais penais (art. 5º, XXXIX, XL, XLV, LIII, LIV, LV, LVII, LXI, LXV, LXVI etc.).

A exata extensão da garantia da vedação da prisão civil, entretanto, é objeto de inúmeras controvérsias. Algumas delas são examinadas a seguir.

IV – O conceito constitucional de "depositário infiel"

4. A Constituição, ao estabelecer como exceção a hipótese de prisão do depositário infiel, considerou a noção de *depósito* tal como tradicionalmente construída. Depositário é aquele que recebe coisa móvel para guardá-la e mantê-la, assumindo a obrigação de devolvê-la quando isto lhe for determinado. Se não a devolve, é "infiel". Quando, por exemplo, o juiz determina o seqüestro de um bem e o submete à guarda do autor, do réu ou de agente estatal, há perfeita relação de depósito – ainda que não tenha caráter contratual. Do mesmo modo, o hoteleiro permanece como depositário das bagagens deixadas pelos hóspedes em seus aposentos.

5. O problema surge quando leis infraconstitucionais qualificam de "depósito" hipóteses que não correspondem perfeitamente àquele núcleo conceitual. Através de equiparação, reputam como sendo depósito situações diversas da contida na definição originária de depósito. E fazem-no precisamente com o escopo de permitir que também nesses casos seja utilizável a prisão civil.

É o caso, por exemplo, da Lei 8.866, de 1994, que qualificou como "depositário" a pessoa que tenha o dever de reter ou receber impostos, taxas ou contribuições de terceiros para depois repassá-los ao Fisco (art. 1º). Previu-se ainda que a falta de tal repasse caracterizaria o responsável ou substituto tributário como "depositário infiel" – passível, então, de prisão civil (art. 4º, §§ 1º e 2º, e arts. 7º e 8º). Para deixar clara a incidência da prisão, excluiu-se expressamente a aplicabilidade da regra do art. 1.280 do CC, pela qual o depósito de bens fungíveis submete-se à disciplina legal do mútuo (art. 9º).

Também o Decreto-lei 911, de 1969, que trata da alienação fiduciária, estabeleceu situação equiparada ao "depósito". Pela alienação fiduciária o bem dado em garantia tem sua propriedade formalmente transferida para o credor de quantia pecuniária – permanecendo, contudo, sob a posse direta do devedor. Este passa a ser reputado, conforme a lei, "depositário" do bem. Caso se torne inadimplente, a lei considera-o "depositário infiel" – e ele sofrerá a prisão civil se não pagar nem entregar o bem (art. 66 da Lei 4.728, de 1965, na redação dada pelo art. 1º do Decreto-lei 911, de 1969).

6. O limite da legitimidade constitucional da prisão civil de depositário, de qualquer modo, foi sempre dado por aquele núcleo essencial que se mencionou acima. Nem se diga que a figura jurídica do depósito não é realidade prévia ao Direito, mas algo instituído pelo ordenamento jurídico, e que, portanto, "depósito" seria tudo aquilo que a lei diz que é.

É inafastável que a Constituição, ao referir-se a "depositário infiel", tome em conta a própria noção tradicional de "depósito". Trata-se de imposição de ordem lógica. Entendimento em sentido contrário dizimaria o caráter de *garantia* da vedação à prisão civil. Tornaria supérfluo ou ineficaz o dispositivo constitucional que a prevê. Afinal, se a Constituição estipulou duas hipóteses taxativas e exaustivas em que cabe a prisão civil, não é possível que a legislação infraconstitucional – manipulando os conceitos tradicionais para além daquele núcleo mínimo – altere o alcance dessas exceções, ampliando-o. Se admitido esse expediente, a própria taxatividade estabelecida na Constituição desapareceria. A *garantia* de não ser preso civilmente, enquanto regra geral, se tornaria letra morta: o legislador infraconstitucional estaria absolutamente livre para definir seus contornos.

No Direito Tributário a necessária vinculação dos conceitos adotados em normas infraconstitucionais a um padrão preestabelecido na Constituição é aspecto reiteradamente destacado. Se a Constituição, por exemplo, prevê um imposto sobre *importações* e confere-lhe determinado regime, não se duvida de que uma lei infraconstitucional jamais poderá alterar a noção essencial de importação, para poder qualificar como "imposto sobre importação" encargo que não incida sobre efetiva operação dessa natureza. Ninguém discutiria a inconstitucionalidade de lei que, para tal fim, passasse a denominar de "importação" a simples circulação de produto de um Estado da Federação para outro.

Há voto célebre do Min. Luiz Gallotti em acórdão do STF em que consta a seguinte passagem: "Se a lei pudesse chamar de compra o que não é compra, de importação o que não é importação, de exportação o que não é exportação, de renda o que não é renda, ruiria todo o sistema tributário inscrito na Constituição".[4] Roque Carrazza, em capítulo de seu *Curso* com amplas referências doutrinárias acerca do tema, reconhece o acerto da observação e constata: "Assim, ao mesmo tempo em que distribuiu competências tributárias, a Constituição indicou os padrões dentro dos quais o legislador ordinário de cada pessoa política pode traçar os aspectos das normas jurídicas dos tributos que lhe dizem respeito".[5]

E não se trata de peculiaridade do sistema constitucional tributário. Aliás, se tal característica se apresenta nas chamadas "limitações do poder de tributar" – primeiramente, ainda que não exclusivamente, destinadas à proteção da propriedade –, maiores razões justificam-na em relação a garantias de direitos fundamentais ainda mais essenciais, como a vida ou a liberdade. É inconcebível, por exemplo, que a legislação infraconstitucional, a fim de estender a prisão processual penal para hipóteses diversas das previstas na Constituição, amplie o conceito de "flagrante delito", ou adote uma nova denominação, diferente de "prisão", para a privação da liberdade pessoal.

A conclusão não parece ser outra: o núcleo mínimo dos conceitos veiculados nas normas constitucionais que estabelecem garantias está necessariamente referido a uma situação pré-jurídica – ou, quando menos, subordinado a noção que, conquanto jurídica, esteja assente e seja prévia à formação do texto constitucional. Em caso contrário estabelecer-se-ia impasse lógico: a norma constitucional destinada a dar os limites de legitimidade da norma infraconstitucional teria seu conteúdo definido pela norma ... infraconstitucional.

Tudo isso valia, igualmente, para a interpretação da norma constitucional que excepcionalmente autorizava a prisão civil do depositário infiel. Daí o acerto de Clóvis do Couto e Silva ao afirmar que "a prisão do depositário infiel resulta do texto da Constituição e a tipificação do depósito quem a dá, em última análise, é a lei ordinária. Todavia, é claro que, para caracterizar o depósito, é preciso que o negócio jurídico tenha como finalidade principal a guarda. Se a finalidade for de garantia, não se tratará de depósito".[6]

Não se nega a possibilidade da instituição, por meio de lei ou pela criatividade negocial na esfera privada, de novas figuras jurídicas que incluam em sua estrutura o depósito propriamente dito, com aquilo que ele tem de essencial. É exatamente o que ocorre no depósito judicial ou na caracterização legal do hoteleiro como depositário, antes mencionados. O que não se concebe é a *mera aposição do nome* "depósito" a situações que não veiculam o elemento nuclear desse instituto, com o objetivo de estender-lhes mecanismo de tutela que a Constituição havia deferido em caráter excepcional.

4. RE 71.758-GB, *RTJ* 66/165.

5. *Curso de Direito Constitucional Tributário*, Título II, Capítulo I, n. 5, p. 354.

6. *Comentários ao Código de Processo Civil*, v. XI-I, n. 45, p. 58.

7. Por isso, parte da doutrina e jurisprudência vem considerando inconstitucionais leis que pretendem ampliar o conceito de depositário infiel para burlar os limites que a Constituição impôs à prisão civil.

7.1 A Lei 8.866, de 1994, que previu a figura do "depositário" de valores pertencentes à Fazenda Pública, teve sua inconstitucionalidade argüida pela via direta (ADIn 1.055-7). O Supremo concedeu medida liminar apenas para sustar os efeitos do dispositivo que (a) impunha a prisão civil já no início do processo caso não houvesse recolhimento ou depósito da quantia em discussão (art. 4º, § 2º, e parte do *caput* do art. 7º); (b) condicionava o exercício de defesa, sob pena de revelia, ao depósito da quantia em discussão (art. 4º, § 3º); (c) estendia a prisão civil aos "empregados que movimentem recursos financeiros" da pessoa jurídica, quando esta fosse a "depositária" (parte do *caput* e do parágrafo único do art. 7º). Não se suspenderam, entretanto, as regras que qualificam o substituto ou responsável tributário como "depositário", cominando-lhe a prisão civil.[7] Ainda não houve julgamento do mérito.

Enquanto o Supremo não se pronuncia sobre o mérito da argüição direta, outros tribunais já reconheceram, incidentalmente, a inconstitucionalidade da equiparação a depositário feita pela Lei 8.866, de 1994. Pode ser citado acórdão unânime da 5ª Turma do TRF da 5ª Região, relatado pelo Juiz Hugo de Brito Machado, em que foi afirmada a impossibilidade de se caracterizar como depositário aquele que desconta ou retém impostos e contribuições. Conforme o voto do Relator: "No caso do imposto de renda na fonte, ou das contribuições descontadas dos salários, embora possa parecer que há uma apropriação, na verdade ela não existe, porque o empregador, ao pagar o salário, ou a fonte, ao pagar o rendimento sujeito à incidência do imposto, na verdade está pagando parte de seu débito, e fica a dever o restante a ser pago ao Fisco. (...). Para que se caracterize o depósito, é preciso que o depositário receba efetivamente, de outrem, a coisa a cuja devolução se obriga e dela se aproprie. Se não existe a situação fática caracterizadora da apropriação, não se pode dizer que existe a situação fática objetiva caracterizadora da condição de depositário. (...). O contribuinte de IPI, de imposto de renda retido na fonte e de contribuições de seguridade é, na verdade, devedor. Devedor de dívida própria. Não pode, pois, ser tido como depositário. Entendimento diverso reduz à insignificância a garantia de que não haverá prisão por dívida".[8]

7.2 Do mesmo modo, há anos vem sendo discutida a constitucionalidade da prisão civil do devedor no contrato de alienação fiduciária (Decreto-lei 911, de 1969). Parte da doutrina e várias decisões, inclusive do STJ, tomaram por inconstitucional essa norma.[9]

7. ADIn 1.055-7, rel. Min. Sidney Sanches, j. 16.6.1994, *DJU* 13.6.1997, p. 26.689. A decisão foi tomada por maioria: o Min. Rezek votou pela suspensão apenas da regra mencionada em "c", acima; os Mins. Ilmar Galvão, Paulo Brossard e Octávio Gallotti votaram também pela suspensão da regra que impõe a condição de depositário ao obrigado a reter tributos; o Min. Marco Aurélio votou pela integral suspensão da lei.

8. HC 414-CE, *RTRF-5ªR.* 19/229 e ss. (trecho citado: p. 234).

9. Citem-se, entre outros, os seguintes julgados anteriores ao pronunciamento do Plenário do STF acerca do tema: *STJ* – REsp 7.943-RS, 4ª T., rel. Min. Athos Carneiro, j. 30.4.1991, v.u., *DJU* 10.6.1991, p. 7.854, *RSTJ* 23/378 e 33/204; REsp 2.320-RS, 4ª T., rel. Min. Athos Carneiro, j. 2.9.1991, v.u., *DJU* 2.9.1991, p. 11.814; HC 3.294-SP, 6ª T., rel. Min. Adhemar Maciel, j. 4.4.1995, v.u., *DJU* 18.9.1995, *RSTJ* 75/91; HC 3.545-DF, 6ª T., rel. Min. Adhemar Maciel, j. 10.10.1995, v.u., *DJU* 18.12.1995, p. 44.620. *TARS* – Ap. 192138980, 7ª C., rel. Juiz Antônio J. Dall'Agnol Jr., j. 2.9.1992, v.u., *RT* 695/192; *TAPR* – 7ª C., Ap. cível 59.551-3, Ac. 2.506, rel. Juiz Domingos Ramina, j. 23.8.1993, v.u., *DJPR* 17.9.93.

Na doutrina, cf.: Clóvis do Couto e Silva, *Comentários ao Código de Processo Civil*, cit., v. XI-I, n. 45, p. 58; Adroaldo F. Fabrício, *Comentá-*

O fundamento dessa orientação está resumido na seguinte passagem de voto do então Desembargador Barbosa Moreira em acórdão prolatado ainda sob a égide do texto constitucional anterior: "A Constituição da República, no art. 153, § 17, proíbe a prisão civil por dívida, abrindo duas únicas exceções, que, como tais, se interpretam estritamente. Uma delas é a do 'depositário infiel', expressão cujo significado não pode ser senão o que ressalta do art. 1.287 do Código Civil, e implica a *não-restituição* da coisa ('o depositário, *que o não restituir*, quando exigido'). É obviamente a essa hipótese, e só a ela, que alude o texto constitucional, insuscetível de ampliação. Na alienação fiduciária em garantia não se cogita de 'não-restituição', pela singela e bastante razão de que o devedor não recebeu a coisa das mãos do credor, e só se *restitui* ou não a alguém o que desse alguém se houver recebido. Reconhecer à lei ordinária a possibilidade de equiparar outras situações, substancialmente diversas, à do depositário infiel, *para o fim de tornar aplicável a prisão civil*, equivale a esvaziar a garantia constitucional. Mediante a 'equiparação', *qualquer* devedor – um simples mutuário, por exemplo – acabará podendo ver-se sujeito a medida cujo emprego a Constituição quis limitar a casos bem definidos".[10]

No final de 1995 a questão foi apreciada pelo Plenário do STF. O Relator original, Min. Marco Aurélio, e outros quatro Ministros consideraram inconstitucional a prisão civil do devedor na alienação fiduciária, mas saíram vencidos. Os fundamentos do acórdão, até a finalização deste texto, ainda não haviam sido publicados.[11]

Posteriormente proferiram-se decisões, inclusive no STJ, que seguem e citam como precedente a orientação que saiu vencedora no julgamento pelo Plenário do Supremo. Acórdãos das duas Turmas do STF vinham sendo nesse mesmo sentido.[12]

A questão, todavia, não pode ser dada, ainda, como resolvida ou pacificada.

Primeiro porque, além de aquela decisão do Supremo não se haver dado na via da "ação direta", nela apenas se rejeitou a argüição de inconstitucionalidade. Formalmente, portanto, não tem caráter vinculante para os demais juízes e tribunais.

Poderia servir, como sói acontecer, de importante fator de convencimento para os demais magistrados e Cortes. Essa hipótese fica prejudicada, porém, por não se haver ainda publicado a fundamentação do acórdão. Não se conhecem com exatidão os argumentos usados nos votos vencedores e vencidos. Eventualmente, há aspectos também relevantes que não foram abordados naquela ocasião. Como se verá a seguir, há ponto de extrema importância para o tema que, ao que consta, foi tratado apenas por alguns dos Ministros.

rios ao Código de Processo Civil, v. VIII-III, n. 137, pp. 120-121; J. Raul Gavião de Almeida, "Prisão civil em contrato de alienação fiduciária", *RT* 563/42 e ss.

10. TJRJ, Ap. cível 3.568/87, cit. no acórdão do REsp 7.943-RS, acima indicado (*RSTJ* 23/387-388).

11. HC 72.131-RJ, rel. para o acórdão Min. Moreira Alves, j. 23.11.1995, m.v. O dispositivo do acórdão constou no *DJU* 4.12.1995, p. 42.035.

12. V., por exemplo: *STJ* – REsp 56.106-MG, 4ª T., rel. Min. Sálvio de Figueiredo Teixeira, j. 9.12.1996, v.u., *DJU* 24.2.1997, p. 3.337; REsp 100.741-MG, 4ª T., rel. Min. Sálvio de Figueiredo Teixeira, j. 9.12.1996, v.u., *DJU* 17.3.1997, p. 7.512; REsp 95.462-MG, 4ª T., rel. Min. Sálvio de Figueiredo Teixeira, j. 20.2.1997, v.u., *DJU* 12.5.1997, p. 18.811; REsp 152.468-SP, 4ª T., rel. Min. Sálvio de Figueiredo Teixeira, j. 10.2.1998, m.v., *DJU* 6.4.1998, p. 135. *1º TACivSP* – AI 691.276-7, 7ª C. Esp. Julho de 1996, rel. Juiz Álvares Lobo, j. 9.8.1996, v.u., *AASP* 1997, 2-8.4.1997, pp. 107-j e ss. *2º TACivSP* – HC 477.400-0, 12ª C., rel. Juiz Luís de Carvalho, j. 20.3.1997, m.v., *RT* 743/312. Do STF, cf.: HC 72.183-SP, 2ª T., rel. Min. Marco Aurélio, j. 23.2.1996, v.u., *DJU* 22.11.1996, p. 45.687; HC 73.044-SP, 2ª T., rel. Min. Maurício Corrêa, j. 19.3.1996, v.u., *DJU* 20.9.1996, p. 34.534; HC 74.381-PR, 1ª T., rel. Min. Moreira Alves, j. 26.8.1997, v.u., *DJU* 26.9.1997, p. 47.476; RE 200.385-RS, 1ª T., rel. Min. Moreira Alves, j. 2.12.1997, v.u., *DJU* 6.2.1998, p. 38.

Além disso, a controvérsia não se eliminou nem mesmo dentro do Supremo. A votação foi extremamente equilibrada. As Turmas, logo depois do julgamento, passaram a adotar a tese vencedora. Mas, por exemplo, o Min. Marco Aurélio, que saiu vencido no Plenário, já afirmava, na própria ementa de acórdão que relatou posteriormente, estar seguindo a tese vencedora apenas em respeito à maioria – destacando sua intenção de tornar a discutir a questão, para defender seu ponto de vista.[13]

Daí que são muitos os acórdãos de outros tribunais, posteriores ao julgamento do Supremo, que permanecem reputando inconstitucional a prisão civil do devedor na alienação fiduciária em garantia. No STJ, aliás, parece possível, pelas mais recentes decisões, constatar-se a prevalência deste entendimento – o que se reflete também em outros tribunais.[14]

Acórdão do Supremo posterior àquela decisão do Plenário dá razoável indicação de que a posição antes adotada pode vir a ser revista: a 2ª Turma, por empate na votação, deferiu *habeas corpus* contra decreto de prisão civil de depositário de penhor rural. Reputou-se inconstitucional nessa hipótese a equiparação legal do devedor inadimplente ao "depositário infiel". Além disso, tomou-se em conta norma constante do Pacto de San José da Costa Rica, ratificado pelo Brasil – do que se trata a seguir.[15]

V – A nova extensão da garantia, pela ratificação de convenções internacionais

8. Mas a própria discussão sobre o sentido constitucional de "depósito", para a definição da extensão da prisão civil, tende a ficar superada em virtude de novidade advinda do Direito Internacional.

A Convenção Americana sobre Direitos Humanos (Pacto de San José da Costa Rica) deu à garantia da vedação da prisão civil extensão maior do que a constante do texto constitucional: possibilitou-se tal medida processual coercitiva *apenas no caso de dívida alimentícia* (Convenção Americana, art. 7º, § 7º). A Convenção foi ratificada, sem qualquer reserva, pelo Congresso Brasileiro através do Decreto Legislativo 27, de 26.5.1992, e promulgada pelo Presidente da

13. HC 72.183-SP, cit. na nota anterior.

14. Do STJ, por exemplo, v. as seguintes decisões: HC 5.583-DF, 3ª S., rel. para o acórdão Min. William Patterson, j. 14.5.1997, m.v., *DJU* 4.8.1997, p. 34.649; RHC 6.163-SP, 6ª T., rel. Min. Vicente Leal, j. 10.3.1997, v.u., *DJU* 7.4.1997, *RT* 743/203; RHC 6.125-PR, 6ª T., rel. Min. William Patterson, j. 20.5.1997, v.u., *DJU* 23.6.1997, p. 29.193; HC 5.116-RJ, 5ª T., rel. Min. José Arnaldo, j. 3.6.1997, v.u., *DJU* 1.9.1997, p. 40.850; REsp 124.454-GO, 6ª T., rel. Min. Vicente Cernicchiaro, j. 23.6.1997, v.u., *DJU* 29.9.1997, p. 48.353; RHC 6.570-PR, 5ª T., rel. Min. José Arnaldo, j. 19.8.1997, v.u., *DJU* 29.9.1997, p. 48.237; HC 5.598-DF, 5ª T., rel. Min. Édson Vidigal, j. 2.9.1997, v.u., *DJU* 29.9.97, p. 48.231; RCH 6.632-SP, 6ª T., rel. Min. Vicente Leal, j. 1.9.1997, v.u., *DJU* 6.10.1997, p. 50.061; REsp 136.772-DF, 6ª T., rel. Min. William Patterson, j. 23.9.1997, v.u., *DJU* 20.10.1997, p. 53.152; REsp 126.656-DF, 6ª T., rel. Min. Fernando Gonçalves, j. 7.10.1997, v.u., *DJU* 27.10.1997, p. 54.846; RHC 5.617-DF, 5ª T., rel. Min. José Dantas, j. 7.10.1997, v.u., *DJU* 3.11.1997, p. 56.338; RHC 7.226-DF, 5ª T., rel. Min. José Dantas, j. 21.5.1998, v.u., *DJU* 15.6.1998, p. 138).

Do 1º TACivSP: Ap. 614.320-8, 11ª C., rel. Juiz Ary Bauer, j. 14.11.1996, v.u., *RT* 739/290.

Do 2º TACivSP: HC 484.747, 6ª C., rel. Juiz Carlos Stroppa, j. 7.5.1997, *AASP* 2.024/4, 13-19.10.1997; Ap. 478.783, 7ª C., rel. Juiz S. Oscar Feltrin, j. 4.3.1997, v.u.; AI 485.273, 12ª C., rel. Juiz Gama Pellegrini, j. 13.3.1997. m.v. – com amparo em vasta seleção jurisprudencial.

Do TAPR: Ap. cível 83.994-3, 3ª C., Ac. 6.569, rel. Juiz Ruy Cunha Sobrinho, j. 20.12.1995, m.v., *DJPR* 23.2.1996; HC cível 80.744-1, 3ª C., Ac. 6.936, rel. Juiz Lídio J. R. de Macedo, j. 30.4.1996, m.v., *DJPR* 31.5.1996; Ap. cível 101.354-9, 4ª C., Ac. 8.084, rel. Juiz Ruy Cunha Sobrinho, j. 26.3.1997, m.v., *DJPR* 18.4.1997.

15. HC 74.383-MG, 2ª T., rel. para o acórdão Min. Marco Aurélio, j. 22.10.1996, *DJU* 27.6.1997, p. 30.227.

República através do Decreto 678, de 6.11.1992. Com isso, aquela norma ingressou na ordem jurídica brasileira.

A partir de então a própria possibilidade de prisão do depositário infiel está, *em qualquer caso*, proibida – vez que não se excetuou essa hipótese no Pacto de San José. Antes, aliás, o Pacto Internacional sobre Direitos Civis e Políticos (ratificado pelo Decreto Legislativo 226, de 12.12.1991, promulgado pelo Decreto 592, de 6.7.1992) já havia excluído a possibilidade de prisão civil por descumprimento de "obrigação contratual" (art. 11) – o que já afastava a possibilidade de prisão de depositário infiel toda vez que a relação de depósito decorresse de contrato.

9. Não parece correta a tese de que a norma da Convenção Americana contrariaria a previsão antes contida na Constituição – não podendo, por isso, ser recebida pelo ordenamento brasileiro.

Qual o sentido da regra originariamente veiculada na Constituição? Através dela vedava-se a prisão civil em *todos os casos, menos em dois* (devedor de alimentos e depositário infiel). A norma do Pacto de San José apenas amplia o âmbito de incidência dessa garantia: agora, veda-se a prisão civil em *todos os casos, menos em um* (o do devedor de alimentos). A nova regra, portanto, não afronta a garantia que consta do inciso LXVII do art. 5º da CF. Veicula, tão-somente, reforço ao rol constitucional de direitos e garantias fundamentais.

O ponto nuclear da questão está em constatar que a positivação jurídica de direitos e garantias fundamentais consiste em mecanismo destinado a dar-lhes maior efetividade. Não pode, jamais, funcionar como freio ou obstáculo ao reconhecimento de outros direitos e garantias, ou à ampliação daqueles já existentes. Esse princípio é essencial para a Constituição do Estado de Direito. Já vinha expresso (*nem dependeria disso*) no *Bill of Rights* que se adicionou, em 1791, à originária Constituição Norte-Americana (Emenda 9ª). Igualmente, o princípio tem constado de todas as Constituições Brasileiras, desde 1891.

A única hipótese em que um direito (ou garantia) fundamental, constante de tratado ou convenção internacional ratificado pelo Brasil, não seria recebido por nossa ordem jurídica dar-se-ia quando tal direito viesse direta e objetivamente a suprimir outro, igualmente fundamental, já constante da Constituição. Daí, sim, a norma advinda do ato internacional, mesmo que ratificada, seria inconstitucional. Mas isso não acontece no caso examinado. Seria incorreto dizer que o inciso LXVII do art. 5º previu garantia ou direito fundamental em favor do credor do depositário infiel – e que esse direito estaria sendo suprimido caso acolhida a nova norma. A garantia fundamental ali contida, não se discute, é a que proíbe prisão civil (resguardando o direito à liberdade) – e não outra. Torna-se ao tema no tópico seguinte.

10. Há mais um fator a ser considerado. Nos termos do § 2º do art. 5º da CF, os direitos e garantias fundamentais nela expressos não excluem outros decorrentes de tratados internacionais ratificados pelo Brasil.

Essa regra careceria de sentido se fosse interpretada como simples previsão de que os tratados e convenções internacionais consagradores de direitos e garantias fundamentais, uma vez ratificados, ingressam na ordem jurídica interna como normas infraconstitucionais. O ingresso como mera regra infraconstitucional já decorre do regime geral para todo e qualquer tratado ratificado pelo Brasil – o que se extrai de outras normas constitucionais (CF, arts. 102, III, "b", e 105, III, "a") e já foi reconhecido pela jurisprudência.[16] O § 2º do art. 5º, portanto, significa mais do que isso: as normas decorrentes de tratados internacionais veiculadoras de direitos e garantias ingressam no Direito Brasileiro com *grau hierárquico constitucional.*

A ampliação da proibição da prisão civil, desse modo, incorporou-se à ordem

16. V., por todos, RE 80.004-SE, *RTJ* 83/809.

constitucional brasileira. E, enquanto garantia fundamental, não pode ser suprimida nem por emenda constitucional – nos termos do art. 60, § 4º, da CF.

11. No já mencionado julgamento, pelo Plenário do Supremo, da legitimidade da prisão do devedor na alienação fiduciária há notícias de que esse aspecto chegou a ser ventilado por alguns dos Ministros que votaram, vencidos, pela inconstitucionalidade da medida coercitiva. Ignora-se, em virtude da falta de publicação dos fundamentos do acórdão, se o assunto foi abordado em todos os votos. Não era, de qualquer modo, o tema central do debate.

Há acórdãos posteriores das duas Turmas do Supremo que rejeitaram a tese acima exposta.[17] No HC 73.044-SP o Min. Maurício Corrêa consignou que a adoção da norma contida na Convenção Americana iria contra a "soberania do Estado-povo na elaboração da sua Constituição". Pode-se dizer, em resposta, que *também é fruto da soberania popular* o § 2º do art. 5º da CF, que previu a incorporação à Constituição dos atos internacionais que veiculem direitos e garantias fundamentais – não bastasse ser esta uma regra inerente ao Estado de Direito. Mais ainda, também é decorrência da soberania popular a ratificação do ato internacional pelo Congresso Nacional, com base em competência que lhe foi *constitucionalmente* atribuída.

Decisão mais recente da 2ª Turma do Supremo, todavia, adotou o entendimento de que foi ampliada a garantia da vedação da prisão civil – ainda que para situá-la, diferentemente do que se defende neste texto, no "patamar da legislação ordinária" (HC 74.383-MG, cit. acima). E são vários os pronunciamentos de outros tribunais não mais admitindo a prisão civil do depositário infiel por essa razão.[18]

VI – A abrangência da prisão civil por dívidas de caráter alimentar

12. A dívida alimentícia cujo inadimplemento enseja prisão civil é apenas a advinda de vínculos familiares (parentesco, matrimônio, união estável), ou pode ter também outras fontes? Pode ser empregado esse meio coercitivo, por exemplo, na "execução" de verbas indenizatórias destinadas ao sustento da vítima ou de seus familiares (*v.g.*, *ex*-arts. 1.537, II, ou 1.539 do CC; o reembolso das "despesas de tratamento", de que trata o art. 1.538 do mesmo diploma)?

A solução passa necessariamente por duas etapas: o exame do conceito constitucional de "obrigação alimentícia" e a verificação da disciplina legal dos meios de tutela referentes a tais créditos.

Na Constituição dívida de alimentos não é só aquela que decorre do Direito de Família. Abrange todo e qualquer crédito cuja função precípua seja a de possibilitar a subsistência digna do credor. Estão incluídas no conceito constitucional as obrigações

17. HC 73.044-SP, 2ª T., rel. Min. Maurício Corrêa, j. 19.3.1996, v.u., *DJU* 20.9.1996, p. 34.534; HC 74.381-PR, 1ª T., rel. Min. Moreira Alves, j. 26.8.1997, v.u., *DJU* 26.9.1997, p. 47.476; RE 200.385-RS, 1ª T., rel. Min. Moreira Alves, j. 2.12.1997, v.u., *DJU* 6.2.1998, p. 38.

18. Cf., entre outras: *STJ* – HC 3.294-SP, 6ª T., rel. Min. Adhemar Maciel, j. 4.4.1995, v.u., *DJU* 18.9.1995, *RSTJ* 75/91; HC 3.545-DF, 6ª T., rel. Min. Adhemar Maciel, j. 10.10.1995, v.u., *DJU* 18.12.1995, p. 44.620; RHC 4.297-SP, 6ª T, rel. Min. Adhemar Maciel, v.u., *DJU* 5.2.1996, *Ementário-RSTJ* 14, ementa 305). *1º TACivSP* – HC 674.963-6, 11ª C., rel. Juiz Ary Bauer, j. 11.4.1996, v.u., *JTA-Lex* 159/220; Ap. 601.880-7, 1ª C., rel. Juiz Elliot Akel, j. 16.9.1996, v.u.; Ap. 614.320-8, 11ª C., rel. Juiz Ary Bauer, j. 14.11.1996, v.u., *RT* 739/290. *2º TACivSP* – AI 485.273-7, 12ª C., rel. Juiz Gama Pellegrini, j. 13.3.1997, m.v. – com amparo em vasta seleção jurisprudencial; AI 498.782-00/1, 5ª C., rel. Juiz Dyrceu Cintra, j. 6.8.1997, m.v., *AASP* 2.032/85-e. *TAMG* – Ap. cível 2.223.243-7, 2ª C., rel. Juiz Almeida Melo, j. 17.9.1996, v.u. *TAPR* – Ap. cível 107.526-9, 4ª C., Ac. 8.706, rel. Juiz Sérgio Rodrigues, j. 3.9.1997, m.v., *DJPR* 10.10.1997.

decorrentes de negócios jurídicos e da responsabilidade civil por ato ilícito, nos estritos limites em que tenham por específica destinação a sobrevivência digna do credor.

Não há contradição entre esta afirmação e a que se fez antes acerca da impossibilidade de serem ampliadas as exceções à prisão civil contidas na Constituição, mediante o alargamento dos conceitos. O conceito de dívida alimentícia com a extensão ora indicada é extraível da própria Constituição. No *caput* do art. 100 previu-se regime especial para a cobrança, perante as Fazendas Municipal, Estadual e Federal, dos "créditos de natureza alimentícia". Ora, a Fazenda Pública não tem parentes, não contrai matrimônio, nem é unida estavelmente; enfim, não tem qualquer relação de Direito de Família – e mesmo assim pode dever *alimentos*. O sentido constitucional de "alimentos", portanto, vai necessariamente além do Direito de Família: abrange indenizações, pensões, salários e outras verbas – desde que essencialmente destinadas ao sustento do titular do crédito.

E a esta conclusão chega-se não só com amparo em interpretação literal. Exame teleológico da permissão de prisão civil indica o mesmo resultado. Ao se abrir a exceção que autoriza o emprego de tal meio coercitivo em prol do credor de alimentos é reconhecida a essencialidade do bem protegido: a própria existência, em condições mínimas de dignidade, do credor e seus dependentes. Bem por isso, e diferentemente da extinta hipótese de prisão do depositário infiel, a tutela mediante constrição pessoal em favor do alimentando constitui-lhe garantia fundamental. Concebe-se a limitação de um direito básico, a liberdade, em prol de outro ainda mais nuclear, a vida. O mesmo traço de essencialidade faz-se presente em todas as espécies de dívida de natureza alimentícia – quer advenham de relações familiares, do regime da responsabilidade civil ou de negócios jurídicos. Não se justificaria tratamento diferenciado. A Constituição, em suma, não só autoriza como assegura o emprego da prisão civil para a tutela do alimentando, independentemente da fonte do direito a alimentos.

O passo seguinte é verificar se há previsão legal infraconstitucional que possibilite o uso da prisão civil para a consecução de alimentos cuja fonte não seja relação de família. É que não basta a permissão constitucional para tanto. Os princípios da legalidade e do devido processo legal exigem que meios constritivos da liberdade, para que sejam empregáveis, tenham expressa regulação em lei. Na falta desta talvez até se pudesse reputar haver inconstitucionalidade por omissão, diante da ausência de disciplina infraconstitucional para o exercício de garantia fundamental – mas a prisão civil não seria utilizável.

A resposta é novamente positiva. Examinem-se as normas que tratam do processo de reconhecimento e execução de prestação alimentícia. O Capítulo V do Título II do Livro II do Código de Processo Civil (arts. 732-735), destinado à "execução de prestação alimentícia" (incluindo a prisão civil – art. 733), não veicula limitação alguma do regime ali previsto ao dever de alimentos proveniente de relações de família. A Lei de Alimentos (n. 5.478, de 1968) confirma a conclusão de que o sistema especial para a cobrança de alimentos abrange não só os créditos de Direito de Família como os demais: seu art. 2º estabelece, em termos genéricos, que a demanda judicial de alimentos deverá demonstrar "o parentesco *ou a obrigação de alimentar do devedor*". Esse regime especial só está vedado à consecução dos créditos alimentícios para os quais é previsto modelo processual específico, excludente de outros (créditos pretéritos contra a Fazenda, créditos trabalhistas ...).

Tampouco se afirme que o credor de alimentos decorrentes de responsabilidade civil por ato ilícito não poderia aproveitar da tutela mediante prisão por já lhe haver sido prescrito particular mecanismo de proteção, a constituição de capital (art. 602 do CPC). Primeiro porque a providência do art.

602 não se destina diretamente à efetivação do crédito, mas a assegurar melhores condições para que isso ocorra. Depois porque nem sempre vai ser possível, pela condição econômica do devedor, a constituição do capital. A coexistência em abstrato de instrumentos de tutela, enfim, não é obstativa da prisão civil: a exemplo do que se dá com o desconto em folha (CPC, arts. 20, § 5º, e 734), basta que a constituição de capital seja infactível para que se faça viável a coerção pessoal.

E o emprego da prisão civil, nos casos em exame, é viável inclusive para a efetivação de provimentos de urgência, de antecipação de tutela (CPC, art. 273, I). Também nesse ponto não há diferença quanto ao que ocorre com os alimentos de Direito de Família – em relação aos quais a prisão serve para concretizar tanto a tutela antecipada ("alimentos provisionais") quanto a concedida ao final.

Em qualquer hipótese, a aplicabilidade da prisão estará condicionada à *concreta possibilidade* de pagamento pelo devedor: a coerção pessoal pressupõe "inadimplemento *voluntário* e *inescusável*". A insolvência do devedor de indenização com caráter alimentar, por exemplo, não extinguirá a obrigação, mas impedirá a adoção da medida constritiva.

13. São encontradas na doutrina manifestações favoráveis ao uso da prisão civil para a consecução de alimentos cuja fonte não seja o Direito de Família.[19] As poucas decisões jurisprudenciais sobre o tema, porém, tendem a descartar tal possibilidade.[20]

VII – Inviabilidade da tese de que a Constituição vedaria apenas prisão civil por dívidas pecuniárias

14. Existe ainda aspecto relevante acerca da interpretação do sentido da própria regra geral contida no inciso LXVII do art. 5º da CF.

Autorizada doutrina sustenta que a Constituição proibiria apenas a prisão "por dívida", no sentido de inadimplemento de prestação pecuniária. O emprego da prisão civil como mecanismo processual coercitivo, para resguardar a autoridade jurisdicional, não encontraria qualquer óbice.[21] Em outras palavras, ninguém poderia sofrer prisão civil por *dever* uma quantia; mas nada impediria a prisão civil, em todo e qualquer caso, daquele que desobedecesse a uma ordem do juiz. Houve até quem pretendesse que a prisão civil estaria entre as medidas atípicas que o juiz pode adotar mesmo de ofício para efetivar a tutela específica prevista no novo art. 461 do CPC (§ 5º do art. 461).[22]

Mas o argumento, *data venia*, não procede. Se a regra geral fosse essa, como explicar que uma das duas exceções previstas na

19. Araken de Assis, *Da Execução de Alimentos*, n. 7.1.12, pp. 127-128; Marinoni, *A Tutela Antecipatória*, n. 4.11.3.2, pp. 94-97. Pontes de Miranda (*Comentários ao Código de Processo Civil*, t. X, n. 1 ao art. 734, p. 485) afirma que os alimentos de que cogita a regra sobre desconto em folha não são só os de Direito de Família. Silencia, porém, quanto à aplicabilidade da prisão aos alimentos indenizatórios e negociais. Cabe ressalva apenas quanto à afirmação genérica e absoluta de Marinoni de que "a antecipação na ação de indenização fundada em ato ilícito tem natureza alimentar" (p. 94). Nem sempre: às vezes a indenização presta-se a reparar danos absolutamente alheios às necessidades de subsistência do seu beneficiário – não se excluindo sua concessão mediante tutela antecipada (talvez até por abuso de direito de defesa) e sem que, só por isso, assuma caráter alimentar.

20. 1º TACivSP, HC 422.978-5 (*RT* 646/124 e *JTACivSP-RT* 118/153); e TARS, HC 194.085.767 (*JTARS* 91/55). O TJMT, entretanto, já reconheceu que indenização destinada ao sustento dos familiares da vítima assassinada pode submeter-se ao regime de "alimentos provisionais" (*RT* 598/177).

21. V., por todos, Donaldo Armelin, "A tutela jurisdicional cautelar", *RPGESP* 23/136-137, 1985, p. 136-137.

22. Marinoni, *Novas Linhas do Processo Civil*, n. 2.5.13, pp. 87-88.

norma constitucional – a do depositário infiel – não envolve prisão por dívida pecuniária? Afinal, a prisão civil do depositário infiel funciona (ou funcionava, enquanto cabível) precisamente como mecanismo de preservação da autoridade do juiz. A resposta não pode ser outra: o preceito constitucional consagrou essa hipótese como exceção justamente porque a *regra geral* nele contida é a vedação de *qualquer* prisão civil. Então, para que se compreenda o exato alcance da regra geral tem-se de cotejá-la com as exceções.

Esse problema já foi enfrentado pela doutrina, aliás, há vários anos. O art. 885 do Código prevê a prisão do devedor que desatenda a ordem judicial de devolução de um título de crédito. Pontes de Miranda, para defender a constitucionalidade da norma, valeu-se, entre outros, do argumento ora criticado – dizendo que a Constituição proibira apenas a prisão civil por dívidas, e não a prisão daquele que não cumpre um mandamento judicial.[23] Ovídio Baptista da Silva demonstrou o desacerto dessa tese, respondendo à observação de Pontes de Miranda nos seguintes termos: "É verdade que a Constituição se refere à 'prisão por dívidas', mas, ao mencionar as exceções que abre ao princípio, alude a um caso de dívida monetária, ou comumente monetária, que é a obrigação alimentar; e a outro, que absolutamente não se confunde com essa espécie de obrigação, que é a prisão do depositário infiel. Se a prisão por dívidas que *não fossem monetárias* estivesse sempre autorizada, não faria sentido a exceção constante do texto constitucional para o caso de depositário infiel".[24]

Nenhuma hipótese de prisão processual civil, portanto, é autorizada fora aquela estritamente prevista na Constituição, nos limites antes expostos.

23. *Comentários ao Código de Processo Civil*, cit., t. XII, n. 6 ao art. 885, pp. 449-450; *Comentários à Constituição de 1967 com a Emenda n. 1 de 1969*, t. V, n. 30, pp. 264-266.

24. *Do Processo Cautelar*, comentários aos art. 885 e 886, p. 535.

VIII – A prisão "penal" por crime de desobediência

15. Por outro lado, o desatendimento de um comando do juiz pode caracterizar, isso, sim, *crime de desobediência* (CP, art. 330) – crime de não-cumprimento de ordem dada por autoridade estatal. Poderá haver até prisão em flagrante do réu desobediente. Mas, nesse caso, tratar-se-á de medida coercitiva de caráter *penal*. Essa prisão vai ter de seguir os requisitos constitucionais e processuais penais do flagrante; vai se originar processo penal para apurar a ocorrência do crime, que não se confundirá com o processo civil em curso; o juiz competente para esse novo processo será o juiz penal – e assim por diante.

Deste modo, a prisão penal não constituirá mero meio processual civil de coerção. Tanto é assim que, depois de descumprido o mandamento do juiz e, conseqüentemente, praticado o crime de desobediência, posterior arrependimento do destinatário da ordem judicial, com o cumprimento daquele comando, não afastará necessariamente a incidência da sanção penal. Isso é em tudo diferente do que se dá com a prisão civil, que cessa no instante em que haja o adimplemento.

Mas a perspectiva de cometer crime e ser punido serve para induzir o réu ao pronto cumprimento do comando judicial. Reflexamente, portanto, a sanção penal pode funcionar como meio de coerção processual civil.[25]

25. Daí a importância, para o processo civil, de sua adoção nas áreas em que as sanções civis sejam insuficientes (cf., entre outros, Carnelutti, "Diritto e processo nella teoria delle obbligazioni", cit., *Studi in Onore de Giuseppe Chiovenda*, n. 8, p. 248; Giuliano Vassali, *La Mancata Esecuzione di Provvedimento del Giudice: Contributi all'Interpretazione dell'Art. 388 del c.p.c.*, n. 26, p. 74; Proto Pisani, "La tutela di condanna", *Appunti sulla Giustizia Civile*, ns. 16-17, pp. 202 e ss., Barbosa Moreira, "A tutela específica do credor nas obrigações negativas", *Temas de Direito Processual: 2ª Série*, n. 8, p. 39).

16. Nem sempre, porém, a inobservância da decisão do juiz caracteriza crime de desobediência. Isso só ocorre se o provimento jurisdicional desrespeitado for prevalentemente uma *ordem, mandamento.* Em outros termos, apenas quando a decisão tiver eficácia *mandamental* seu descumprimento consistirá na prática do crime de desobediência.

A inobservância de sentença prevalentemente condenatória não caracteriza o crime de desobediência. E isso por uma razão simples: a condenação serve para gerar título executivo, autorizador de "processo de execução". E neste, tal como atualmente previsto no Livro II do Código de Processo Civil, não se emite *ordem* para o devedor. Quando citado, ele apenas recebe mais uma oportunidade para cumprir a prestação. Há um último convite para que o próprio devedor faça o que até aquele momento não fez. Tanto é só um convite que na "execução por quantia certa" a própria lei dá ao devedor a oportunidade de, em vez de pagar, indicar o bem sobre o qual ele quer que recaia a penhora. Caso não atenda a esse último convite, o Estado usa de medidas que lhe substituem a conduta: penhora bens, vende-os, entrega o dinheiro ao credor – e assim por diante. O mesmo se diga quanto à "execução de obrigações de fazer e não fazer", dos arts. 632 e ss. do CPC: cita-se o devedor para que ele "faça" aquilo a que está obrigado, ou para que desfaça o que não deveria ter feito: caso ele se mantenha omisso, o Estado providenciará que terceiro faça ou desfaça às custas do devedor.

No binômio condenação/execução, enfim, prevalecem os meios sub-rogatórios mencionados no início. Já quando a decisão tem eficácia *mandamental* nada impede que ela também possa ensejar posteriormente o uso de meios sub-rogatórios. Todavia, a sua principal característica é a emissão de ordem, de comando cogente para o devedor – comando, esse, revestido de autoridade estatal e cujo descumprimento enquadra-se perfeitamente no tipo previsto no art. 330 do CP.

A regra geral no nosso sistema é a de que tenham eficácia condenatória as sentenças destinadas a obter uma prestação. Isso decorre da previsão generalizada, para a efetivação de tais sentenças, do uso do "processo de execução", previsto no Livro II. É cada vez maior, contudo, a relevância que assumem as vias de tutela às quais se atribui eficácia mandamental: o mandado de segurança; o interdito proibitório; a manutenção de posse; as cautelares; a tutela específica de obrigações de fazer e não fazer do novo art. 461 do CPC – entre outras.[26]

Referências bibliográficas

ALMEIDA, José Raul Gavião de. "Prisão civil em contrato de alienação fiduciária". *RT* 563. São Paulo, Ed. RT, 1982.

ARMELIN, Donaldo. "A tutela jurisdicional cautelar". *RPGESP* 23. São Paulo, 1985.

ASSIS, Araken de. *Execução de Alimentos e Prisão do Devedor.* 3ª ed. São Paulo, Ed. RT, 1996.

CARNELUTTI, Francesco. *Diritto e Processo.* Nápoles, Morano, 1958.

————. "Diritto e processo nella teoria delle obbligazioni". *Studi in Onore di Giuseppe Chiovenda.* Pádua, CEDAM, 1927.

————. *Il Danno e il Reato.* Pádua, CEDAM, 1930.

————. *Lezioni di Diritto Processuale Civile.* Pádua, CEDAM, 1986 (ed. fac-similar da de 1926).

————. *Sistema di Diritto Processuale Civile.* v. I. Pádua, CEDAM, 1936.

CARRAZA, Roque A. *Curso de Direito Constitucional Tributário.* 6ª ed. São Paulo, Malheiros Editores, 1994.

CHIOVENDA, Giuseppe. *Instituições de Direito Processual Civil.* 2ª ed., v. I, trad. de G.

26. Sobre as considerações contidas no presente tópico e respectivas referências doutrinárias, remete-se a Talamini, "Tutelas 'mandamental' e 'executiva *lato sensu*' e a antecipação *ex vi* do art. 461, § 3º, do CPC", cit., *Aspectos Polêmicos da Antecipação de Tutela*, especialmente n. 2 (sobre a classificação dos provimentos mandamentais), n. 3.1 (sobre o caráter mandamental que podem assumir os provimentos *ex*-art. 461 do CPC) e n. 3.9 (sobre prisão civil e crime de desobediência).

Menegale da 2ª ed. italiana. São Paulo, Saraiva, 1965.

FABRÍCIO, Adroaldo Furtado. *Comentários ao Código de Processo Civil*. 4ª ed., v. VIII-III. Rio de Janeiro, Forense, 1992.

LIEBMAN, Enrico Tullio. *Processo de Execução*. 5ª ed., atualizada por J. Munhoz de Mello. São Paulo, Ed. RT, 1986.

MARINONI, Luiz Guilherme. *A Antecipação da Tutela na Reforma do Processo Civil*. São Paulo, Malheiros Editores, 1995.

————. *Novas Linhas do Processo Civil*. 2ª ed. São Paulo, Malheiros Editores, 1996.

MOREIRA, José Carlos Barbosa. "A tutela específica do credor nas obrigações negativas". *Temas de Direito Processual: 2ª Série*. 2ª ed. São Paulo, Saraiva, 1988.

PONTES DE MIRANDA, F. C. *Comentários à Constituição de 1967 com a Emenda n. 1 de 1969*. 3ª ed., t. V. Rio de Janeiro, Forense, 1987.

————. *Comentários ao Código de Processo Civil*. 1ª ed., ts. X e XII. Rio de Janeiro, Forense, 1976.

PROTO PISANI, Andrea. "La tutela di condanna". *Appunti sulla Giustizia Civile*. Bari, Cacucci, 1982 (antes publicado sob o título *Appunti sulla Tutela di Condanna*).

SILVA, Clóvis do Couto e. *Comentários ao Código de Processo Civil*. v. IX-I. São Paulo, Ed. RT, 1977.

SILVA, Ovídio A. Baptista da *Do Processo Cautelar*. 1ª ed. Rio de Janeiro, Forense, 1996 (editado anteriormente pela LEJUR, sob o título de *Comentários ao Código de Processo Civil*, v. XI, em 1985 e 1986).

TALAMINI, Eduardo. "Tutelas 'mandamental' e 'executiva *lato sensu*' e a antecipação *ex vi* do art. 461, § 3º, do CPC". In: WAMBIER, Teresa Arruda Alvim (org.). *Aspectos Polêmicos da Antecipação de Tutela*. São Paulo, Ed. RT, 1997.

VASSALI, Giuliano. *La Mancata Esecuzione di Provvedimento del Giudice: Contributi all'Interpretazione dell'Art. 388 del c.p.c.* Turim, UTET, 1938.

CONCESSÕES DE SERVIÇO PÚBLICO E A SUA FISCALIZAÇÃO

GLÓRIA DE FARIA ALVIM F. PEREIRA F. BRAZ

Professora Assistente da Faculdade de Direito da PUC/MG, Direito Econômico – Especialista em Direito Econômico pela UFMG – Advogada militante na área de Licitações e Contratos Administrativos em Belo Horizonte

e

WAGNER NOGUEIRA FRANÇA BAPTISTA

Advogado militante no Rio de Janeiro

1. Razões que levaram às delegações de serviços públicos pelo Estado. 2. Distinção entre atividade econômica e serviço público. 3. Diferença entre transferência da titularidade e transferência da execução do serviço público. 4. Das formas de delegação: autorização, permissão e concessão. 5. Da regulamentação das concessões. 6. Do controle e da fiscalização das concessões: 6.1 Do Tribunal de Contas da União.

1. Razões que levaram às delegações de serviços públicos pelo Estado

A busca do desenvolvimento econômico de outrora fez com que o Estado Brasileiro disponibilizasse uma infra-estrutura básica incentivadora da iniciativa privada.

Nesse contexto, intervindo diretamente na economia, o Estado assumiu, ainda que por necessidade, o desempenho de um leque crescente de atividades em diversos setores, posicionando-se como verdadeiro empresário, além de prestar os serviços públicos reclamados pela sociedade.

As conseqüências dessa atuação resultaram no agigantamento do Estado, no endividamento público interno e externo e na permanência de um *déficit* de infra-estrutura.

O Estado mostrou-se ineficiente na tarefa de gerir com critérios empresariais todas as atividades a que se propôs, fato que levou ao descrédito várias instituições públicas e seus administradores, curvados às injunções políticas, revelando uma pérfida inversão de valores.

Aliada à necessidade crescente de recursos para novos investimentos indispensáveis para se promover o acompanhamento da evolução tecnológica, surge a necessidade de uma gestão especializada e uma maior agilidade na prestação dos serviços; necessidades, estas, que o Estado, por si só, mostrou-se incapaz de suprir.

Assim, o modelo tradicional de execução direta de todos os serviços públicos pelo Estado, cuja base principal são os orçamentos públicos, sofre obsolescência, ensejando um movimento que o modismo designou de "reengenharia do Estado".

O repensamento das funções do Estado surge como ferramenta para o desenvolvimento.

Pretende-se a redução da atuação do Estado, deixando que a iniciativa privada participe de modo a elevar a qualidade de bens e serviços a um menor custo e com liberdade naqueles setores em que melhor atende às necessidades.

Busca-se um Estado modesto no âmbito de suas prestações, mas não menos fortalecido e importante em suas responsabilidades.

Almeja-se um Estado centrado na realização das atividades fundamentais, dando-lhe mais eficiência para atuar onde ele pode e deve; minimizando a dessintonia entre a reclamação pública e a prestação estatal.

Há que se observar que a necessidade social não está sendo diminuída, mas tão-somente as condições da prestação dos serviços é que estão sendo modificadas, mediante a delegação pelo Poder Público à iniciativa privada.

A alteração que se promove, contudo, não é simplista, mas substancial, na medida em que vislumbra uma modificação nos costumes, uma nova ideologia ensejadora de mudança de valores e normas.

Nesse ínterim, a reformulação dos critérios das concessões (principal regime de delegação), autorizações e permissões já iniciada com a edição das Leis 8.987, de 1995, e 9.074, de 1995, torna-se relevante como meio de alcançar o desenvolvimento econômico: a disponibilização dos serviços públicos adequados conciliando o lucro econômico objetivado pela iniciativa privada e a realização do interesse público gerando o lucro social para o Estado.

2. Distinção entre atividade econômica e serviço público

A atuação política do Estado em diferentes períodos revela-se pelo seu modo de agir em relação à finalidade e quanto aos meios para consecução dos seus objetivos e atividades assumidas.

Assim, vê-se que a identificação do conceito jurídico de serviço público é essencial para se verificar o modelo de Estado adotado.

Os elementos material, formal e subjetivo, que tradicionalmente nortearam o significado da expressão "serviço público", sofrem influência da política adotada, da ideologia praticada, bem assim das novas contingências sociais, evidenciando a variação da extensão das atividades consideradas e inseridas nessa expressão.

Segundo Ruy de Souza: "A noção de serviço público não se prende apenas às teses jurídicas da ação do Estado, em função de seus deveres para com os cidadãos (...). As teorias geralmente aceitas com referência à dinâmica estatal – ou seja, as individualistas e as coletivistas, as liberais, as neoliberais e as intervencionistas –, todas elas dão idéias profundamente diferenciadas a respeito da forma como pode e deve o Estado agir para cumprir suas finalidades. A noção de serviço público (ou, como prefere Montermartini, das funções públicas) estará evidenciada na fórmula política escolhida. (...). Da generalização dos socialistas, que entenderiam todas as atividades como funções públicas, passaríamos para as restrições da fórmula neoliberal, distinguindo o intervencionismo de base do orgânico, o estrutural do funcional, limitando a atuação do Estado. E, adotando o Liberalismo ortodoxo e vencido, só daríamos pelo serviço público nas atividades únicas do Estado, constantes das poucas funções que a teoria lhe atribui. A realidade é que o Estado e suas funções devem ser examinados, para a noção jurídica do serviço público, à luz das características próprias, como é, e não como deveria ser. Será o tempo e o meio, o Direito Positivo e a política vigente, que terão de nos dar os elementos precisos para a indagação".[1]

Toshio Mukai expõe que "o serviço público é uma atividade que, por sua essencialidade para a comunidade, deve ser exercitada, em princípio e por natureza, pelo Estado, e não pelos particulares, destituídos da denominada *puissance publique*; mas, quando for possível ao particular gerir um serviço público material, veja-se nisto uma exceção à regra; o fato de um particular explorar uma atividade essencial, quando tal for possível, não desnatura seu valor, que, não obstante, continua a conter um interesse público".[2]

Vê-se, pois, que o serviço público decorre de uma necessidade humana e pública, que, por sua natureza essencial e indispensável, faz com que o legislador a eleve a tal condição.

Por outro lado, não é aspecto subjetivo, ou seja, o prestador efetivo do serviço é que define sua qualidade de público ou privado.

Compatível com a moderna concepção de serviço público é o conceito enunciado pelo saudoso Hely Lopes Meirelles: "Serviço público é todo aquele prestado pela Administração ou por seus delegados, sob normas e controles estatais, para satisfazer necessidades essenciais ou secundárias da coletividade ou simples conveniências do Estado".[3]

No Brasil adotou-se o entendimento de que o que é serviço público não é atividade econômica, mesmo que desenvolvida pelo Estado, da mesma forma que o que é atividade econômica não é serviço público.

Trata-se de conceitos jurídicos incompossíveis, já que a caracterização de uma atividade como serviço público exclui a sua identificação como atividade econômica.[4]

A distinção entre serviço público e atividade econômica se faz no próprio texto constitucional.

Tratando-se de atividade atribuída aos particulares, e não ao Poder Público, admitindo apenas, por exceção, que este atue movido pelos imperativos da segurança nacional ou pelo interesse coletivo relevante, definidos em lei, consoante dispõe o art. 173, *caput*, da CF de 1988, assumindo o regime de Direito Privado, estaríamos diante de uma atividade econômica, e não de um serviço público.

O serviço público, por sua vez, consoante o art. 175, *caput*, da Magna Carta, incumbe ao Poder Público, na forma da lei, podendo este prestá-lo diretamente ou sob o regime de concessão ou permissão, sempre através de licitação.

Cabe ressaltar que hoje existem serviços que se consideram públicos e, conse-

1. Ruy de Souza, "Serviços do Estado e seu regime jurídico", *RDA* 28/10-11.

2. *Direito Administrativo e Empresas do Estado*, p. 158.

3. *Direito Administrativo Brasileiro*, p. 285.

4. Ensina Eros Roberto Grau que "(...) a atividade econômica, a que respeita o art. 170 da Constituição, indubitavelmente é aquela atividade que é própria do setor privado. Na sociedade capitalista o Estado desenvolve serviço público. E, ao tempo em que o Estado desenvolve serviço público, as empresas privadas desenvolvem atividade econômica. O serviço público está para o Estado assim como a atividade econômica está para a empresa privada". E continua: "(...) há dois campos dentro da atividade econômica: um, o campo dos serviço públicos, que é, preferencialmente, ocupado pela iniciativa do Estado. Por que preferencialmente? Porque a empresa privada pode participar dele também em regime de concessão, em regime de permissão. Outro, a atividade econômica em sentido estrito, que é um campo preenchido, preferencialmente, pela iniciativa do setor privado. E por que preferencialmente? Porque o Estado também atua aí. E como é que ele atua? Ele atua, precisamente, mediante a dinamização, o desenvolvimento do atuar das chamadas empresas estatais" ("Empresas estatais ou Estado-empresário", *Curso de Direito Administrativo*, p. 102).

qüentemente, devidos pelo Estado por força de conquistas sociais.

Muito apropriada é, pois, a lembrança dos ensinamentos de Celso Antônio Bandeira de Mello,[5] segundo o qual o legislador não recebeu um cheque em branco para definir todo e qualquer interesse como público, devendo fazê-lo em consonância com a cultura, os usos e costumes da sociedade. E mais, que tal definição não poderá ignorar a fundamental opção pela livre iniciativa, que não pode ser inibida pela ação avassaladora e arbitrária do Estado. A lei não pode ir além do que a Constituição autorizou.

Assim, limitada a extensão da expressão "serviço público" pela ideologia constitucionalmente adotada, expressa pelos princípios e fundamentos constantes da nossa Magna Carta, tem-se que a titularidade dele deve mesmo permanecer a cargo do Estado – único capaz de torná-lo efetivo – ainda que a sua execução possa ser delegada aos particulares.

3. Diferença entre transferência da titularidade e transferência da execução do serviço público

Não obstante a concepção de serviço público ser fluída e variável na doutrina, a CF, em seu art. 175, assim como a legislação infraconstitucional teceram as diretrizes para a atuação do Estado, de forma a não se corporificar arbitrariamente, mas atendendo a critérios técnicos e econômicos, que possam responder pela legitimidade, eficiência e economicidade na sua prestação, consoante preleciona Hely Lopes Meirelles.[6]

Nem mesmo a potencial lucratividade foi o cerne da questão, sob o prisma jurídico do Plano de Desestatização cunhado pela Lei 8.031, de 12.4.1990.

É fácil perceber que o art. 175 da CF, ao estabelecer, em suas disposições, que somente por lei incumbe ao Poder Público a prestação de serviços públicos, vislumbrou duas vertentes para sua realização: uma, centralizada – pelo próprio Estado; outra, descentralizada – por intermédio de seus órgãos e agentes, mediante outorga, ou por intermédio de delegação destes para a iniciativa privada.

Superou-se, assim, a exclusividade de outrora, efetivada por meio da gestão e execução direta pelo próprio Estado, por outra forma de ampliação da parceria com a livre iniciativa, efetivada principalmente por intermédio das concessões de serviços públicos. Atuando por delegação de órgão ou entidade pública, funcionando, portanto, na qualidade de concessionária de tais serviços, a parceria com o setor privado vem afirmar a busca de um Estado mínimo, sem que este se desguarneça das obrigações que lhe são precípuas.

A redefinição do papel do Estado, como se vê, é moderna, audaciosa e coerente com os tempos atuais, sem, contudo, significar que deva o mesmo transigir de suas prerrogativas.

Há outorga quando o serviço público é transferido a órgãos ou agentes por lei, de forma definitiva, sendo que somente por lei pode ser retirado ou modificado. Por outro lado, há delegação quando há trespasse do serviço público a terceiro, por ato administrativo (bilateral – como ocorre nas concessões; ou unilateral – como ocorre nas permissões e autorizações), que só pode lhe ser retirado, modificado e até anulado pelo Poder Público em defesa do interesse público (próprio do serviço público cuja execução fora declinada a terceiros).

Logo, não há que se confundir a transferência da *titularidade dos serviços públicos* com a transferência da *execução dos serviços*.

Efetuada a distinção entre outorga e delegação, cumpre compreender as diferentes

5. *Prestação de Serviço Público e Administração Indireta*, pp. 22-23.

6. *Direito Administrativo Brasileiro*, cit., p. 286.

formas de delegação, quais sejam, *concessão*, *permissão* e *autorização*, para que se possa comentar a mais importante delas: a concessão.

4. *Das formas de delegação: autorização, permissão e concessão*

A autorização e a permissão de serviços públicos caracterizam-se por serem atos administrativos unilaterais e precários adstritos à discricionariedade da Administração Pública.

Contudo, algumas diferenças se fazem presentes, mormente quanto aos serviços que podem ser objeto de uma e de outra forma de delegação.

Normalmente as autorizações contemplam aqueles serviços que, apesar de não-essenciais, são de interesse da comunidade, o que justifica o controle da Administração sobre o seu exercício mediante o próprio ato autorizativo dado, sem submetê-los aos ditames do Direito Público.

Nas autorizações não é mister a exigência de licitação, apesar de admitir-se processos seletivos para escolha do melhor autorizatário, hipótese em que haverá vinculação aos termos do edital.

Já as permissões contemplam aqueles serviços de utilidade pública submetidos às normas de Direito Público. Assim, sua delegação faz-se mediante processo de licitação, nos termos da Lei 8.666, de 1993, e suas alterações.

Com o advento da Lei 8.987, de 1995, tem-se:

"Art. 1º. (...).

"(...)

"IV – permissão de serviço público: a delegação, a título precário, mediante licitação, da prestação de serviços públicos feita pelo poder concedente à pessoa física ou jurídica que demonstre capacidade para o seu desempenho, por sua conta e risco."

"Art. 40. A permissão de serviço público será formalizada mediante contrato de adesão que observará os termos desta Lei, das demais normas pertinentes e do edital de licitação, inclusive quanto à precariedade e à revogabilidade unilateral do contrato pelo poder concedente.".[7]

Preservadas a unilaterabilidade e a precariedade próprias da permissão, a lei submeteu a extinção das permissões à observância da Lei 8.666, de 1993, e suas alterações, pela qual há necessidade de prévio processo administrativo, garantindo-se a ampla defesa do permissionário. Com isso, vê-se que a permissão suporta algumas exceções nas suas características intrínsecas: na precariedade, por exemplo, sem, contudo, perder sua natureza.

As concessões, por sua vez, caracterizam-se por um ajuste de Direito Administrativo sendo bilateral, oneroso, comutativo e *intuito personae*.

A Lei 8.987, de 1995, em seu art. 2º, II, considerou: "II – concessão de serviço público: a delegação de sua prestação, feita pelo poder concedente, mediante licitação, na modalidade concorrência, à pessoa jurídica ou consórcio de empresas que demonstre capacidade para seu desempenho, por sua conta e risco e prazo determinado".

Formalizando-se através de contrato administrativo decorrente de processo licitatório, a concessão só admite como delegatária pessoa jurídica ou consórcio de empresas que sejam competentes para executar o seu objeto.

Assim, não obstante o concessionário agir por sua conta e risco, sujeita-se a regulamentação, controle e fiscalização exercidos pelo poder concedente.

5. *Da regulamentação das concessões*

A regulamentação normativa das concessões gravita em torno do questionamento

7. A lei em tela evidencia a utilização imprópria de um vocábulo quanto ao poder capaz para permitir: poder "permitente", e não "concedente", como consta no texto legal.

seguinte: a quem incumbe erigir normas sobre a concessão dos serviços públicos?

A resposta envolve certamente a repartição de competências estatuída na Lei Maior.

O art. 22 da CF dispõe acerca da competência legislativa privativa, que atribui à *União Federal* a capacidade de editar leis gerais sobre licitações e contratações para a Administração Pública direta e indireta, incluídas as fundações instituídas e mantidas pelo Poder Público e empresas sob seu controle, nas diversas esferas de governo. Tal competência, contudo, é exercitada sem prejuízo da competência legislativa concorrente dos Estados e Distrito Federal, prevista no art. 24 da Magna Carta, e da competência legislativa suplementar dos Estados federados – art. 24, § 2º – e dos Municípios – art. 30, II –, que em quaisquer casos deverão guardar *simetria* com estas normas gerais.

Os §§ 1º a 4º do art. 24, por sua vez, deixam claro que a União Federal limitar-se-á a erigir normas gerais, sem excluir a competência suplementar dos Estados.

E mais, na hipótese de inexistir lei federal sobre normas gerais os Estados poderão exercer a competência legislativa plena para atender às suas peculiaridades. Contudo, previu-se também que a superveniência de lei federal sobre normas gerais suspende a eficácia da lei estadual naquilo que lhe for contrário.

Fixando a presente abordagem nas concessões de serviços públicos, cabe evidenciar a aplicação dos ditames constitucionais supramencionados quanto às legislações estaduais[8] que antecederam a Lei federal 8.987, de 1995, que ditou normas gerais sobre a matéria.

Certo é, pois, que há prevalência da norma geral quando a mesma existe. Contudo, após a edição das Leis 8.987 e 9.074, de 1995, passou a ser indispensável a edição de lei específica pelos entes federativos titulares dos serviços, na forma de sua competência executiva (ou seja, competência para executar o serviço) concernente à realização de processo licitatório objetivando a sua concessão.

Incumbe ao poder concedente[9] a prerrogativa de regulamentar o serviço concedido, através de lei, regulamento ou contrato, contemplando os direitos e deveres tangentes às partes e aos usuários, a forma, os meios e prazos de execução, fiscalização e controle do serviço objeto da concessão.

Não se pode deixar de lado alguns aspectos tangentes à transferência de serviços públicos a particulares, tais como a identificação daqueles serviços que não podem ser objeto de tal mister, bem assim os critérios adotados pela ordem jurídica para identificá-los.

É certo que serviços públicos há que são insuscetíveis de ser transferidos a terceiros. Ao contrário, mostram-se agregados ao Estado, às suas funções intrínsecas, de maneira que somente devem ser desempenhados diretamente pelo Poder Público competente.

Nesse sentido, considerando-se a própria condição do Estado, alguns serviços públicos têm o *status* de "essenciais", a exemplo daquelas atividades que dependem da atuação impositiva do poder do Estado, já que os atos de império constituem qualidade indeclinável ao particular. Um exemplo seria a defesa nacional.

8. Assim ocorreu com a Lei 1.481, de 21.6.1989, no Estado do Rio de Janeiro; com a Lei 7.835, de 8.5.1992, no Estado de São Paulo; com a Lei 10.904, de 1993, no Estado de Pernambuco; com a Lei 10.086, de 1994, no Estado do Rio Grande do Sul; e com a Lei 9.163, de 1993, no Estado de Santa Catarina.

9. A própria Lei 8.987, de 1995, em seu art. 2º, I, considerou poder concedente a União, o Estado, o Distrito Federal ou o Município em cuja competência se encontre o serviço público precedido ou não de execução de obra pública, objeto de concessão ou permissão.

Por outro lado, serviços públicos há que, considerando-se a condição do particular, mostram-se impossíveis de ser transferidos pelo Estado, seja em razão da incapacidade do particular para sua disponibilização, seja em razão do desinteresse deste para sua prestação.

Assim, mantendo-se a responsabilidade do Estado quanto ao oferecimento desses serviços à sociedade de forma adequada e a impossibilidade de obrigar o particular a assumi-los, serão os mesmos prestados pelo Estado, excluindo-se a sua transferência a terceiros.

Cabe ressaltar, ademais, que a iniciativa privada, mesmo quando realizando serviços públicos, objetiva lucro, fato que pressupõe a remunerabilidade da atividade desempenhada.

Daí concluir-se que aqueles serviços públicos gratuitos bem assim aqueles que não possibilitam a sua cobrança dos usuários, e até mesmo aqueles que são assumidos financeiramente pelo Estado, deverão ser excluídos do rol de serviços públicos passíveis de transferência ao particular.

Por fim, vê-se que existem ainda alguns serviços públicos que por sua própria natureza se tornam indelegáveis ao particular. Atividades que se relacionam com o social, com a segurança, que, em determinadas circunstâncias, adquirem características especiais, afastando a transferência ao particular.

Vale ressaltar que os critérios definidores dos serviços públicos passíveis de transferência ao particular orientam-se pela ideologia constitucionalmente adotada na ordem jurídica, que se ajusta às mudanças da dinâmica social, do interesse público, mas sempre limitados pelos princípios e fundamentos consubstanciados na Magna Carta. Assim, a caracterização de novos serviços como sendo transferíveis ao particular não se justifica tão-somente pela discricionariedade do administrador público.

6. Do controle e da fiscalização das concessões

A garantia da prestação dos serviços públicos concedidos está diretamente relacionada com o exercício do controle na Administração Pública – que é obrigatório, uma vez que envolve a gestão de coisas públicas – e, dentro deste, o poder-dever de fiscalizar.

O Brasil, a exemplo de outras Democracias contemporâneas, adotou o sistema de freios e contrapesos, no qual o controle exercido pelos três Poderes é imprescindível.

A ordem jurídica instituiu três espécies de controle: O controle administrativo ou interno, o controle legislativo ou parlamentar e o judiciário.

O controle administrativo faz-se, maioria das vezes, pelo exercício do poder hierárquico, onde os hierarquicamente subordinados prestam contas aos seus superiores. Faz-se, também, pelo controle de responsabilidade no que tange àquelas instituições autônomas, portanto, não-subordinadas, que são vinculadas a órgãos da Administração Pública direta: a chamada supervisão ministerial.

O controle legislativo dá-se pelo controle político, que é exercido pelas duas Casas Legislativas em conjunto ou separadamente, consoante a competência constitucionalmente estabelecida, e pelo controle orçamentário e financeiro, que conta com o auxílio da Corte de Contas.

Já o controle judiciário faz-se com a apreciação pelo Poder Judiciário das decisões administrativas, e do Poder Legislativo quando lesivas a direitos subjetivos.

Centrados na questão dos serviços públicos concedidos, tem-se que não apenas a concessão destes serviços públicos sujeita-se ao controle jurídico, mas também a forma de sua prestação.

Assim como a regulamentação das concessões compete ao Poder Público, o controle dos serviços públicos, independentemente da modalidade adotada para sua prestação aos usuários, também incumbe ao Poder Público. É, pois, atribuição indeclinável do Poder Público garantir a prestação do serviço público adequado.[10]

O art. 6º da Lei 8.987, de 1995, dispôs que: "Serviço adequado é o que satisfaz as condições de regularidade, continuidade, eficiência, segurança, atualidade, generalidade, cortesia na sua prestação e modicidade das tarifas".

Sendo o Poder Publico concedente fiador da adequada disponibilização dos serviços públicos concedidos para os usuários, cabe a ele exigir eficiência e atualização de quem os presta. Estas exigências revelam o poder-dever de fiscalização dos serviços públicos concedidos pelo Poder Púbico, justificando, inclusive, a verificação da administração, contabilidade, recursos técnicos, econômicos e financeiros nas empresas concessionárias, o conhecimento da rentabilidade dos serviços para a fixação de tarifas justas, bem como a punição às infrações regulamentares e contratuais conforme previstos na Lei 8.987, de 1995.

A tarefa de fiscalizar serviços públicos é permanente e inexcludente do Poder Público; vincula-se à realização do próprio interesse público. Assim, cumpre ao poder concedente não só regulamentar, mas fiscalizar e até intervir no serviço público concedido, dentro dos limites legalmente estabelecidos.

O acesso aos dados técnicos e financeiros da concessionária revela a transparência do processo de concessão desde a licitação até a execução do contrato.

As atribuições do poder concedente constam dos arts. 29 e 30 da Lei 8.987, de 1995, dentre as quais figura a fiscalização permanente da concessão. Incumbe ao poder concedente regulamentar objetivamente os processos fiscalizatório, interventivo e punitivo, considerando as peculiaridades dos serviços objeto da concessão, fixando no edital, no contrato ou mesmo por normas regulamentares os meios e os prazos para o exercício dos direitos à ampla defesa e ao contraditório por parte das concessionárias, respeitando sempre o devido processo legal preceituado pelo art. 5º, LV, da CF.

A forma de fiscalização da execução dos serviços bem como a indicação dos órgãos competentes para exercê-la, da mesma maneira que a forma de aplicação das penalidades contratuais e administrativas, constituem cláusulas essenciais do contrato de concessão, consoante o disposto no art. 23 da Lei 8.987, de 1995.

Há que se ressaltar, aqui, a existência de duas categorias de normas nas concessões: as de natureza regulamentar, ou leis de serviço, que ditam o modo e a forma da prestação dos serviços; e as de natureza contratual, ou cláusulas econômico-financeiras, que fixam as condições de remuneração do concessionário. As primeiras podem ser alteradas unilateralmente pelo Poder Público, vez que visam ao atendimento dos interesses sociais pela adequação da prestação dos serviços. Já as segundas são fixas, sujeitando-se sua eventual alteração ao acordo entre as partes, respeitando sempre o equilíbrio econômico-financeiro do contrato.

Vê-se, pois, que com o exercício da fiscalização nos serviços públicos concedidos pode o Poder Público concedente, zelando pela regularidade da prestação, chegar à intervenção para corrigir deficiências e evitar paralisações. Contudo, o ato interventivo deve ser motivado e determinado temporaria-

10. A expressão "prestar serviço público adequado" traz embutida em si mesma a observância de todos os princípios que norteiam a prestação de serviços públicos, quais sejam: o princípio da permanência (que impõe a continuidade, constância, do serviço na área e período de sua prestação), o princípio da generalidade (ou seja, a prestação do serviço a todos os usuários, indistintamente), o princípio da eficiência (que significa prestar um serviço satisfatório, qualitativa e quantitativamente, exigindo, inclusive, a sua atualização), o princípio da modicidade (que indica preços razoáveis, ao alcance dos seus destinatários) e o princípio da cortesia (que se traduz no bom tratamento com o público). V. Hely Lopes Meirelles, *Direito Administrativo Brasileiro*, cit., p. 334.

mente, e não deve ferir a eqüidade da equação econômico-financeira estabelecida no contrato.

Pelo novo ordenamento jurídico das concessões a fiscalização será exercida pelo Poder Público concedente por intermédio de órgão técnico próprio ou por entidade com ele conveniada e, periodicamente, por comissão composta de representantes do poder concedente, da concessionária e dos usuários, conforme previsto em norma regulamentar.

A inovação que se verifica diz respeito à tendência de democratização administrativa. A fiscalização e o controle da prestação do serviço público concedido e da própria concessão, que antes eram cometidos tão-somente ao Poder Público, agora contam com a participação dos usuários, demonstrando a ação direta, efetiva e solidária dos cidadãos em prol da comunidade na busca da superação da má gestão da coisa pública.

Os arts. 3º, 7º, *caput* e seus incisos I-VI, e 30, *caput* e seu parágrafo único, da Lei 8.987, de 1995, bem como o art. 33 da Lei 9.074, de 1995, consubstanciam as regras de cooperação (inclusive de incentivo à formação de associações de usuários) dos cidadãos com o Poder Público na tarefa de fiscalizar.

Recentemente fora elaborado pelo MARE – Ministério da Administração e Reforma do Estado um anteprojeto de lei com o objetivo de estabelecer normas que regulem a prestação dos serviços pela Administração direta e indireta de qualquer dos Poderes da União, exercidos diretamente ou sob o regime de concessão, permissão ou autorização.

Apesar de o art. 27 da EC 19, de 4.1.1998, preceituar, no art. 27, que "o Congresso Nacional, dentro de cento e vinte dias da promulgação desta Emenda, elaborará lei de defesa do usuário de serviços públicos", o projeto de lei só deve ser apresentado ao Congresso no próximo ano.

Objetivando garantir a qualidade dos serviços públicos e a criação de uma estrutura de atendimento aos usuários, o anteprojeto prevê a criação do "Conselho Nacional de Serviço Público", cuja função será a formulação e fiscalização das políticas de prestação de serviços, com poder de instituir critérios de avaliação de desempenho e qualidade desses serviços.

Prevê, também, o anteprojeto a criação da "Ouvidoria de Defesa do Usuário", a quem competirão o recebimento e a apuração das reclamações ou denúncias, bem assim a recomendação das correções.

Outro aspecto constante do anteprojeto refere-se à violação dos direitos do usuário dos serviços públicos, criando normas procedimentais no âmbito administrativo, que poderão chegar ao âmbito judicial, compelindo os responsáveis ao pagamento de indenizações.

Sintonizado com a diretriz de reforma do aparelho do Estado está o projeto das agências executivas ou agências reguladoras.

Segundo o Ministério de Administração e Reforma do Estado, o objetivo desse projeto é fazer com que as instituições responsáveis pela prestação de serviços públicos atuem de forma planejada e orientada para atendimento dos usuários, possibilitando o exercício do controle social e a realização do interesse público.

A necessidade de tomar decisões rápidas, principalmente para dirimir conflitos entre os prestadores de serviços delegados e entre estes e os usuários, a necessidade de possuir corpo técnico capaz de enfrentar a complexidade inerente aos serviços delegados, imprescindível para se poder exigir dos prestadores a sua atualização tecnológica, a necessidade de se garantir a livre concorrência e o livre mercado e, em contrapartida, evitar os monopólios privados, muitas vezes natural em certos setores, e a necessidade de conciliar o interesse público próprio dos serviços públicos com o interesse privado das empresas prestadoras de serviço público delegados justificaram a implementação do projeto das agências reguladoras.

Criadas por lei, recebem, por outorga, as funções de editar normas específicas destinadas aos prestadores de serviços e aos usuários, de fiscalizar o cumprimento dos serviços com a observância das normas legais, bem como de reprimir eventuais violações das mesmas.

Assim ocorreu com a ANP – Agência Nacional do Petróleo, a ANEEL – Agência Nacional de Energia Elétrica e a ANATEL – Agência Nacional de Telecomunicações.[11]

As agências reguladoras, por sua vez, imbuídas dessas funções em decorrência de lei, não poderiam delegar ou declinar sua competência para outros órgãos senão em decorrência de lei. Contudo, podem receber colaboração de órgãos estaduais, seja pela elaboração de pareceres, estudos específicos, investigações de atos infracionais etc., mediante a celebração de convênios, como permite, por exemplo, o art. 3º, IV, da Lei 9.427, de 19/96, à ANEEL, "(...) fiscalizar, diretamente ou mediante convênios com órgãos estaduais, as concessões e a prestação dos serviços de energia elétrica"; e o art. 8º, VII, da Lei 9.478, de 1997, à ANP, "(...) fiscalizar diretamente ou mediante convênios com órgãos do Estado e do Distrito Federal as atividades integrantes da indústria do petróleo bem como aplicar as sanções administrativas e pecuniárias previstas em lei, regulamento ou contrato".

Não se pode permitir, entretanto, que a referência uniforme de orientação destinada aos prestadores e consumidores seja dispersada com a atuação estadual, através de resoluções internas dessas agências, ao invés de lei, desvirtuando a *mens legis* de garantir unidade e segurança àqueles afetados pelos serviços públicos.

6.1 Do Tribunal de Contas da União

Exercendo importante papel no processo fiscalizatório das concessões, aparece a Corte de Contas da República, que auxilia o Congresso Nacional no exercício do chamado controle externo. Compete-lhe, assim, velar pelos princípios estatuídos no *caput* do art. 37 (legalidade, impessoalidade, moralidade, publicidade) e demais aspectos elencados nos incisos I a XI do art. 71 da CF, bem como os decorrentes da legislação infraconstitucional, eficiência, adequação, modicidade e cortesia, economicidade, fidelidade funcional (fiscalização de órgãos e agentes responsáveis pelos valores públicos), observando – sempre e sempre – o móvel do processo de privatização: o interesse público.

A Corte de Contas da União tem, agora, um desafio: ajustar-se às exigências da modernidade, com a experiência granjeada, e com amparo nas disposições contidas no elenco do art. 70 da CF, combinado com seu Regimento Interno.

Deve-se verificar o alcance e o resultado social colhido, em termos de economicidade e sobretudo de eficiência, valendo-se para este mister de uma iniciativa, ainda que *a posteriori*, supletiva à prerrogativa do cidadão brasileiro, de forma que se esquadrinhe a qualidade dos serviços públicos, especialmente quanto ao atendimento dos interesses coletivos.

Não se pode, portanto, numa economia globalizada, pensar somente em efetuar um controle das relações de crédito e de débito, mas sim utilizar-se de mecanismos que viabilizam o desenvolvimento, tais como o próprio controle da qualidade.

Esta qualidade é que deverá ser o alvo permanente do TCU, a fim de verificar o

11. A ANEEL foi instituída pela Lei 9.427, de 26.12.1996, e sua constituição como autarquia sob regime especial se deu em face do Decreto 2.335, de 6.10.1997; a ANATEL fora criada pela Lei 9.472, de 16.7.1997, e o Decreto 2.338, de 7.10.1997 fixou-lhe a estrutura organizacional. Já a ANP fora instituída pela Lei 9.478, de 6.8.1997, e implantada consoante o Decreto 2.455, de 14.1.1998.

modo e a forma como se buscam o atendimento dos anseios dos interesses comuns, preocupação, aliás – constante –, que originou também o processo de privatização.

Tal preocupação tem amparo na lei, posto que órgãos e agentes do Governo, através de novos agentes da sociedade, estruturados sob a nova denominação de agencias executivas, são criados justamente para o atendimento das mudanças estruturais e institucionais, que somente podem se tornar efetivas com o atendimento ao controle da qualidade, especialmente no controle de resultados pelo cumprimento de programas de trabalho e de metas.

Este controle é que deve ser objeto de verificação quanto ao ajuste e adequação na prestação de serviços, revestindo-se como tarefa convergente do TCU e do cidadão, no exercício do direito de velar pelo bem público e pela satisfação do interesse público.

Não há apenas verificação de receita e despesa, na missão e desafio diário do TCU, mas o *compromisso social de se vislumbrar uma gestão pública de qualidade*: não significando que o Poder Público deva deixar de apreciar um controle de contas, mas que deva alcançar o atendimento das finalidades públicas, das quais o Estado não transigiu, mas se transformou em parceiro efetivo da iniciativa particular. Contando, assim, reciprocamente, com o direito e dever de fiscalizar o implemento do processo de modernização do país objetivando qualidade, estímulo à política de reemprego, estabilidade das instituições sociais, empresariais e do próprio Poder Público, como agente executivo desses ideais.

Efetuado investimento pelo próprio Estado na preservação da execução de serviços, estes deverão atender aos ideais da própria sociedade, gerando, por intermédio da qualidade, não somente uma redução do "custo Brasil", mas, principalmente, o implemento da própria concorrência, pois quanto maior a qualidade, maior a concorrência e melhor a satisfação do interesse público.

Este acompanhamento deverá verificar também os resultados e as novas funções em que se investiram as agências executivas, bem como a fiscalização e a regulamentação exercidas pelas mesmas.

Puro corolário do exercício da cidadania.

Diante do exposto, vê-se que o Poder Público fora incumbido da prestação de serviços públicos, que, na forma da lei, os executará diretamente ou sob regime de concessão ou permissão (casos em que imprescinde de licitação) – CF, art. 175, *caput*.

A CF, art. 175, parágrafo único, I-IV, deixou a cargo de lei infraconstitucional a regulamentação do regime das empresas concessionárias e permissionárias de serviço público, do contrato de concessão, seu caráter especial e sua prorrogação, das condições de caducidade, da fiscalização e da rescisão das concessões e permissões, bem assim dos direitos dos usuários, da política tarifária e da obrigação de manter serviço adequado.

A responsabilidade pela regulamentação a cargo do Poder Público quanto aos aspectos supracitados evidencia que a garantia da prestação do serviço público adequado decorre do efetivo exercício da sua fiscalização permanente, que é, também, responsabilidade do Poder Público.

Sendo assim, cada um dos Poderes da União, independentes e harmônicos entre si, deve exercer, no âmbito de suas atribuições, o controle e a fiscalização tangente às concessões.

A omissão porventura detectada ensejaria a adoção de medidas por quem de direito.

A falta de regulamentação legal negando aplicação a direitos declarados ou constituídos e assegurados no sistema normativo, por exemplo, justificaria a interposição de uma ação direta de inconstitucionalidade por omissão, nos termos do art. 103 da CF, já que o legislador vincula-se a um ditame constitucional.

Os efeitos do *decisum* nesta ação são *erga omnes* e *ex tunc* (retroagem ao momento da ocorrência do agravo à Constituição, anterior, portanto, à declaração).

Apesar de o Poder Judiciário tão-somente dar ciência ao órgão ou Poder Legislativo competente do vício de sua conduta e da imperiosidade de superá-lo, tal declaração importa para que se responsabilizem, inclusive politicamente, os agentes públicos que comprometem ou impossibilitam o pleno exercício dos direitos do povo em face da omissão gravosa à Constituição.

As atribuições do poder concedente elencadas nos arts. 29 e 30 da Lei 8.987, de 1995, serão objeto de apreciação dos competentes órgãos de controle externo e de fiscalização específica.

Dos comentários aqui expostos importa reafirmar o otimismo lúcido diante das mudanças legais relativas às concessões, que, sintonizadas com a política adotada, demonstram que "o Estado pode, ao mesmo tempo, reduzir a sua atuação e aumentar a sua eficiência, garantindo, através da efetiva fiscalização, serviços adequados e a realização de obras inadiáveis, viabilizadas pela aplicação de recursos privados no interesse social, diminuindo, dessa forma, simultaneamente o déficit público e o da infra-estrutura e propiciando o aumento de lucros como reinvestimento, ensejando o ingresso de mais tributos, a alocação da poupança e a criação de mais empregos, fazendo, assim, desaparecer alguns dos gargalos de estrangulamento que ameaçam o futuro econômico do país".[12]

12. Arnoldo Wald, *O Direito de Parceria e a Nova Lei de Concessões: Análise das Leis 8.987/95 e 9.074/95*, p. 49.

Referências bibliográficas

BANDEIRA DE MELLO, Celso Antônio. *Prestação de Serviço Público e Administração Indireta*. 2a ed. São Paulo, Ed. RT, 1987.

DI PIETRO, Maria Sylvia Zanella. *Direito Administrativo*. 7ª ed. São Paulo, Atlas, 1996 (567 pp.).

FARIA, Edimur Ferreira de. *Curso de Direito Administrativo Positivo*. Belo Horizonte, Del Rey, 1997 (623 pp.).

MEIRELLES, Hely Lopes. *Direito Administrativo Brasileiro*. 23ª ed., 2ª tir. São Paulo, Malheiros Editores, 1998 (714 pp.).

MUKAI, Toshio. *Concessões, Permissões e Privatizações de Serviços Públicos: Comentários à Lei 8.987/95 e Lei 9.074/95, das Concessões do Setor Elétrico*. 2ª ed. São Paulo, Saraiva, 1997 (126 pp.).

————. *Direito Administrativo e Empresas do Estado*. Rio de Janeiro, Forense, 1984.

PEREIRA, Cláudia Fernanda de Oliveira. *Reforma Administrativa: o Estado, o Serviço Público e o Servidor*. Brasília, Brasília Jurídica, 1998 (356 pp.).

ROCHA, Carmen Lúcia Antunes. *Constituição e Constitucionalidade*. Belo Horizonte, Ed. Lê, 1991 (232 pp.).

————. *Estudo sobre Concessão e Permissão de Serviço Público no Direito Brasileiro*. São Paulo, Saraiva, 1996 (217 pp.).

SOUTO, Marcos Juruena Villela. *Aspectos Jurídicos do Planejamento Econômico*. Rio de Janeiro, Lumen Juris, 1997 (190 pp.).

SOUZA, Ruy de. "Serviços do Estado e seu regime jurídico". *RDA* 28/10-11.

TOLOSA FILHO, Benedicto de. *Lei das Concessões e Permissões de Serviços Públicos Comentada e Anotada*. Rio de Janeiro, Aide, 1995 (176 pp.).

WALD, Arnoldo. *O Direito de Parceria e a Nova Lei de Concessões: Análise das Leis 8.987/95 e 9.074/95*. São Paulo, Ed. RT, 1996 (341 pp.).

APONTAMENTOS SOBRE O "*CONCURSO PÚBLICO*" PARA A ESCOLHA DE PROJETO ARQUITETÔNICO

EVANDRO FERREIRA DE VIANA BANDEIRA e
LUCIANA VILELA DE CARVALHO E VIANA BANDEIRA

Advogados em Campo Grande/MS

O *concurso* é uma das modalidades da *licitação* definidas na Lei 8.666, de 21.6.1993, em seu art. 22, § 4º, como sendo, *verbis*: "Concurso é a modalidade de licitação entre quaisquer interessados para escolha de trabalho técnico, científico ou artístico, mediante a instituição de prêmios ou remuneração aos vencedores, conforme critérios constantes do edital publicado na imprensa oficial com antecedência mínima de 45 (quarenta e cinco) dias".

Trata-se de *modalidade de licitação* mediante a qual a Administração Pública pretende ver detalhado em projeto um trabalho técnico, científico ou artístico do qual tem necessidade mas para o qual não possui conhecimentos específicos para desenvolver a idéia. É exatamente na definição da necessidade, mas na indefinição do objeto, que existe o *concurso*. A Administração Pública chama, assim, os detentores desse conhecimento específico para que eles dêem concretude a essa necessidade idealizada.

No concurso o fator *criatividade artística* tem papel preponderante, sobressaindo e ultrapassando os limites estritos das outras modalidades licitatórias nas quais a técnica ou o preço se impõem.

O critério de *subjeùvidade* introduz-se profundamente na análise jurídica do instituto e exige do operador do Direito um estudo específico para cada modalidade de *concurso*, porquanto não se podem adotar para um *concurso de projeto arquitetônico* as mesmas normas regulamentadoras cabíveis para um *projeta científico* ou um *mural decorativo*.

Neste ponto é decisiva a observância das normas legais, e a Lei 8.666, de 21.6.1993, é expressa em determinar, assim, que *cada concurso terá um regulamento próprio e específico* (art. 52).

Dispõe, ainda, esse diploma legal, ao definir o *concurso* como uma das *modalidades da licitação*, como acima transcrito, que este deverá obedecer aos "*critérios constantes do edital* publicado na imprensa oficial com antecedência mínima de 45 (quarenta e cinco) dias".

O art. 52 desse texto de lei, por seu turno, dispõe que o *concurso* deve ter regulamento próprio que deverá indicar, nos termos do § 1º do mesmo dispositivo, *verbis*: "I – a qualificação exigida dos participantes; II – as diretrizes e a forma de apresentação do trabalho; III – as condições de realização do concurso e os prêmios a serem concedidos".

Salientam, a propósito, Ivan Barbosa Rigolin e Marco Tíllio Bottino que "esse regulamento constitui o verdadeiro *edital completo* do concurso" (in *Manual Prático das Licitações*, São Paulo, Saraiva, 1995, p. 165).

Por conseguinte, a interpretação meramente literal dessas disposições legais conduz à conclusão de que o administrador público tem autoridade e liberdade para fixar a qualificação exigida, as diretrizes e as condições do concurso, que, embora sendo uma das *modalidades de licitação*, não deve ser confundido com qualquer outra, muito menos com a *concorrência*, definida no § 1º do art. 22 da Lei 8.666, de 21.6.1993, pois o *concurso* tem especificidade própria, porque ele tem por objetivo selecionar *projetos*, e não realizar *obras*. O seu âmbito de análise é o da idéia, da criatividade, e não da concretude, da execução que virá, ou não, em decorrência dele.

O *concurso* é, como bem anotou o mestre Hely Lopes Meirelles, "uma modalidade de licitação, mas de natureza especial, bem diversificada das demais. Rege-se, é certo, pelos princípios da publicidade e da igualdade entre os participantes, objetivando a escolha do melhor trabalho, *mas dispensa as formalidades específicas da concorrência*" (in *Licitação e Contrato Administrativo*, São Paulo, Malheiros Editores, 1996, p. 83 – grifou-se).

Dessa maneira, o *concurso* tem critérios regulamentares próprios, dependendo de qual seja o trabalho técnico, científico ou artístico que a Administração Pública deseja obter. A seleção dos projetos objetiva a *melhor técnica*, e *não o menor preço*; assim sendo, os critérios têm que ser diferenciados.

Fixados esses pontos cardeais, para o concurso o que se exige é que entre a data da publicação do edital e a data do recolhimento das propostas medeie um prazo de 45 dias (art. 22, § 4º, da Lei 8.666, de 21.6.1993), inexistindo qualquer razão de ordem lógica ou jurídica para se deslocar o *dies a quo* do prazo de 45 dias para fixá-lo na data da remessa aos participantes dos esclarecimentos das dúvidas suscitadas, e não da publicação do edital, porque esses esclarecimento em nada alteram as normas do edital; ao contrário, aclararam-nas.

Ora, se os esclarecimentos das dúvidas não implicam alteração na formulação das propostas, não há por que se reabrir o prazo do edital; é o que taxativamente dispõe a Lei 8.666, de 21.6.1993, em seu art. 21, § 4º, *verbis*: "§ 4º. Qualquer modificação no edital exige divulgação pela mesma forma que se deu o texto original, reabrindo-se o prazo inicialmente estabelecido, *exceto quando, inquestionavelmente, a alteração não afetar a formulação das propostas*" (grifou-se).

Outrossim, nessa modalidade de licitação a sessão de julgamentos das propostas deve ser *secreta* e o seu veredicto *inapelável*, sem que, com isso, haja qualquer violação do art. 3º, § 3º, e do art. 43 da Lei 8.666, de 21.6.1993, que estabelece a *publicidade* dos atos licitatórios.

Os princípios da *igualdade* entre os participantes e da *publicidade* ganham outros contornos e revestimento jurídico quando se trata de *concurso*, como uma das modalidades de licitação que tem em mira a escolha do melhor projeto *criativo*, não se podendo estabelecer minuciosamente critérios *objetivos* para o julgamento. Por isso, as Comissões Julgadoras nos *concursos* são constituídas especialmente e temporariamente por profissionais envolvidos com o objeto do *concurso*, conforme, aliás, prevê o § 5º do art. 51 da Lei 8.666, de 21.6.1993.

Ivan Barbosa Rigolin e Marco Túllio Bottino, a propósito, formulam a seguinte indagação: "Como exigir-se julgamento objetivo, com efeito, em matéria que de sua essência é inteiramente subjetiva, discricionária, livre de peias, dependente tão-só de gosto estético, ou de senso íntimo de funcionalidade, de razoabilidade, de cabimento, o que são juízos por completo pessoais, personalíssimos, como quase se poderia afirmar? (...) Que parâmetro de objetividade pode ser considerado, por exemplo, num concurso de projetos para um monumento escultural, comemorativo de um feito histórico?" (ob. cit., p. 251).

Ora, o fator subjetividade no julgamento impõe que a sessão seja *secreta* e que a decisão tomada pela Comissão Especial seja definitiva e *inapelável*. *Secreta* porque nela os participantes não poderão intervir, principalmente para que se preserve o sigilo quanto à autoria dos projetos levados a julgamento, pois é óbvio que se a sessão fosse pública haveria a identificação da autoria e a possível interferência de seus titulares ou de terceiros, a, de forma direta ou indireta, pressionar os jurados para um determinado resultado.

O concurso só será democrático se aberto a todos, por exemplo, ao profissional recém-formado se este for protegido pelo anonimato no julgamento de um projeto seu que concorra com um de seu professor laureado. É necessário que o júri esteja isento de qualquer pressão ou de qualquer vestígio de identificação dos projetos apresentados.

Assim sendo, para que os princípios da *legalidade*, *impessoalidade* e *moralidade*, que devem sobrepairar sobre toda atividade da Administração Pública, possam ser aplicados ao *concurso* é indispensável que a sessão do julgamento dos projetos seja *secreta*; e, ademais, o fato do sigilo não repugna à lei em qualquer modalidade de licitação adotada, pois, como ensina Lucia Valle Figueiredo: "Após o recebimento das propostas, se conformes o edital, o próximo ato será sua classificação. *Tal ato não necessita ser público*, mormente porque a Comissão que preside a licitação poderá precisar da informação de algum órgão técnico"; para, mais adiante, arrematar dizendo que: "O prosseguimento da licitação, a partir do estudo das propostas e de sua classificação, é feito par meio de atos unilaterais da Administração. *O estudo e a classificação das propostas habitualmente são feitos não em ato público, mas privado*. Tal medida, além de ser conveniente, possibilita à Comissão incumbida do julgamento o exame das propostas, confrontando-as e socorrendo-se de órgãos técnicos, quando necessário" (in *Curso de Direito Administrativo*, São Paulo, Malheiros Editores, 1994, p. 305 – grifou-se).

Ademais, a decisão da Comissão Julgadora deve ser final e inapelável. *Inapelável* no sentido de que, havendo no julgamento um grau preponderante de subjetividade, será impossível a qualquer dos participantes recorrer dessa decisão. Há que ser indagado: como, do ponto de vista estético, um dos participante poderá apelar do julgamento alegando que o seu projeto é mais bonito do que o vencedor?

O julgamento da Comissão Julgadora é inapelável no sentido de que o seu pronunciamento não poderá ser substituído por qualquer outro, nem mesmo o judicial. Sobre o tema leciona, no Direito Comparado, Roberto Dromi que: "El juicio de valor emitido no cabe calificarlo como manifestamente arbitrario, y por ende, el tribunal no puede modificar, *so pena de sustituirse al jurado*, para valorar los méritos docentes del recurrente" (in *Licitación Pública*, ed. Ciudad Argentina, 1995, p. 123 – grifou-se).

Atualmente, além das normas da Lei 8.666, de 21.6.1993, e suas alterações posteriores, o *concurso* para a escolha de projeto arquitetônico deverá obedecer às regras ditadas pelo *Instituto dos Arquitetos do Brasil – IAB* no "Regulamento de Concursos para Projetos de Arquitetura", em que se estabeleceram as diretrizes básicas e essenciais aplicáveis para todos os concursos que se realizarem no território nacional e também no plano internacional quando deles participem brasileiros, pois o Brasil é um dos países que subscreveram o compromisso estabelecido na 20ª Conferência-Geral da Organização das Nações Unidas para a Educação, a Ciência e a Cultura, recomendando a todos os países-membros que adotassem o *concurso* como modalidade de licitação para a contratação de projetos de Arquitetura e Urbanismo.

De tal arte, dispondo a lei que o concurso deverá ter *regulamento próprio* (art. 53 da Lei 8.666, de 21.6.1993), este deverá ser o regulamento expedido pelo *Instituto dos Arquitetos do Brasil – IAB*, elaborado com a estrita observância dos princípios éticos da publicidade, legalidade, impessoalidade e moralidade da Administração Pública, insculpidos no art. 37 da CF.

JURISPRUDÊNCIA

SUPREMO TRIBUNAL FEDERAL

RE 229.627-5-SP-2ª T.
Rel.: Min. Maurício Corrêa
Recte.: Irmãos Guimarães S/A — Droguistas
Advs.: Marcos Gabriel da Rocha Franco e outro
Recdo.: Município de São Paulo
Adv.: Francisco José de Macedo Costa
j. 30.6.1998
DJ de 16.10.1998

Ementa: Recurso extraordinário. IPTU. Progressividade fiscal decorrente da capacidade econômica do contribuinte. Impossibilidade.

1. IPTU. Não se admite a progressividade fiscal decorrente da capacidade econômica do contribuinte, dada a natureza real do imposto.

2. A progressividade da alíquota do IPTU, com base no valor venal do imóvel, só é admissível para o fim extrafiscal de assegurar o cumprimento da função social da propriedade urbana (art. 156, I, § 1º e art. 182, § 4º, II, CF).

3. Precedentes.

Recurso extraordinário conhecido e provido.

ACÓRDÃO

Vistos, relatados e discutidos estes autos, acordam os Ministros componentes da 2ª Turma do Supremo Tribunal Federal, na conformidade da ata do julgamento e das notas taquigráficas, por unanimidade de votos, conhecer do recurso e lhe dar provimento, nos termos do voto do Relator.

Brasília, 30 de junho de 1998.

Marco Aurélio, Presidente. Maurício Corrêa, Relator.

RELATÓRIO

O Sr. Ministro Maurício Corrêa: A Corte de origem, ao apreciar o recurso de apelação interposto de sentença que julgou improcedente ação desconstitutiva de lançamento do IPTU concernente ao período de 1987 a 1989, a ele negou provimento sob o fundamento de que não viola a Constituição, antes, dá-lhe cumprimento, a progressividade de alíquotas do IPTU e, com base na doutrina de José Afonso da Silva, assentou que a definição sobre a função social da propriedade já veio expressa na norma constitucional, sendo desnecessária a edição de qualquer lei federal para o lançamento do tributo de forma progressiva.

2. Concluiu o julgado que, por essa razão, não se pode dizer que é ilegal o sistema de alíquotas graduais progressivas por classe de valor venal, na apuração do IPTU, visto que não é só um meio de resguardar o princípio da capacidade contributiva ou eco-

nômica do cidadão, mas também um modo de realizar-se a extrafiscalidade do tributo.

3. Inconformada com a precitada decisão, a autora interpôs o presente recurso extraordinário sob a alegação de que o julgado *a quo* violou as disposições contidas nos artigos 1º, *caput*, e inciso II, 5º, *caput*, e incisos II, XXIII, XXXV, LVI, bem como o seu § 2º, além dos artigos 97, 156, I e § 1º, e 182, *caput* e seus §§ 1º e 2º, todos da Lei Maior.

4. Sustenta a recorrente que a Constituição de 1988, em seu artigo 182, *caput*, e §§ 1º e 2º, determina que o Município, por diretrizes gerais, fixadas em lei, estabeleça a política de desenvolvimento e de expansão urbana, mediante a edição de um plano diretor — instrumento básico de sua implementação — para fazer cumprir a função social da propriedade, uma vez atendidas as exigências fundamentais nele expressas. Não tendo sido aprovado o referido plano diretor, instituiu-se o IPTU progressivo, sem qualquer distinção quanto à localização do imóvel, visando, unicamente, arrecadar.

5. Como fundamento da sua irresignação, traz à colação precedente desta Corte (RE n. 204827-5) que, na Sessão Plenária de 12.12.96, declarou, *incidentur tantum*, a inconstitucionalidade do artigo 7º, incisos I e II, da Lei Municipal n. 6.898/66, com a redação dada pela Lei n. 10.921/90, do Município de São Paulo.

6. Por fim, pede a reforma da decisão proferida pelo Tribunal *a quo*, para que a ação ordinária seja julgada procedente.

7. O extraordinário foi admitido na origem e, devidamente processado, subiu a esta Corte.

É o relatório.

VOTO

O Sr. Ministro Maurício Corrêa (Relator): A matéria concernente à progressividade do IPTU mereceu esmerado exame pelo Plenário desta Corte, sessão de 20.11.96, por ocasião do julgamento do RE n. 153771-MG, *RTJ* 162/726, que cuidava do imposto progressivo do Município de Belo Horizonte, relator para o acórdão Ministro Moreira Alves. Naquela assentada, pacificou-se entendimento no sentido de que, *sob o império da Constituição de 1988, não é admitida a progressividade fiscal do IPTU, quer com base exclusivamente no seu artigo 145, § 1º, porque esse imposto tem caráter real que é incompatível com a progressividade decorrente da capacidade econômica do contribuinte, quer com arrimo na conjugação desse dispositivo constitucional (genérico) com o artigo 156, § 1º (específico). Portanto, em se tratando de IPTU, é inconstitucional qualquer progressividade que não atenda exclusivamente ao disposto no artigo 156, § 1º, aplicado com as limitações expressamente constantes dos §§ 2º e 4º do artigo 182, ambos da Constituição Federal.*

2. Fundado nesse entendimento, o Pleno deste Supremo Tribunal, sessão de 24.4.97, declarou inconstitucionais os artigos 2º e 3º da Lei n. 6.747/90, do *Município de Santo André/SP* (RE n. 194.036-1/SP, *DJ* de 20.6.97); o artigo 1º da Lei n. 4.759/90, do *Município de São José do Rio Preto/SP* (RE n. 202.261-6, *DJ* de 20.6.97), e o artigo 14-A e §§ 1º, 2º, 3º e 4º da Lei n. 2.677/83, do *Município de Jundiaí/SP* (RE n. 198.506-2, *DJ* de 20.6.97), com a redação dada pela Lei n. 3.083/87.

3. No que concerne ao IPTU do *Município de São Paulo*, declarou, *incidentur tantum*, a inconstitucionalidade da *Lei Municipal n. 10.921/90*, que estabelecia alíquotas progressivas desse imposto em função do valor venal do imóvel e previa a cobrança de taxa pelos serviços de conservação e limpeza de rua (Lei n. 6.989/66 com as alterações introduzidas pela Lei n. 10.921/90), reiterando, quanto às alíquotas, o entendimento firmado no julgamento do RE n. 153.771-MG (Pleno, 20.11.96) no sentido de que, relativamente ao IPTU, a única pro-

gressividade admitida pela atual Constituição é a extrafiscal, destinada a assegurar o cumprimento da função social da propriedade urbana, nos termos do artigo 156, inciso I, § 1º e do artigo 182, § 4º, inciso II, ambos da Carta Federal.

4. As *taxas de conservação e limpeza de rua* foram declaradas inconstitucionais *por possuírem base de cálculo própria de imposto*, que é vedado pelo § 2º do artigo 145 da Constituição, bem como pelo fato de não serem divisíveis os serviços públicos que elas visam custear, o que ofende o disposto no inciso II do mesmo artigo 145 (RE n. 204.827-SP, relator Min. Ilmar Galvão, acórdão publicado no *DJU* de 25.04.97).

5. No mesmo sentido decidiu o Plenário deste Tribunal, na sessão de 27.11.97, ao apreciar o Recurso Extraordinário n. 199.969-1/SP, relatado pelo Ministro Ilmar Galvão, que cuidava da *Lei n. 11.152/91, do Município de São Paulo*, cujo acórdão, publicado no *DJU* de 6.2.98, está assim ementado:

> *Ementa: Tributário. Lei n. 11.152, de 30.12.91, que deu nova redação aos arts. 70, incs. I e II; 87, incs. I e II, e 94, da Lei n. 6.989/66, do Município de São Paulo. Imposto sobre a propriedade predial e territorial urbana. Taxas de limpeza pública e de conservação de vias e logradouros públicos.*
>
> Inconstitucionalidade declarada dos dispositivos sob enfoque.
>
> O primeiro, por instituir alíquotas progressivas alusivas ao IPTU, em razão do valor do imóvel, com ofensa ao artigo 182, § 4º, II da Constituição Federal, que limita a faculdade contida no artigo 156, § 1º, à observância do disposto em lei federal e à utilização do fator tempo para a graduação do tributo.
>
> Os demais, por haverem violado a norma do artigo 145, § 2º, ao tomarem para base de cálculo das taxas de limpeza e conservação de ruas elemento que o STF tem por fator componente da base de cálculo do IPTU, qual seja, a área do imóvel e a extensão deste no seu limite com o logradouro público.
>
> Taxas que, de qualquer modo, no entendimento deste Relator, tem por fato gerador prestação de serviço inespecífico, não mensurável, indivisível e insuscetível de ser referido a determinado contribuinte, não sendo de ser custeado senão por meio do produto da arrecadação dos impostos gerais.
>
> Recurso conhecido e provido.

Ante o exposto, em consonância com a jurisprudência desta Corte conheço do recurso e dou-lhe provimento, invertendo-se os ônus da sucumbência.

Extrato de ata

RE 229.627-5-SP-2ª T.

Rel.: Min. Maurício Corrêa

Recte.: Irmãos Guimarães S/A — Droguistas

Advs.: Marcos Gabriel da Rocha Franco e outro

Recdo.: Município de São Paulo

Adv.:Francisco José de Macedo Costa

Decisão: Por unanimidade, a Turma conheceu do recurso e lhe deu provimento, nos termos do voto do Relator. Ausentes, justificadamente, neste julgamento, os Srs. Ministros Néri da Silveira e Carlos Velloso. 2ª Turma, 30.6.98.

Presidência do Sr. Ministro Marco Aurélio. Presentes a Sessão os Srs. Ministros Maurício Corrêa e Nelson Jobim. Ausentes, justificadamente os Srs. Ministros Néri da Silveira e Carlos Velloso.

Subprocurador-Geral da República, Dr. Mardem Costa Pinto. Coordenador, Carlos Alberto Cantanhede.

SUPREMO TRIBUNAL FEDERAL

ADIn 2.012-9-São Paulo
Rel.: Min. Marco Aurélio
Reqte.: Procurador-Geral da República
Reqda.: Mesa da Assembléia Legislativa do Estado de São Paulo
j. 7.7.1999

Tribunais. Gestão democrática. Colégio eleitoral. Participação de todos os magistrados vitalícios.

1. O Procurador-Geral da República, Dr. Geraldo Brindeiro, atendendo a pedido formulado pelo Desembargador-Presidente do Tribunal de Justiça do Estado de São Paulo, Dr. Dirceu de Mello, ajuíza esta ação direta de inconstitucionalidade contra o art. 62 da Constituição do Estado, considerada a redação imprimida pela Emenda Constitucional n. 7, de 11 de março de 1999, a saber:

> Art. 62. O Presidente e o 1º Vice-Presidente do Tribunal de Justiça e o Corregedor-Geral da Justiça comporão o Conselho Superior da Magistratura, e serão eleitos a cada biênio, dentre os integrantes do órgão especial, pelos Desembargadores, Juízes dos Tribunais de Alçada e Juízes vitalícios.

Consoante se sustenta, restou ampliado de forma ilegítima o universo das pessoas com capacidade para votar na escolha do Presidente, 1º Vice-Presidente e Corregedor-Geral da Corte de Justiça Estadual, já que antes o art. 62, *caput*, da Constituição do Estado de São Paulo revelava o Colégio Eleitoral constituído pela totalidade dos Desembargadores integrantes do Tribunal, não o compondo os demais magistrados. Considera-se impertinente, sob o ângulo constitucional, a participação dos Juízes do Tribunal de Alçada e demais Juízes vitalícios, ante o preceito do art. 96, inc. I, alínea *a*, da Carta. Citam-se lições doutrinárias sobre o que se entende como tribunal, remetendo-se às ópticas de Frederico Marques e Castro Nunes. Ter-se-ia inobservado a competência privativa dos tribunais para eleger os próprios Órgãos diretivos, expressão do autogoverno do Poder Judiciário e conseqüência do princípio da separação dos poderes. Também é argüida a erronia quanto à forma, de vez que a Emenda Constitucional 7 resultara de iniciativa não do próprio Tribunal de Justiça, mas de membros da Assembléia Legislativa do Estado. Mencionam-se decisões desta Corte sobre a recepção, pela Carta de 1988, da Lei Orgânica da Magistratura Nacional (ações diretas de inconstitucionalidade 841-2-RJ e 1.152-RJ, das quais foram Relatores os Ministros Carlos Velloso e Celso de Mello). Com relação ao risco de manter-se com plena eficácia a norma, aponta-se a iminência de eleições para renovação dos cargos referidos. Daí o pleito de concessão de medida acauteladora (fl. 2 a 6).

Com a inicial, vieram aos autos os documentos de folha 8 a 253.

Em face das férias de julho, passo a decidir, na forma regimental, sobre a medida acauteladora, devendo este ato ser submetido ao Colegiado na reabertura dos trabalhos em agosto próximo.

2. Atentem-se para os parâmetros constitucionais regedores da espécie, à luz tanto da Carta pretérita, com a redação da Emenda Constitucional 1/69 (tida por muitos como uma verdadeira Constituição), quanto da atual. De acordo com a primeira, tinha-se que "lei complementar denominada Lei Orgânica da Magistratura Nacional, estabelecerá normas relativas à organização, ao funcionamento, à disciplina, às vantagens, aos direitos e aos deveres da Magistratura, respeitadas as garantias e proibições previstas nesta Constituição ou dela decorrentes" — parágrafo único do art. 112. Continha o Diploma pretérito outro preceito limitador da matéria. Ante o teor no inc. I do art. 115, competia aos tribunais "eleger seus presidentes e demais titulares de sua direção, observado o disposto na Lei Orgânica da Magistratura Nacional". Portanto, a questão concernente à eleição em comento ficou sob os auspícios da Lei Orgânica mencionada no parágrafo único do art. 112. Daí a Lei Complementar 35, de 14 de março de 1979, haver previsto que aos tribunais competiria, privativamente, eleger os respectivos presidentes e demais titulares de cargos de direção, respeitado o texto da referida lei complementar. Daí o art. 102, a disciplinar o colégio eleitoral indispensável à eleição dos membros diretores dos tribunais:

> Art. 102. Os tribunais, pela maioria de seus membros efetivos, por votação secreta, elegerão, dentre seus Juízes mais antigos, em número correspondente ao dos cargos de direção, os titulares destes, com mandato por 2 (dois) anos, proibida a reeleição. Quem tiver exercido quaisquer cargos de direção, por 4 (quatro) anos, ou o de Presidente, não figurará mais entre os elegíveis, até que se esgotem todos os nomes, na ordem de antigüidade. É obrigatória a aceitação do cargo, salvo recusa manifestada e aceita antes da eleição.
>
> Parágrafo único. O disposto neste artigo não se aplica ao Juiz eleito para completar período de mandato inferior a 1 (um) ano.

Com a Carta da República de 1988, decorrente do poder originário constitucional, tendo em conta a mudança substancial de regime, passou-se a contar com ênfase maior aos princípios democráticos. O art. 25 estabeleceu que os Estados organizar-se-iam e reger-se-iam pelas Constituições e leis que adotassem, dispondo o art. 125 sobre a organização da Justiça nos Estados. Em ambos os preceitos, determinou-se a observância aos princípios contidos na Carta Federal.

Cabe indagar: deu-se a repetição do que inserido na Carta de 1969, surgida na modalidade outorgada, enquanto a atual mostrou-se popular? A resposta, neste primeiro exame, é negativa. No art. 93 da Carta de 1988, sobre a lei complementar de iniciativa desta Corte reveladora do estatuto da magistratura, não consta nenhuma referência à direção, em si, da Justiça. Por outro lado, ao prever-se a competência privativa dos tribunais, na alínea *a* do inc. I do art. 96, não se repetiu a cláusula final do inc. I do art. 115 da Carta anterior. Manteve-se a eleição dos órgãos diretivos como da competência dos tribunais, afastando-se, com isso, ingerência nefasta e homenageando-se o predicado da separação dos Poderes, que é o autogoverno. Todavia, não mais se aludiu ao balizamento, dessa mesma eleição dos órgãos diretivos, da Lei Orgânica da Magistratura Nacional, adotando-se, assim, disciplina harmônica com o fato de não se haver deixado à lei complementar a regência da escolha dos dirigentes dos tribunais.

O cenário democrático diz com o voto livre, direto e secreto, cabendo notar que nem mesmo norma de estatura constitucional, emenda à Carta, pode tramitar visando ao afastamento do sufrágio direto, secreto, universal e periódico. Ao cogitar-se deste, pensa-se, no tocante aos dirigentes, em colégio eleitoral composto daqueles que estarão submetidos à direção. Ora, os dirigentes do Tribunal de Justiça o são, também, da magistratura estadual como um todo, devendo-se salientar que o preceito da Carta do Estado de São Paulo versa sobre a composição do Conselho Superior da Magistratura, que a todos os Juízes, sob o ângulo administrativo, submete. Ressalte-se ainda que, também no campo administrativo, a expressão "Tribunal de Justiça" traduz a Justiça local, o Poder Judiciário do Estado. A par de a regência introduzida mostrar-se salutar, revelando legitimidade maior dos que venham a ocupar os relevantes cargos de Presidente, 1º Vice-Presidente do Tribunal de Justiça e Corregedor-Geral da Justiça, tem-se, neste primeiro exame — e não me canso de apontar — a perfeita harmonia com os novos ares constitucionais decorrentes da Carta de 1988. Aos Estados cumpre organizar a respectiva Justiça e isso ocorreu relativamente à unidade da Federação de maior envergadura, São Paulo, sem qualquer desprezo aos parâmetros, aos princípios maiores estabelecidos pelo Constituinte Federal de 1988.

Nem se diga da existência, na espécie, de vício de iniciativa. A competência dos tribunais, no que concerne ao encaminhamento de projetos, não alcança normas de caráter constitucional. O preceito do inc. II do art. 96 da Carta de 1988 dispõe, na redação imprimida pela Emenda Constitucional 19, de 1998, sobre a iniciativa de projetos de lei visando à alteração do número de membros dos tribunais inferiores, à criação, à extinção de cargos e à remuneração dos seus serviços auxiliares e dos Juízes que lhes forem vinculados, bem como à fixação do subsídio de seus membros e dos Juízes, inclusive dos tribunais inferiores, onde houver, à criação ou extinção dos tribunais inferiores e à alteração da organização e da divisão judiciárias, tudo a cargo de disciplina decorrente de normas legais ordinárias. Mais se robustece o convencimento sobre não cumprir aos tribunais a iniciativa objetivando disciplina constitucional quando se atenta para o rol dos legitimados para provocar a alteração via emenda. Em norma exaustiva e não simplesmente exemplificativa, a Carta de 1988 revela poder ser emendada a Constituição mediante proposta "de um terço, no mínimo, dos membros da Câmara dos Deputados ou do Senado Federal; do Presidente da República e de mais da metade das Assembléias Legislativas das unidades da Federação, manifestando-se, cada uma delas, pela maioria absoluta de seus membros" — art. 60. A definição dos legitimados é sensível ao sistema federativo, devendo, por isso mesmo, ser observada, com as adaptações cabíveis, no âmbito de cada unidade da Federação. Compõe, em si, o elenco de medidas que evidenciam a natureza rígida da Constituição, sem a qual descaberia falar em supremacia.

O passo foi dado pelo Estado de São Paulo e surge, repito, neste primeiro exame, em sintonia com o balizamento maior. Conclusão diversa implica colocar em plano secundário a diversidade com que tratada a matéria nas Constituições pretérita e atual. Mais do que isso, em misoneísmo, em apego ao que se encontra estabelecido, sem refletir-se sobre o alcance da mudança, no que se mostra em perfeita correlação com os ditames maiores inerentes a um Estado Democrático de Direito.

3. Por tais razões, indefiro a liminar.

4. Publique-se.

Brasília, 7 de julho de 1999.

Ministro Marco Aurélio, Relator.

SUPREMO TRIBUNAL FEDERAL

Mandado de segurança 23.576-4-DF-Medida liminar

Rel.: Ministro Celso de Mello

Impte.: Carlos de Araújo Pimentel Neto

Adv.: Carlos de Araújo Pimentel Neto

Impdo.: Presidente da Comissão Parlamentar de Inquérito (CPI do Narcotráfico)

Ementa: Comissão Parlamentar de Inquérito. Advogado. Direito de ver respeitadas as prerrogativas de ordem profissional instituídas pela Lei n. 8.906/94. Medida liminar concedida. A Comissão Parlamentar de Inquérito, como qualquer outro órgão do Estado, não pode, sob pena de grave transgressão à Constituição e às leis da República, impedir, dificultar ou frustrar o exercício, pelo Advogado, das prerrogativas de ordem profissional que lhe foram outorgadas pela Lei n. 8.906/94. O desrespeito às prerrogativas — que asseguram, ao Advogado, o exercício livre e independente de sua atividade profissional — constitui inaceitável ofensa ao estatuto jurídico da Advocacia, pois representa, na perspectiva de nosso sistema normativo, um ato de inadmissível afronta ao próprio texto constitucional e ao regime das liberdades públicas nele consagrado. Medida liminar deferida.

Decisão: Trata-se de mandado de segurança preventivo, com pedido de medida liminar, impetrado com a finalidade de obter ordem judicial que determine, à Presidência da CPI/Narcotráfico, o efetivo respeito às prerrogativas profissionais, que, por força e autoridade da lei (Lei n. 8.906, de 4.7.94), assistem ao ora impetrante, que é Advogado regularmente constituído por pessoa convocada a depor perante esse órgão de investigação parlamentar (Regis Xavier de Souza, fls. 38).

O ora impetrante, ao censurar o comportamento arbitrário em que alegadamente incidiu a CPI/Narcotráfico, quando das inquirições levadas a efeito em Campinas/SP, enfatiza que sofreu indevidas restrições no desempenho de sua atividade profissional como Advogado.

A parte impetrante, para justificar o receio de que os alegados abusos cometidos pela CPI/Narcotráfico possam, uma vez mais, comprometer, injustamente, o legítimo exercício da Advocacia, expõe os fatos ocorridos em Campinas/SP, no dia 19.11.99 (fls. 7/11):

> Fomos violentamente expulsos da sessão, após nos insurgirmos contra o tratamento indigno e ilegal que nos era dispensado, de pedirmos várias vezes que nos fosse concedida a palavra, pela ordem e de reiterarmos, outras tantas vezes, fosse formalmente indeferido o nosso requerimento, devidamente protocolado havia horas junto à mesa de trabalhos. Qual o quê! Sem nenhum fundamento legal e em situação absolutamente legítima, nos foi negada a palavra e, ao revés, nos ordenado que calássemos e sentássemos, imóveis, inúteis, omissos.
>
> A autoridade coatora somente admitiu a presença física do impetrante à sessão, não admitiu que dela legitimamente participasse.

Nos foi imposto, e até ordenado, que permanecêssemos "sentado e calado" (*sic*), atrás de nosso constituinte, proibidos de interceder até mesmo nas hipóteses contempladas em lei!

(...)

Fomos violentamente constrangidos com ordens de sentar e calar!

Por não nos submetermos aos desmandos do presidente daquela Comissão, agentes da polícia federal nos arrastaram aos trancos e barrancos — como não se deve retirar um bêbado inconveniente de um bar noturno — e nos atiraram para fora das dependências do tribunal do júri de Campinas, onde — ironicamente — acontecia a espetacular sessão.

(...)

Os desmandos, que culminaram com a expulsão do impetrante da sessão, foram iniciados pelo jovem deputado Robson Tuma, que, em determinado momento, simplesmente nos proibiu de sequer nos comunicarmos com o advogado que se encontrava ao nosso lado — constituído por outra "testemunha" que estava sendo massacrada naquela ocasião. O abusado deputado se dirigiu a nós, advogados, mais ou menos da seguinte forma: "peço aos advogados que não conversem mais entre si".

(...)

Surpreendidos, estarrecidos e incrédulos com aquela absurda "proibição", completamente inusitada, inusual, flagrantemente abusada e desprovida do mínimo de legalidade, de pronto nos vimos obrigados a nos insurgir, pedindo a palavra, pela ordem, ao presidente da Comissão, deputado Magno Malta — ora Autoridade coatora —, o qual nos proibiu de qualquer manifestação, afirmando que advogado não poderia falar. Insistimos então para que indeferisse o nosso requerimento que se achava sobre a mesa. Não fomos ouvidos. Insistimos novamente, sem resultado. Indagamos do motivo da proibição de nos comunicar com o colega que se encontrava ao lado. Fomos então advertidos, sempre em altos brados, pelo presidente da Comissão.

"Se quiser conversar com seu colega, chame-o e vá conversar lá fora."

Lembramos ao presidente da Comissão a nossa condição de advogado, detentor do direito de manifestação e intervenção verbal, quando necessário, pela ordem, de pé ou sentado, de acordo com a Lei 8.906/94. De nosso direito de permanecer em pé ou sentado e de entrarmos e de sairmos dos locais públicos, como aquele, independentemente de licença, como, aliás, havia exaustivamente ponderado na notificação protocolada.

Sempre insistindo em nos calar, o arbitrário presidente nos "ordenou": "o senhor volte para o seu lugar e fique sentado e calado!".

(...)

Reafirmando nossos direitos, manifestamos o nosso propósito em permanecer em pé, não podíamos obedecer uma ordem manifestamente ilegal e arbitrária. Foi o suficiente para que o presidente suspendesse a sessão e ordenasse a nossa expulsão: "A sessão está suspensa, queira a segurança retirar o advogado do recinto".

Desrespeitados, maltratados, humilhados, ofendidos e postos à força para fora da sessão, nosso constituinte ficou só, abandonado à própria sorte, sem a devida e inalienável assistência jurídica de seu advogado constituído, à mercê daqueles inquisidores, que o massacraram, desrespeitando-o de todas as maneiras indesculpáveis e inadmissíveis, culminando por prendê-lo, ilegal e arbitrariamente, em flagrante, por desacato.

(...)

Quando éramos retirados à força da sessão, dada a truculência despropositada dos agentes da Polícia Federal, sob ordens do presidente da Comissão, ora autoridade coatora, o colega que se encontrava ao nosso lado, perplexo, o advogado Dr. Valdiner Alves da Silva — com o qual havíamos, minutos antes, sido proibidos de nos comunicar — foi atropelado e lançado ao chão, sendo ainda ridicularizado pela autoridade coatora.

Mesmo após a inconformada intervenção do digno presidente da Ordem dos Advogados do Brasil, Subseção de Campinas, Dr. Aderbal da Cunha Bergo — voz solitária na defesa da legalidade naqueles dias — o presidente da Comissão, apesar de reconhecer o excesso, mais um, nos "autorizou" a retornar à sessão, mas impôs uma condição: deveríamos permanecer sentados e calados, com o que não concordamos, pois não poderíamos simplesmente emprestar nossa inútil presença, apenas para conferir aparente legalidade àquela sessão.

Reconheceu ainda a ora autoridade coatora, inadvertidamente, a condição de "acusado" de nosso constituinte, nomeando-lhe um "curador" bem comportado — ante nossa recusa em participar daquela inquisição — o qual, de forma subserviente, sentou-se atrás de nosso constituinte e permaneceu, até as 3:30 horas da madrugada do dia 20.11.99, "*sentado e calado*" (grifei).

Passo a apreciar a postulação de ordem cautelar.

E, ao fazê-lo, destaco, preliminarmente, que compete ao Supremo Tribunal Federal processar e julgar, em sede originária, mandados de segurança impetrados contra Comissões Parlamentares de Inquérito constituídas no âmbito do Congresso Nacional ou no de qualquer de suas Casas.

Trata-se de entendimento que tem prevalecido na jurisprudência do Supremo Tribunal Federal (*RDA* 196/195, *RDA* 196/197, *RDA* 199/205, HC 79.244-DF, Rel. Min. Sepúlveda Pertence, MS 23.452-RJ, Rel. Min. Celso de Mello), cujas decisões enfatizam que as Comissões Parlamentares de Inquérito — por constituírem a longa *manus* do próprio Congresso Nacional — sujeitam-se, em tema de mandado de segurança ou de *habeas corpus*, ao controle jurisdicional imediato desta Corte Suprema (*RDA* 47/286-304), especialmente quando se imputar, ao órgão de investigação parlamentar, a prática abusiva de atos, que, eventualmente afetados pela eiva da inconstitucionalidade, possam gerar injusta lesão ao direito subjetivo de qualquer pessoa ou instituição.

É por essa razão — e com apoio em autorizado magistério doutrinário (João Mangabeira, *Em Torno da Constituição*, p. 99, 1934, Cia. Ed. Nacional; Pedro Lessa, *Do Poder Judiciário*, pp. 65-66, 1915, Francisco Alves; José Alfredo de Oliveira Baracho, *Teoria Geral das Comissões Parlamentares — Comissões Parlamentares de Inquérito*, p. 147, 1988, Forense; Raul Machado Horta, "Limitações constitucionais dos poderes de investigação", in *RDP* 5/38; Carlos Maximiliano, *Comentários à Constituição Brasileira*, v. 2/80, 4ª ed., 1948; Roberto Rosas, "Limitações às Comissões de Inquérito do Legislativo", in *RDP* 12/56-60; Manoel Gonçalves Ferreira Filho, *Comentários à Constituição Brasileira de 1988*, v. 2/72, 1992, Saraiva, *v.g.*) — que tenho afirmado, a propósito da competência investigatória das Comissões Parlamentares de Inquérito, que estas não dispõem de poderes absolutos, devendo exercê-los com estrita observância dos limites formais e materiais fixados pelo ordenamento positivo e com plena submissão à autoridade hierárquico-normativa da Constituição da República.

Na realidade, o sistema constitucional brasileiro — tendo presente a natureza essencialmente democrática do regime de governo — não admite e nem tolera que se formem, no âmbito da aparelho de Estado, núcleos orgânicos investidos do poderes absolutos.

As Comissões Parlamentares de Inquérito, à semelhança do que ocorre com qualquer outro órgão do Estado ou com qualquer dos demais Poderes da República, submetem-se, no exercício de suas prerrogativas institucionais, às limitações impostas pela autoridade suprema da Constituição.

Desse modo, não se revela lícito supor, na hipótese de eventuais desvios jurídico-constitucionais de uma Comissão Parlamentar de Inquérito, que o exercício da atividade de controle jurisdicional possa traduzir situação de ilegítima interferência na esfera de outro Poder da República.

Torna-se fundamental proclamar, neste ponto, que a concepção de poder — na estrutura de um Estado fundado em bases democráticas — deve conviver, necessariamente, com a idéia correspondente de limitação e de controle.

Esse paradigma de contenção, cuja observância se impõe aos detentores e exercentes do poder estatal, reflete um dos elementos essenciais que dão substância, no plano da teoria da Constituição e da organização da sociedade política, à noção mesma de Estado Democrático de Direito.

A necessidade ética e a exigência política de conformar, juridicamente, o exercício do poder — qualquer que seja o órgão estatal que o detenha — representam, sob tal aspecto, valores fundamentais e pressupostos de legitimação do Estado Democrático de Direito.

Tenho salientado, por isso mesmo, que as Comissões Parlamentares de Inquérito, no desempenho de seus poderes de investigação, estão sujeitas às mesmas normas e limitações que incidem sobre os magistrados judiciais, quando no exercício de igual prerrogativa. Vale dizer: as Comissões Parlamentares de Inquérito somente podem exercer as atribuições investigatórias que lhes são inerentes, desde que o façam nos mesmos termos e segundo as mesmas exigências que a Constituição e as leis da República impõem aos juízes, especialmente no que concerne ao necessário respeito às prerrogativas que o ordenamento positivo do Estado confere aos Advogados.

Esse entendimento nada mais reflete senão as próprias conseqüências que emanam dos fundamentos e dos princípios que regem, em nosso sistema jurídico, a organização e o exercício do poder.

Cabe reconhecer, por isso mesmo, que a presença do Advogado em qualquer procedimento estatal, independentemente do domínio institucional em que esse mesmo procedimento tenha sido instaurado, constitui fator inequívoco de certeza de que os órgãos do Poder Público (Legislativo, Judiciário e Executivo) não transgredirão os limites delineados pelo ordenamento positivo da República, respeitando-se, em conseqüência, como se impõe aos membros e aos agentes do aparelho estatal, o regime das liberdades públicas e os direitos subjetivos constitucionalmente assegurados às pessoas em geral, inclusive àquelas eventualmente sujeitas, qualquer que seja a motivo, a investigação parlamentar, ou a inquérito policial, ou, ainda, a processo judicial.

As prerrogativas legais outorgadas aos Advogados possuem finalidade específica, pois visam a assegurar, a esses profissionais do Direito — cuja indispensabilidade é proclamada pela própria Constituição da República (CF, artigo 133) — o exercício, perante qualquer instância de Poder, de direitos próprios destinados a viabilizar a defesa técnica daqueles em cujo favor atuam.

Desse modo, não se revela legítimo opor, ao Advogado, restrições, que, ao impedirem, injusta e arbitrariamente, o regular exercício de sua atividade profissional, culminem por esvaziar e nulificar a própria razão de ser de sua intervenção perante os órgãos do Estado.

É preciso insistir no fato de que os poderes das Comissões Parlamentares de Inquérito, embora amplos, não são ilimitados e nem absolutos.

Por isso mesmo, o Plenário do Supremo Tribunal Federal, no julgamento definitivo do MS 23.452-RJ, Rel. Min. Celso de Mello, deixou assentado, por unanimidade, "que os poderes das Comissões Parlamentares de Inquérito — precisamente porque não são absolutos — sofrem as restrições impostas pela Constituição da República e encontram limite nos direitos fundamentais do cidadão, que só podem ser afetados nas hipóteses e na forma que a Carta Política estabelecer".

Cabe ter presente, ainda, por necessário, que a circunstância de os poderes investigatórios de uma CPI serem essencialmente limitados levou a jurisprudência constitucional do Supremo Tribunal Federal a advertir que as Comissões Parlamentares de Inquérito não podem formular acusações e nem punir delitos (*RDA* 199/205, Rel. Min. Paulo Brossard), nem desrespeitar o privilégio contra a auto-incriminação que assisto a qualquer indiciado ou testemunha (*RDA* 196/197, Rel. Min. Celso de Mello — HC 79.244-DF, Rel. Min. Sepúlveda Pertence), nem decretar a prisão de qualquer pessoa, exceto nas hipóteses de flagrância (*RDA* 196/195, Rel. Min. Celso de Mello — *RDA* 199/205, Rel. Min. Paulo Braossard).

Nesse contexto, assiste ao Advogado a prerrogativa — que lhe é dada por força e autoridade da lei — de velar pela intangibilidade dos direitos daquele que o constituiu como patrono de sua defesa técnica, competindo-lhe, por isso mesmo, para o fiel desempenho do *munus* de que se acha incumbido esse profissional do Direito, o exercício dos meios legais vocacionados à plena realização de seu legítimo mandato profissional.

Por tal razão, nada pode justificar o desrespeito às prerrogativas que a própria Constituição e as leis da República atribuem ao Advogado, pois o gesto de afronta ao estatuto jurídico da Advocacia representa, na perspectiva de nosso sistema normativo, um ato de inaceitável ofensa ao próprio texto constitucional e ao regime das liberdades públicas nele consagrado.

Sendo assim, tendo presentes as razões expostas — e considerando, sobretudo, as graves alegações constantes desta impetração —, defiro o pedido de medida liminar, para, nos estritos termos da Lei n. 8.906, de 4.7.94 (Estatuto da Advocacia), assegurar, ao ora impetrante, que é Advogado regularmente inscrito nos quadros da OAB/Seção de São Paulo, e que atua na defesa dos direitos de seu constituinte, Regis Xavier Souza, a observância e o respeito, por parte do Senhor Presidente da CPI/Narcotráfico, e dos membros que a compõem, das seguintes prerrogativas estabelecidas no diploma legislativo mencionado:

a) receber, no exercício de suas atribuições profissionais, "tratamento compatível com a dignidade da Advocacia", além de ter garantidas, para esse efeito, condições adequadas ao desempenho de seu encargo profissional (Lei n. 8.906/94, artigo 6º, parágrafo único);

b) direito de exercer, sem indevidas restrições, com liberdade e independência, a atividade profissional de Advogado perante a CPI/Narcotráfico (Lei n. 8.906/94, artigo 7º, I).

c) direito de manter contato com o seu cliente, podendo interferir, nas hipóteses contempladas em lei, com o objetivo de dispensar-lhe efetiva assistência técnica que dê sentido e concreção à garantia constitucional que confere, a qualquer um — indiciado, ou não —, o privilégio contra a auto-incriminação (*RDA* 196/197 — HC 79.244-DF);

(d) direito de "permanecer sentado ou em pé (...), independentemente de licença", durante o período de inquirição de seu constituinte (Lei n. 8.906/94, artigo 7º, VII);

(e) direito de "falar, sentado ou em pé" perante a CPI/Narcotráfico (Lei n. 8.906/94, artigo 7º, XII), quando se revelar necessário intervir, verbalmente, para esclarecer equívoco ou dúvida em relação a fatos, documentos ou afirmações que guardem pertinência com o objeto da investigação legislativa, desde que o uso da palavra se faça pela ordem, observadas as normas regimentais que disciplinam os trabalhos das Comissões Parlamentares de Inquérito.

Finalmente, devo registrar que o Advogado — por dispor de imunidade profissional reconhecida em lei — goza da prerrogativa que lhe outorga, em razão do ofício, o artigo 7º, § 2º, da Lei n. 8.906/94.

2. Notifique-se a autoridade ora apontada como coatora, para, em dez (10) dias, prestar as informações a que se refere o artigo 1º, *a*, da Lei n. 4.348/64.

3. Comunique-se, com urgência, à autoridade ora apontada como coatora, o teor da presente decisão.

Publique-se.

Brasília, 29 de novembro de 1999.

Ministro Celso de Mello, Relator.

TRIBUNAL REGIONAL FEDERAL DA 3ª REGIÃO

Inquérito 0111
— Registro 95.03.062302-2-Órgão especial
Rela.: Juíza Ana Scartezzini
Autora: Justiça Pública
Indiciado: Romeu José Bolfarini
Interessado: José Santilli Sobrinho
j. 9.5.1996

Ementa: Penal. Prefeito Municipal. Contribuições previdenciárias. Parcelamento. Legitimidade ativa. Apropriação indébita. Lei 8.212/91, art. 95, "d". Arquivamento. Rejeição.

I — Prefeito é o administrador do ente público municipal, órgão da administração pública direta.

II — Legitimidade ativa do Prefeito Municipal no crime previsto no art. 95 da Lei 8.212/91, uma vez que o texto legal engloba, como empresa, os órgãos da administração pública direta.

III — Superveniência da Lei 9.249, de 26.12.1995, não afeta o prosseguimento do inquérito, pois prevê para a extinção da punibilidade o pagamento do tributo ou contribuição social, inclusive dos acessórios.

IV — Parcelamento não equivale a pagamento para os fins da Lei 9.249/95.

V — Requerimento de arquivamento manifestado pelo Ministério Público Federal rejeitado. Aplicação do art. 28 do CPP.

ACÓRDÃO

Vistos e relatados estes autos, em que são partes as acima indicadas.

Decide o Órgão Especial do Egrégio Tribunal Regional Federal da 3ª Região, por maioria, rejeitar o pedido de arquivamento dos autos e determinar sua remessa ao Procurador-Geral da República, nos termos do relatório e voto, que ficam fazendo parte integrante do presente julgado.

São Paulo, 9 de maio de 1996 (data do julgamento).

Juíza Ana Scartezzini, Relatora.

RELATÓRIO

O Ministério Público Federal encaminha ofício a esta Corte, para instauração de inquérito em razão de Representação oferecida pelo Prefeito Municipal de Assis contra Romeu José Bolfarini, que o antecedeu na gestão da Municipalidade, para apuração de supostos fatos ilícitos em decorrência do não recolhimento aos cofres do INSS de contribuições descontadas dos vencimentos dos funcionários do Município citado.

Regularmente autuado e distribuído, foi o inquérito remetido ao Ministério Público Federal, para os fins do art. 203 do Regimento Interno deste Tribunal.

Às fls. 20/23, em douto parecer, o Ministério Público Federal requer o arquivamento do inquérito, pelas razões que ora transcrevo:

> 1. Trata-se de inquérito policial instaurado por Representação oferecida pelo Prefeito Municipal de Assis/SP, José Santilli Sobrinho, contra o ex-Chefe do Poder Executivo

daquele município, vez que entende, conforme documentação em anexo, ter o ex-Prefeito no período de seu mandato — 1989 a 1992 —, cometido, em tese, crime contra a ordem tributária, previsto na Lei 8.137/90, art. 2º, inc. II, por não ter recolhido aos cofres do INSS as contribuições sociais descontadas dos vencimentos dos funcionários daquela prefeitura.

2. Com vistas ao incluso documento da Coordenação de Arrecadação e Fiscalização do INSS, Ofício 21.600.3/043/95, de 11 de outubro p.p., verifica-se que foi concedido parcelamento do débito devido pela Prefeitura Municipal de Assis/SP, nos períodos de 2 e 3/90, NFLDs 53.151 e 53.153/90; NFLDs 52.919 e 52.920/90, contribuição suplementar devida na competência 12/89; parcelamento administrativo 8/93, período de 1/90 a 7/91 e, parcelamento administrativo no período de 8/91 a 5/93, referente a contribuições de autônomos, estão regularmente sendo honrados os parcelamentos acima mencionados.

3. A Lei 8.137/90, relacionando crimes contra a ordem econômica e financeira, tipifica como crime o não recolhimento no prazo legal de valor de tributo ou de contribuição social, descontado ou cobrado, na qualidade de sujeito passivo de obrigação e que deveria recolher aos cofres públicos (inc. II, do art. 2º).

4. Por sua vez, a Lei Orgânica da Seguridade Social, Lei 8.212/91, em seu art. 95, § 3º, considera pessoalmente responsáveis pelo crime de não recolhimento, na época própria, de contribuição ou outra importância devida à Seguridade Social e arrecadada dos segurados ou do público, o titular da firma individual, os sócios solidários, gerentes, diretores ou administradores que participem ou tenham participado da gestão de empresa beneficiada, assim como o segurado que tenha obtido vantagens.

5. Como se verifica, a Lei 8.137/90, conectada com a Lei 8.212/91, alcança tão-somente particulares que façam parte da direção de empresas, não se estendendo ao administrador do ente público; por outro lado, o art. 86 da Lei 3.807/60, Lei Orgânica da Previdência Social, houve por bem estipular que será punida com as penas do crime de apropriação indébita a falta de recolhimento, na época própria, das contribuições ou de outras quaisquer importâncias devidas às instituições de previdência e arrecadadas dos segurados ou do público, porém no respectivo parágrafo único circunscreve também tal punição aos dirigentes de empresas, repetindo, assim, as leis posteriores mencionadas, o mesmo critério no que tange à responsabilidade penal pela falta da aludida contribuição; idem quanto ao art. 146 do Decreto-lei 89.312/84, que veio a consolidar a Lei 3.807/60.

6. O art. 1º, inc. I, do Decreto-lei 201/67, conceitua como crime de responsabilidade dos Prefeitos Municipais, o desvio de bens ou rendas públicas, mesmo que em proveito alheio; tal dispositivo, permite-nos indagar: poderia o Prefeito Municipal desviar quantias devidas ao INSS em proveito da própria prefeitura que administrou? Pensamos que não. Em proveito alheio significa em proveito de alguém determinado e não em proveito da municipalidade, que não pode se apropriar de quantias não recolhidas, mesmo porque desconto algum houve de fato.

7. Do cotejo dos diversos diplomas legais, infere-se que insuscetível de aplicar-se aos Prefeitos municipais a figura da apropriação indébita; ainda que se questionasse sobre a aplicação, à espécie, do art. 2º, inc. II, da Lei 8.137/90, que trata dos crimes contra a ordem tributária, o Capítulo I, Seção I da Lei, diz respeito a crimes praticados por particulares, e ainda que tal preceito fosse passível de exegese extensiva, os recolhimentos dos tributos pelo agente antes do recebimento da denúncia não opera como fator extintivo da responsabilidade, de vez que o art. 14 dessa lei foi revogado pela Lei 8.383/91, art. 98; esta circunstância, todavia, não se caracteriza como a *vexata quaestio*, porquanto, como explicitado, em não havendo lei específica que tipifique penalmente a falta do recolhimento em tela, não há crime a configurar-se ao teor do art. 1º do Código Penal; de ressaltar-se, *a latere*, que dita falta de recolhimento das contribuições previdenciárias reclama, por sua natureza, seja objeto, *de lege ferenda*, de disposição repressiva expressa em relação a tais condutas de alguns Prefeitos municipais.

8. Por último, analisando possibilidade de apropriação indébita em proveito da municipalidade, o Juiz Rivaldo Costa, em acórdão do Tribunal Regional Federal da 5ª Região (inquérito 49/PB-91.05.02767-5), assim se pronunciou:

Mas, no caso, o que importa é verificar se o Tesouro Municipal poderia se apropriar das quantias recolhidas. Penso que não. Há vedação legal e orçamentária. As contribuições previdenciárias não poderiam jamais constituir "ingresso" na contabilidade da Prefeitura.

Não poderia haver a transformação do título de posse do dinheiro em posse com *animus domini*, o que é essencial à tipificação da apropriação indébita.

Hipótese distinta ocorre quando a apropriação de contribuições previdenciárias descontadas de empregados é feita por empresa. Em tese, os sócios ou a própria empresa pode se apropriar do dinheiro, conforme já restou decidido pelo Supremo Tribunal Federal (*RT* 585/403-404).

Em se tratando de município, o que ocorre é mera demora ou desídia no recolhimento, já que a apropriação seria juridicamente impossível. Mediante composição ou compelido judicialmente, o pagamento à Previdência teria inevitavelmente de se verificar. No Direito Brasileiro não é típica a "apropriação indébita de uso".

A gravidade do problema é iniludível, tendo, inclusive, recebido tratamento constitucional (ADCT, art. 57). Contudo, não havia previsão legal para a responsabilização criminal dos representantes dos municípios (cf. acórdão julgado em 11.2.1992).

9. Face ao exposto, pelo arquivamento do presente inquérito.

Por força do art. 206, I do Regimento Interno desta Corte, submeto o requerimento à apreciação do Colegiado.

É o relatório.

Juíza Ana Scartezzini, Relatora.

VOTO

Trata-se de inquérito instaurado em razão de Representação formulada pelo Prefeito Municipal de Assis contra seu antecessor, que teria deixado de recolher indevidamente aos cofres públicos contribuições devidas ao INSS decorrentes dos descontos efetuados nos salários dos funcionários daquele Município, nos períodos de 1989 a 1992.

A peça que ensejou a instauração deste inquérito foi centrada na ofensa aos dispositivos constantes das Leis 8.137/90 e 8.212/91.

O ilustre representante do Ministério Público Federal, Dr. Coriolano de Góes Neto, com muita propriedade, discorreu sobre a legislação pertinente à matéria e conclui pela ausência de tipicidade na conduta do indiciado.

Esse é o entendimento perfilhado pelo STJ, como se infere da ementa ora transcrita:

Penal. Apropriação indébita de contribuições previdenciárias. Prefeito Municipal.

A falta de recolhimento das contribuições previdenciárias, descontadas dos servidores municipais, não qualifica o Prefeito como sujeito ativo do crime de apropriação indébita.

Inocorrência de violação dos dispositivos legais apontados. Recurso especial não conhecido (Rel. Min. Assis Toledo, *DJ* 6.3.1995, p. 4.377).

Esta Corte, todavia, acolhendo voto proferido pela eminente Juíza Suzana Camargo, indeferiu pedido de arquivamento formulado pelo Ministério Público Federal, em hipótese idêntica (inquérito 95.03.026058-2, j. 7.12.1995, *DJU* 30.9.1997, p. 79.804).

Com efeito, nestes autos, mediante Representação formulada por José Santilli Sobrinho, requereu-se a instauração de inquérito para apuração de supostos fatos ilícitos cometidos por Romeu José Bolfarini, em razão do não recolhimento aos cofres do INSS das contribuições sociais descontadas dos vencimentos dos funcionários da Prefeitura de Assis.

O Ministério Público Federal, em sua manifestação, requer o arquivamento do presente, escudado em decisões do STJ, por entender, em síntese, que o Prefeito Municipal não detém legitimidade para ser sujeito ativo do crime de apropriação indébita de que cogita a Lei Orgânica da Previdência Social (Lei 3.804/60).

Por sua vez, a Lei 8.212/91 só consideraria responsáveis, pelo crime de não recolhimento da contribuição ou outra importância devida à seguridade social, o titular da firma individual, os sócios solidários, gerentes, diretores ou administradores que participem ou tenham participado da gestão da empresa.

Como a legislação se refere, em seu entender, a crimes praticados por particulares, inexiste lei específica que tipifique penalmente a falta do recolhimento.

Data venia do d. representante do Ministério Público, entendo que a mencionada Lei 8.212/91 cuida da hipótese examinada nestes autos, configurando-se ao menos em tese o crime previsto no art. 95, letra *d*.

E esse dispositivo legal, ao dispor sobre a responsabilidade dos que gerenciam a empresa beneficiada, ataria também o agente público, pois empresa para os termos da citada lei é "a firma individual ou sociedade que assume o risco de atividade econômica urbana ou rural, com fins lucrativos ou não, bem como os órgãos e entidades da administração pública direta, indireta e fundacional".

Assim, a meu ver, está inserido o Prefeito Municipal no âmbito de incidência da norma como sujeito ativo do delito de não recolhimento de contribuições previdenciárias, pois é o responsável, a pessoa que administra, que responde pela Municipalidade.

E nesse sentido é o entendimento esposado pelo Ministro Moreira Alves, no julgamento do HC 72271-7-São Paulo, que conclui pela tipicidade da conduta do agente público, no tocante ao disposto no art. 95 da Lei 8.212/91.

Destaca inexistir razão para que o administrador público não seja responsabilizado pelo não recolhimento da contribuição social descontada dos servidores.

E conclui:

> Ora, se se quer excluir o Prefeito Municipal, caracterizadamente gestor da coisa pública, como retro-enfatizamos da possibilidade de ser sujeito ativo de crime, que justamente pune os que recalcitram ante o dever constitucionalmente fixado, como ter-se linha de coerência no sistema jurídico?
>
> Portanto, o § 3º é explicitação, no plano da autoria, às empresas privadas.
>
> Não tem o condão de subtrair o administrador público da responsabilidade criminal.

Por tais fundamentos, rejeito o pedido de arquivamento do presente inquérito, para, nos termos do art. 28 do CPP, determinar a remessa dos autos ao Sr. Dr. Procurador-Geral da República.

É como voto.

Juíza Ana Scartezzini, Relatora.

DECLARAÇÃO DE VOTO

O Exmo. Sr. Juiz Márcio Moraes: Trata-se de inquérito policial instaurado para apuração de eventual crime contra a ordem tributária, consistente na apropriação indébita de quantias não recolhidas a título de contribuições previdenciárias, no período de 1989 a 1992, praticado pelo indiciado quando no exercício do cargo de Prefeito Municipal.

O D. Representante do Ministério Público Federal requereu o arquivamento do inquérito, com base em julgado do STJ, por entender que o Prefeito Municipal não pode ser sujeito ativo do delito em questão.

A ilustre Juíza Relatora, Ana Scartezzini, rejeitando tal argumentação e entendendo configurado, em tese, o crime previsto no art. 95, letra *d* da Lei 8.212/91, rejeitou o pedido de arquivamento do inquérito formulado pelo representante do Ministério Público Federal, determinando a remessa dos autos ao Procurador-Geral, nos termos do art. 28 do CPP.

Em seu voto a ilustre Juíza Relatora fez remissão ao recente julgado do Supremo Tribunal Federal que adotou o entendimento pelo qual o Prefeito Municipal pode ser sujeito ativo tanto da conduta delituosa prevista no art. 2º, II, da Lei 8.137/90, quanto do art. 95 da Lei 8.212/91, à consideração de que o núcleo do tipo desse último dispositivo — "deixar de recolher" — não está limitado pelo seu § 3º aos responsáveis por empresas privadas sujeitas ao regime da Previdência Social.

Este Tribunal Regional Federal da 3ª Região também já teve oportunidade de examinar o tema em vários precedentes como, por exemplo, o inquérito 29-SP, registro 93.03.034672-6, Relator Juiz Fleury Pires.

Todavia, diferentemente do que pode à primeira vista parecer, não ocorre incompatibilidade entre os julgados desta Corte e do Excelso Pretório.

Com efeito, o Supremo Tribunal Federal apenas considerou sob o ângulo de tipicidade objetiva que o Prefeito Municipal pode ser, em tese, sujeito ativo do crime previsto no art. 95 da Lei 8.212/91, mas, como conheceu da matéria em *habeas corpus* não adentrou ao exame aprofundado do elemento subjetivo do tipo, tanto que o ilustre Ministro Relator, Moreira Alves, teve oportunidade de asseverar em seu voto que:

> 3. Quanto à alegação de ausência do elemento subjetivo, ainda quando se entenda que o crime previsto no inc. II do art. 2º da Lei 8.137/90 seja de dano e não de mera conduta, como sustenta, e a meu ver corretamente, a maioria da doutrina, o certo é que não é o *habeas corpus*, por seu rito sumário, o meio processual hábil para o exame dos elementos de fato necessários à verificação da ocorrência, ou não, do elemento subjetivo do delito (HC 72.271-7-STF, 1ª Turma, unânime, j. 24.10.1995).

Como restou asseverado no voto transcrito, a hipótese em exame versa sobre crime de dano em que é indispensável, segundo a maioria da doutrina, para que se aperfeiçoe o tipo penal, a configuração da existência de seu elemento subjetivo, inocorrente na espécie, qual seja, a manifesta intenção do sujeito ativo em se apropriar das quantias descontadas dos vencimentos dos funcionários da prefeitura e não recolhidas ao INSS.

É óbvio que a simples mora tributária no recolhimento das aludidas contribuições não caracteriza o elemento subjetivo do crime de apropriação indébita, segundo pacífica jurisprudência a respeito do tema, retratadas, a exemplo, no *Manual de Direito Penal*, Júlio Fabbrini Mirabete, v. II, Atlas, p. 259. Ademais, conforme se constata a fls. 24 dos autos, o débito previdenciário foi objeto de parcelamento, desconfigurando a intenção do agente em não restituir esses valores.

Como se vê, o precedente citado do Supremo Tribunal Federal não conheceu e nem poderia na via do *habeas corpus*, da questão atinente ao elemento subjetivo do tipo, o qual, na espécie, tudo indica inocorrente.

De qualquer sorte não há como se desacolher o pedido de arquivamento sem que ocorressem fortes indícios da configuração do elemento subjetivo do tipo penal em questão.

De outro lado, o crime de apropriação indébita requer para sua tipificação um outro elemento objetivo, qual seja, o fato da posse ou a detenção pessoal do dinheiro alheio o que, na espécie, inocorreu, posto que nada indica que o numerário das contribuições não recolhidas tenha sido objeto de apropriação pessoal pelo Prefeito denunciado.

Portanto, tenho que o presente inquérito não merece prosseguimento, posto que ausentes os elementos subjetivo e objetivo do tipo.

Assim, acolho o pedido de arquivamento do inquérito formulado pelo Ministério Público Federal.

É como voto.

Juiz Márcio Moraes.

VOTO-VISTA

O Exmo. Sr. Juiz Theotonio Costa: O presente inquérito foi instaurado para apurar a ocorrência do crime inicialmente tipificado como de apropriação indébita contra a Previdência Social, pela equiparação estabelecida nos arts. 86 e 155, II da Lei 3.807/60, e posteriormente, pelo crime autônomo de retenção de contribuições sociais, assim definido com a superveniência da Lei 8.137, de 27.12.1990, que tipificou a mesma conduta como modalidade delitiva autônoma em seu art. 2º, inc. II, sendo posteriormente editada a Lei 8.212, de 24.7.1991, que regulou o mesmo delito em seu art. 95, alínea *d*, que teriam sido praticados pelo indiciado Romeu José Bolfarini, ex-Prefeito da cidade de Assis/SP, durante o exercício de seu mandato, no período de janeiro de 1989 a dezembro de 1992, por não ter repassado à Previdência Social as contribuições sociais descontadas dos funcionários da municipalidade neste período.

A Procuradoria Regional da República opinou, em seu parecer, pelo arquivamento do inquérito diante da atipicidade da conduta investigada, sob o fundamento da impossibilidade de se atribuir a condição de sujeito ativo do delito de apropriação indébita a Prefeito Municipal, condição que entende ser atribuível tão-somente a particulares dirigentes de empresas, o mesmo ocorrendo com os crimes definidos nas Leis 8.137/90 e 8.212/91, que circunscrevem a autoria destes delitos tão-somente a particulares, consoante define o próprio Título da Seção I, do Capítulo dos crimes contra a ordem tributária, assim redigido "Dos crimes praticados por particulares", de modo que, ausente previsão legal específica, não há que se admitir exegese ampliativa da abrangência dos referidos dispositivos para atingir Prefeito Municipal, em ofensa ao disposto no art. 1º do Código Penal.

A Exma. Juíza Relatora, em seu voto, decidiu pela rejeição do pedido de arquivamento do inquérito, por entender configurado, em tese, o delito previsto no art. 95, letra *d* da Lei 8.212/91 na conduta investigada, tendo em vista que tal dispositivo abrange a conduta realizada por agente público, diante da definição legal de "empresa", prevista nesta mesma lei e que inclui os "órgãos e entidades da administração pública direta, indireta e fundacional", concluindo, assim, estar inserido o Prefeito Municipal como sujeito ativo dos delitos nela tipificados, amparando este entendimento em julgamento proferido pelo E. Supremo Tribunal Federal no HC 72.271-7-SP, que concluiu pela tipicidade da conduta do agente público, no tocante ao disposto no art. 95 da Lei 8.212/91.

O Exmo. Juiz Márcio Moraes, amparado no mesmo aresto do E. Supremo Tribunal Federal, entendeu pela inexistência de crime na espécie, posto que a apropriação indébita de contribuições sociais descontadas perfaz crime de dano e não de mera conduta, concluindo-se daí a necessidade, para o aperfeiçoamento do tipo penal, da existência das elementares do crime de apropriação indébita, quais sejam, o elemento subjetivo do tipo consubstanciado na intenção do agente de se apropriar das quantias descontadas e não recolhidas ao INSS, além de não caracterizado o elemento objetivo do tipo, já que não houve apropriação pessoal das verbas pelo Prefeito denunciado, razão pela qual, conclui pelo acolhimento do pedido de arquivamento do inquérito formulado pelo Ministério Público Federal.

Pedi vista dos presentes autos por concordar com a decisão pelo arquivamento do presente inquérito, porém sob outros fundamentos.

Ao que se verifica dos autos, os fatos incriminados se projetaram ao longo de período de tempo que ensejou a incidência de diplomas legais distintos, que deram diferente definição legal para os mesmos fatos ora investigados, a saber, o não recolhimento de contribuições sociais descontadas de funcionários.

Sob a égide da Lei 3.807/60, a retenção de contribuições sociais descontadas ou arrecadadas constituiu modalidade delitiva equiparada ao crime de apropriação indébita pelo art. 86 da Lei 3.807/60, que estendeu o preceito sancionador da norma penal incriminadora, prevista na parte especial do Código Penal, para o delito capitulado em legislação penal extravagante.

Dispunha o art. 86:

> Art. 86. Será punida com as penas do crime de apropriação indébita a falta de recolhimento, na época própria, das contribuições e de outras quaisquer importâncias devidas às instituições de previdência e arrecadadas dos segurados ou do público.

Contudo, a equiparação ao delito de apropriação indébita vigorou tão-somente até a edição da Lei 8.137, de 27.12.1990, que deslocou da legislação previdenciária a punibilidade da retenção de contribuições sociais descontadas, para dar-lhe a feição de crime contra a ordem tributária, erigindo a conduta à condição de tipo penal autônomo, cominando-lhe sanção própria, com pena de 6 (seis) meses a 2 (dois) anos de detenção e multa, sendo, posteriormente, editada a Lei 8.212/91, de 24.7.1991, que regulou o mesmo delito em seu art. 95, letra *d*, derrogando o dispositivo anterior apenas para cominar-lhe sanção mais severa, constante do art. 5º da Lei 7.492, de 16.7.1986 (Lei dos Crimes contra o Sistema Financeiro Nacional), consistente na pena de 2 (dois) a 5 (cinco) anos de reclusão e multa.

Todas as normas citadas prescreveram a conduta no verbo "deixar de recolher", que configura crime omissivo próprio, consumado com o simples decurso do prazo para o recolhimento das quantias descontadas aos cofres da previdência, sem que o agente realize a conduta a que legalmente está obrigado.

O Eminente Ministro Assis Toledo, em voto que proferiu na ação penal 82-Piauí, examinando o tipo penal em apreço, assevera:

> Constitui, portanto, elemento essencial desse tipo legal não só o não recolhimento, na época própria, das parcelas arrecadadas dos segurados ou do público, como também e principalmente a inversão do título da posse ou seja o *animus rem sibi habendi*; vale dizer a intenção de não restituir a coisa ou, ainda, na lição de Hungria, a intenção de desviar a coisa do fim para que foi entregue (*Comentários*, 4ª ed., v. VII, p. 135).
>
> Por isso é que a jurisprudência tem considerado que a simples demora na restituição da coisa não basta para caracterizar o crime (*Código Penal e sua interpretação jurisprudencial*, Alberto Silva Franco e outros, Ed. RT, 3ª ed., p. 976).
>
> São palavras textuais de Hungria: "A simples mora em restituir ou a simples desídia no omitir, não é apropriação" (ob. cit., p. 135).

Por tais fundamentos, é que me coloco de pleno acordo com o voto proferido pelo Eminente Juiz Márcio Moraes, que sustenta a inexistência de crime na espécie, pela ausência das elementares do tipo penal.

Não bastasse isso, a fls. 24 consta ofício da divisão de cobrança do INSS, esclarecendo existirem pendentes débitos referentes aos meses de dezembro de 1989, de fevereiro de 1990 a dezembro de 1992, que foram objeto de parcelamento e que vêm sendo regularmente pagos.

O art. 14 da Lei 8.137/90 estabelecia hipótese de exclusão da ilicitude do delito de retenção de contribuições sociais descontadas no caso do pagamento à previdência antes do recebimento da denúncia, o qual, no entanto, foi revogado pelo art. 98 da Lei 8.383, de 30.12.1991, lei esta que projetou o termo *a quo* de seus efeitos para iniciarem-se a partir de 1º.1.1992.

A Lei 9.249, de 26.12.1995, em seu art. 34, restabeleceu a exclusão da ilicitude pelo pagamento do tributo ou contribuição social, inclusive acessórios, antes do recebimento da denúncia, fazendo-o nestes termos:

> Art. 34. Extingue-se a punibilidade dos crimes definidos na Lei 8.137, de 27.12.1990, e na Lei 4.729, de 14.7.1965, quando o agente promover o pagamento do tributo ou contribuição social, inclusive acessórios, antes do recebimento da denúncia.

A mesma lei estabeleceu, em seu art. 35, o termo inicial de seus efeitos a partir de 1º.1.1966.

Assim, o parcelamento do débito relativo a contribuições devidas até o mês de dezembro de 1991 operou a extinção da punibilidade quanto ao delito relativo a sua retenção, por força da incidência da causa resolutiva prevista no art. 14 da Lei 8.137/90, revogado a partir de janeiro de 1992, com a vigência da Lei 8.383/91.

Quanto ao débito relativo ao período de janeiro a dezembro de 1992, verifica-se que a superveniência da Lei 9.249/95, em vigor a partir de 1º.1.1996, permitiu igualmente se operasse a extinção da punibilidade quanto aos delitos de retenção de contribuições sociais descontadas e referentes a este período, tendo em vista que a norma do art. 34 da Lei 9.249/95, ao instituir causa de exclusão da punibilidade, estabeleceu hipótese legal mais benéfica em relação à norma do art. 98 da Lei 8.383/91, até então em vigor, tratando-se pois de dispositivo que opera efeitos retroativos, para abranger fatos pretéritos à sua edição.

A retroatividade da lei mais benéfica alçou patamar de garantia fundamental, insculpida no inciso XL do art. 5º da Carta Magna, ao estabelecer, *verbis* "a lei penal não retroagirá, salvo para beneficiar o réu", tratando-se de retroação incondicional dos efeitos da *lex mitior*, conforme previsto no parágrafo único do art. 2º do Código Penal, nos seguintes termos: "A lei posterior que de qualquer modo favorecer o agente, aplica-se aos fatos anteriores ainda que decididos por sentença condenatória transitada em julgado".

Seja na fase inquisitiva como após o trânsito em julgado da sentença penal condenatória, a lei penal mais benéfica sempre retroagirá, produzindo efeitos a partir da sua publicação, ainda que em período de *vacatio legis*.

Desta forma, desponta cristalina a manifesta ausência de justa causa para a instauração da ação penal, diante da extinção da punibilidade dos delitos ora investigados pelo parcelamento do débito junto à Previdência, o qual, consoante o pacífico entendimento desta Turma, opera efeito de novação da dívida, extinguindo, assim, a obrigação anterior.

Por tais fundamentos, acompanho o voto do Juiz Márcio Moraes e acolho o pedido de arquivamento do inquérito.

É como voto.

Juiz Theotonio Costa.

VOTO-VISTA

Exma. Sra. Juíza Suzana Camargo: Inicialmente, cabe destacar que foi instaurado inquérito visando a apuração da conduta atribuída ao ex-Prefeito do Município de Assis, senhor Romeu José Bolfarini, consubstanciada no não recolhimento de contribuições previdenciárias descontadas de funcionários daquela Municipalidade, no período compreendido entre 1989 e 1992.

Assim, veio o ilustre representante do Ministério Público Federal, Dr. Coriolano de Góes Neto, a pleitear o arquivamento do inquérito, sob o fundamento de que a Lei 8.137/90, que trata dos crimes contra o sistema tributário, bem como a Lei 8.212/91, que regula o custeio da Seguridade Social na atualidade e, ainda, a Lei 3.807/60, que anteriormente disciplinava a questão, face ser a Lei Orgânica da Previdência Social, não admitem possa o administrador público ser o sujeito ativo do crime expresso no não recolhimento, no prazo legal, de importâncias relativas a contribuições arrecadadas dos segurados ou do público, e devidas ao erário, pelo que concluiu pela atipicidade da conduta.

O pedido de arquivamento do inquérito veio acompanhado de ofício, expedido pelo Chefe da Divisão de Cobrança, onde está consignado ter havido o recolhimento do débito no tocante ao período compreendido entre agosto de 1989 a janeiro de 1990, estando parcelados os pertinentes aos períodos de janeiro de 1990 a julho de 1991 e de agosto de 1991 a maio de 1993, além da contribuição suplementar devida na competência de dezembro de 1989, cujas prestações vêm sendo recolhidas regularmente, fls. 24.

Apreciando o requerimento do Ministério Público Federal, a eminente Juíza Relatora Ana Scartezzini votou no sentido de rejeitar o pedido de arquivamento do inquérito, tendo em vista estar o Prefeito Municipal inserido no âmbito de incidência da norma incriminadora do art. 95, *d*, da Lei 8.212/91, na condição de sujeito ativo do delito de não recolhimento de contribuições previdenciárias.

O ilustre Juiz Márcio Moraes, por seu turno, acolheu o pedido de arquivamento, face o entendimento de que a hipótese em exame versa sobre crime de dano, em que é indispensável, para o aperfeiçoamento do tipo penal, a presença do elemento subjetivo, expresso na manifesta intenção do sujeito ativo em se apropriar das quantias descontadas dos vencimentos dos funcionários da prefeitura e não recolhidas ao INSS, a revelar a apropriação indébita, o que não estaria caracterizado na espécie em razão de ter havido o parcelamento do débito previdenciário, desconfigurando o propósito do agente em não restituir esses valores.

E, também, o eminente Juiz Theotonio Costa votou no sentido de acolher o pedido de arquivamento do inquérito, face o entendimento de que a punibilidade está extinta no caso presente, em razão de ter havido o parcelamento do débito junto à Previdência, a importar em novação da dívida, extinguindo, assim, a obrigação anterior, a resultar, por conseguinte, na incidência da Lei 9.249/95, em vigor desde 1º.1.1996, que, em seu art. 34, contemplou uma hipótese de exclusão da ilicitude pelo pagamento do tributo ou contribuição social, inclusive acessórios.

Assim, diante desses ângulos, três questões merecem enfoque, sendo uma a que embasou o pedido de arquivamento, consubstanciada, em síntese, na sustentação de atipicidade objetiva da conduta atribuída ao indiciado, face a sua qualidade de administrador público; a segunda pertinente à ausência do elemento subjetivo, expresso no dolo, face não ter havido apropriação indébita; e, por fim, a terceira, expressa na configuração ou não da causa de extinção da punibilidade, tendo em vista a ocorrência de parcelamento das contribuições previdenciárias não recolhidas nas épocas próprias.

Analisemos, portanto, a primeira questão.

É indubitável que o nosso ordenamento jurídico contempla como um dos primados basilares o princípio da reserva legal, sendo que, em matéria penal, esse princípio garante a impossibilidade de ser imputado um crime a alguém, sem que lei anterior assim o defina.

E é justamente com base nessa garantia maior, que sustenta o ilustre representante do Ministério Público Federal, ser caso de arquivamento do presente inquérito, pois, no seu entender, tanto a antiga Lei Orgânica da Previdência Social, como a lei que trata dos crimes contra a ordem financeira e tributária e, ainda, a que define os delitos contra a seguridade social, não contemplariam como sujeito ativo o administrador público, sendo assim figuras delitivas que somente poderiam ser praticadas por particulares.

Entretanto, não posso concordar, *data venia*, com esse posicionamento, pois, a Lei 8.212/91, expressamente, admite a responsabilidade do administrador dos entes públicos, em face da ausência de recolhimentos, nas épocas próprias, de contribuições previdenciárias descontadas dos segurados ou do público e devidas à Seguridade Social, face o disposto em seu art. 95, letra *d*, combinado com o § 3º tendo em vista que assim estabelecem:

> Art. 95. Constitui crime: (...)
>
> d) deixar de recolher, na época própria, contribuição ou outra importância devida à Seguridade Social e arrecadada dos segurados ou do público:

§ 3º. Consideram-se pessoalmente responsáveis pelos crimes acima caracterizados o titular de firma individual, os sócios solidários, gerentes, diretores ou *administradores* que participem ou tenham participado da gestão de *empresa* beneficiada, assim como o segurado que tenha obtido vantagens (grifos nossos).

Numa interpretação literal e isolada do dispositivo acima transcrito, poder-se-ia concluir indevidamente que o § 3º somente contempla como sujeitos ativos do crime as pessoas do setor privado ali declinadas, sem ser possível o cometimento do delito por administradores públicos.

Entretanto, assim não é correto, pois a própria Lei 8.212/91, em seu art. 15, I, define o que é empresa para os fins desse texto legal, sendo que assim preceitua:

Considera-se:

I — empresa — a firma individual ou sociedade que assume o risco de atividade econômica urbana ou rural, com fins lucrativos ou não, bem como os *órgãos e entidades da Administração Pública Direta, Indireta e Fundacional* (grifos nossos).

Portanto, quando o § 3º do art. 95, refere-se às pessoas dos administradores da empresa como sendo considerados pessoalmente responsáveis pelos crimes definidos na Lei 8.212/91, ao lado de outros ali também elencados, está, na realidade, admitindo como sujeito ativo o Prefeito Municipal, pois é ele o administrador de um ente integrante da administração pública direta.

Ora, consoante aduz J. Cretella Júnior, "Administração Direta é gestão de serviço público pela própria entidade que, por excelência, o desempenha".

E, complementa: "Assim, no Brasil, abstração feita da natureza do serviço desempenhado, podemos classificar como entidade da Administração Direta, respectivamente, em cada esfera, a União, cada um dos Estados-membros e os Municípios. A atividade exercida pode ser pública, ou privada, administrativa ou política. Não importa. Administração Direta, diz a lei, constitui-se, no âmbito federal, dos serviços integrados na estrutura administrativa da Presidência da República e dos Ministérios (Decreto-lei 200, de 25.2.1967, art. 4º, I). A noção pode ser estendida às esferas paralelas estadual e municipal" (in *Comentários à Constituição de 1988*, v. IV, arts. 23 a 37, Forense Universitária, pp. 2.119-2.120).

Por outro lado, é inegável ser o Prefeito o administrador de uma das entidades da administração pública direta, pois, consoante ressalta Hely Lopes Meirelles, o município, "Como pessoa jurídica age através do Prefeito, que é o seu único representante e agente executivo da Administração, exercendo direitos e contraindo obrigações de ordem civil".

E, ainda, "Como pessoa jurídica, o Município tem representante, domicílio e foro onde pratica e responde por seus atos. Seu representante político, já o dissemos, é o Prefeito" (*Direito Municipal Brasileiro*, 6ª ed., Malheiros Editores, pp. 112-113).

Assim, tomando em consideração esses conceitos, não há falar tenha a Lei 8.212/91 deixado de contemplar a pessoa de Prefeito Municipal como sujeito ativo do delito de não recolhimento de contribuições previdenciárias descontadas de segurados ou do público, ao contrário, é expressa em englobar, no conceito de empresa, as entidades da administração pública direta e indireta, pelo que seu administrador, inegavelmente, possui responsabilidade criminal.

Neste diapasão, é inclusive, o escólio de Wladimir Novaes Martinez, em sua obra, *Comentários à Lei Básica da Previdência Social*, quando ao tratar, respectivamente, dos arts. 15 e 95 da Lei 8.212/91, destaca que: "Finalmente, deixando o tema *extreme de dúvidas*, o *in fine* arrola os órgãos da Administração Pública direta, indireta e fundacional. No caso, municipais, estaduais, do Distrito Federal e da União. É pleonástico o uso dos termos 'órgãos' e 'entidades'. Superior redação teria empregado 'órgãos' ou 'entidades'. Qualquer desses vocábulos, por sua generalidade, aplica-se a todos os entes da Administração Pública".

Conclui, ao final que: "O vocábulo 'administradores' assinala pessoas pertencentes ao direito privado e público, incluindo, no primeiro universo, exemplificativamente, os partidos políticos, as entidades filantrópicas, as associações civis de modo geral, as fundações de direito privado, os clubes de serviço, as cooperativas, enfim, os empreendimentos particulares vinculados à Previdência Social, com ou sem finalidade lucrativa. É complexo situá-lo no serviço público, no caso dos entes políticos sem regime próprio de Previdência Social. Deve ser entendido o *Prefeito Municipal* ou o dirigente estatal, se a autarquia, empresa pública ou fundação de direito público" (grifos nossos) (t. I, LTr, 1994, pp. 97 e 583).

De sorte que não é dado transplantar, para proceder a hermenêutica da Lei 8.212/91, o conceito de empresa tido pelo Direito Comercial, devendo, isto sim, em observância ao princípio da reserva legal, ser observada a definição dada pela própria norma incriminadora.

E, indubitavelmente, nela está contida o Prefeito, bem como outros dirigentes e administradores de órgãos e entidades públicas, pois, assim, claramente definiu a lei, ao estabelecer o conceito de empresa.

Ainda, cabe destacar que esse posicionamento não é isolado, tendo o excelso Supremo Tribunal Federal, no tocante a essa matéria, decidido que:

> Prefeito pode ser sujeito ativo da conduta delituosa prevista tanto no art. 2º, II, da Lei 8.137/90 quanto no art. 95 da Lei 8.212/91 (*habeas corpus* 72.271-7-SP, Rel. Min. Moreira Alves, 1ª T., julgado em 24.10.de 1995).

Ademais, no voto prolatado pelo Exmo. Ministro Moreira Alves, no julgamento acima referido, teve um trecho com o destaque de que:

Quanto à alegação de que a denúncia é inepta por atipicidade da conduta, sob o fundamento de que tanto o art. 2º, II, da Lei 8.137/90 quanto o art. 95 da Lei 8.212/91, em face do disposto em seu § 3º do mesmo artigo, não prevêem o agente público como sujeito ativo da conduta delituosa neles descrita, é ela improcedente.

Sustenta a impetração que o art. 2º da Lei 8.137 se encontra na Seção I do Capítulo I "Dos crimes contra a ordem tributária", seção essa que se intitula "Dos crimes praticados por particulares", em contraposição aos que se acham previstos no art. 3º que está na Seção II desse mesmo Capítulo, a qual se intitula "Dos crimes praticados por funcionários públicos", o que implica dizer que os crimes do art. 2º não podem ter como sujeito ativo Prefeito que, por força do art. 327 do Código Penal, é considerado funcionário público.

Essa argumentação, no entanto, não procede. Com efeito, a contraposição dos "crimes praticados por particulares" aos "crimes praticados por funcionários públicos" implica a contraposição de crimes não-funcionais a crimes funcionais, por não serem os primeiros somente praticáveis por funcionário público. Tanto isso é verdade que, no inc. III do art. 2º da Lei 8.137/90 está previsto crime ("exigir, pagar ou receber, para si ou para o contribuinte beneficiário, qualquer percentagem sobre a parcela dedutível ou deduzida de imposto ou de contribuição como incentivo fiscal") que, não obstante se encontrar na Seção I da citada Lei, pode ser praticado por funcionário público, embora não seja crime funcional porque seu sujeito ativo pode ser qualquer pessoa que ocupe função em empresas e instituições financeiras oficiais ou privadas que se dediquem a esse mister, como salienta Rui Stoco (*Leis Penais Especiais e sua Interpretação Jurisprudencial*, de autoria de diversos autores, p. 1.487, Ed. RT, São Paulo, 1995), *verbis*:

> O inc. III, do art. 2º corresponde ao inc. V, do art. 1º da lei derrogada.
>
> Descreve comportamentos que se subsumem nos arts. 316 (concussão) e 317 e seu § 2º (corrupção passiva) do Código Penal.
>
> Cuidou a lei de prever as hipóteses em que o funcionário público típico ou por equiparação exige ou recebe, para si ou para outrem, ou paga percentagem sobre parcela de-

dutível ou já deduzida de imposto ou contribuição social.

Não se trata, porém, de crime funcional, pois sujeito ativo pode ser qualquer pessoa que ocupe função nas empresas e instituições financeiras oficiais ou privadas que arrecadam as parcelas mencionadas, bem como os intermediários que, em seu nome praticarem as ações definidas na lei.

Assim sendo, não há razão para que o administrador público que é o responsável pelo recolhimento da contribuição social descontada dos servidores e que tem a obrigação de recolhê-la, como no caso, ao INSS não se enquadre como sujeito ativo do crime previsto no inc. III do art. 2º da Lei 8.137/90.

2. No tocante à alegação de atipicidade quanto ao art. 95 da Lei 8.212/91, invoca a impetração o disposto no § 3º desse mesmo artigo que só alude como pessoalmente responsáveis pelos crimes descritos nesse dispositivo legal, o titular de firma individual, os sócios solidários, gerentes, diretores ou administradores que participem ou tenham participado da gestão de empresa beneficiada, assim como o segurado que tenha obtido vantagens, e não os administradores públicos.

A meu ver, essa objeção, uma vez que no tipo ("Deixar de recolher, na época própria, contribuição ou outra importância devida à seguridade social e arrecadada dos segurados ou do público") não faz qualquer restrição quanto ao sujeito ativo, é afastada corretamente pelo parecer do Dr. Cláudio Lemos Fonteles transcrito na manifestação, nestes autos, da Procuradoria-Geral da República, *verbis*:

Seis meses depois, *em julho de 1991*, surgiu a *Lei 8.212*, *propriamente dispondo* sobre a organização da Seguridade Social e, na *alínea "d"*, de *seu art. 95*, preceituou, *verbis*: "Art. 95. Constitui crime: (...) d) *deixar de recolher*, na época própria, contribuição ou outra importância devida à Seguridade Social e arrecadada dos segurados ou do público;" (grifamos).

Como se vê, o *núcleo do tipo*, quer numa, quer noutra realidade normativa permaneceu *absolutamente idêntico*: "deixar de recolher", marcando delito omissivo.

O § 3º, *do art. 95*, da Lei 8.212/91 *não* quis operar *restrição*, nos possíveis sujeitos ativos desta infração.

Não!

O que fez — e esta é a sua apropriada razão de ser — foi, *na ótica das empresas privadas*, *explicitar* que quem quer que nelas *participe como gestor*, seja em firma individual, solidária, na posição de gerente, diretor ou administrador, é pessoalmente responsável, vale dizer: *faz-se autor*, na prática da infração omissiva.

Quanto ao administrador público, tal é despiciendo esclarecer porque, tal sucede no caso, o Prefeito Municipal, por óbvio, *é sempre o responsável*, *porque caracterizadamente gestor "ex officio"*, do dever de recolher as contribuições previdenciárias.

Nem faria sentido pensarmos diferentemente *sob pena de estarmos a consagrar derrogação do preceito constitucional*, por interpretação dada à lei penal, lei inferior, na relação.

Com efeito, é claríssimo o disposto no *art. 195*, da Constituição Federal, *verbis*: "Art. 195. A seguridade social será financiada *por toda a sociedade* (...)" (grifamos).

Ora, se se quer excluir o Prefeito Municipal, caracterizadamente gestor da coisa pública, como retro-enfatizamos da possibilidade de ser sujeito ativo de crime, que justamente pune os que recalcitram *ante o dever constitucionalmente fixado*, como ter-se linha de coerência no sistema jurídico?

Portanto, o § 3º é explicitação, no plano da autoria, às empresas privadas. Não tem o condão de subtrair o administrador público da responsabilidade criminal (fls. 91/92).

Assim, quanto à primeira questão, entendo, *data venia*, não ser caso de arquivamento do presente inquérito, face o entendimento de estar o Prefeito englobado no elenco das pessoas que podem, em tese, cometer os crimes previstos no art. 2º, II, da Lei 8.137, de 27. 12.1990, art. 95, *d*, da Lei 8.212/91.

Agora, cabe o exame da segunda questão, que diz respeito à conclusão de inocorrência do elemento subjetivo do tipo, expresso no dolo.

A apreciação dessa questão nesta oportunidade apresenta-se, *data venia*, prematura, tendo em vista que, além do pedido de arquivamento do inquérito não estar arrimado nesse fundamento, tem-se, ainda, que o inquérito não contém qualquer elemento que possa autorizar a exclusão da culpabilidade do indiciado.

É que, na fase em que se encontra o inquérito, não houve nem mesmo a audição do indiciado, posto que antes mesmo desse ato, vislumbrou o ilustre Procurador Regional da República a ausência de tipicidade objetiva na conduta, vindo, daí, a pleitear o conseqüente arquivamento, pelo que não é dado aferir sequer as razões que levaram o então Prefeito de Assis a não proceder os recolhimentos das contribuições previdenciárias descontadas de funcionários e do público, nas épocas próprias.

Ademais, não é dado olvidar que o fato de ter havido o parcelamento dos débitos também não exclui o tipo subjetivo exigido para a conduta, dado que o acordo visando o pagamento em parcelas não foi realizado pelo indiciado, mas sim pelo Prefeito que lhe sucedeu frente à Municipalidade, tanto que consta do documento de fls. 24 ter sido efetivado em 1993, época em que não mais era o administrador.

Portanto, não é viável a conclusão sequer de ter o indiciado manifestado o propósito de evitar o resultado, decorrente da conduta tida como delituosa, mediante o parcelamento dos valores devidos, posto que esse atuar não foi por si realizado, mas sim pelo administrador que lhe sucedeu.

E mais, mesmo que tivesse sido o parcelamento realizado pelo indiciado, ainda assim não seria dado afastar a tipicidade subjetiva relativa ao delito, dado que tanto o tipo descrito no art. 2º, II, da Lei 8.137/90, como o constante do art. 95, *d*, da Lei 8.212/90, não configuram apropriação indébita.

É que, nesses dois tipos penais tem-se, na verdade, descrita uma situação fática de sonegação de custos repassáveis, cujo objeto jurídico é a receita previdenciária.

A elementar do tipo expressa em "deixar de recolher", revela uma ação omissiva, norteada pelo elemento subjetivo, consubstanciado no dolo, sendo difícil a caracterização a título de culpa, e possível o erro. A consumação, por sua vez, ocorre com o não recolhimento das contribuições descontadas dos segurados ou do público nas épocas estabelecidas legalmente, sendo, portanto, um crime formal.

Assim, não há considerar essas figuras típicas como tendo a natureza do delito descrito no art. 168 do Código Penal — apropriação indébita —, ou mesmo entender que são figuras equiparadas.

É que o tipo previsto pelo art. 168 do Código Penal consiste em "apropriar-se, tomar para si, fazer sua, coisa alheia móvel, de que tem a posse ou a detenção", daí porque o objeto jurídico é o patrimônio e a consumação se dá com a inversão da posse, ou seja pelo ato de dispor da coisa ou pela negação em devolvê-la, sendo, portanto, crime material.

Ocorre que, no caso em tela, para a caracterização do crime não precisa o agente tomar para si os valores das contribuições, pois, mesmo não tendo essa intenção, já está concretizada a figura típica, que se consuma pela simples omissão do recolhimento nas épocas pertinentes.

Portanto, não é um crime material, mas meramente formal. A omissão, sem necessidade da inversão da posse no tocante aos valores, tem o condão de caracterizar o delito.

Logo, em razão das diferenças dos comportamentos delituosos, não há que se falar, *data venia*, em figura equiparada à apropriação indébita, tendo na realidade o crime sua especificidade própria.

Nesse diapasão é, inclusive, o escólio de Hugo de Brito Machado, ao posicionar que: "Não se diga que o não pagamento do IPI, ou do Imposto de Renda retido na fonte, ou de contribuições de seguridade social descontadas de empregados, corresponde à apropriação indébita, definida no art. 168, do Código Penal. O contribuinte não se apropria, porque o dinheiro lhe pertence, e não ao fisco, que é simplesmente credor (...) No caso do imposto de renda na fonte, ou das contribuições descontadas dos salários, embora possa parecer que há uma apropriação, na verdade ela não existe, porque o empregador, ao pagar o salário, ou a fonte, ao pagar o rendimento sujeito à incidência do imposto, na verdade está pagando parte de seu débito, e fica a dever o restante, a ser pago ao fisco. A relação jurídica, em qualquer desses casos, com o fisco, é uma relação de direito obrigacional (...) Em qualquer caso, se o contribuinte escritura, em sua contabilidade, os valores a serem pagos ao Tesouro, resta ausente o elemento subjetivo do tipo penal. O dolo é a 'vontade livre e consciente de o sujeito se apropriar de coisa alheia móvel de que tem a posse ou detenção' (Damásio E. de Jesus, *Código Penal Anotado*, 2ª ed., Saraiva, 1991, p. 489). E com essa vontade, que é elementar na apropriação indébita, é inteiramente incompatível a escrituração contábil, como débito do contribuinte, a crédito do Tesouro, das quantias correspondentes aos tributos a serem pagos" (in *Repertório IOB de Jurisprudência* 12/94).

Outrossim, Luiz Coelho da Rocha, em artigo publicado na *Revista de Direito Mercantil* 87/68, com o título "A Lei 8.137 e a prisão por débito tributário", posiciona que: "Ora, não estamos aqui cuidando de ação delituosa assemelhada à apropriação indébita, como já se imputava à conduta da fonte pagadora que não recolhia o imposto ou a contribuição social retidas em nome de outrem, a fonte recebedora. Disso, aqui, não se trata, porque não se cuida do responsável legal pelo tributo, como era e é ali a hipótese da fonte pagadora, falando agora o dispositivo, expressamente, no não-recolhimento de tributo ou contribuição social descontado ou cobrado, na qualidade de sujeito passivo da obrigação (tributária)".

Também comunga desse entendimento Edmar Oliveira Andrade Filho, ao tratar sobre os crimes contra a ordem tributária, dado que ressalta: "Ademais, como vimos, a Lei 8.137/90 abandonou a equiparação da omissão de recolhimento à apropriação indébita, erigindo como crime conduta diversa, bastando para que seja reprovável que haja o desconto ou a cobrança de tributo ou contribuição e que esse não seja repassado aos cofres públicos no prazo legal" (in *Direito Penal Tributário*, Atlas, 1995, p. 114).

Portanto, não é possível transplantar, *data venia*, para o crime em consideração a disciplina legal e jurisprudencial relativa à apropriação indébita, pois dela não se trata, pelo que o fato de não ter havido a apropriação dos valores não afasta a tipicidade da conduta. Somente é possível a equiparação à apropriação indébita tomando-se em conta a antiga Lei Orgânica da Previdência Social, dado que essa norma sim tinha tal conteúdo.

De sorte que, na atualidade, basta o não recolhimento das contribuições previdenciárias que foram descontadas de segurados ou do público, nas épocas próprias, sendo irrelevante se as importâncias não recolhidas foram apropriadas pelo agente ou por terceiro, se decorreu prejuízo à autarquia previdenciária ou não. O não recolhimento, quando deveria sê-lo, constitui o crime, pelo que a conduta omissiva, independente de qualquer lesão, independente do resultado, já é suficiente para a configuração do delito, em tese.

Assim, considerando essa segunda questão enfocada, tem-se, *data venia*, não ser oportuna a conclusão pelo arquivamento do inquérito.

Resta, por fim, tratar do terceiro aspecto incidente na situação em tela e que consiste na eventual configuração da extinção da punibilidade do delito, tendo em vista que em relação às contribuições previdenciárias descontadas dos funcionários do Município de Assis, bem como de autônomos, no período compreendido entre 1989 e 1992, foi obtido o parcelamento dos débitos, em decorrência do Prefeito, que sucedeu ao indiciado, ter feito acordo nesse sentido junto à autarquia previdenciária.

Entretanto, no caso em apreço, a hipótese prevista em lei e ensejadora da extinção do direito subjetivo de punir do Estado, *data venia*, não está configurada.

É que não há falar em aplicação do art. 14 da Lei 8.137, de 27.12.1990, que, em sua redação originária, continha uma causa de extinção da punibilidade expressa no pagamento do tributo ou da contribuição social antes do recebimento da denúncia, e que posteriormente veio a ser revogada pelo art. 98 da Lei 8.383, de 30.12.1991; nem tampouco é dado entender que concretizada está a hipótese do art. 34 da Lei 9.249, de 26.12.1995; dado que nesses dois textos legais não foi contemplado como fator de exclusão do direito de punir do Estado o mero parcelamento das importâncias devidas ao Erário Público.

Ora, o art. 14 da Lei 8.137/90 estabelecia que:

> Extingue-se a punibilidade dos crimes definidos nos arts. 1º a 3º quando o agente promover o pagamento de tributo ou contribuição social, inclusive acessórios, antes do recebimento da denúncia.

E mais, o art. 34 da Lei 9.249, de 26.12.1995, dispõe que:

> Extingue-se a punibilidade dos crimes definidos na Lei 8.137, de 27.12.1990, e na Lei 4.729, de 14.7.1965, quando o agente promover o pagamento do tributo ou contribuição social, inclusive acessórios, antes do recebimento da denúncia.

Portanto, tomando em consideração esses dispositivos legais tem-se que, para ensejar a extinção da punibilidade, é indispensável o pagamento total do débito, inclusive de seus acessórios, não ensejando esse desiderato o mero parcelamento.

Nesse diapasão é inclusive o julgado prolatado pelo colendo Superior Tribunal de Justiça, no Recurso de *habeas corpus* 4.113-7-SP, em que foi Relator designado o eminente Ministro Adhemar Maciel, publicado no *DJ* de 5.2.1996, dado que a ementa esteve assim expressa:

> Penal. *Habeas corpus*. Contribuições previdenciárias. Desconto não recolhido (Lei 8.137, art. 2º, III). Punibilidade que não se extinguiu pelo pagamento. A Lei 8.620/93 (art. 12) apenas ensejou o pagamento parcelado dos atrasados. Recurso ordinário conhecido e improvido.

Ademais, há um trecho no voto do eminente Ministro Adhemar Maciel, com o sentido de que:

> *Data venia* dos recorrentes, não vejo em que possam os dispositivos acima ter extinto a punibilidade pelo pagamento. O que a lei nova fez, em que pese ao entendimento do eminente Ministro-Relator, foi tão-somente ensejar parcelamento, até por parte de entidades públicas. Não buliu, ainda que excepcional e provisoriamente, na esfera penal. O crime continuou intacto. Por outro lado, como ressaltou o eminente relator *a quo*, há indícios suficientes para o andamento da ação. Só mesmo através da dialética processual, no curso do processo, é que os recorrentes poderão provar suas inocências (RHC 4.113-7-94.035050-3).

Na verdade, o parcelamento de contribuições previdenciárias não recolhidas, nas épocas devidas, e que tenham sido descontadas dos segurados ou do público, por não consistirem ainda em pagamento, mas em promessa de pagamento, somente podem caracterizar condição suspensiva da extinção da punibilidade prevista pelo art. 34 da Lei 9.249/95.

Nessa esteira de entendimento é, inclusive, o voto do eminente Ministro Luiz Vicente Cernicchiaro, prolatado no recurso de *habeas corpus* 3.973-6-RS, publicado no *DJ* de 15.5.1995, dado que no tocante a essa matéria teve o sentido de que:

> O Relator do v. acórdão, ora atacado, ilustre Juiz Fábio Bittencourt da Rosa, regis-

tra, em seu voto, às fls. 65: "Diante disso, deve ser examinada a questão à luz do art. 14 da Lei 8.137/90 que seria, em princípio, aplicável ao caso do paciente".

E acrescenta, ainda, na fundamentação, o nobre magistrado:

"(...) entendo que o parcelamento não tem a força de extinguir a punibilidade, reservada à hipótese de pagamento" (fls. 70).

O Código Tributário Nacional, no art. 156, relaciona as causas de extinção do crédito tributário: pagamento, compensação, transação, remissão, prescrição, decadência, conversão de depósito em renda, pagamento antecipado, consignação em pagamento, decisão administrativa e reformável e a decisão judicial passada em julgado.

Do parcelamento, por seu turno, podem resultar duas situações: a) pagamento, conforme o pactuado, de todas as prestações; b) não pagamento total, ou parcial do débito.

O parcelamento, quando permitido, ensejava a extinção da punibilidade. Só o pagamento, como registrado, extingue o crédito tributário.

O parcelamento, por sua vez, configura condição suspensiva da extinção da punibilidade. Insista-se: a *causa debendi* continua a mesma. Apenas o pagamento se protrai no tempo.

Proposta a ação penal, formalizado o parcelamento, antes do recebimento da denúncia, o contribuinte estando em dia com as parcelas, evidente, o débito não é exigível.

O réu é processado porque (dolosamente) está em débito. O parcelamento cumprido afasta o débito (exigível); atua, pois, como antecedente lógico da decisão final. Em outros termos, configura — questão prejudicial.

Em sendo assim, não faz sentido o processo ter seqüência. Impõe-se a suspensão. O fato repercute no interesse (processualmente considerado).

Examine-se a natureza jurídica do parcelamento para pagar o débito.

A relação jurídica forma-se em razão de uma causa. Na espécie, o não recolhimento doloso do tributo. O conteúdo do vínculo projeta a obrigação de pagar, no tempo definido em lei.

A relação jurídica, outrossim, pode ser modificada, conservada ou desconstituída, conforme o fato que repercute na causa.

A relação jurídica, na hipótese dos autos, evidencia a obrigação principal — efetuar o pagamento.

O parcelamento significa acordo de vontades (fato) que repercute na relação jurídica. O débito vencido torna-se, pelo menos em parte, débito vincendo.

O parcelamento resulta de transação entre o credor (sujeito pretensor) e o devedor (sujeito obrigado). Mantém-se a — *causa debendi*. Modifica-se apenas o modo do pagamento. Afeta o conteúdo.

A natureza jurídica do parcelamento, outrossim, não se confunde com a — novação.

A — novação — consoante o disposto no art. 999, do Código Civil, é substituição convencional da obrigação, que se extingue por outra nova e distinta; implica mudança do devedor, do credor, ou do objeto da prestação.

Em termos de Teoria Geral do Direito, a relação jurídica é substituída por outra, os termos, ou o conteúdo desse vínculo.

Washington de Barros Monteiro, *Curso de Direito Civil*, Saraiva, São Paulo, 1968, 4º v., p. 328, noticia: "Copiosa a jurisprudência a respeito, tornando-se dignos de menção os julgados seguintes: (...); c) não ocorre novação quando o credor tolera que o devedor lhe pague parceladamente (...)".

Com efeito, nesse caso, a relação jurídica continua vinculando o mesmo sujeito pretensor e o mesmo sujeito devedor, inalterando também o conteúdo (complexo de direitos e obrigações), com uma ressalva: o preço, ao invés de pagamento em um só ato, será efetuado mediante parcelas.

O Código Tributário Nacional relaciona (art. 156) as causas de extinção do crédito tributário: pagamento, compensação, transação, remissão, prescrição, decadência, conversão de depósito em renda, pagamento antecipado, consignação em pagamento, decisão administrativa e reformável e a decisão judicial passada em julgado.

Com efeito, o parcelamento não é causa extintiva. A razão é simples: poderá não ser cumprido. Quando o for, extinguir-se-á o débito pelo pagamento.

O parcelamento, embora não se confunda com o pagamento, repercute na ação penal. Há promessa de pagamento. Repercute, outrossim, na exigibilidade do crédito. É, diga-se, na hipótese, extinção da punibilidade *in fieri*. Em outras palavras, o assentimento do Estado (da lei) para, em contrapartida ao recebimento, ensejar a extinção da punibilidade.

O crime existe porque o contribuinte, ou sujeito passivo da obrigação tributária, com a sua conduta dolosa, ocasionou dano ao patrimônio público.

O parcelamento encerra obrigação de pagar. Concomitantemente, é condição suspensiva da extinção da punibilidade.

Assim, em se tratando de parcelamento realizado antes do oferecimento da denúncia, não há óbice no sentido de que a ação penal seja instaurada, dado que esse fato não tem o condão de ensejar a extinção da punibilidade, em razão de não se tratar ainda de pagamento, mas de mera promessa de pagamento, pelo que a conduta delituosa, em tese, permanece incólume.

Entretanto, instaurada a ação penal, é possível a suspensão do processo, dado que o parcelamento, por ter a natureza de condição suspensiva da extinção da punibilidade, representa, nesse caso, uma questão prejudicial, equiparada, por analogia, às elencadas nos arts. 92 e 93 do Código de Processo Penal.

Assim, poderá valer-se o magistrado da faculdade prevista no art. 94 do mesmo Estatuto Processual, sendo que, vencido o prazo de suspensão do processo, poderá, então, declarar extinta a punibilidade se caracterizado estiver o pagamento total do débito e de seus acessórios ou, quando não, determinar o prosseguimento do processo, face a ausência de quitação das parcelas.

Em suma, em relação à terceira questão posta à apreciação, tem-se que o parcelamento por si só não enseja a extinção da punibilidade, tendo em vista que somente o pagamento tem esse condão, pelo que não há como ser reconhecido na situação em tela, em razão de que remanesce um largo período em relação ao qual não houve ainda a quitação total.

Ante o exposto, com a devida vênia dos eminentes Juízes que entendem de forma diversa, voto no sentido de acompanhar a eminente Juíza Relatora Ana Scartezzini, rejeitando o pedido de arquivamento do presente inquérito, com determinação de remessa dos autos ao Excelentíssimo Senhor Procurador-Geral da República, nos termos do art. 28 do Código de Processo Penal.

É o voto.

Juíza Suzana Camargo.

DECLARAÇÃO DE VOTO

O Exmo. Sr. Juiz Baptista Pereira: Cuida-se de inquérito visando a apuração de crime contra a ordem tributária, instaurado por Representação ofertada pelo Prefeito Municipal de Assis, contra o ex-Prefeito da mesma cidade, pois este último não teria recolhido aos cofres do INSS as contribuições sociais descontadas dos vencimentos dos funcionários municipais, no período de 1989 a 1992.

O Ministério Público Federal entendendo ausente a tipicidade da conduta investigada, face à impossibilidade de figurar o Prefeito Municipal como sujeito ativo, condição que reputa atribuível apenas a particulares dirigentes de empresas, pleiteia o arquivamento do feito.

A Ilustre Juíza Relatora, Ana Scartezzini, rejeitou o pedido de arquivamento, determinando a remessa dos autos ao Procurador-Geral, nos termos do art. 28 do CPP, por entender configurado o crime previsto no art. 95, letra *d*, da Lei 8.212/91, fundando-se em julgado recente do STF.

Já o eminente Juiz Márcio Moraes filia-se ao parecer Ministerial, aduzindo que inexistem fortes indícios de que o numerário não recolhido tenha sido apropriado pelo Prefeito denunciado.

O Juiz Theotonio Costa, a seu turno, também é pelo arquivamento, porém funda-se no entendimento de que a punibilidade está extinta no caso, face o parcelamento do débito junto à previdência, o que gerou o fenômeno da novação da dívida e, por conseguinte, a extinção da obrigação anterior, consoante a Lei 9.249/95.

Em brilhantíssimo voto, a Eminente Juíza Suzana Camargo dirime a questão, a seu modo, partindo da premissa de que não há falar-se de apropriação indébita, bastando, para a caracterização da conduta delituosa, o não recolhimento das contribuições, independentemente do resultado. Acrescenta, ainda, que não ocorre a extinção da punibilidade com o parcelamento dos débitos, mesmo porque quem o fez foi o Prefeito sucessor do indiciado, permanecendo inalterada a situação, sendo tal parcelamento inócuo no que tange à conduta delituosa e à punibilidade, pois somente a quitação total afastaria a hipótese.

Com a devida vênia, ouso divergir dos que me antecederam, porquanto, dos fundamentos invocados, entendo que a questão fulcra-se a que se dê *conteúdo* ao inquérito policial, no sentido de nele buscar não só a conduta formal do agente, procurando desvendar nessa conduta, o dolo, ou não, do ato do Prefeito.

Como é cediço, o inquérito policial é uma peça investigatória, não tendo rito preestabelecido, mas devendo conter o *interrogatório* do indiciado, afigurando-se também de caráter inquisitivo, cuidando, a lei penal, de indicar diligências que possibilitem à autoridade colher ao vivo os elementos da infração.

Dá-se, nessa fase, a verificação dos elementos exteriores ou da materialidade da infração penal e cogita-se, até, no conhecimento da personalidade do indiciado, coisa absolutamente indispensável à individualização da pena.

A vantagem do inquérito policial é a de impedir a formação precipitada da convicção do juiz, quando ainda recente o delito, envolto quase sempre em paixões, ódios etc., que perturbariam sua ação serena, o que, *in casu*, tem plena aplicação, por tratar-se de envolvimento político entre Prefeitos, não podendo adentrar a esta Corte, simples discussões de antagonistas políticos de cidades do interior, que podem ter, como pano de fundo, razões que não emergem dos autos.

Far-se-ia necessária a *persecutio criminis*, com demonstração convincente, no sentido de que o Prefeito indiciado teve a vontade inequívoca de sonegar o imposto em questão.

Inexistindo o "elemento subjetivo do injusto", no inquérito em questão, não há falar-se em conduta delituosa.

Ao menos indícios veementes da consumação do delito devem exsurgir para que seja recebida essa denúncia, não podendo, de modo algum, uma Representação do ex-Prefeito ser a "mola propulsora" do inquérito.

Indício, no dizer de Dellepianne, é todo "rastro, vestígio, pegada, circunstância, em geral todo fato conhecido, ou seja *devidamente provado*, suscetível de conduzir por inferência ao conhecimento do fato pelo desconhecido", o que vem corroborado pelo art. 239 do nosso CPP.

Do conjunto de indícios que aparecem provados no expediente, obtém a autoridade as inferências que lhe permitem presumir o fato indicado.

O indício é prova em potencial, em germe, antes que o trabalho lógico seja iniciado. Serve para a operação lógica pela qual o espírito, por meio de induções dos fatos conhecidos, chega ao conhecimento do desconhecido.

Quando não demonstrado, não é caso de recebimento da denúncia, cedendo passo ao arquivamento.

Apesar do tão cogitado "Juizado de Instrução", o inquérito policial ainda constitui a melhor forma de colher elementos a respeito de um crime e seu autor, embora de valor relativo.

Isto posto, meu voto é pelo acolhimento do pedido de arquivamento, porém, pelos fundamentos invocados.

Juiz Baptista Pereira.

TRIBUNAL DE JUSTIÇA DO ESTADO DE SÃO PAULO

Voto 1.414

Apelação 039.878.5/4-00-SP — 7ª Câmara de Direito Público

Rel.: Jovino de Sylos

Aptes.: Diretor Presidente da CETESB — Companhia de Tecnologia de Saneamento Ambiental e outros

Apdo.: Donizete Alves de Oliveira

j. 21.12.1998

Ementa: Mandado de segurança. Licenciamento de veículo no DETRAN/SP. Exigência de prévio pagamento de multas da CETESB. Inadmissibilidade. Exigência extrapola legislação de trânsito aplicável. Lei 5.108/66 (CNT) e Decreto 62.127/68 (RCNT). Segurança concedida, com exclusão da CETESB da lide.

Trata-se de mandado de segurança impetrado por Donizete Alves de Oliveira contra o Diretor do Departamento de Trânsito de São Paulo DETRAN e o Diretor da CETESB — Companhia de Tecnologia de Saneamento Ambiental, visando obter a renovação do licenciamento de seu veículo descrito na inicial sem o prévio pagamento de multas ambientais impostas pela CETESB, levando em conta que a autuação foi feita de maneira arbitrária e irregular, por agentes da CETESB que não possuem competência administrativa para tanto e com base em decreto, e não em lei, além do que inexistiu a notificação do autor, que só tomou conhecimento das penalidades ao se dirigir ao DETRAN para a renovação da licença do veículo. Acrescentou que também a medição da emissão dos poluentes pela CETESB é realizada de maneira arbitrária e é indevida a correção monetária da multa pela não observação do devido processo legal para a sua exigência.

Deferida a liminar, a r. sentença de fls. 114/120 concedeu a ordem, entendendo pela inconstitucionalidade do art. 110 do CNT, na medida em que não pode haver impedimento ao licenciamento de veículo pela cobrança de multas, ou seja, torna-se inviável o emprego de meio coercitivo para a exigência e cobrança de multa. "As multas da CETESB podem valer (nesta parte não houve julgamento), mas devem ser cobradas na forma tradicional e ordinária", sem execução forçada.

Inconformados, apelaram a este Tribunal o Diretor da CETESB e a Fazenda Estadual, essa última na qualidade de assistente litisconsorcial, ambos batendo-se pela reforma do decisório. O primeiro argüiu matéria preliminar relacionada a sua ilegitimidade passiva, bem como à falta de interesse processual dos co-autores Raimundo Custódio de Paula e Milton Bano, além de julgamento *extra petita*, porquanto a sentença utilizou fundamentação diversa daquela alegada na inicial, equivale dizer, que a concessão da ordem baseou-se na inconstitucionalidade do art. 110 do CNT, criando forma de execução forçada por parte da Administração. Por isso é que o decisório contemplou questão não incluída na lide, o que lhe seria vedado, com afronta dos arts. 128 e 460 do CPC.

Os recursos foram recebidos, processados e respondidos, subindo os autos em seguida. A Procuradoria de Justiça, quanto ao apelo do Diretor da CETESB, opinou pelo seu não conhecimento, porquanto ele não integra a lide, apenas presta informações, faltando-lhe a qualidade de parte. No que diz respeito à Fazenda Estadual, manifestou-se pelo desacolhimento do recurso.

É o relatório.

Afasta-se desde logo a matéria preliminar levantada pelo Dr. Procurador de Justiça. Em primeiro lugar, consoante entendimento do E. Superior Tribunal de Justiça, não só a pessoa jurídica, que é ré em mandado de segurança, mas também o próprio impetrado tem legitimidade recursal, mormente na hipótese em tela em que o impetrado é o próprio representante da pessoa jurídica interessada (fls. 73), com legitimação para todos os atos de direito em nome dela. Desse modo, o Diretor da CETESB está apto para agir nesta fase de recurso.

Porém, com razão o Diretor da CETESB no que diz respeito à sua exclusão da lide por ilegitimidade passiva, uma vez que o ato combatido é, efetivamente, de recusa de renovação de licenciamento de veículo automotor por existência de infração ambiental não paga. Ora, essa recusa compete unicamente ao Diretor do DETRAN, sem ingerência da CETESB, cuja autuação não é causa principal da solicitação. Assim, apreciável a qualquer tempo, a ilegitimidade passiva é reconhecida para o afastamento do *mandamus* desse recorrente, prejudicadas as demais preliminares por ele argüidas.

Resolvida a matéria preliminar, passase ao mérito. A concessão da segurança é de ser mantida, mas por outra motivação que não a deduzida no sentenciamento e independentemente das questões envolvendo notificação, regularidade da autuação por agentes da CETESB e correção monetária.

Presente a legalidade do art. 110 do CNT (Lei federal 5.108/66), explicitado pelo art. 125 do respectivo Regulamento (Decreto federal 62.127/68), com amplo amparo constitucional no art. 22, XI, da Carta Federal de 1988, contudo na vigência dessa legislação de trânsito não pode mesmo a multa ambiental levar ao desacolhimento do licenciamento do veículo do apelado.

Assim, para o licenciamento de veículos automotores de fato inexiste vinculação ao prévio pagamento de infrações ambientais, quer nos termos da Lei estadual 997/76 e Decreto estadual 8.468/76, quer consoante Lei 8.943/94. Com efeito, o ato administrativo praticado desatende os princípios constitucionais em matéria de repartição de competência federativa.

Transporte e trânsito, como visto, são matérias da competência privativa da União e apenas lei complementar poderá autorizar os Estados a legislar sobre esses assuntos (CF/88, art. 22, XI, e parágrafo único). A Constituição anterior igualmente conferia tal competência legislativa privativamente à União (Emenda 1/69, art. 8º, XVII, *n*).

Na ausência de lei complementar federal sobre trânsito e transporte, vê-se que as citadas Lei 997/76, com o respectivo Decreto 8.468/66, e a Lei 8.943/94 surgem sempre no âmbito estadual e dispondo sobre prevenção e controle da poluição do meio ambiente. Nessas circunstâncias, nessa sistemática legal inexiste liame entre o trânsito, e o transporte, e as multas ambientais. Certamente que vai além da competência legislativa do Estado o preceituado no art. 8º, § 11, da Lei 8.943/94, no sentido de que "não será renovada a licença de trânsito de veículos em débitos de multas impostas por infração desta Lei, de seu Regulamento e das demais normas dela decorrentes".

O antigo CNT, no art. 110, e o seu Regulamento, no art. 125, aplicáveis à hipótese em tela, são taxativos de que não se renovará a licença do veículo cujo proprietário seja devedor de "multa por infração de trânsito", excluída portanto a multa ambiental, a qual se incorporou à legislação, para efeitos de licenciamento, apenas presentemente, através do art. 131, § 2º, da Lei 9.053/97 (atual Código de Trânsito Brasileiro).

Inegável a anterior limitação existente, inadmite-se do DETRAN qualquer exigência, para renovação do licenciamento de veículo, de prévio pagamento de multas por infração ambiental. "Na Administração Pública só é permitido fazer o que a lei autoriza" (Hely Lopes Meirelles).

Prevalecendo portanto os exatos termos da legislação aplicável à espécie, impõe-se permanecer a concessão da ordem, renovando-se a licença do veículo do impetrante, independentemente do pagamento das penalidades ambientais, as quais poderão sempre ser exigidas pelas vias próprias, observados o contraditório e a ampla defesa constitucional.

Com esses fundamentos, dá-se provimento parcial à remessa necessária e ao recurso voluntário do Diretor da CETESB, para a sua exclusão da lide, e nega-se provimento ao da Fazenda Estadual. Custas integrais pelo impetrado remanescente, dada a mínima sucumbência do impetrante.

Jovino de Sylos 12/98, Relator.

ACÓRDÃO

Vistos, relatados e discutidos estes autos de apelação cível 39.878-5/4, da Comarca de São Paulo, em que é recorrente o juízo *ex officio*, sendo apelantes Diretor Presidente da CETESB — Companhia de Tecnologia de Saneamento Ambiental e a Fazenda do Estado de São Paulo e apelados Donizete Alves de Oliveira e outros:

Acordam, em 7ª Câmara de Direito Público do Tribunal de Justiça do Estado de São Paulo, por votação unânime, dar parcial provimento à remessa necessária e à apelação do Diretor da CETESB; e negar provimento ao recurso da Fazenda, de conformidade com o relatório e voto do Relator, que ficam fazendo parte do acórdão.

O julgamento teve a participação dos Desembargadores Sérgio Pitombo (Presidente) e Barreto Fonseca.

São Paulo, 21 de dezembro de 1998.

Jovino de Sylos, Relator.

TRIBUNAL DE JUSTIÇA DO ESTADO DE SÃO PAULO

Apelação cível 26.693.4/6-SP — 6ª Câmara de Direito Privado
Rel.: Des. Munhoz Soares
Apte.: C. M. H. S. P.
Apdos.: I. C. T., M. R. A. e J. C. B. V.
j. 8.4.1999

Indenizatória. Atos ilícitos em gestão administrativa. Insuficiência probatória. Estado emergencial das medidas tomadas, sendo necessário o saneamento básico de unidades residenciais inacabadas e tomadas ao alojamento de famílias, vítimas de desmoronamento de favela. Parceria com a Municipalidade prejudicada. Assunção dos riscos ante o colapso da omissão. Inexigibilidade de licitação ante tais circunstâncias. Danos que não podem ser atribuídos ao gestor, que, no exercício de suas funções, tinha de atender às necessidades prementes dos mutuários. Ação improcedente. Decisão mantida. Recurso não provido.

ACÓRDÃO

Vistos, relatados e discutidos estes autos de apelação cível 26.693-4/6, da Comarca de São Paulo, em que é apelante C. M. H. S. P., sendo apelados I. C. T., M. R. A. e J. C. B. V.:

Acordam, em 6ª Câmara de Direito Privado do Tribunal de Justiça do Estado de São Paulo, por votação unânime, negar provimento ao recurso, de conformidade com o relatório e voto do Relator, que ficam fazendo parte do acórdão.

O julgamento teve a participação dos Desembargadores Antonio Carlos Marcato (Presidente) e Octávio Helene.

São Paulo, 8 de abril de 1999.

Munhoz Soares, Relator.

I — Esta C. 6ª Câmara entendeu que a hipótese deveria ser julgada perante uma das EE. Câmaras de Direito Público, pois a análise dos atos ilícitos, ditos praticados por ex-diretores e funcionário da C., havia que adentrar na interpretação de normas condizentes com o direito público e, especificamente, as Leis 10.544/88 (licitações) e 8.429/82 (improbidade pública).

Restou esclarecido no v. acórdão (fls. 804, *in fine*) que a C. é sociedade de economia mista, sujeita ao regime próprio das empresas privadas (CF, art. 173, § 1º); a relação trabalhista com os diretores decorre do Estatuto correspondente (Lei 6.404/76) e os demais empregados têm seu contrato regido pelas leis trabalhistas comuns. Assim, a aferição da ilicitude dos atos gerenciais estaria adstrita ao âmbito do direito privado.

II — Embora tais argumentos evidenciem a viabilidade de julgamento nesta sede, é certo que a análise da responsabilidade civil dos réus há que adentrar no mérito de questões concernentes ao direito público.

O pedido indenizatório fundamenta-se nos danos oriundos de contratação de fornecimento de água ao acudimento das necessidades de unidades habitacionais. Após o desmoronamento de favela na Zona Sul da Capital, as famílias desabrigadas foram alojadas nas dependências de unidades habitacionais da apelante, que, carentes de infra-estrutura, necessitaram do serviço básico de abastecimento de água.

III — Inicialmente, a iniciativa da remoção dessa comunidade era da Prefeitura Municipal, que, solidariamente, viabilizaria os serviços ora em exame, fazendo-o não só através de recursos financeiros, mas, também, através de caminhões-pipa. Todavia, diante do grande número de famílias, as providências iniciais foram insuficientes.

Instada a Sabesp à resolução de problemas técnicos, esta quedou-se inerte quanto aos trabalhos que poderia desenvolver. Assim, os diretores da C., no exercício de suas funções, contrataram informalmente a T. C. G. ao fornecimento da água e o fizeram porque a primeira empresa contratada para aquele fim não cumpriu seu desiderato: o motorista do caminhão fora espancado e seu carro depredado.

IV — Embora inexista controvérsia sobre tais fatos, a apelante alega que os réus teriam agido de forma temerária, violando a lei regente da matéria, admitido o fornecimento de água de forma desordenada, resultando numa ação de cobrança de débitos correspondentes. Daí a subsistência dos danos que a C. pretende ver ressarcidos.

Nessas condições, analisados os fatos narrados na inicial, resta evidenciado que havia mesmo um caráter emergencial na avença: famílias inteiras, vítimas de desmoronamento, foram removidas pela Prefeitura para unidades habitacionais da C.; havia obras de infra-estrutura inacabadas; a Sabesp não pôde atender às pretensões da comunidade, no sentido de abreviar suas instalações, persistindo a necessidade de fornecimento de água, frustrada até pela Municipalidade.

V — A apelante alega em seu prol ser hipótese de incidência da Lei das S/A (Lei 6.404/76, art. 158, inc. II) e porque os diretores teriam violado lei ou estatuto. Era imprescindível a formalização de licitação à contratação do fornecimento de água, ademais do caráter emergencial que a caracterizou.

Com efeito, dispõe a lei que é dispensável a licitação nos casos de emergência, quando caracterizada a urgência de atendimento de uma situação que possa ocasionar prejuízos ou comprometer a segurança de pessoas, devendo ser previamente justificadas (Lei 10.544/88, arts. 64, inc. IV, e 67).

VI — Lecionando sobre o tema, Hely Lopes Meirelles esclareceu, lapidarmente: "Situação de emergência é, pois, toda aquela que põe em perigo ou causa dano à segurança, à saúde ou à incolumidade de pessoas ou bens de uma coletividade, exigindo rápidas providências do poder público para debelar ou minorar suas conseqüências lesivas (...) A emergência há que ser reconhecida e declarada em cada caso, a fim de justificar a dispensa da licitação para obras, serviços, compras ou alienações relacionadas com a anormalidade que a Administração visa corrigir, ou com o prejuízo a ser evitado". Exemplificando casos símiles, esclarece que "são casos de emergência o rompimento de conduto de água que abastece a cidade (...) Em tais casos, a autoridade pública responsável, verificando a urgência das medidas administrativas, pode declará-las de emergência e dispensar a licitação para as necessárias contratações, circunscritas à debelação do perigo ou à atenuação de danos a pessoas (...) O reconhecimento da emergência é de valoração subjetiva, mas há de estar baseado em fatos consumados ou iminentes, comprovados ou previstos, que justifiquem a dispensa da licitação" (cf. *Licitação e Contrato Administrativo*, 8ª ed. atual., Ed. RT, p. 97).

Consoante constou da inicial, o então Diretor Presidente da C. formalizou a contratação, emitindo o seguinte parecer:

> À vista do exposto às fls. 3, configurado o estado emergencial para a aquisição objeto do presente, *autorizo* a contratação direta com a empresa T. C. G. (...) para fornecimen-

to de 18.000 (dezoito mil) litros de água, dispensada a licitação do art. 64, IV, da Lei 10.544/88 (fls. 7 e 61).

VII — Ora, é inegável que a situação posta era emergencial e que, omissa a Municipalidade, os Diretores da C., no exercício de suas atribuições, tinham de providenciar o fornecimento de água à comunidade que se instalara em suas dependências sem a infra-estrutura necessária. Tal situação era de conhecimento da Municipalidade; contudo, o fato é que aquela comunidade deveria ser preservada com um mínimo de condições de saneamento.

Malgrado as finanças da C., à época, apresentassem uma perspectiva de insuficiência, é certo que não se poderia deixar de fornecer água àquelas famílias, lá instaladas por ato da administração pública. Os princípios fundamentais da atividade administrativa foram regularmente atendidos, até com a justificativa do caráter emergencial que, legalmente, dispensa a licitação.

VIII — Assim, à luz do estatuto e da lei, regentes das sociedades anônimas e a respectiva responsabilidade dos seus diretores e quanto aos danos que possam ter causado por atos de gestão, não se vislumbra ilicitude na iniciativa do ex-diretor da apelante que, ante as pressões inerentes à situação fática, tinha de decidir entre a oferta de condições básicas às famílias ou o colapso da ocupação.

Por outro lado, constituía ônus da apelante provar os fatos constitutivos de seu direito. Alega-se que, a despeito da necessidade do fornecimento de água, todo o procedimento para este desiderato teria sido efetuado de forma desordenada e sem constatação, através do funcionário competente, sobre a quantidade fornecida e a sua correspondência em despesas.

IX — Contudo, conforme bem afirmou o digno Juízo *a quo*, inexiste prova de um padrão específico de fiscalização da entrega e recebimento dos serviços contratados e que, eventualmente, teriam sido descumpridos pelos seus ex-funcionários. Note-se que, na ação de cobrança, verificou-se que o acompanhamento da prestação de serviços acabou por ser transferido aos próprios mutuários (fl. 335).

Ante tais escólios, não se verifica a *culpa latu sensu* imputada aos réus em termos de sustentar-se o reconhecimento da prática de atos ilícitos.

X — Quanto ao réu J. C., que se manteve revel, aplica-se-lhe a regra contida na lei civil substantiva (art. 320, inc. I). Tido como co-responsável pelos atos ilícitos, as defesas apresentadas pelos co-réus remanescentes se lhe aproveita, pois "A aplicação da regra do art. 320, I, do CPC pressupõe impugnação a fato comum ao réu atuante e ao litisconsorte revel" (cf. STJ-3ª T., REsp 44.545-0-SP, Rel. Min. Costa Leite, j. 19.4.1994, não conheceram, v.u., *DJU* 20.3.1995, p. 6.112, 1ª col., em.).

O fato novo alegado, como comprobatório da dívida perante a transportadora, em verdade, apenas esclarece a atualidade do valor executado. Contudo, não tem o condão de alterar o *decisum*.

XI — A verba honorária resta mantida, pois orçada em patamar razoável e em percentual aquém do máximo legalmente permitido.

Do exposto, nega-se provimento ao recurso.

Munhoz Soares, Relator.

TRIBUNAL DE JUSTIÇA DO ESTADO DE SÃO PAULO

Voto 12.477 do Des. Relator Paulo Shintate

Apelação cível 43.234.5/0-Cubatão — 2ª C. de Férias de Direito Público-julho/98

Reexame necessário

Recdos.: Partido da Frente Liberal — PFL, Nicodemos Nunes Barbosa, Pedro Pereira Ordonio

Interessados: Presidente da Câmara Municipal de Cubatão e Samuel Rodrigues Gouvea e outros

j. 11.8.1998

Ementa: Mandado de segurança. No impedimento de vereadores pertencentes à coligação PFL/PTR/PSD o Presidente da Câmara Municipal convocou suplentes eleitos por essa coligação mas que não mais pertenciam aos partidos coligados. Pretensão a que se convoquem suplentes eleitos pelo partido do PFL, ainda remanescente e nominados pelos impetrantes. Liminar deferida e segurança concedida a final. Tendo sido os vereadores impedidos, eleitos pela coligação PFL/PTR/PSD, a convocação deve recair em suplentes eleitos pela mesma coligação, na ordem de classificação, pouco importando se deixaram, ou não, de pertencer aos partidos coligados pelos quais foram eleitos. Se os parlamentares eleitos por um partido não perdem o mandato se deixarem o partido, pela mesma razão os suplentes eleitos por determinado partido não perdem a suplência, só porque deixaram o partido. Recurso oficial provido.

ACÓRDÃO

Vistos, relatados e discutidos estes autos de apelação cível 43.234.5/0, da Comarca de Cubatão, em que é recorrente o juízo *ex officio* e apelados Partido da Frente Liberal — PFL, Nicodemos Nunes Barbosa e outro, sendo interessado o Presidente da Câmara Municipal de Cubatão:

Acordam, em 2ª Câmara de "julho/98" de Direito Público do Tribunal de Justiça do Estado de São Paulo, por votação unânime, dar provimento ao recurso, de conformidade com o relatório e voto do Relator, que ficam fazendo parte do acórdão. Custas na forma da lei.

Participaram do julgamento os Desembargadores Aloísio de Toledo (Presidente, sem voto), Corrêa Vianna e Alves Bevilacqua.

São Paulo, 11 de agosto de 1998.

Paulo Shintate, Relator.

1. Trata-se de mandado de segurança impetrado pelo Partido da Frente Liberal, Nicodemos Nunes Barbosa e Pedro Pereira Ordonio contra ato do Presidente da Câmara Municipal de Cubatão, com a citação como litisconsortes necessários, Samuel Rodrigues Gouvea, Ivon Farah, João Bispo Luz e Francisco Araújo de Farias, julgado pela r. sentença de fls. 92-94, cujo relatório se adota, com a concessão da segurança.

As partes se conformaram, subindo os autos para o reexame necessário.

É o relatório.

2. Data vênia, dá-se provimento ao recurso para cassar a segurança.

Ainda que fosse desejável a orientação adotada pela r. sentença, parece-se que não corresponde à vontade da lei eleitoral.

O art. 112 do Código Eleitoral dispõe:

> Considerar-se-ão suplentes da representação partidária:
>
> I — os mais votados sob a mesma legenda e não eleitos efetivos das listas dos respectivos partidos;
>
> II — em caso de empate na votação, na ordem decrescente de idade.

Não diz a lei eleitoral supratranscrita que a suplência é do partido nem que o suplente eleito pelo partido perde a condição, se o deixar.

Ora, o parlamentar eleito que mudar de partido não perde o mandato, porque a Constituição Federal e a lei eleitoral não dispõem dessa forma.

E pela mesma razão, o suplente eleito, na ordem de classificação feita pela justiça eleitoral, não perde a condição de suplente eleito nessa ordem, ainda que deixe o partido pelo qual foi eleito suplente.

A eleição foi disputada pela coligação e os candidatos foram considerados eleitos, ou suplentes na ordem classificada pela justiça eleitoral, mantém essa situação enquanto perdurar toda a legislatura a que se referir.

Assim sendo, o ato do Presidente da Câmara Municipal de Cubatão, ao convocar no impedimento os suplentes assim declarados pela justiça eleitoral na ordem por ela estabelecida, não violou direito líquido e certo do impetrante.

À vista do exposto, pelo meu voto, dou provimento ao recurso para cassar a segurança.

Paulo Shintate, Relator.

Voto 10.819
Comarca: Cubatão
Apte.: Juízo "ex-officio"
Apdo.: Partido da Frente Liberal — PFL

DECLARAÇÃO DE VOTO VENCEDOR

Vistos.

O art. 112, I, do Código Eleitoral não possui o alcance que lhe emprestou o magistrado e nem serve para amparar o direito reclamado pelos impetrantes.

Na verdade, há um grande abismo entre a realidade partidária brasileira e aquilo que a mínima seriedade política estaria a exigir. Claro que não se pode falar em representação proporcional se os partidos não são respeitados e se os eleitos, por motivos mesquinhos, mudam constantemente de legenda, muitas delas sabidamente de aluguel. Contudo, se a Constituição foi omissa e não estabeleceu a perda de mandato dos eleitos, de nenhum sentido que se queira punir o mero suplente, impedindo-o de assumir o cargo se trocou de partido.

Nas palavras do eminente Ministro Moreira Alves, "a lógica do sistema de representação proporcional e o valor que a atual Constituição empresta à representação parlamentar federal do partido exigiam que a Carta Magna adotasse esse mínimo de fidelidade partidária que é o da permanência no partido pelo qual o candidato se elegeu ou obteve a suplência, dada a importância que, a mais das vezes, o voto de legenda tem para o eleito ou para o suplente. Mas, se essa lógica não é seguida com relação ao empossado no cargo de deputado, nem ao eleito diplomado mas ainda não empossado — e quanto a este, não há sequer que se falar em independência de exercício de mandato — não há porque ter de ser observada quanto ao suplente: não se pode exigir do substituto a fidelidade que não se exige do substituído" (MS 20.927-DF).

Nesse mesmo julgamento, o Ministro Aldir Passarinho observou que "não se encontra na Constituição Federal, nem na legislação pertinente, nada, absolutamente nada, que implique na perda do mandato de deputado ou de senador como, também, na perda da suplência, no caso de mudança de partido".

Esta foi a posição vitoriosa na Suprema Corte, com a seguinte ementa:

> Em que pese o princípio da representação proporcional e a representação parlamentar federal por intermédio dos partidos políticos, não perde a condição de suplente o candidato diplomado pela Justiça Eleitoral que, posteriormente, se desvincula do partido ou aliança partidária pelo qual se elegeu. A inaplicabilidade do princípio da fidelidade partidária aos parlamentares empossados se estende, no silêncio da Constituição e da lei, aos respectivos suplentes. Mandado de segurança indeferido (in *RTJ* 153/808).

Como é curial, embora a discussão seja relativa ao cargo de vereador, a solução terá de ser necessariamente a mesma. Acompanho, pois, o ilustre Relator para dar provimento ao recurso e denegar a segurança.

Corrêa Vianna, Des. Revisor.

TRIBUNAL DE JUSTIÇA DO DISTRITO FEDERAL

Apelação cível e remessa de ofício 45.581/97 – 1ª Turma Cível

Rel.: Des. Ribeiro de Sousa

Rev.: Des. Edmundo Minervino

Apte.: Departamento de Trânsito do Distrito Federal — DETRAN

Advs.: Adonias Araújo do Prado e outros

Apdo.: Cassio Clay Costa Alves

Advs.: Irineu de Oliveira e outros

j. 11.12.1997

Ementa: Mandado de segurança. DETRAN. Equipamento eletrônico para controle de velocidade de veículos. Incompetência do CONTRAN para instituir sinalização ou equipamento de controle de tráfego.

A Constituição Federal estabeleceu que compete à União legislar sobre o trânsito.

O CONTRAN pode normatizar os sinais, gerenciando o trânsito, nunca criar novos tipos de sinalização ou equipamento de controle de tráfego, até porque, não pode o órgão normativo da coordenação política e do sistema nacional de trânsito, editar resolução modificando a lei.

ACÓRDÃO

Acordam os Desembargadores da 1ª Turma Cível do Tribunal de Justiça do Distrito Federal e dos Territórios, Ribeiro de Sousa — Relator, Edmundo Minervino — Revisor, Valter Xavier — Vogal, sob a presidência do Desembargador Edmundo Minervino, em conhecer do recurso e improver. Maioria. Vencido o E. Revisor, de acordo com a ata de julgamento e notas taquigráficas.

Brasília-DF, 11 de dezembro de 1997.

Desembargador Edmundo Minervino, Presidente. Desembargador Ribeiro de Sousa, Relator.

RELATÓRIO

Adoto, em parte, o relatório da r. sentença recorrida (ler fls. 226/229).

Acresço que o MM. Juiz concedeu a segurança para suspender qualquer notificação que advenha da infração assim consolidada.

Inconformado recorre o Departamento de Trânsito alegando que a decisão não pode prevalecer porque fundamentada em matéria que não foi objeto de questionamento pelo Impetrante, sob o argumento de serem de ordem pública; que o direito líquido e certo, amparável pelo MS deve ser comprovado de plano no momento da impetração, dá o julgamento *extra petita*. Faz uma explanação sobre o que sejam barreiras eletrônicas, transcreve trechos de sentença da lavra do ilustre Juiz Arnoldo Camanho, discorre sobre a licitação e contratação da firma Engebrás, à qual não foi delegada competência para autuar nenhum infrator. Em suma, aguarda com serenidade seja reformada a decisão monocrática, por inexistir direito líquido e certo do apelado, nem ilegalidade no procedimento de instalação e funcionamento dos equipamentos eletrônicos nas vias públicas do Distrito Federal.

Contra-razões fls. 273/277.

A ilustre Procuradora Dra. Benis Silva Queiroz Bastos, em lúcido parecer, opina pelo conhecimento e provimento do recurso para reformar a sentença e denegar a segurança pleiteada.

É o relatório.

VOTOS

O Sr. Des. Ribeiro de Sousa (Relator): Conheço do recurso porque presentes os requisitos de admissibilidade.

Trata-se da questão dos já famosos "pardais" (equipamento eletrônico para controle de velocidade de veículos).

A sentença recorrida tem fincos em três pontos: incompetência do CONTRAN para instituir sinalização ou equipamento de controle de tráfego; falta de sinalização para alertar os motoristas para a existência de barreiras eletrônicas e delegação do poder de polícia.

A real verdade é que sendo o Código Nacional de Trânsito uma lei editada em 1966 e regulamentada em 1968, ou seja, época em que não existiam equipamentos eletrônicos do porte dos atuais para gerenciar tráfego de veículos.

De acordo com a hierarquia das leis, não pode o órgão normativo da coordenação política e do sistema nacional de trânsito, editar resolução modificando a lei. Há que se obstaculizar tal procedimento para não ocorrer como no caso do Banco Central, que editou normas sobre cheques contrariamente ao Tratado de Genebra e ai de quem não cumprir tal resolução do Banco Central.

A Constituição Federal estabeleceu que compete à União legislar sobre o trânsito. O CONTRAN pode normatizar os sinais, gerenciando o trânsito, nunca criar novos tipos de sinalização ou equipamento de controle de tráfego.

Quanto ao outro aspecto norteador da sentença, o MM. Juiz diz:

> Outro aspecto a ser abordado, aliás já o feito pelo Exmo. Sr. Des. Carlos Augusto Machado Faria, ilustrado Presidente do TJDF ao manter, em sede de pedido de suspensão, a liminar concedida no MS 57.034/96, é a possibilidade do setor privado arvorar-se em autoridade pública com a finalidade de fiscalizar o trânsito, uma vez que os dispositivos em questão foram implementados por empresa particular. Nesse prisma, e ainda que os equipamentos apenas forneçam as fotografias para a administração, com base nelas lancem a notificação da infração, a Resolução 795/95 também incide em ilegalidade porque permite (parágrafo único do art. 1º) a substituição da *autoridade de trânsito* por um sistema eletrônico na fiscalização, não previsto na lei.
>
> Com efeito, a legislação em questão, ao eleger a autoridade de trânsito como a única com competência de fiscalizar e emitir sanções que contrariem a lei de tráfego, não admitiu que pudesse ser delegada, em *substituição* ou *complementarmente* a qualquer outro ente, muito menos a particulares, que mesmo mediante dissimulação jurídica — "venda das fotos" — têm participação na receita pública, o que é vedado pelo ordenamento. Mais do que isso, o interesse de particulares não se subsume apenas ao regramento do trânsito, na sua essência, pois como empresas, tem colimado apenas o objetivo do lucro, circunstância que difere dos objetivos públicos.
>
> A fiscalização e a imposição de sanção só são válidas quando efetivamente realizadas por agente público e no momento da sua ocorrência, de nada valendo que a administração as exerça mediante pessoas ou equipamentos que não lhe são integrados e sobretudo após a sua ocorrência, o que no mínimo as tomam controvertidas porque baseadas em intenções que contrastam com a atividade pública.

Posto isto, nego provimento ao recurso para manter a sentença guerreada.

É como voto.

O Sr. Des. Edmundo Minervino (Presidente e Revisor): Como bem relatado pelo e. Des. Ribeiro de Sousa, trata-se de mandado de segurança impetrado por Cassio Clay Costa Alves contra ato reputado abusivo e ilegal praticado pelo Senhor Diretor do Departamento de Trânsito do Distrito Federal determinando a instalação, nas vias públicas, de câmeras fotográficas, sem a necessária sinalização, o que contraria o ordenamento jurídico vigente, cuja pretensão foi acolhida no juízo monocrático, ao fundamento da existência de direito líquido e certo do Impetrante (fls. 226/237).

A matéria já foi apreciada nesta e. Turma, que entendeu pela legalidade da instalação das câmeras fotográficas.

Decisões do c. STJ, de igual modo. A imprensa noticiou que também o c. STF concedeu liminar, liberando os denominados "pardais".

Por tais razões, dou provimento ao recurso, para reformar a r. sentença, nos termos do voto do e. Relator.

É como voto.

O Sr. Des. Valter Xavier (Vogal): Senhor Presidente, conheço do apelo, eis que satisfeitos os pressupostos de sua admissibilidade.

Com a mais respeitosa vênia a todos que até aqui se posicionaram de modo diverso, ouso divergir, nada obstante os respeitáveis argumentos no sentido contrário.

Com efeito. Em primeiro lugar, não estaria em jogo apenas o denominado "poder de polícia" do DETRAN. Porque, antes de se examinar se a espécie comporta enquadramento no aludido "poder de polícia" há um princípio constitucional, inserido na condição de cláusula pétrea, que resguarda a *privacidade* das pessoas, ao assegurar que "são invioláveis, *a intimidade, a vida privada, a honra e a imagem* das pessoas".

Nesse descortino, antes de mais nada há de se perquirir se o uso de câmeras fotográficas, colocadas de modo sub-reptício e com a declarada intenção de fotografar veículos que por elas passem não estaria a violar o direito à privacidade de todo e qualquer cidadão.

Ensina Wolgran Junqueira Ferreira (*Comentários à Constituição de 1988*, pp. 132-134), que:

> A *intimidade* da pessoa deve ser inviolável. Assim, ninguém pode intrometer-se na existência alheia, *publicando fotografias*, divulgando segredos, difundido correspondências, perturbando a outros em seus costumes ou atrapalhando de qualquer outro modo a sua intimidade. (...) A *imagem* das pessoas, também é inviolável. Constitui ela uma forma do direito à intimidade e adquire principal importância a partir da invenção e o enorme desenvolvimento da *fotografia* e da propaganda publicitária. Walter Moraes faz um profundo estudo sobre o direito à própria imagem. E inicia dizendo que "toda expressão formal e sensível da personalidade de um homem é imagem para o Direito. A idéia de imagem não se restringe, portanto, à representação do aspecto visual da pessoa pela arte da pintura, da escultura, do desenho, da *fotografia* (...). E após fazer minucioso exame, conclui que (...). O direito à imagem é matéria de direito da personalidade. *O direito à própria imagem é direito inato. A ordem jurídica confere ao sujeito o direito exclusivo de autorizar a disposição de sua imagem. Tem cabimento jurídico a oposição do sujeito ao ato de captação de sua imagem* (...)".

Desse modo, tenho, em preliminar, que não se afigura lícito à autoridade pública sair fotografando veículos pelas ruas, indiscriminadamente. Pois, sendo certo que o veículo fotografado vincula-se, visceralmente, a seus motoristas e/ou proprietários, ao se fotografar o veículo se está, de modo efetivo e sem a menor dúvida, violando o direito de privacidade do cidadão.

Nesse passo, se à própria autoridade pública não seria lícito sair fotografando as pessoas indiscriminadamente, evidente que não se afigura lícito, também, delegar a outrem poderes para tanto. Destaque-se, a esse propósito, o inconformismo dos atuais detentores do poder quando se referem à denominada "época da ditadura", especialmente no que diz respeito aos órgãos de segurança daquela época, que acompanhavam a vida dos cidadãos, espionando, fotografando e elaborando os famigerados "relatórios" do Serviço Nacional de Informações, o extinto SNI.

E, no caso em destaque, as fotografias do veículo são tiradas por empresa particular, o que é público e notório; empresas essas com participação direta na receita proveniente das multas aplicadas, o que atenta contra outro princípio básico da administração pública, que é o da moralidade. Destaque-se, a propósito, que nem mesmo os agentes públicos podem receber participação nas multas que aplicam. No caso, exclui-se a percepção de vantagens pelo servidor público, mas se admite a associação do Estado com uma ou outra empresa e tendo esta participação direta na arrecadação. Para mim, o tema revela, entre outras coisas, uma flagrante imoralidade administrativa.

Em segundo lugar, sucede ponderar que não se pode partir do pressuposto da infalibilidade dos equipamentos mecânicos, elétricos ou mesmo eletrônicos e, com base nas informações oriundas de tais produtos aplicar-se a multa relativa a excesso de velocidade, como nos casos que se cogita. O prejuízo se me afigura evidente. Parodiando o meu amigo e professor Célio Lobão, ao ensejo de sua manifestação acerca do episódio do Riocentro e com a mais respeitosa vênia, "só não vê quem não quer ver".

Afinal, se o homem, criação do Todo Poderoso, é uma criatura eminentemente falível, as suas obras, com base em um raciocínio lógico e coerente, não poderão ser superiores às obras divinas... Poderia um computador de fabricação humana ser mais confiável que uma criação de Deus? A resposta, evidentemente, só pode ser negativa!

E nem sequer é preciso ir muito longe para se verificar que os nossos computadores, os nossos "Pentium" de hoje não chegam aos pés do cérebro humano... Isto, sem falar-se que o posicionamento das câmeras pode ser modificado pelos inúmeros marginais que se acham à solta, tornando possível e até mesmo provável, que seja fotografado veículo diverso do infrator, sem que se lhe permita qualquer defesa.

Nesse descortino, atenta contra a garantia constitucional da presunção de inocência considerar-se alguém como autor de uma infração de trânsito com base apenas em um informe de equipamento eletrônico. Torna-se indispensável, portanto, a presença de um agente da referida autoridade para confirmar, no ato ou logo após a infração noticiada, a existência da dita infração. Não tem o menor sentido que essa autuação ocorra apenas semanas ou meses depois, tendo-se como pacífico e incontroverso que a informação da máquina comparece incontrastável. As máquinas podem servir para auxiliar o homem, tornando mais fácil a sua tarefa e propiciando-lhe tempo para um melhor uso do cérebro. Não me parece razoável que fique o homem subordinado a uma máquina e sem qualquer direito de defesa.

Por outro lado, sucede ponderar a presença da realidade, do dia a dia. Os motoristas, hoje, ao invés de olharem para a pista ficam a procurar as ditas "barreiras", tentando perceber onde as mesmas se encontram. E, de repente, os motoristas que seguem à retaguarda são surpreendidos com diminuição súbita da velocidade de um veículo, porque o seu condutor depara com a marcação na pista característica da existência de alguma câmera escondida. E as pistas têm, também de forma inusitada e sem qualquer sinalização suficiente, modificada a velocidade permitida. Apenas para dar como exemplo o eixo rodoviário, constatamos uma mudança de velocidade permitida de 80 km/h para 60 km/h sem qualquer motivo plausível e sinalização adequada. Algumas vias que, em princípio e segundo a legislação básica de trânsito têm velocidade normalmente fixada em 60 km/h passaram, de repente e em alguns locais — curiosamente nas proximidades da câmera-espiã — a referida velocidade diminuída para 50 ou 40 km/h.

A colocação de câmeras em pontos não sinalizados no Distrito Federal representa a possibilidade potencial de utilização para os mais diversos fins, sem que para tanto haja qualquer autorização legal. Mesmo que se considere admissível a colocação de câmeras com a estrita finalidade de monitor ou de melhorar o trânsito, é absolutamente necessário que a população tenha garantias de que o seu uso limitar-se-á a esses aspectos, não podendo ser utilizada para outros fins, ou seja, para intimidar, coagir ou forçar politicamente ou socialmente a qualquer indivíduo com base em imagens colhidas pelas câmeras.

Vamos ao exame da história recente da humanidade.

No Iraque, sob rígido regime ditatorial e sob fortes injunções da religião sobre o comportamento da sociedade, as mulheres secularmente têm sofrido restrições, até mesmo para circular livremente pelas ruas. São forçadas, entre outras coisas, ao uso constante do véu que lhes esconde o rosto e a comunicar-se com outros de forma especial e em ambientes previamente determinados. Hussein aproveitou-se dessa situação e criou brigadas de saúde domiciliar, pelas quais mulheres ou grupos de mulheres, com treinamento básico dado por médicos e profissionais correlatos, passaram a entrar nos domicílios dos iraquianos com a finalidade de fazer exames preventivos, prover conhecimentos mínimos para que as pessoas pudessem cuidar de si próprias, identificar doentes e encaminhá-los para atendimento. Essa medida, aparentemente inocente e simples, constitui-se, no entanto, numa verdadeira revolução social, pois representou uma semilibertação feminina, haja vista que as mulheres ganharam o direito de ir e vir mais livremente. Contudo, ao entrarem nos lares dos iraquianos, passaram também a informar o que ali viam, transformando-se numa força de imenso poder político, visto que o ditador começou a usar as informações recebidas para fins totalmente distintos dos originalmente alardeados. Há, atualmente, verdadeiro exército de mulheres nas ruas de Bagdá e de outras cidades dando o apoio político necessário à perpetuação de Hussein no poder.

O que garante a sociedade de que os denominados "pardais" não sejam uma versão tupiniquim das brigadas de saúde de Sadam Hussein?

Por derradeiro, o argumento de que não se deve sinalizar a câmera se me afigura um evidente contra-senso, ofendendo à própria lógica. Aceitando-se o argumento, para quê o restante da sinalização de trânsito? A denominada "lombada" é sinalizada. A freada brusca comparece como um motivo razoável e independente para a sua existência. Todavia, o motorista que segue atrás pode perceber, de acordo com a visibilidade normal do dia, a referida lombada a uma certa distância. Já a marca no asfalto, marca essa que denuncia a presença do "pardal" não é percebida pelo motorista que segue atrás. Apenas pelo que já se encontra praticamente passando por ela. Que freia bruscamente. As colisões são inevitáveis, como basta atentar para os estilhaços de vidro nas proximidades de tais marcas em vias com câmeras recém-instaladas. Os semáforos são percebidos a distância e são sinalizados. A prevalecer a tese sustentada pelo DETRAN/DF, com a mais respeitosa vênia aos que a referendam, pode-se cogitar de extinguir toda a sinalização de trânsito, podendo-se implantar, aqui, o sistema até há pouco existente em Istambul, na Turquia. E cada motorista e passante disciplinaria o trânsito, com grande economia de placas. Um pouco mais e o próprio DETRAN seria desnecessário...

Além de tudo isso, vale recordar o princípio que rege a administração pública: o administrador não deve fazer o que a lei não proíbe; o administrador somente pode fazer o que a lei permite. E, pelo que me consta, nenhuma lei autorizou o uso das câmeras ou dispensou a sinalização pertinente.

Essas as razões porque *nego provimento* ao apelo, mantendo íntegra a respeitável sentença hostilizada.

É o meu voto.

Decisão

Recurso conhecido e improvido. Maioria. Vencido o e. Revisor.

PRIMEIRO TRIBUNAL DE ALÇADA CIVIL DO ESTADO DE SÃO PAULO

Apelação 770.106-2 - 10ª Câmara

Rel.: Antonio de Pádua Ferraz Nogueira

Rcte.: Juízo de Ofício

Aptes.: Presidente da Telecomunicações de São Paulo S/A-TELESP e outro

Apdo.: Belchior Evangelista dos Santos

j. 17.3.98

ACÓRDÃO

Vistos, relatados e discutidos estes autos de apelação 770.106-2, da Comarca de São Paulo, sendo recorrente Juízo de Ofício, apelantes Presidente da Telecomunicações de São Paulo S/A-TELESP e outro e apelado Belchior Evangelista dos Santos.

Prestação de Serviço — Telefonia — Mandado de segurança contra ato do Presidente da TELESP que autorizou o cancelamento da linha telefônica em débito, transferindo esta dívida para outra linha do mesmo assinante — Ilegalidade da auto-execução praticada com alegado respaldo em normas e portarias do Ministério das Telecomunicações — Existência de reexame necessário que não se confunde com a norma processual de reexame necessário — Art. 12, parágrafo único, da Lei 1.533/51 e art. 475 do CPC — Segurança concedida — Recurso improvido.

Acordam, em 10ª Câmara do 1º Tribunal de Alçada Civil, por votação unânime, negar provimento aos recursos.

Cuida-se de mandado de segurança impetrado contra ato do Sr. Presidente da Telecomunicações de São Paulo, que autorizou o cancelamento de linha telefônica em débito e transferiu essa dívida para outra linha do mesmo assinante, ora impetrante, tendo a r. sentença de fls. 57/60, adotado o mais do seu relatório, concedido o *mandamus* e recorrido nos termos do art. 12, parágrafo único, da Lei 1.533/51.

Ao reexame necessário soma-se o apelo do impetrado, onde sustenta inexistir duplo grau de jurisdição, por ser concessionária de serviço público, descabendo o conhecimento desse recurso de ofício, sob pena de infringência ao art. 475, inc. II, do Código de Processo Civil. No mérito, assevera que a própria sentença admitiu o fato da Norma 05/79 (Portaria 663/79, de 18.7.79), no item 64, ter criado uma faculdade de cobrança dos débitos de conta telefônica em outra do mesmo assinante. E essa norma tem respaldo em lei específica e em normas de direito privado, dando respaldo ao ato impugnado neste *writ*, sem qualquer confisco. A se manter a r. sentença, portanto, haverá negativa de vigência do art. 1º da Lei 4.117, de 27.8.62, e arts. 1º e 3º, parágrafo único do Decreto 97.057/88, referente ao Código Brasileiro de Telecomunicações. Postula, desse modo, o provimento do recurso, para que seja denegado o mandado de segurança.

O Ministério Público, nas duas instâncias, opina pelo provimento do recurso, denegando-se a ordem.

Recurso tempestivo e preparado, mas não respondido.

É o relatório.

Embora estranho o pedido de não conhecimento do reexame necessário, feito pelo impetrado, porque só o favoreceria, é certo que não se confunde o disposto no art. 12, parágrafo único, da Lei 1.533/51 (Lei de Mandado de Segurança), com o art. 475 do Código de Processo Civil. O duplo grau de jurisdição contido nas normas específicas do mandado de segurança não se submete à relação dos casos expressos nos incs. I a III do art. 475 do CPC. E essa lei específica só admite a aplicação das normas do CPC que regulam o litisconsórcio (art. 19 da Lei 1.533/51).

No mérito, evidente a ilegalidade do ato praticado pelo impetrado, ao autorizar, estribado em normas e portarias do Ministério das Comunicações, expediente que resulta em verdadeira auto-execução da conta telefônica, cancelando a linha que se encontrava em dívida e transferindo a conta para outra do mesmo assinante.

As leis invocadas, do Código Brasileiro de Telecomunicações, não estão a autorizar esse procedimento. E o ato do impetrado vem ferir o art. 5º, incs. XXXV, LIII, LIV e LV, da CF, que tem ínsitos os princípios do *due process of law* (devido processo legal) e da *equal protection of the laws* (igual proteção das leis), ambos do Direito Constitucional americano (igualdade perante a lei, ampla defesa e devido processo legal), essenciais no Estado Democrático de Direito e peculiares à modernidade do processo, cujo caráter instrumental está a exigir que os seus mecanismos atendam os anseios da população, isto é, o acesso à Justiça (art. 5º, LIII, da CF/88).

Pouco importa esteja o impetrado coagido por superiores hierárquicos a assim proceder, sob a ameaça de ser processado por prevaricação, como equivocadamente justificou o ilustre representante da Procuradoria-Geral de Justiça, pois o cumprimento da Lei Maior o estaria isentando dessa responsabilidade. A única obrigação que o impetrado tem é com a lei. Desse modo, só está obrigado ao cumprimento do dever legal.

O expediente usado, como ressaltado na r. sentença recorrida, impedirá a discussão da dívida em juízo, suprimindo o processo legal e coagindo o devedor a saldar o débito. Implicará, ainda, onerar outra linha telefônica, que até poderá estar alugada, ensejando outra inadimplência, mas por processo que configura auto-execução.

Além do mais, dá tratamento privilegiado aos que só possuem uma linha telefônica, que se submeterão ao processo legal de cobrança da dívida, com todas as garantias constitucionais e processuais.

Há, como se vê, às claras, direito líquido e certo a ser amparado, devendo a r. sentença ser mantida pelos seus próprios e jurídicos fundamentos.

Diante do exposto, nega-se provimento aos recursos.

Presidiu o julgamento, com voto, o Juiz Remolo Palermo (Revisor) e dele participou o Juiz Paulo Hatanaka.

São Paulo, 17 de março de 1998. Antonio de Pádua Ferraz Nogueira, Relator.

SEGUNDO TRIBUNAL DE ALÇADA CIVIL DO ESTADO DE SÃO PAULO

Recurso "ex officio" 501.072/7-SP - 12ª Câmara

Rel.: Juiz Gama Pellegrini

j. 7.1.98

Ação de acidente do trabalho — Acidente típico — Presentes o acidente, o nexo causal e a seqüela daí advinda, o benefício acidentário é devido — Procedência da ação — Ausência de recurso ordinário — Remessa de ofício, nos termos do art. 9º da Medida Provisória 1.561-3, de 14.3.97 — Inconstitucionalidade da MP. Recurso não conhecido.

ACÓRDÃO

Vistos, relatados e discutidos estes autos, os juízes desta turma julgadora do Segundo Tribunal de Alçada Civil, de conformidade com o relatório e o voto do relator, que ficam fazendo parte integrante deste julgado, nesta data, não conheceram do recurso, por votação unânime, com declaração de voto do segundo Juiz.

Gama Pellegrini, Juiz Relator.

VOTO N. 2.067

Trata-se de ação de acidente do trabalho ajuizada por E.M.S., em face do INSS, alegando, em síntese, que trabalha na empresa E.M.O.C., exercendo a função de servente de pedreiro. Aduz, ainda, que em 14.3.96 procedia serviço de rotina, carregando várias tábuas de madeirite, quando estas vieram a cair, prensando o dedo indicador da mão esquerda, fraturando-o, com grave lesão e necessária intervenção, imobilização e cirurgia, entretanto, não imobilizaram o referido dedo, também não engessaram, com conseqüentes comprometimentos, cuja seqüela encontra-se evidente e produz notória perda física à vista da mutilação deixada. Sustenta que houve redução de sua capacidade de labor. Requereu a procedência da ação.

Laudo pericial às fls. 48/51.

O requerido foi citado e ofereceu contestação (fls. 36).

A r. sentença monocrática de fls. 60/64, cujo relatório adoto, julgou procedente a ação.

As partes não interpuseram recurso contra a r. sentença monocrática, conforme certidão de fls. 66.

Recurso *ex officio*, conforme art. 9º da Medida Provisória 1.561-3, de 14.3.97.

Parecer do Procurador de Justiça, pela manutenção da r. sentença de primeiro grau (fls. 72/75).

É o relatório.

A questão em tela se apresenta pela primeira vez a este Relator, fato esse que no entanto em nada interfere no entendimento que se deva dar à matéria, qual seja da validade ou não da remessa de ofício em face do disposto no art. 9º da MP 1.561, de 14.3.97.

Antes de mais nada, mister se faz salientar que neste presente momento esta MP está sendo editada pela sexta vez, visto que essa edição é datada de 12.6.97, em que pelo seu art. 10 é reproduzida a mesma disposição contida no mencionado art. 9º, no sentido de que a norma contida no art. 475, II, do CPC, é igualmente aplicável ao INSS, ou seja, o juiz ordenará a remessa dos autos ao tribunal, de ofício, haja ou não apelação voluntária.

A questão em tela propicia que desde já nos antecipemos, no sentido de que a MP em questão é inconstitucional, por não atender os requisitos constitucionais de relevância e urgência, contidos no art. 62, CF/88. Para que se possa aferir com precisão a inconstitucionalidade apontada, mister se faz primeiramente invocarmos o entendimento doutrinário sobre a matéria, senão vejamos.

Clélio Chiesa, em estudo específico sobre a matéria, invocando inclusive amplo posicionamento doutrinário, assim se expressa:

"Em que pese a posição dos ilustres doutrinadores que pensam de modo diferente, a melhor posição parece ser aquela defendida, entre outros, por Celso Antônio Bandeira de Mello, medida provisória rejeitada, seja expressa ou tacitamente (pelo decurso de tempo sem manifestação do Congresso), não pode ser reeditada.

"A própria natureza das medidas provisórias evidencia a impossibilidade de reedição. Elas são excepcionais, efêmeras, precárias, perdem a eficácia se não forem transformadas em lei no prazo de trinta dias. Vale dizer, não podem se tornar permanentes, pelo artifício da reedição.

"Possibilitar a reedição seria transferir de modo permanente a competência de legislar para o Executivo, uma vez que as medidas provisórias têm força de lei. Esse efeito macularia a reedição de vício insanável de inconstitucionalidade, por usurpação de competência do Legislativo.

"Haveria uma ruptura do Estado Democrático de Direito, uma flagrante violação à 'separação dos poderes'.

"Outro parâmetro seguro, que vem em reforço a essa tese, é aquele decorrente da interpretação analógica do art. 67 da CF/88.

"O art. 67 da CF/88 prescreve que: 'A matéria constante de projeto de lei rejeitado somente poderá constituir objeto de novo projeto, na mesma sessão legislativa, mediante proposta da maioria absoluta dos membros de qualquer das Casas do Congresso Nacional'.

"A ilação que se extrai do cotejo das demais normas constitucionais com esse dispositivo é que se vedou expressamente, sem prévia manifestação de apoio da maioria absoluta de uma das casas do Congresso, o simples reexame do projeto rejeitado, na mesma sessão, com mais razão não se pode facultar, à decisão unilateral do Presidente da República, a possibilidade de reapresentar ato que tenha eficácia de lei (medida provisória). Essa interpretação encontra ressonância em nosso ordenamento jurídico.

"A Constituição precisa ser respeitada, como já foi dito, não como carta de intenções, mas como instrumento fundamental que contém regras que precisam ser observadas sob pena de esfacelamento do Estado Democrático de Direito. Lembremonos da sempre atual lição de Hans Kelsen: 'O Estado existe como realidade social independente do Direito, cria primeiramente o Direito e, depois, se submete, por assim dizer, de livre vontade, ao Direito. Só assim ele seria Estado-de-Direito. Em primeiro lugar, deve-se observar que um Estado não submetido ao Direito é impensável'.

"Portanto, sob o prisma estritamente jurídico é inadmissível a reedição. Pode-se até admiti-la, mas calcada em argumentos de outra ordem, nunca jurídicos" (in *O Regime Jurídico-Constitucional das Medidas Provisórias*, Juruá, pp. 63-65).

O citado jurista Clélio Chiesa, consigna nesse sentido que:

"O termo 'relevância', autorizador da medida provisória, não deve ser confundido com a relevância do processo legislativo comum. Trata-se de relevância extraordinária, ou seja, relevância especialmente qualificada.

"Para Celso Antônio Bandeira de Mello, não é qualquer espécie de interesse que lhes pode servir de justificativa, pois todo e qualquer interesse público é, *ipso facto*, relevante. A menção do art. 62 ao requisito da 'relevância', implicou atribuir uma especial qualificação à natureza do interesse cuja ocorrência enseja a utilização de medidas provisórias. É certo, pois, que só ante casos graves, ante interesses invulgarmente importantes, justifica-se a adoção de medidas provisórias.

"Com relação à expressão 'urgência', também é possível extrair, da Constituição Federal, parâmetros para determinar o conteúdo semântico do termo.

"Não obstante a palavra conter em si teor de fluidez, qualquer pessoa entenderá que só é urgente o que tem de ser enfrentado imediatamente, o que não pode aguardar o decurso do tempo. Caso contrário, o benefício pretendido será incansável, ou o dano que se quer evitar consumar-se-á ou, no mínimo, existirão sérios riscos de que sobrevenham efeitos desastrosos em caso de demora.

"A CF no art. 62 nos fornece um parâmetro bastante seguro para fins de determinar o que é urgente.

"Nos termos do § 1º, 'O Presidente da República poderá solicitar urgência para apreciação de projetos de sua iniciativa'.

"É inadmissível considerar urgente o que pode aguardar o prazo necessário para que o Congresso Nacional aprecie projeto de lei de iniciativa do Poder Executivo, para o qual este haja solicitado regime de tramitação urgente previsto nos §§ 1º a 4º do art. 64 da CF/88" (in *O Regime Jurídico-Constitucional das Medidas Provisórias*, Juruá, pp. 35-35).

No mesmo sentido de que a reedição de medidas provisórias encontra óbice no próprio dispositivo que a disciplina, a ementa abaixo que assim dispõe:

"II — A reedição de uma medida provisória não tem o condão de repristinar aquela que perdeu a eficácia, pois, somente o Congresso Nacional pode disciplinar as relações jurídicas decorrentes das medidas provisórias que não se converteram em lei no prazo de trinta dias" (TRF-1ª R., AgRegSS 96.01.28715-9-DF, Rel. Juiz Nelson Gomes da Silva, Plenário, decisão 15.8.96, *DJ* 2.7.96, p. 74.894).

De tudo o que se viu, podemos concluir que a MP constitui um instrumento legislativo-político de que o Presidente da República se utiliza, utilização essa que no entanto deve necessariamente se ater aos pressupostos básicos previstos no art. 62 da CF/88, primeiramente no sentido de saber se a iniciativa requer urgência e que a matéria pretendida seja relevante no contexto dos interesses governamentais.

Na hipótese em tela não encontramos a presença desses requisitos absolutamente necessários, primeiramente porque a medida provisória pretende a modificação do efeito que se deve dar aos recursos interpostos pelo INSS, visando precipuamente evitar que o Instituto desembolse o mais tarde possível as quantias a que foi condenado, frustrando inclusive a execução provisória.

E como matéria relevante esse pressuposto igualmente não se faz presente, visto que o interesse do governo está se sobrepondo ao interesse de uma coletividade que, por força de decisão emanada do Poder Judiciário é credora de determinado numerário, montante esse que sequer constitui despesa da União, mas sim da autarquia que para tanto possui reservas próprias destinadas ao pagamento das condenações oriundas de acidente do trabalho.

In summa, o que se depreende é que a MP em questão é inconstitucional, valendo dizer que a remessa de ofício não pode, *ipso facto*, ser conhecida pelas razões expostas.

Admitir a validade dessa MP, assim como das demais eivadas do mesmo vício, seria admitir que interesses governamentais se sobreponham a mandamentos constitucionais, sem dizer que os interesses coletivos-sociais estariam relegados a planos secundários, o que não é crível num regime democrático e muito menos num país que pretende ingressar no Primeiro Mundo.

Se adentrarmos para o teor das inúmeras MPs, veremos que processa-se um verdadeiro cerco sobre a concessão de benefícios previdenciários-acidentários, tendo como objetivo único e específico o retardamento do pagamento de importâncias vitais para pessoas — seres humanos — que por uma razão ou outra se viram senão mutiladas, pelo menos comprometidas em sua saúde.

Aliás, a volúpia governamental é de tal ordem que, conforme consignamos em artigo publicado em *Notícias Forense* — julho 97, sob o título "Expedição de precatórios — Modificação pretendida através de emenda constitucional — considerações", quando na oportunidade comentamos o projeto de emenda constitucional, em que os benefícios de natureza previdenciária e acidentária teriam que se sujeitar à expedição de precatório, constata-se, de maneira irretorquível quão lamentável é o tratamento dispensado àqueles que efetivamente carecem de melhores condições, como que esses procedimentos e medidas legais (*sic*) resolvessem os problemas que tanto atormentam a sociedade.

Isto posto e, considerando tudo quanto mais consta dos autos, não conheço do recurso de ofício.

Gama Pellegrini, Juiz Relator.

TRIBUNAL DE ALÇADA DO ESTADO DO PARANÁ

Reexame necessário e apelação cível 84.379-0-Maringá/PR — 6ª Vara Cível
Rel.: Juiz Eraclês Messias
Apte.: Município de Maringá
Apdo.: Cláudio Emanuel Pietrobon
j. 21.8.1996

Reexame necessário e apelação. Contribuição de melhoria. Necessidade de a obra pública implicar em valorização imobiliária para que possa ser exigida.

Imprescindível a valorização dos imóveis circunvizinhos a obra pública para que possa, regularmente, ser exigida a contribuição de melhoria. A recuperação de vias públicas, já pavimentadas, não implica em valorização dos prédios, sendo de responsabilidade da administração a sua execução e financiamento, vez que, para tanto já se destina uma parcela do IPTU. Recursos desprovidos.

Acórdão 7.093 — 2ª Câmara Cível

Vistos, relatados e discutidos estes autos de Reexame necessário e apelação cível 84.379-0, de Maringá, 6ª Vara Cível, em que é apelante o Município de Maringá e apelado Cláudio Emanuel Pietrobon.

Cláudio Emanuel Pietrobon propôs ação declaratória de inexistência de relação jurídico-tributária contra o Município de Maringá, e tramitou o feito no Juízo de Maringá, 6ª Vara Cível.

Insurgiu-se, na qualidade de proprietário de imóvel urbano naquela cidade, contra ilegal lançamento, pelo Município, de contribuição de melhoria, tendo como fato gerador o recapeamento asfáltico da rua onde se situa a propriedade referida. Alegou impossibilidade de se instituir tal tributo sem que se configure, de modo pleno, a valorização do imóvel, mesmo porque desnecessário era o serviço. Desta forma, ante a flagrante abusividade da imposição tributária, buscou a declaração de inexistência do débito tributário e a conseqüente ineficácia do lançamento perpetrado pelo Município.

O Município de Maringá contestando o feito diz que a exigência é legal, vez que a obra trouxe benefício e valorização dos imóveis por ela abrangidos. A par disso o poder público observou todas as exigências legais, conforme procura demonstrar através dos documentos juntados aos autos.

Opinou o representante do *parquet* pelo reconhecimento da inexigibilidade da contribuição de melhoria.

Por sentença declarou o Juiz *a quo* a inexistência do débito tributário, tornando ineficaz seu lançamento. Remeteu, por necessário, os autos a exame do duplo grau de jurisdição para confirmação ou não do *decisum*.

Irresignado apela o Município argüindo, preliminarmente, não ter a sentença atendido os ditames legais do art. 458, II, do Código de Processo Civil. No mérito, repisa os argumentos anteriormente esposados, máxime quanto à necessidade de reconstrução do pavimento asfáltico; a constitucionalidade da contribuição exigida; a caracterização de obra pública; a legalidade do procedimento adotado e a incidência da contribuição de melhoria. Requer, assim, o provimento do apelo, com acolhimento da preliminar suscitada ou a reforma *in totum* da decisão.

Contra-razões foram apresentadas, subindo os autos.

Nesta Instância, remetidos à D. Procuradoria, concluindo a mesma pelo improvimento do recurso e, em sede de reexame, pela confirmação da sentença.

Assim, vieram-me conclusos.

É o relatório.

Tratam-se de reexame necessário e apelação cível, visando a sucumbente, através desta última, a decretação de nulidade da sentença porque ausentes os requisitos fundamentais da mesma; no mérito, por ser absolutamente legal o lançamento e exigência do tributo, posto que caracterizados os elementos informadores para tanto.

Inassiste razão ao recorrente.

Vislumbra-se que a forma silogística da sentença restou respeitada. Nos itens 2 e 3 da mesma, o magistrado expôs a síntese dos fundamentos que o levaram a decidir. Salientou que apesar da nova redação da Constituição Federal sobrevive o critério da valorização do imóvel para que seja possível a cobrança pretendida, transcrevendo os dispositivos legais em que se embasou para tal.

Outrossim, decidiu a lide nos limites em que foi proposta, sendo-lhe defeso conhecer de questões não suscitadas, como inconstitucionalidade de Lei Municipal a que se refere o apelante.

Tendo sido questionada a presença de requisitos exigidos pela Lei, impossibilitando a cobrança de contribuição de melhoria e a hipótese de não possuir a obra os requisitos descritos naquela, permitindo a cobrança do tributo, sobre elas manifestou-se o Juiz.

Perfeita, pois, a sentença, que caso se pronunciasse acerca do direito de o Município cobrar tributo denominado contribuição de melhoria ou sobre a constitucionalidade deste, estaria extrapolando os limites da lide.

No mérito melhor sorte não é reservada ao recorrente.

Embora ao enunciar a matéria não mais mencione a atual Constituição a expressão valorização do imóvel, tal não significa que a inexistência de valorização autorize a cobrança do tributo. Entende-se que a contribuição de melhoria só poderá ser exigida se a obra resultar valorização imobiliária.

Esta, como bem citou o Dr. Procurador, a melhor orientação doutrinária, conforme se extrai da obra de Roque Antonio Carrazza:

> Apesar do laconismo da atual Constituição acerca do assunto — já que ela apenas acentuou que a contribuição de melhoria deve decorrer de obras públicas — continuamos entendendo que, sem a valorização dos imóveis circunvizinhos, seus proprietários não podem sofrer validamente este gravame (in *Curso de Direito Constitucional Tributário*, 5ª ed., Malheiros Editores, p. 287, 1993).

Deste posicionamento comungam Paulo de Barros Carvalho e Geraldo Ataliba, entre outros.

Na hipótese apregoa o Poder Público a desnecessidade da valorização imobiliária, procurando demonstrar que inexistindo obras de manutenção desapareceriam os pisos asfálticos, acarretando a desvalorização dos prédios. Portanto, os recapeamentos promovidos implicariam em benefício para os imóveis.

Tal, entretanto, não se dá.

O recapeamento de via já asfaltada não acrescenta qualquer valorização imobiliária. Ademais, a realização de tais obras é de responsabilidade exclusiva do Poder Público, que já arrecada impostos para esta finalidade.

Desta forma, indevida a exigência do Fisco Municipal, não encontrando respaldo legal, doutrinário ou jurisprudencial.

Por fim, esclareça-se que sobre a forma de proceder a tais cobranças compete ao Poder Executivo o pronunciamento, vez que a ele é atribuído privativamente o dever de legislar a respeito, cabendo ao Judiciário somente a aplicação da Lei.

Assim, inexistindo lei que o autorize, não se pode permitir a cobrança de tributos sob a alegação de que gastos houveram e que necessário seu ressarcimento.

Portanto, há de ser desprovido o recurso voluntário e, em sede de reexame necessário, confirmada a sentença proferida.

Acordam os Juízes integrantes da 2ª Câmara Cível do Tribunal de Alçada do Estado do Paraná, por unanimidade de votos, em negar provimento ao recurso, confirmando a sentença em grau de reexame.

Participaram do julgamento os Senhores Juízes Fernando Vidal de Oliveira, Presidente, com voto, e Moraes Leite.

Curitiba, 21 de agosto de 1996.

Eraclês Messias, Relator.

TRIBUNAL DE ALÇADA DO ESTADO DO PARANÁ

Reexame necessário e apelação cível 93.978-2-Maringá/PR — 2ª Vara Cível
Rel.: Juiz Conv. Roberto Costa Barros
Apte.: Município de Maringá
Apdos.: Abel Betoni e outros
j. 16.10.1996

Mandado de segurança. Ato ilegal da autoridade coatora. Recapeamento asfáltico. Cobrança de contribuição de melhoria. Concessão. Apelação e reexame necessário desprovidos.

Constitui ato ilegal da autoridade coatora a ensejar a concessão do "mandamus", a cobrança de contribuição de melhoria em caso de recapeamento asfáltico de via pública já asfaltada. Tratando-se de simples serviço de manutenção, não acarreta valorização dos imóveis dos impetrantes, não dando azo à imposição de tal tributo.

Acórdão 7.396 — 2ª Câmara Cível

Vistos, relatados e discutidos estes autos de reexame necessário e apelação cível 93.978-2, de Maringá, 2ª Vara Cível, em que é apelante Município de Maringá e apelados Abel Betoni e outros.

Abel Betoni e outros impetraram mandado de segurança contra ato ilegal do prefeito do Município de Maringá, alegando que a Prefeitura Municipal daquela cidade tem realizado recapeamento de asfalto em ruas e avenidas de vários bairros; que os impetrantes são proprietários de imóveis localizados nas vias que tiveram o asfalto recapeado e entre 8 de junho de 1994 e 10 de junho do mesmo ano, receberam notificação de lançamentos de contribuições de melhoria, apontando como fato gerador o recapeamento de asfalto; que tais lançamentos são ilegais, pois não ocorreu o respectivo fato gerador, isto é, obra que ocasionasse valorização dos imóveis; que o art. 145, inc. III, da Constituição Federal, preceitua que o Município pode instituir tributo de contribuição de melhoria, decorrente de obras públicas e o art. 81, do Código Tributário Nacional, estipula que esta contribuição é instituída para fazer face ao custo de obras públicas de que decorra valorização imobiliária; que é o mesmo Código Tributário Nacional que manda cobrar taxa de conservação de vias e logradouros públicos pela conservação de logradouros pavimentados, *ex-vi* do inc. I, do art. 136, requereram o deferimento liminar da suspensão da eficácia desses lançamentos e, ao final, a confirmação da liminar, reconhecendo-se a inconstitucionalidade do item "recapeamento" do inc. I, do art. 162, do Código Tributário Municipal, por não constituir o recapeamento "obra pública" e declarando-se, por conseguinte, a inexigibilidade do pagamento da contribuição de melhoria.

A liminar não foi concedida, tendo sido incluídos outros impetrados na demanda.

O prefeito do Município de Maringá prestou informações às fls. 146 *usque* 185 argüindo, preliminarmente, a ilegitimidade passiva *ad causam*, apontando para tal, o Secretário da Fazenda; ainda, como preliminar, aduziu a carência da ação mandamental e a inadequação processual, além da falta de interesse para agir, que inexistente o *fumus boni juris* e o *periculum in mora*; no mérito, que é legal e constitucional a contribuição de melhoria, rechaçando os demais termos da exordial e invocando os arts. 162 e ss. do Código Tributário do Município de Maringá.

Após manifestação das partes, juntada de novos documentos e parecer do Dr. Promotor de Justiça, sobreveio sentença proferida pelo MM. Juiz de Direito da 2ª Vara Cível da Comarca de Maringá e que concedeu a ordem, entendendo inconstitucionais os lançamentos perpetrados pelo Município e decretando a inexigibilidade do pagamento de contribuição de melhoria, decretando a nulidade dos respectivos lançamentos. Recorreu de ofício desta decisão.

Os impetrantes procederam a juntada de novos documentos às fls. 382 a 384.

O Município de Maringá apelou da decisão, repisando a preliminar de ilegitimidade *ad causam* e as razões de mérito.

Com as contra-razões e parecer do Agente Ministerial de primeiro grau pelo desprovimento do recurso, mantendo-se íntegra a r. sentença, vieram os autos a este Tribunal.

Nesta Instância, a douta Procuradoria-Geral da Justiça opinou pelo desprovimento do reexame necessário e do recurso voluntário.

É o relatório.

Presentes os pressupostos de admissibilidade, conheço do reexame necessário e do recurso voluntário.

Trata-se de reexame necessário e recurso voluntário à sentença proferida pelo MM. Juiz de direito da 2ª Vara Cível da Comarca de Maringá e que concedeu o mandado de segurança impetrado por Abel Betoni e outros, contra ato do Prefeito Municipal de Maringá.

Os impetrantes, na qualidade de proprietários de imóveis naquela cidade, receberam notificação de lançamentos de contribuição de melhoria pelo recapeamento do asfalto realizado em ruas e avenidas de vários bairros; aduziram que além de desnecessário, o serviço realizado representou manutenção a ser custeada por taxas e não contribuição de melhoria. Em assim sendo, ocorrente violações aos arts. 145, III, da CF/88 e 81, do Código Tributário Nacional. Alegaram, ainda, que não decorreu qualquer valorização nos imóveis a justificar os lançamentos dos tributos.

Com relação à alegada ilegitimidade passiva do Município de Maringá, é de se atentar que a Secretaria da Fazenda é órgão delegado e só pratica atos emanados da vontade do Chefe do Poder Executivo. Por isso, correto o posicionamento do ínclito julgador monocrático.

As demais preliminares dizem respeito ao próprio mérito da demanda.

Tenho que a decisão guerreada não está a merecer reparos.

Segundo o escólio de Roque Carrazza, in *Curso de Direito Constitucional Tributário*, Ed. RT, 1991, p. 284:

> A contribuição de melhoria é um tipo de tributo que tem por hipótese de incidência uma atuação estatal, indiretamente referida ao contribuinte. Esta atuação estatal — porque assim o exige o art. 145, III, da Constituição da República só pode consistir numa obra pública que causa valorização imobiliária, isto é, que aumenta o valor de mercado dos imóveis localizados em suas imediações.

Imprescindível a existência de benefício do imóvel, sendo que Bernardo Ribeiro de Moraes, in *Compêndio de Direito Tributário*, v. I, Forense, 1993, p. 593, afirma essa necessidade, p. 598:

> a) execução material de obra pública por parte da entidade tributante e b) que atinja o imóvel do contribuinte, levando-lhe qualquer tipo de melhoria. Os dois elementos devem existir conjuntamente. A simples realização de obra pública, por si só, não basta para

> constituir o fato gerador da respectiva obrigação. O essencial é a existência dos dois elementos, única forma da existência da causa jurídica do tributo: obra pública e imóvel do contribuinte recebendo melhoria.

Geraldo Ataliba, diante do texto da CF/88 (in *Hipótese de Incidência Tributária*, Ed. RT, 1991) ensina que "a hipótese de incidência da contribuição de melhoria é a valorização imobiliária causada por obra pública. É tal o critério objetivo, isônomo e mensurável, para a aplicação do art. 145, III, da Constituição".

O fundamento legal para a Municipalidade promover a exigência fiscal encontra-se consubstanciada nos arts. 162 e ss. do Código Tributário do Município de Maringá:

> Art. 162. A contribuição de melhoria tem como fato gerador a realização da obra pública:
>
> I — Abertura, alargamento, pavimentação, recapeamento, reconstrução de pavimentação, iluminação, arborização, esgotos pluviais e outros melhoramentos de praças e vias públicas;
>
> Art. 163. As obras ou melhoramentos que justifiquem a cobrança da contribuição de melhoria enquadrar-se-ão em dois programas:
>
> I — Ordinário, quando referente a obras preferenciais e a de iniciativa da própria Administração;
>
> Art. 166. A contribuição de melhoria será cobrada dos proprietários de imóveis situados nas áreas direta e indiretamente beneficiadas pela obra.
>
> Art. 167. O cálculo da contribuição de melhoria tem como limite:
>
> I — Total = a despesa realizada:
>
> Art. 171. No cálculo de contribuição de melhoria deverão ser individualmente considerados os imóveis constantes de loteamento aprovado ou fisicamente dividido em caráter definitivo.
>
> Parágrafo único. Tratando-se de serviço de pavimentação, recapeamento ou revestimento e calçadas, a taxa será devida pelos proprietários dos imóveis marginais ou fronteiriços às vias e logradouros públicos beneficiados, na proporção da testada de cada imóvel lindeiro a via pública e na base de 50% (cinqüenta por cento) para cada um.

São invocados ainda os arts. 172 e incisos, que tratam dos elementos que deve conter o edital; art. 172, que dispõe sobre o prazo de impugnação e o art. 175, incisos e parágrafo único, que discorrem a respeito da forma da notificação.

Tais normas, mormente aquela contida no art. 162, II, do aludido Código Municipal, afronta a regra geral sobre os requisitos da contribuição de melhoria.

A hipótese de recapeamento de via pública se constitui em simples serviço de manutenção e conservação, não acarretando valorização do imóvel, ao menos, de molde a render ensejo à imposição de contribuição de melhoria.

Para que possa ocorrer lançamentos a título de contribuição de melhoria, mister que a Administração demonstre os pressupostos de valorização ou de específico benefício conseqüente de obra pública realizada no local de situação do imóvel.

Consoante bem assinalou o preclaro Procurador de Justiça, Dr. Paulo Roberto Lima dos Santos:

> Sobre a tentativa do impetrado de explicar o lançamento do tributo como providência legítima, também entendo que a regra do Código Tributário Municipal (art. 162, inc. II), invocada como fundamento legal para a questionada exigência fiscal, afronta a regra geral sobre os requisitos da contribuição de melhoria. É que no caso em exame, está claro que o legislador municipal foi além da sua competência quando estipulou a contribuição de melhoria sobre serviço cuja incidência é de Taxa e não de Imposto. Recapeamento ou de asfalto, seja qual for o termo utilizado, é da obrigação do Município, valendo-se de verba cobrada especificamente para esta finalidade. E não há dúvida, também, que a própria manutenção pode provocar valorização extra dos imóveis servidos, mas isto não justifica a cobrança de tributo como se a rua ou avenida estivesse sendo asfaltada pela primeira vez. Se é assim, toda

vez que se substitui lâmpadas dos postes de iluminação pública, estaria autorizada a cobrança de novos impostos de melhoria.

Entendo que depois dos benefícios só era legítimo cobrar taxas de manutenção do serviço instalado. Tanto isto é correto, que o documento juntado pelo impetrantes dando conta que o Município de Maringá já providenciou a alteração da legislação local a este respeito, não foi formalmente impugnado em oportuno tempo (fls. 382/383) (fls. 446/447).

A questão já foi examinada pelo Supremo Tribunal Federal no RE 115.863-SP, Rel. Min. Célio Borja, *RTJ* 138/600:

Recurso extraordinário. Constitucional. Tributário. Contribuição de melhoria. Art. 18, II da CF/67, com redação dada pela EC 23/83. Recapeamento asfáltico. Não obstante alterada a redação do inc. II do art. 18 pela Emenda Constitucional 23/83, a valorização imobiliária decorrente de obra pública — requisito à contribuição de melhoria — persiste como fato gerador dessa espécie tributária.

Hipótese de recapeamento de via pública já asfaltada: simples serviço de manutenção e conservação que não acarreta valorização do imóvel, não rendendo ensejo à imposição do tributo. RE conhecido e provido.

Consta do corpo do referido julgado:

(...) Entretanto, o recapeamento de via pública já asfaltada não acarreta valorização do imóvel, não rendendo ensejo à contribuição de melhoria, mesmo porque não figura entre as hipóteses de incidência previstas nos incs. I a VIII do referido art. 2º.

Note-se, ademais, que o recapeamento constitui mero serviço de manutenção.

A matéria já restou dirimida por esta Corte:

Se o contribuinte já pagou contribuição de melhoria por recapeamento asfáltico, não é correta a incidência de novo tributo, para restauração a curto prazo da mesma obra, sob a alegação de reforço do subleito, para atender a maior demanda de tráfego pesado.

A efetivação de obra pública, por si só, não é suficiente para determinar a valorização de imóveis circunvizinhos. Ausente a *plus valia*, não se configura o fato gerador de incidência de contribuição de melhoria. Sentença confirmada (TAPR, AC 3.480, Rel. Juiz Munir Karam).

Portanto, inafastável a conclusão de que a cobrança de contribuição de melhoria é indevida no presente caso e, por isso, voto no sentido de negar provimento à apelação e ao reexame necessário.

Acordam os Senhores Juízes integrantes da 2ª Câmara Cível do Tribunal de Alçada do Estado do Paraná, por unanimidade de votos, em negar provimento ao recurso, mantendo a sentença em grau de reexame necessário.

O julgamento foi presidido pelo Excelentíssimo senhor Juiz Fernando Vidal de Oliveira, sem voto, e dele participaram os senhores Juízes R. Cristo Pereira e Rogério Coelho.

Curitiba, 16 de outubro de 1996

Roberto Costa Barros, Relator.

ÍNDICE ALFABÉTICO-REMISSIVO
DA
REVISTA TRIMESTRAL DE DIREITO PÚBLICO

Vols. 1 a 28

Abuso de poder econômico – Inocorrência – Modalidades de intervenção do Estado na ordem econômica – Regime jurídico das sociedades de Economia Mista – **Luís Roberto Barroso** – 18/88

Ação afirmativa – O conteúdo democrático do princípio da igualdade jurídica – **Cármen Lúcia Antunes Rocha** – 15/85

Ação Civil Pública – Ação Popular – A defesa dos interesses difusos e coletivos – Posição do Ministério Público – **Lucia Valle Figueiredo** – 16/15

Ação Civil Pública – **José Carlos Barbosa Moreira** – 3/187

Ação Civil Pública – Legitimação constitucional do Ministério Público em matéria tributária na defesa de direitos individuais homogêneos – **Antônio Souza Prudente** – 27/160

Ação Civil Pública – Seu objeto não é autônomo quando se constituir em cumprimento de obrigação de fazer ou não fazer – **Toshio Mukai** – 21/58

Ação Civil Pública – Tendências atuais do Direito Administrativo – **Maria Cristina Dourado** – 14/211

Ação Civil Pública, Constituição Federal e legitimidade para agir – **Sérgio Monte Alegre** – 14/67

Ação de indenização por desapropriação indireta – Medida liminar – **Maria Cristina Cereser Pezzella** e **Anelise Becker** – 7/198

Ação Declaratória de Constitucionalidade – Inovação infeliz e inconstitucional – **Marcelo Figueiredo** – 9/182

Ação Declaratória de Constitucionalidade – **Moacir Antonio Machado da Silva** – 6/152

Ação Direta de Inconstitucionalidade – Ação especial para tutela de direitos fundamentais em face de particulares – **Paulo Roberto de Gouvêa Medina** – 20/125

Ação Direta de Inconstitucionalidade – O direito de propositura das Confederações Sindicais e das Entidades de Classe de âmbito nacional – **Gilmar Ferreira Mendes** – 7/161

Ação Direta de Inconstitucionalidade da Lei 9.985, de 7.2.95 – **José Roberto Batochio** – 10/275

Ação Popular – Ação Civil Pública – A defesa dos interesses difusos e coletivos – Posição do Ministério Público – **Lucia Valle Figueiredo** – 16/15

Ação Popular – Considerações – **Celso Antônio Bandeira de Mello** – 16/59

Ação Popular – Direito político? – **José Sérgio Monte Alegre** – 3/73

Ação Popular e Ação Civil Pública – Tendências atuais do Direito Administrativo – **Maria Cristina Dourado** – 14/211

Ações de improbidade administrativa – **Fábio Konder Comparato** – 26/153

Ações sobre o Sistema Financeiro da Habitação – Competência e litisconsórcio – **João Pedro Gebran Neto** – 10/212

Acordo de acionistas – Empresa estadual concessionária de Serviço Público federal – Manutenção da qualidade de acionista controlador – **Adílson Abreu Dallari** – 28/84

Acumulação de aposentadoria com vencimentos – **Celso Antônio Bandeira de Mello** – 12/86

ADIn – O direito de propositura das Confederações Sindicais e das Entidades de Classe de âmbito nacional – **Gilmar Ferreira Mendes** – 7/161

Administração Municipal e a imposição constitucional de expedir certidões – **Ana Rita Tavares Teixeira** – 18/179

Administração Pública – Controle na Constituição de 1988 – **Sérgio Ferraz** – 4/239

Administração Pública – Respeito aos precedentes judiciais iterativos – **Juarez Freitas** – 17/49

Administração Pública – Responsabilidade por débitos previdenciários dos seus contratados – **Eduardo Rocha Dias** – 26/195

Administração Pública como locatária – **Alice Gonzalez Borges** – 11/229

Administração Pública e ato administrativo – **Fernando Andrade de Oliveira** – 1/104

Administração pública e Democracia: perspectivas em um mundo globalizado – **Leonel Ohlweiler** – 28/137

Administração Pública e participação popular – **Maria Sylvia Zanella Di Pietro** – 1/127

Administração Pública estadual e municipal – Controle externo – Possibilidades e limites da fiscalização das Casas Parlamentares e do Tribunal de Contas – **Hilda Regina Silveira Albandes de Souza** – 13/168

Administração Pública gerencial – Implantação na Emenda Constitucional 19/98 – **Alice Gonzalez Borges** – 24/26

Administração Pública na Constituição de 1988 – Controle – **Sérgio Ferraz** – 4/239

Administração Pública no Estado de Direito – **Adílson Abreu Dallari** – 5/33

Administração Pública, os contratos e as obrigações de pagamento – **Eurico de Andrade Azevedo** – 17/147

Agência Nacional de Telecomunicações – Independência e autonomia – Imperativo legal e constitucional – **Floriano de Azevedo Marques Neto** – 26/287

Agência Nacional do Petróleo – Contrato de concessão — Comentários e sugestões – **Toshio Mukai** – 25/82

Agências Reguladoras de Serviços Públicos – Natureza jurídica e funções – Limites da fiscalização a ser desempenhada pelo Tribunal de Contas do Estado – **Luís Roberto Barroso** – 25/73

Agências Reguladoras no Direito brasileiro – Origem, natureza e função – **Marcos Augusto Perez** – 23/124

Agentes públicos – Contribuição previdenciária – Inconstitucionalidade da progressividade – **Paulo Modesto** – 25/56

Agentes públicos – Responsabilidade por condutas omissivas após a vigência do Código de Defesa do Consumidor – **Georghio A. Tomelin** – 19/219

Agravo Regimental – Supressão – Medida liminar em Mandado de Segurança – Uma violência ao princípio constitucional do devido processo legal – Ilegitimidade da jurisprudência assentada – **Marcelo Figueiredo** – 27/15

Ainda o efeito vinculante – **Sérgio Sérvulo da Cunha** – 18/124

Alguns aspectos da qualificação registrária no registro de parcelamento do solo urbano e o Código de Defesa do Consumidor – **Kioitsi Chicuta, Ary José de Lima** e **Sérgio Jacomino** – 21/173

Alguns aspectos jurídicos da biodiversidade – **Newton De Lucca** – 26/14

Amplitude do conceito de "deficiente" – **Maria Lucia Jordão Ortega** – 17/179

Anamnese da Medida Provisória – **Sérgio Sérvulo da Cunha** – 26/77

ANEEL e a desestatização dos serviços de energia – **Marcos Juruena Villela Souto** – 19/170

Anotações a respeito dos planos econômicos – Alteração da política salarial – Reajuste de salários pela lei antiga – Direito adquirido – Mera expectativa de direito e normas de ordem pública – Resenha doutrinária e jurisdicional – **Marcelo Figueiredo** e **Maria Alice Deucher Brollo** – 6/234

Anulação da licitação pela autoridade superior (comentários ao acórdão 89.10932-4 do STJ no RMS 103-0-SC) – **Benedicto Pereira Porto Neto** – 12/192

Apelo ao legislador na Corte Constitucional Federal Alemã – **Gilmar Ferreira Mendes** – 10/32

Apontamentos sobre o "concurso público" para a escolha de projeto arquitetônico – **Evandro Ferreira de Viana Bandeira** e **Luciana Vilela de Carvalho e Viana Bandeira** – 28/191

Aposentadoria – Acumulação com vencimentos– **Celso Antônio Bandeira de Mello** – 12/86

Aposentadoria – Reajuste – Índice – **Amauri Mascaro Nascimento** – 4/97

Aposentadoria de servidor público – Ato jurídico perfeito – Direito adquirido – Irretroatividade das normas – **Mário Diney Corrêa Bittencourt** – 24/181

Arbitragem na concessão de Serviço Público – **Adílson Abreu Dallari** – 13/5

Área de proteção ambiental – **José Rubens Costa** – 11/122

Aspectos da declaração de inconstitucionalidade dos atos normativos – **Gilmar Ferreira Mendes** – 2/266

Aspectos do processo de "impeachment" – Renúncia e exoneração de agente político – Tipicidade constitucional dos crimes de responsabilidade – **Luís Roberto Barroso** – 19/115

Aspectos jurídicos da biodiversidade – **Newton De Lucca** – 26/14

Aspectos jurídicos da interrupção de obras públicas por inadimplência da Administração – **Floriano de Azevedo Marques Neto** – 27/108

Aspectos sobre usucapião na Ilha de Santa Catarina – **Ana Cláudia Allet Aguiar** – 12/168

Atividade artística – Contratação – **Marcos Augusto Peres** – 24/123

Atividade econômica – Reflexões sobre o papel do Estado – **Francisco de Queiroz Bezerra Cavalcanti** – 20/67

Ato administrativo – Irrelevância da vontade do agente – **Sílvio Luís Ferreira da Rocha** – 25/43

Ato administrativo – Portaria – **João Luiz Teixeira Neto** – 4/149

Ato administrativo – Pressuposto lógico – **José Roberto Pimenta Oliveira** – 19/81

Ato administrativo – Regulamento – **Danielle Coutinho Talamini** – 21/65
Ato administrativo "strictu sensu" – **Adriano Daleffe** – 20/76
Ato administrativo e seus requisitos procedimentais – **Mônica Martins Toscano** – 18/210
Ato administrativo, ato-fato administrativo – **Ronaldo de Medeiros e Albuquerque** – 23/40
Ato jurídico perfeito – Eficácia constitucional – **Valmir Pontes Filho** – 15/186
Atos administrativos – Considerações sobre o controle de moralidade – **Vladimir Da Rocha França** – 27/58
Atos administrativos, legislativos e jurisdicionais – Desvio de poder – Controle – **Caio Tácito** – 4/31
Atos políticos do Poder Executivo – Controle jurisdicional – **Derly Barreto e Silva Filho** – 8/123
Audiências públicas e o Processo Administrativo brasileiro – **Gustavo Henrique Justino de Oliveira** – 21/161
Autarquia federal e Município – Relações – Conflitos – Impossibilidade de multas a pessoas públicas – **Toshio Mukai** – 9/154
Autarquias com pretensão de cobrança de preço em razão da utilização de faixa de domínio das rodovias – **Marcelo Figueiredo** – 25/98
Auto-executoriedade e prudência administrativa – **Carlos Mário Filho** – 5/143
Autonomia das universidades públicas – **Adílson Abreu Dallari** – 1/282
Autonomia do Banco Central – **José Simões Patrício** – 19/53
Autorização, concessão e permissão de Serviço Público e empresas estatais prestadoras de Serviço Público – Concessão de direito real de uso – **Eros Roberto Grau** – 5/75
Autorizações e licenças no Direito Administrativo – **Carlos Ari Sundfeld** – 3/66
Avocação de causas pelo Supremo Tribunal Federal – **Carlos David S. Aarão Reis** – 4/190
Avocatória – **Sacha Calmon Navarro Coêlho** – 2/191

Banco Central – Autarquia – Regime dos servidores – **Moacir A. Machado da Silva** – 5/124
Banco Central – Autonomia – **José Simões Patrício** – 19/53
Banco Central do Brasil – Considerações acerca de sua natureza jurídica em face das chamadas "Agências Administrativas" – **Egon Bockmann Moreira** – 25/185
Bancos – Plano Collor – Recolhimento forçado – Expropriação e requisição – **Fábio Konder Comparato** – 2/107
Bem imóvel municipal – Doação a empresa privada – **Hélcio de Abreu Dallari Júnior** – 17/127
Bem público – Permissão de uso – **Diógenes Gasparini** – 11/87
Benefícios previdenciários – Reajustamento – **Xavier de Albuquerque** – 2/89
Bens estaduais não podem ser desapropriados – Princípio federal – Caso Banespa – **Fábio Konder Comparato** – 11/82
Bens públicos de uso comum do povo – Constitucionalidade de lei municipal que concede seu uso a associação de moradores – **Toshio Mukai** – 20/104
Bens utilizados para fins de tráfico ilícito de entorpecentes – Expropriação – **Edílson Pereira Nobre Júnior** – 11/196
Biodiversidade – Alguns aspectos jurídicos – **Newton De Lucca** – 26/14

CADIN-Cadastro Informativo de créditos não quitados do setor público federal – Medida Provisória n. 1.490-14, em face da Constituição – **Paulo Brossard** – 17/70

Capital financeiro e proteção à concorrência – **Cristiane Derani** – 17/182

Carta de Curitiba – X Congresso Brasileiro de Direito Administrativo – 14/267

Cassação de mandato eletivo e afastamento provisório de Prefeito municipal do cargo por decisão da Câmara de Vereadores – Processo – **Fábio Medina Osório** – 19/213

Certidão – Direito à obtenção – 14/284

Certidão negativa – Prazo – **Geraldo Ataliba** e **Rosolea Folgosi** – 5/17

Cidadania e "res publica" – A emergência dos direitos republicanos – **Luiz Carlos Bresser Pereira** – 16/100

Cidadania e Constituição (As cores da revolução constitucional do cidadão) – **Cármen Lúcia Antunes da Rocha** – 19/19

Cláusula pétrea – Inconstitucionalidade de preceito constitucional – Poder constituinte originário e derivado – Preceito imodificável por emenda – **Paulo Bonavides** – 7/58

Cobrança de taxa remuneratória do serviço de coleta de lixo – **Adílson Abreu Dallari** – 25/20

Código de Defesa do Consumidor – Alguns aspectos da qualificação registrária no registro de parcelamento do solo urbano – **Kioitsi Chicuta, Ary José de Lima** e **Sérgio Jacomino** – 21/173

Código de Defesa do Consumidor – Responsabilidade dos agentes públicos por condutas omissivas após sua vigência – **Georghio A. Tomelin** – 19/219

Comercialização de cigarros – Inconstitucionalidade da restrição ao número de unidades – Interpretação da Constituição, livre iniciativa e princípio da proporcionalidade – **Eros Roberto Grau** – 26/160

Comissão de Valores Mobiliários – Considerações acerca de sua natureza jurídica em face das chamadas "Agências Administrativas" – **Egon Bockmann Moreira** – 25/185

Comissão Parlamentar de Inquérito – **Fábio Konder Comparato** – 10/58

Comissão Parlamentar de Inquérito – Indicação de integrantes – **Josaphat Marinho** – 4/156

Comissões Parlamentares de Inquérito – Limites – **Fábio Konder Comparato** – 5/66

Comparação jurídica – **José Afonso da Silva** – 28/5

Compensação de créditos no ICMS e no IPI – Transferência de créditos do ICMS com deságio – O princípio da não-cumulatividade – Reflexos no Imposto de Renda – **Sacha Calmon Navarro Coêlho** e **Misabel de Abreu Machado Derzi** – 15/118

Competência administrativa para aplicar a lei posterior mais favorável, em caso de punições impostas aos administradores de instituição financeira, com base no art. 44 da Lei Bancária – **Luiz Alfredo Paulin** – 22/134

Competência concorrente – Normas gerais – Uma exegese do art. 24 da Constituição Federal – **Tercio Sampaio Ferraz Júnior** – 7/16

Competência constitucional de reforma – Processo de elaboração de Emenda Constitucional – Interpretação do art. 60, § 5º, da CF – **Cármen Lúcia Antunes Rocha** e **Fábio Konder Comparato** – 20/88

Competência da Assembléia Nacional Constituinte de 1933/34 (Um texto de Kelsen sobre o Brasil) (trad. Marcelo Sólon) – **Hans Kelsen** – 9/5

Competência do Ministério Público para a defesa do consumidor de serviços bancários – **Geraldo de Camargo Vidigal** – 13/70 e **Paulo Brossard** – 16/71

Competência em matéria urbanística na Constituição Federal de 1988 – **Ubirajara Custódio Filho** – 14/239

Competência legislativa municipal sobre meio ambiente – **Antônio José de Mattos Neto** – 24/232

Competência para a fixação do valor das anuidades – Profissões regulamentadas – **Adílson Abreu Dallari** – 12/100

Competências – Sistema constitucional – **Carlos Ari Sundfeld** – 1/272

Competências administrativas dos Estados e Municípios – Licitações – **Lúcia Valle Figueiredo** – 8/24

Conceito de empresa brasileira de capital nacional e incentivos fiscais – Revogação do art. 171 da Constituição – Interpretação da Constituição – **Eros Roberto Grau** – 13/83

Conceito de interesse público e a "personalização" do Direito Administrativo – **Marçal Justen Filho** – 26/115

Conceito de Serviço Público – **Adílson Abreu Dallari** – 15/112

Conceito de urgência no Direito brasileiro – **Cármen Lúcia Antunes Rocha** – 1/233

Conceitos de reajuste, revisão e correção monetária de preços nos contratos administrativos – **Antônio Carlos Cintra do Amaral** – 15/163

Conceitos jurídicos indeterminados – **Celso Luiz Moresco** – 14/78

Concessão – Contrato formulado pela Agência Nacional do Petróleo – Comentários e sugestões – **Toshio Mukai** – 25/82

Concessão – Garantias ofertáveis por concessionário para obtenção de financiamento – **Celso Antônio Bandeira de Mello** – 17/54

Concessão – Gás – Monopólio – **Caio Tácito** – 7/51

Concessão – Inexistência – Delegação – Empresas estatais e regime administrativo – Serviço Público – Proteção ao interesse público – **Geraldo Ataliba** – 4/55

Concessão de direito real de uso – Concessão, permissão e autorização de Serviço Público e empresas estatais prestadoras de Serviço Público – **Eros Roberto Grau** – 5/75

Concessão de obra pública no sistema constitucional – **Torquato Jardim** – 1/224

Concessão de serviço de transporte aéreo – Equilíbrio financeiro – **Caio Tácito** – 16/67

Concessão de Serviço Público – Arbitragem – **Adílson Abreu Dallari** – 13/5

Concessão de Serviço Público – Dever de prestar serviço adequado e alteração das condições econômicas – Princípio de atualidade – Reequilíbrio através da prorrogação do prazo de exploração – **Floriano P. Azevedo Marques Neto** – 22/105

Concessão de Serviço Público – Garantias exigíveis dos proponentes – Legislação aplicável – **Adílson Abreu Dallari** – 16/84

Concessão de serviços de limpeza urbana – Pontos polêmicos – **César A. Guimarães Pereira** – 26/217

Concessão de Serviços Públicos – Legitimidade da sua realização precedida ou não de obras em virtude de ato do Governador do Estado – **Arnoldo Wald** – 12/67

Concessão e delegação – Serviço Público e Poder de Polícia – **Celso Antônio Bandeira de Mello** – 20/21

Concessão e delegação de serviço público – Interpretação e linguagem – **Paulo de Barros Carvalho** – 10/78

Concessão, permissão e autorização de Serviço Público e empresas estatais prestadoras de Serviço Público – Concessão de direito real de uso – **Eros Roberto Grau** – 5/75

Concessionária de serviço público – PIS-PASEP – **Torquato Jardim** – 10/103

Concessões – Lei estadual – Legislação federal superveniente – **Adílson Abreu Dallari** – 11/68

Concessões de Serviço Público de abastecimento de Água aos Municípios – **Alice Gonzalez Borges** – 17/39

Concessões de serviço público e a sua fiscalização – **Glória de Faria Alvim F. Pereira F. Braz** e **Wagner Nogueira França Baptista** – 28/179

Concessões de serviços públicos – Uma releitura do poder de modificação unilateral dos contratos administrativos (*ius variandi*) no seu âmbito – **Fernando Vernalha Guimarães** – 28/149

Concessões de Serviços Públicos federais – Projeto de lei reguladora – 2/225

Concretização da Constituição, função legislativa, função administrativa e função jurisdicional – **Sergio Fernando Moro** – 21/46

Concurso de acesso à Magistratura – Participação da OAB em todas as suas fases – **Paulo Bonavides** – 12/41

Concurso para provimento de cargo – Procedimento administrativo e interesse público – Recurso contra o indeferimento de inscrição – Apreciação dos requisitos do concurso e o interesse da Administração – **Maria Paula Dallari Bucci** – 17/111

Concurso público – Competência do Ministério Público para defender direitos individuais homogêneos – Inconstitucionalidade de requisitos estabelecidos pelo edital sem previsão legal – **Valmir Pontes Filho** – 12/110

Concurso público – Edital – Nomeação – 14/278

Concurso público – Limite de idade – **Jacintho de Arruda Câmara** – 14/271

Concurso público – Requisitos de inscrição – **Carlos Ayres Britto** – 6/64

Concurso público e deficientes físicos (CF art. 37, VIII) – **Luís Alberto David Araújo** – 13/233

"Concurso público" para a escolha de projeto arquitetônico – Apontamentos – **Evandro Ferreira de Viana Bandeira** e **Luciana Vilela de Carvalho e Viana Bandeira** – 28/191

Condicionamentos e sacrifícios de direitos – Distinções – **Carlos Ari Sundfeld** – 4/79

Conflito de atribuições e reforma constitucional – **Arnoldo Wald** – 9/31

Conflito possessório e positivismo ético – O agente público em face da decisão ilegal – **Sérgio Sérvulo da Cunha** – 28/129

Conflitos entre princípios do Direito do Trabalho e do Direito Administrativo – **Ana Rita Tavares Teixeira** – 9/212

Conselho Monetário Nacional, Banco Central do Brasil e Comissão de Valores Mobiliários – Considerações acerca de sua natureza jurídica em face das chamadas "Agências Administrativas" – **Egon Bockmann Moreira** – 25/185

Considerações sobre a Ação Popular – **Celso Antônio Bandeira de Mello** – 16/59

Considerações sobre o controle de moralidade dos atos administrativos – **Vladimir Da Rocha França** – 27/58

Considerações sobre o papel do Procurador-Geral da República no controle abstrato de normas sob a Constituição de 1967/69 – Proposta de releitura – **Gilmar Ferreira Mendes** – 21/145

Consórcio para construção e exploração de usina elétrica – **Adílson Abreu Dallari** – 14/171

Consórcio para geração de energia elétrica – **Eros Roberto Grau** – 12/52

Constitucionalidade de lei municipal que concede o uso de bens públicos de uso comum do povo a associação de moradores – **Toshio Mukai** – 20/104

Constitucionalidade de leis e atos normativos municipais por vulneração à Constituição Federal – Controle direto – **Clóvis Beznos** – 23/116

Constitucionalismo contemporâneo e a instrumentalização para a eficácia dos direitos fundamentais – **Cármen Lúcia Antunes Rocha** – 16/39

Constitucionalização simbólica e desconstitucionalização fática – Mudança simbólica da Constituição e permanência das estruturas reais de Poder – **Marcelo Neves** – 12/156

Constituição e a prisão penal cautelar – **Fernando Luiz Ximenes Rocha** – 18/186

Constituição e as provas ilícitas obtidas – **José Carlos Barbosa Moreira** – 13/216

Constituição e direito adquirido – **Raul Machado Horta** – 1/50

Constituição e leis a ela anteriores – **Paulo Brossard** – 4/15

Constituição e o conflito de normas no espaço – Direito Constitucional internacional – **Luís Roberto Barroso** – 11/21

Constituição Federal reforma administrativa: licitação nas empresas estatais – **Benedicto Pereira Porto Neto** – 27/19

Constituição, soberania e Mercosul – **Cármen Lúcia Antunes Rocha** – 21/12

Construção e operação do gasoduto para importação do gás boliviano – O exercício do monopólio do gás pela União – **Luiz Gastão Paes de Barros Leães** – 14/160

Consumidor de serviços bancários – Competência do Ministério Público para sua defesa – **Geraldo de Camargo Vidigal** – 13/70 e **Paulo Brossard** – 16/71

Conteúdo/finalidade/motivo do ato administrativo em face do princípio da razoabilidade – **Anna Paola Zonari de Lorenzo** – 22/77

Contrariedade à Constituição e Recurso Extraordinário – Aspectos inexplorados – **Gilmar Ferreira Mendes** – 8/40

Contratação de atividade artística – **Marcos Augusto Peres** – 24/123

Contratação de particulares para suporte de atividade regulatória estatal – **Floriano de Azevedo Marques Neto** – 25/163

Contratação de serviços de advocacia pela Administração Pública – **Adílson Abreu Dallari** – 22/30

Contratação direta por emergência – Situação calamitosa – Irrelevância dos fatores causadores da situação emergencial – **Floriano P. Azevedo Marques Neto** – 21/126

Contratação temporária de servidor Público (regime jurídico previsto no art. 37, IX, da CF) – **Telmo Candiota** – 6/169

Contrato administrativo – Pagamento antecipado – **Floriano Peixoto de Azevedo Marques Neto** e **Marcos Augusto Perez** – 11/105

Contrato administrativo – Plano Real e correção monetária por atraso no pagamento – **Benedicto Pereira Porto Neto** – 11/170

Contrato celebrado com a Administração – Modificação unilateral – Preços – Expectativa inflacionária – Quitação – **Eros Roberto Grau** – 22/94

Contrato de associação – Descumprimento do princípio constitucional da impessoalidade da Administração Pública – **Fábio Konder Comparato** – 19/103

Contrato de concessão formulado pela Agência Nacional do Petróleo – Comentários e sugestões – **Toshio Mukai** – 25/82

Contrato de obrigações – Falsa "reserva de mercado"; livre iniciativa, livre concorrência e soberania nacional; o princípio da igualdade – **Eros Roberto Grau** – 6/105

Contrato internacional do comércio – **José Edgard Amorim Pereira** – 6/16

Contratos administrativos – Acréscimo de obras e serviços – Alteração – **Carlos Ari Sundfeld** – 2/149

Contratos administrativos – Conceitos de reajuste, revisão e correção monetária de preços – **Antônio Carlos Cintra do Amaral** – 15/163

Contratos administrativos – Uma releitura do poder de modificação unilateral (*ius variandi*) no âmbito das concessões de serviços públicos – **Fernando Vernalha Guimarães** – 28/149

Contratos de gestão e o processo de abertura de capital das empresas de telecomunicações – **Umberto Celli Júnior** – 27/131

Contratos entre órgãos e entidades públicas – **Marçal Justen Filho** – 15/74

Contratos internacionais – Cartas de intenção no processo formativo da contratação internacional – Graus de eficácia dos contratos – Responsabilidade pré-negocial – **Judith Martins-Costa** – 5/207

Contribuição social sobre o lucro – Instituições financeiras – Princípio da isonomia – Ofensa – **J. A. Lima Gonçalves** – 15/192

Contribuições para o PASEP – **Geraldo Ataliba** – 12/74

Contribuições previdenciárias – Não-recolhimento – Art. 95, "d", da Lei n. 8.212/91 – Inconstitucionalidade – **Clèmerson Merlin Clève** – 14/106

Contribuições previdenciárias descontadas, por entidades beneficentes de assistência social, dos seus empregados, e não recolhidas, à Previdência, no prazo legal – Extinção de punibilidade no "parcelamento" – Questões conexas – **Roque Antonio Carrazza** – 13/11

Controle da Administração Pública na Constituição de 1988 – **Sérgio Ferraz** – 4/239

Controle de constitucionalidade – Poder Executivo e Poder Legislativo – **Gilmar Ferreira Mendes** – 19/226

Controle de constitucionalidade – Por uma Justiça eficaz – **Sacha Calmon Navarro Coêlho** – 3/62

Controle de constitucionalidade de lei municipal – **Roberto Rosas** – 1/309

Controle de constitucionalidade de Medidas Provisórias à luz do princípio da proporcionalidade – Considerações sobre o Estado Democrático de Direito no Brasil – **Douglas Yamashita** – 24/211

Controle direto de constitucionalidade de leis e atos normativos municipais por vulneração à Constituição Federal – **Clóvis Beznos** – 23/116

Controle do Estado no próximo milênio – **João Féder** – 17/238

Controle do Poder Judiciário – **Josaphat Marinho** – 5/5

Controle dos atos administrativos, legislativos e jurisdicionais – Desvio de poder – **Caio Tácito** – 4/31

Controle dos procedimentos licitatórios pelo Tribunal de Contas – **Egle Dos Santos Monteiro Da Silveira** – 27/170

Controle externo da Administração Pública estadual e municipal – Possibilidades e limites da fiscalização das Casas Parlamentares e do Tribunal de Contas – **Hilda Regina Silveira de Albandes Souza** – 13/168

Controle externo do Poder Judiciário e controle de qualidade do Judiciário e da Magistratura – Uma proposta – **Carlos Mário da Silva Velloso** – 10/244

Controle externo do Poder Judiciário, CPI e reforma – **Juary C. Silva** – 28/66

Controle externo e o direito da integração – **Luciano Araújo Ferraz** – 20/157

Controle jurisdicional dos atos políticos do Poder Executivo – **Derly Barreto e Silva Filho** – 8/123

Controle jurisdicional e ameaça ao direito – Inafastabilidade – **Edgard Silveira Bueno Filho** – 2/245, **Annamaria Pimentel** – 2/249

Controle social e o consumidor de Serviços Públicos – **Juarez Freitas** – 23/24
Controles de contas e reforma administrativa – **Edgard Camargo Rodrigues** – 23/169
Controles do Poder político – **Celso Antônio Bandeira de Mello** – 11/59
Convênio entre entidades públicas executado por Fundação de apoio – Serviço de saúde – Conceito de Serviço Público e serviço de relevância pública – **Paulo Modesto** – 28/109
Convite – Características e procedimento – **Yara Darcy Police Monteiro** – 14/226
Correção monetária – Regime constitucional – **Carlos Ayres Britto** – 14/5
Correção monetária de balanços (Lei 8.200) – Demonstrações financeiras – **Fábio Konder Comparato** – 4/91
Correção monetária de parcelas pagas com atraso a Servidor Público – **Mirtô Fraga** – 19/126
Correção monetária, reajuste e revisão de preços nos contratos administrativos – Conceitos – **Antônio Carlos Cintra do Amaral** – 15/163
Credenciamento mediante licitação – **Adílson Abreu Dallari** – 23/97
Criação de Estados-membros na Constituição Federal – **Régis de Oliveira** – 12/117
Criança – Diretos humanos – **José Afonso da Silva** – 26/5
Crime de responsabilidade – Renúncia do agente – Efeitos processuais – **Fábio Konder Comparato** – 7/82
Crimes de responsabilidade – Tipicidade constitucional – Aspectos do processo de "impeachment" – Renúncia e exoneração de agente político – **Luís Roberto Barroso** – 19/115
Crise do Estado – Da modernidade central à modernidade periférica – Anotações a partir do pensamento filosófico e sociológico alemão – **Marcelo Neves** – 5/49
Crise econômica e Direito Constitucional – **Luís Roberto Barroso** – 6/32
Critério objetivo para efeito de julgamento das propostas – **Eros Roberto Grau** – 25/69
Cumulação de proventos e vencimentos – **Caio Tácito** – 10/52

Decadência e mandado de segurança – **Geraldo Ataliba** – 1/147
Decisão de Tribunal de Contas, não confirmada por Decreto legislativo, não vincula atuação da Administração – **Eros Roberto Grau** – 17/105
Declaração de desnecessidade de cargos públicos – **Carlos Ari Sundfeld** – 6/127
Declaração de inconstitucionalidade – **Antônio Cezar Lima da Fonseca** – 5/193
Declaração de inconstitucionalidade – Efeitos – **Hugo de Brito Machado** – 6/221
Declaração de inconstitucionalidade de dispositivo normativo em sede de juízo abstrato e efeitos sobre os atos singulares práticos sob sua égide – **Clèmerson Merlin Clève** – 17/78
Declaração de inconstitucionalidade dos atos normativos – Aspectos – **Gilmar Ferreira Mendes** – 2/266
Declaração de inconstitucionalidade no Supremo Tribunal Federal – **Sérgio Ferraz** – 3/204
Declaração de inconstitucionalidade sem pronúncia da nulidade da lei, na jurisprudência da Corte Constitucional alemã – **Gilmar Ferreira Mandes** – 9/60
Declaratória de constitucionalidade contra a Constituição – **Antônio Souza Prudente** – 22/146
Defesa dos interesses difusos e coletivos – Ação Civil Pública – Ação Popular – Posição do Ministério Público – **Lucia Valle Figueiredo** – 16/15
Deficiente – Amplitude do conceito – **Maria Lucia Jordão Ortega** – 17/179

Deficientes físicos e concurso público (CF art. 37, VIII) – **Luís Alberto David Araújo** – 13/233
Definição e divisão (no Direito) – Da classificação das competências das pessoas políticas e o meio ambiente – **Heraldo Garcia Vita** – 19/185
Delegação – Empresas estatais e regime administrativo – Inexistência de concessão – Proteção ao interesse público – **Geraldo Ataliba** – 4/55
Delegação e concessão – Serviço Público e Poder de Polícia – **Celso Antônio Bandeira de Mello** – 20/21
Delitos e infrações em matéria de meio ambiente – **Geraldo Brindeiro** – 20/207
Democracia e suas dificuldades contemporâneas – **Celso Antônio Bandeira de Mello** – 15/100
Democracia, Constituição e Administração Pública – **Cármen Lúcia Antunes Rocha** – 26/60
Demonstrações financeiras – Correção monetária de balanços (Lei 8.200) – **Fábio Konder Comparato** – 4/91
Demora na entrega da prestação jurisdicional – Responsabilidade do Estado – Indenização – **José Augusto Delgado** – 14/248
Depósito compulsório da Lei 4.595/64 (Circular n. 2.175/92 do BACEN) – Natureza jurídica – Aspectos legais e constitucionais – **João Dácio Rolim** – 9/200
Desapropriação – Imissão provisória – Depósito – **Caio Tácito** – 4/84
Desapropriação – O artigo 7º do Decreto-lei 3.365/41 e a inviolabilidade do domicílio – **Sérgio Monte Alegre** – 12/16
Desapropriação – Princípio federal – Bens estaduais não podem ser desapropriados – Caso Banespa – **Fábio Konder Comparato** – 11/82
Desapropriação – Princípios retores – **Edilson Pereira Nobre Júnior** – 18/44
Desapropriação da posse no direito brasileiro – **Jefferson Carús Guedes** – 27/175
Desapropriação indireta – Medida liminar em ação de indenização – **Maria Cristina Cereser Pezzella** e **Anelise Becker** – 7/198
Desconsideração da pessoa jurídica em matéria licitatória – **Anna Rita Tavares** – 25/107
Descumprimento de ordem judicial por funcionário público – **Ivan Lira de Carvalho** – 10/187
Desenvolvimento urbano – **Clóvis Beznos** – 11/139
Desenvolvimento urbano – Planejamento – **Yara Prado Fernandes Francisco** – 23/152
Desincompatibilização e inelegibilidade de Chefes de Executivo – **Celso Antônio Bandeira de Mello** – 18/5
Despesa pública – Conflito entre princípios e eficácia das regras jurídicas – O princípio da sujeição da Administração às decisões do Poder Judiciário e o princípio da legalidade da despesa pública – **Eros Roberto Grau** – 2/130
Despolitização da legitimidade – **Paulo Bonavides** – 3/17
Desvio de Poder Legislativo – **Caio Tácito** – 1/62
Desvio de poder no controle dos atos administrativos, legislativos e jurisdicionais – **Caio Tácito** – 4/31
Desvio ético-jurídico do legislador – Inconstitucionalidade da lei (comentários a acórdão do STF na ADIn 1.158-8-AM) – **Marcelo Figueiredo** – 11/245
Devido processo legal – "Impeachment" e imparcialidade dos julgadores – **Xavier de Albuquerque** – 17/59
Devido processo legal e a responsabilidade do Estado por dano decorrente do planejamento – **Lucia Valle Figueiredo** – 11/5

Devido processo legal e Estado de Direito – **Lucia Valle Figueiredo** – 15/35
Devido processo legal e o Estado Democrático de Direito – **Geraldo Brindeiro** – 19/49
Devido processo legal e o procedimento administrativo – **Dinorá Adelaide Musetti Grotti** – 18/34
Dez anos da Constituição de 1988 (foi bom para você também?) – **Luís Roberto Barroso** – 20/29
Dez anos de Constituição – **Sérgio Sérvulo da Cunha** – 23/32
Dignidade humana, soberania popular e pena de morte – **Eduardo Talamini** – 11/178
Dimensão da revisão constitucional – **Diógenes Gasparini** – 4/176
Direito à liberdade em face da prisão provisória no regime constitucional de 1988 – **Sérgio de Andréa Ferreira** – 15/45
Direito à obtenção de certidões – 14/284
Direito Administrativo participativo – **Caio Tácito** – 15/24
Direito adquirido – Aposentadoria de servidor público – Ato jurídico perfeito – Irretroatividade das normas – **Mário Diney Corrêa Bittencourt** – 24/181
Direito adquirido – Reforma administrativa – Estabilidade – **Lucia Valle Figueiredo** – 25/5
Direito adquirido ao regime da função pública – Reforma administrativa – **Paulo Modesto** – 14/232
Direito adquirido e as Emendas Constitucionais – **Luiz Alberto Gurgel de Faria** – 22/46
Direito adquirido e Constituição – **Raul Machado Horta** – 1/50
Direito adquirido e o Direito Administrativo – **Celso Antônio Bandeira de Mello** – 24/54
Direito adquirido e planos econômicos – Alteração da política salarial – Reajuste de salários pela lei antiga – Mera expectativa de direito e normas de ordem pública – Resenha doutrinária e jurisdicional – **Marcelo Figueiredo** e **Maria Alice Deucher Brollo** – 6/234
Direito adquirido e planos econômicos – FGTS – **Teori Albino Zavascki** – 22/64
Direito adquirido e reforma administrativa e – **Paulo Modesto** – 18/165
Direito Ambiental no Brasil – Fundamentos – **Álvaro Luiz Valery Mirra** – 7/170
Direito ao nome (sentidos da liberdade) – **Maria Garcia** – 5/188
Direito ao uso dos Serviços Públicos – **Adílson Abreu Dallari** – 13/210
Direito Comunitário e Mercosul – **Romeu Felipe Bacellar Filho** – 18/28
Direito Constitucional internacional – A Constituição e o conflito de normas no espaço – **Luís Roberto Barroso** – 11/21
Direito de propriedade no Direito Constitucional francês – **Pierre Bon** – 10/7
Direito do licitante vencedor à adjudicação e contratação – **Toshio Mukai** – 23/106
Direito e Justiça – Um compromisso (breves anotações) – **Sergio Ferraz** – 15/147
Direito individuais homogêneos – Defesa pelo Ministério Público – **Teori Albino Zavascki** – 7/148
Direito real de uso – Concessão – Concessão, permissão e autorização de Serviço Público e empresas estatais prestadoras de Serviço Público – **Eros Roberto Grau** – 5/75
Direito Tributário – Planejamento e segurança jurídica – **Lucia Valle Figueiredo** – 12/11
Direitos individuais homogêneos – Legitimação constitucional do Ministério Público para Ação Civil Pública em matéria tributária – **Antônio Souza Prudente** – 27/160
Direitos políticos – Perda, suspensão e controle jurisdicional – **Teori Albino Zavascki** – 10/178
Diretos humanos da criança – **José Afonso da Silva** – 26/5

Discricionariedade administrativa – Probidade e razoabilidade como suas limitações – **Daniel Ferreira** – 18/233

Dispensa de licitação para contratação de empresa municipal criada para prestar serviços a Prefeitura (interpretação do art. 24, VIII, da Lei 8.666/93) – **Antônio Carlos Cintra do Amaral** – 20/115

Dispensa de licitação por emergência – **Antônio Carlos Cintra do Amaral** – 1/186

Dispensa de licitação por razões de segurança nacional – Serviços técnicos especializados – Inexigibilidade de licitação – Lei n. 8.666 – – **Celso Antônio Bandeira de Mello** – 13/95

Dispensa de servidor celetista – Necessidade de motivação do ato – Processo PGE n. 97.827/87 – **Maria Sylvia Zanella Di Pietro** – 13/74, **Clóvis Beznos** – 13/76, **Vera de Almeida Novelli** – 13/79

Distinção entre "controle social do Poder" e "participação popular" – **Carlos Ayres Britto** – 2/82

Distinção entre cognição e interpretação na teoria da interpretação kelseniana – **Maurício Moura Portugal Ribeiro** – 26/208

Dívida externa e ética nas relações internacionais – **José Carlos de Magalhães** – 8/199

Doação de bem imóvel municipal a empresa privada – **Hélcio de Abreu Dallari Júnior** – 17/127

Doação e permuta de bens de Estados e de Municípios – Normas gerais de licitação – Aplicabilidade de disposições da Lei federal 8.666/93 aos entes federados (comentários ao acórdão do STF na ADIn 927-3-RS) – **Floriano Azevedo Marques Neto** – 12/173

Efeito vinculante – Nota breve – **Sérgio Sérvulo da Cunha** – 12/143

Efeito vinculante – Produção legislativa e produção normativa do Direito oficial – **Eros Roberto Grau** – 16/31

Efeito vinculante – **Sérgio Sérvulo da Cunha** – 18/124

Efeitos da declaração de inconstitucionalidade – **Hugo de Brito Machado** – 6/221

Efetivação de servidores celetistas e concurso público – **Carlos Ari Sundfeld** – 4/179

Efetividade da prestação jurisdicional – **José Néri da Silveira** – 11/207

Eficácia constitucional e o ato jurídico perfeito – **Valmir Pontes Filho** – 15/186

Eficácia dos precatórios – **Marco Aurélio** – 16/97

Eficácia social da prestação jurisdicional – **Teori Albino Zavascki** – 8/107

Elaboração da norma jurídica por interpretação – Construção no Direito Constitucional – **Mirtô Fraga** – 20/133

Eleições municipais de 1996, com ênfase para o quadro de São Paulo – **Monica Herman Salem Caggiano** – 13/145

Emenda Constitucional – Leis originariamente inconstitucionais compatíveis com Emenda superveniente – **Celso Antônio Bandeira de Mello** – 23/12

Emenda Constitucional – Processo de elaboração – Competência constitucional de reforma – Interpretação do art. 60, § 5º, da CF – **Cármen Lúcia Antunes Rocha** e **Fábio Konder Comparato** – 20/88

Emenda Constitucional 19, de 1998 – Licitação nas estatais – **Dinorá Adelaide Musetti Grotti** – 27/24

Emenda Constitucional 19, de 4 de junho de 1998 – 23/243

Emenda Constitucional 19/98 e o direito do servidor público estável à disponibilidade remunerada – **Luciano de Araújo Ferraz** – 18/203
Emenda Constitucional 3/93 (À Constituição de 1988) – **Geraldo Ataliba** – 4/172
Emenda Constitucional 3/93 (altera a redação do art. 150, para acrescentar-lhe um § 7º) – **Lena Barcessat** – 10/218
Emenda Constitucional n. 20, de 15 de dezembro de 1998 – 23/251
Emenda Constitucional n. 20/98 – Vício formal – **Marcos Joaquim Gonçalves Alves** – 25/153
Emendas Constitucionais e direito adquirido – **Luiz Alberto Gurgel de Faria** – 22/46
Emendas de tratados internacionais – **Vicente Marotta Rangel** – 8/5
Emergência – Dispensa de licitação – **Antônio Carlos Cintra do Amaral** – 1/186
Empresa brasileira de capital nacional – Conceito – Incentivos fiscais – Revogação do art. 171 da Constituição – Interpretação da Constituição – **Eros Roberto Grau** – 13/83
Empresas brasileiras de capital nacional e bens e serviços fabricados no Brasil – Preferências em licitação – **Celso Antônio Bandeira de Mello** – 27/5
Empresas de energia elétrica e o uso do solo urbano – **Carlos Augusto Alcântara Machado** – 27/123
Empresas estatais – Licitação – Constituição Federal e reforma administrativa – **Benedicto Pereira Porto Neto** – 27/19
Empresas estatais – Licitação em face da Emenda Constitucional 19, de 1998 – **Dinorá Adelaide Musetti Grotti** – 27/24
Empresas estatais – Licitações após a Emenda 19 – **Eros Roberto Grau** – 23/70
Empresas estatais – Participação em empresas com sede no exterior – Inexigibilidade de autorização legislativa – **Caio Tácito** – 6/74
Empresas estatais delegadas de Serviço Público – Patrimônio administrativo – Regime de seus bens – Execução de suas dívidas – **Geraldo Ataliba** – 7/21
Empresas estatais delegadas de Serviço Público não têm lucro – 6/258
Empresas estatais e regime administrativo – Serviço Público – Inexistência de concessão – Delegação – Proteção ao interesse público – **Geraldo Ataliba** – 4/55
Empresas públicas e sociedades de economia mista em face do art. 173 da Constituição – **Heraldo Garcia Vitta** – 10/203
Empresas públicas, fundações e autarquias prestadoras de Serviços Públicos – O tema do lucro – **Erosoberto Grau** – 6/269
Ensaio sobre o Poder Judiciário: controle externo, CPI e reforma – **Juary C. Silva** – 28/66
Entidades administrativas e noção de lucro – **Carlos Ari Sundfeld** – 6/263
Entidades beneficentes de assistência social – Extinção de punibilidade no "parcelamento" de contribuições previdenciárias descontadas dos seus empregados e não recolhidas à Previdência no prazo legal – Questões conexas – **Roque Antonio Carrazza** – 13/11
Entidades fechadas de previdência privada no contexto da assistência social – **Mozart Victor Russomano** – 5/109
Equilíbrio econômico-financeiro – Licitação – Leis de mercado e preços – **Celso Antônio Bandeira de Mello** – 9/78
Estabilidade – Reforma administrativa – Direito adquirido – **Lucia Valle Figueiredo** – 25/5
Estacionamento público – Regime jurídico – **Caio Tácito** – 5/59
Estado contemporâneo frente ao princípio da indelegabilidade legislativa – **Artur de Brito Gueiros Souza** – 13/193
Estado de Direito e devido processo legal – **Lucia Valle Figueiredo** – 15/35

Estados – Licitações – Competências administrativas – **Lúcia Valle Figueiredo** – 8/24

Estágio probatório dos servidores públicos – **Carlos Ari Sundfeld** – 5/179

Estatais prestadoras de Serviço Público – Execução contra elas – **Eros Roberto Grau** – 7/97

Estatuto da OAB – Conteúdo do princípio de legalidade – Separação de poderes – Autonomia do Judiciário – **Voto do Min. Paulo Brossard na ADin 1.105-7** – 10/265

Estrutura, natureza e expansividade das normas constitucionais – **Raul Machado Horta** – 4/40

Ética democrática – A Constituição de 1988 – **Eduardo Silva Costa** – 5/234

Excedente contábil – Sua significação nas atividades pública e privada – **Geraldo Ataliba** e **J. A. Lima Gonçalves** – 6/277

Execução contra Estatais prestadoras de Serviço Público – **Eros Roberto Grau** – 7/97

Exigibilidade de atestados de capacidade técnico-operacional – **Toshio Mukai** – 14/96

Existe uma supremacia do interesse público sobre o privado no Direito Administrativo brasileiro? – **Fábio Medina Osório** – 28/32

Exoneração ou demissão de servidor indiciado em processo administrativo disciplinar – **Maria Lúcia Jordão Ortega** – 14/102

Expropriação dos bens utilizados para fins de tráfico ilícito de entorpecentes – **Edílson Pereira Nobre Júnior** – 11/196

Extinção de punibilidade no "parcelamento" de contribuições previdenciárias descontadas, por entidades beneficentes de assistência social, dos seus empregados, e não recolhidas, à Previdência, no prazo legal – Questões conexas – **Roque Antonio Carrazza** – 13/11

Faixa de domínio das rodovias – Autarquias com pretensão de cobrança de preço em razão da sua utilização – **Marcelo Figueiredo** – 25/98

Faixas de domínio de rodovias e vias públicas – Uso do subsolo por empresas concessionárias de serviços públicos – Servidão administrativa, direito restritivo de passagem e preço – Falsa "privatização de serviço público" – **Eros Roberto Grau** – 27/75

Fazenda Pública – Prescrição – Decreto de ofício – **Edilson Pereira Nobre Júnior** – 22/55

FGTS – Planos econômicos e direito adquirido – **Teori Albino Zavascki** – 22/64

Finalidade/motivo/conteúdo do ato administrativo em face do princípio da razoabilidade – **Anna Paola Zonari de Lorenzo** – 22/77

Franquia na Administração Pública – **Maria Sylvia Zanella Di Pietro** – 9/49

Função administrativa – **Paulo Modesto** – 2/211

Função administrativa no Estado brasileiro – **Yara Martínez Carvalho e Silva Stroppa** – 8/146

Funcionário – Estabilidade – Concurso público – **Aderbal Torres de Amorim** – 11/99

Funcionário público – Descumprimento de ordem judicial – **Ivan Lira de Carvalho** – 10/187

Fundações e autarquias prestadoras de Serviços Públicos – O tema do lucro – **Eros Roberto Grau** – 6/269

Fundamentos constitucionales del control interno de la actividad financiera del Estado – **Alvaro Rodrigues Bereijo** – 6/5

Fundamentos do Direito Ambiental no Brasil – **Álvaro Luiz Valery Mirra** – 7/170

Garantias ofertáveis por concessionário para obtenção de financiamento – **Celso Antônio Bandeira de Mello** – 17/54

Gás – Concessão – Monopólio – **Caio Tácito** – 7/51

Gás – Monopólio – **Carlos Eduardo Bulhões Pedreira** – 10/134
Gás – Monopólio da União – Construção e operação do gasoduto para importação do gás boliviano – **Luiz Gastão Paes de Barros Leães** – 14/160
Gás – Monopólio estatal – Participação de empresas privadas na sua execução – **Nelson Eizirik** – 10/115
Gás natural – Transporte – Participação da iniciativa privada – Monopólio – **Caio Tácito** – 11/75
Geraldo Ataliba – Homenagem – **Roque Antonio Carrazza** – 15/9
Grito da utopia judiciária – **José Fernandes Filho** – 17/248
Grupos de pressão na sociedade – **Josaphat Marinho** – 1/16

"Habeas data" na Lei n. 9.507/97 – **Arnoldo Wald** e **Rodrigo Garcia da Fonseca** – 22/19
"Habeas data", direitos constitucionais e as provas ilícitas – **Luís Roberto Barroso** – 24/14
Habilitação em procedimento licitatório de sociedades pertencentes ao mesmo grupo societário – **Milton A. de Brito Nobre** – 17/229
Hely Lopes Meirelles – Homenagem – IX Congresso Brasileiro de Direito Administrativo Fortaleza – Ceará, 24 a 28 de setembro de 1995 – 11/243
Hipótese de incidência constitucional do mandado de segurança – **Antônio Souza Prudente** – 25/181
Homenagem a Geraldo Ataliba – **Roque Antonio Carrazza** – 15/9
Honorários de advogado em mandado de segurança – Cabimento – **Marcelo Figueiredo** – 5/245

ICMS – Serviço Público – Intributabilidade por meio de imposto – Serviços de transporte aéreo – **Aires F. Barreto** – 15/205
ICMS e IPI – Compensação de créditos – Transferência de créditos do ICMS com deságio – O princípio da não-cumulatividade – Reflexos no Imposto de Renda – **Sacha Calmon Navarro Coêlho** e **Misabel de Abreu Machado Derzi** – 15/118
Igualdade das partes – **José Manoel de Arruda Alvim Neto** – 3/87
Igualdade, desigualdade – **Fábio Konder Comparato** – 1/69
Imissão provisória na posse – Desapropriação –Depósito – **Caio Tácito** – 4/84
Imóvel urbano não inscrito no Registro Imobiliário – Propriedade do Município – Prova do domínio através dos cadastros da Prefeitura – Usucapião – Impossibilidade – **Márcio Luis Chila Freyesleben** – 22/124
"Impeachment" – Aspectos do processo – Renúncia e exoneração de agente político – Tipicidade constitucional dos crimes de responsabilidade – **Luís Roberto Barroso** – 19/115
"Impeachment", devido processo legal e imparcialidade dos julgadores – **Xavier de Albuquerque** – 17/59
Implantação da Administração Pública gerencial na Emenda Constitucional 19/98 – **Alice Gonzalez Borges** – 24/26
Improbidade administrativa – Ações – **Fábio Konder Comparato** – 26/153
Improbidade administrativa – Atos reprimidos na Lei 8.429/92 – Princípio da proporcionalidade constitucional – Notas a respeito da tipificação material e do sancionamento – **Fábio Medina Osório** – 26/258
Improbidade administrativa – Responsabilidade civil – **Antônio José de Mattos Neto** – 20/57

Improbidade administrativa – Sanções da Lei 8.429/92 – **Fábio Medina Osório** – 24/148
Inafastabilidade do controle jurisdicional e a ameaça ao direito – **Edgard Silveira Bueno Filho** – 2/245, **Annamaria Pimentel** – 2/249
Inaplicabilidade do limite máximo de 65 anos de idade para o preenchimento do cargo de Desembargador a se provido pelo Quinto Constitucional — **Zeno Veloso** – 28/11
Incentivo fiscal – Conflito entre Estados – **Paulo de Barros Carvalho** – 9/130
Incentivos fiscais e financeiros – **José Souto Maior Borges** – 8/86
Incidente de inconstitucionalidade e desvario do Poder – **Antônio Souza Prudente** – 17/206
Incineração de documentos arquivados no Arquivo Geral da Prefeitura Municipal – **Hélcio de Abreu Dallari Júnior** – 19/145
Inconstitucionalidade da atualização do valor de precatórios judiciais – **Eros Roberto Grau** – 14/152
Inconstitucionalidade da progressividade na contribuição previdenciária dos agentes públicos – **Paulo Modesto** – 25/56
Inconstitucionalidade de preceito constitucional – Poder constituinte originário e derivado – Cláusula pétrea – Preceito imodificável por emenda – **Paulo Bonavides** – 7/58
Inconstitucionalidade de preceito de Constituição Estadual (parágrafo único do art. 293 da Constituição do Estado de São Paulo) – **Geraldo Ataliba** – 8/70
Inconstitucionalidade por omissão parcial no sistema difuso – Pronúncia – Acesso pleno à Justiça – **Antônio Souza Prudente** – 13/180
Independência do Poder Judiciário e dos Magistrados – **José Neri da Silveira** – 4/199
Independência e autonomia da Agência Nacional de Telecomunicações – Imperativo legal e Constitucional – **Floriano de Azevedo Marques Neto** – 26/287
Inelegibilidade – Interpretação do art. 14, § 7º, da CF – **Carlos Eduardo Thompson Flores Lenz** – 21/141
Influência do teorema de Gödel na concepção kelseniana de consistência do Sistema Jurídico – **Maurício Moura Portugal Ribeiro** – 27/147
Inovações da jurisprudência em matéria ambiental – **Alvaro Luiz Valery Mirra** – 8/206
Inquérito Civil – Obrigatoriedade de sua realização – **Adílson Abreu Dallari** – 26/68
Instalação de filiais de banco estrangeiro – **Vicente Marotta Rangel** – 2/100
Interesses difusos e coletivos – Defesa – Ação Civil Pública – Ação Popular – Posição do Ministério Público – **Lucia Valle Figueiredo** – 16/15
Internet sob a ótica jurídica – **Walter Douglas Stuber** e **Ana Cristina de Paiva Franco** – 24/190
Interpretação e linguagem – Concessão e delegação de serviço público – **Paulo de Barros Carvalho** – 10/78
Interpretação no Direito Constitucional – **Mirtô Fraga** – 20/133
Interrupção de obras públicas por inadimplência da Administração – Aspectos jurídicos – **Floriano de Azevedo Marques Neto** – 27/108
Intervenção do Estado na economia – **Dinorá Adelaide Musetti Grotti** – 14/52
Intervenção do Estado na ordem econômica – Abuso de poder econômico – Inocorrência – Regime jurídico das sociedades de Economia Mista – **Luís Roberto Barroso** – 18/88
Inviolabilidade do domicílio – Desapropriação – O artigo 7º do Decreto-lei 3.365/41 – **Sérgio Monte Alegre** – 12/16
IPI e ICMS – Compensação de créditos – Transferência de créditos do ICMS com deságio – O princípio da não-cumulatividade – Reflexos no Imposto de Renda – **Sacha Calmon Navarro Coêlho** e **Misabel de Abreu Machado Derzi** – 15/118

Irrelevância da vontade do agente na teoria do ato administrativo – **Sílvio Luís Ferreira da Rocha** – 25/43

Isonomia – Ofensa ao princípio – Contribuição social sobre o lucro – Instituições financeiras – **J. A. Lima Gonçalves** – 15/192

IX Congresso Brasileiro de Direito Administrativo – Homenagem a Hely Lopes Meirelles, Fortaleza – Ceará, 24 a 28 de setembro de 1995 – 11/243

Juizados especiais e os meios para sua agilidade – **Michel Temer** e **Johann Homonnai Júnior** – 15/154

Juízo Liminar – Poder-dever de exercício do poder cautelar nessa matéria – **Celso Antônio Bandeira de Mello** – 3/106

Jurisprudência – 3/219; 4/258; 6/281; 7/240; 8/220; 9/237; 12/203; 13/244; 16/214; 17/255; 18/240; 19/257; 20/216; 21/212; 22/181; 23/184; 24/245; 25/209; 26/301; 27/192; 28/195

Lacuna e sistema normativo – **Régis Fernandes de Oliveira** – 24/34

Lacunas no sistema jurídico – Uma breve abordagem – **Valmir Pontes Filho** – 13/28

Legalidade de contrato de obra pública firmado sem licitação por força de acordo internacional – **Adílson Abreu Dallari** – 18/110

Legalidade, legitimidade e corrupção em campanhas eleitorais – **Monica Herman Salem Caggiano** – 7/131

Legitimação constitucional do Ministério Público para Ação Civil Pública em matéria tributária na defesa de direitos individuais homogêneos – **Antônio Souza Prudente** – 27/160

Legitimidade da "Operação Patrícia" e o modo de sua liquidação – **Luciano Benévolo de Andrade** – 4/130

Legitimidade da realização de concessão de Serviços Públicos precedida ou não de obras em virtude de ato do Governador do Estado – **Arnoldo Wald** – 12/67

Legitimidade do poder de reforma constitucional – **Fábio Konder Comparato** – 9/167

Legitimidade para agir – Ação Civil Pública e Constituição Federal – **Sérgio Monte Alegre** – 14/67

Legitimidade processual dos Poderes do Estado – Reflexões – **Bernardo Olavo Gomes de Souza** – 16/130

Lei 9.784/99 – A lei do procedimento administrativo federal – **Toshio Mukai** – 27/11

Lei de licitações e autonomia estadual – **Marcos Juruena Villela Souto** – 10/256

Lei de zoneamento urbano – Competência exclusiva do Legislativo municipal – Delegação de Poderes ao Executivo – **Arnoldo Wald** – 8/47

Lei do procedimento administrativo federal (Lei 9.784/99) – **Toshio Mukai** – 27/11

Lei dos Partidos Políticos (Lei 9.096, de 19 de setembro de 1995) – **Sérgio Sérvulo da Cunha** – 19/38

Lei estadual de concessões e legislação federal superveniente – **Adílson Abreu Dallari** – 11/68

Lei federal n. 9.783/99 e suas inconstitucionalidades – **Carlos Ayres Britto** – 22/216

Lei inconstitucional – Nulidade – Seus efeitos – Considerações sobre a decisão do STF proferida no RE 122.202 – **Gilmar Ferreira Mendes** – 12/19

Lei municipal – Controle de constitucionalidade – **Roberto Rosas** – 1/309

Lei n. 10.177, de 30 de dezembro de 1998 – 23/267

Lei n. 9.784, de 29 de janeiro de 1999 – 23/259

Lei Orgânica Municipal – Processo legislativo – **João Diogo Urias dos Santos** – 2/164

Lei tributária – Princípio da irretroatividade – **Carlos Mário da Silva Velloso** – 15/13

Leis declaradas inconstitucionais – Resolução suspensiva pelo Senado Federal – **Luiz Alberto G. S. Rocha** – 26/233

Leis originariamente inconstitucionais compatíveis com Emenda Constitucional superveniente – **Celso Antônio Bandeira de Mello** – 23/12

Licenças e autorizações no Direito Administrativo – **Carlos Ari Sundfeld** – 3/66

Licitação – (In)exeqüibilidade das propostas e garantia adicional – **Joel de Menezes Niebuhr** – 26/273

Licitação – Anulação pela autoridade superior (comentários ao acórdão 89.10932-4 do STJ no RMS 103-0-SC) – **Benedicto Pereira Porto Neto** – 12/192

Licitação – Comprovação de capacidade técnico-operacional – **Adílson Abreu Dallari** – 9/149

Licitação – Consórcio – Construção e exploração de usina elétrica – **Adílson Abreu Dallari** – 10/67

Licitação – Credenciamento – **Adílson Abreu Dallari** – 23/97

Licitação – Critério objetivo para efeito de julgamento das propostas – **Eros Roberto Grau** – 25/69

Licitação – Desconsideração da pessoa jurídica – **Anna Rita Tavares** – 25/107

Licitação – Desconsideração da pessoa jurídica – **Anna Rita Tavares** – 25/107

Licitação – Direito do licitante vencedor à adjudicação e contratação – **Toshio Mukai** – 23/106

Licitação – Direito do licitante vencedor à adjudicação e contratação – **Toshio Mukai** – 23/106

Licitação – Dispensa para contratação de empresa municipal criada para prestar serviços a Prefeitura (interpretação do art. 24, VIII, da Lei 8.666/93) – **Antônio Carlos Cintra do Amaral** – 20/115

Licitação – Dispensa por razões de segurança nacional – Serviços técnicos especializados – Inexigibilidade de licitação – Lei n. 8.666 – – **Celso Antônio Bandeira de Mello** – 13/95

Licitação – Emergência – Dispensa – **Antônio Carlos Cintra do Amaral** – 1/186

Licitação – Equilíbrio econômico-financeiro – Leis de mercado e preços – **Celso Antônio Bandeira de Mello** – 9/78

Licitação – Fator "K" – **Fábio Konder Comparato** – 6/85

Licitação – Habilitação em procedimento licitatório de sociedades pertencentes ao mesmo grupo societário – **Milton A. de Brito Nobre** – 17/229

Licitação – Legalidade de contrato de obra pública firmado sem licitação por força de acordo internacional – **Adílson Abreu Dallari** – 18/110

Licitação – Lei n. 8.666 – Dispensa de licitação por razões de segurança nacional – Serviços técnicos especializados – Inexigibilidade – **Celso Antônio Bandeira de Mello** – 13/95

Licitação – Leis de mercado e preços – Equilíbrio econômico-financeiro – **Celso Antônio Bandeira de Mello** – 9/78

Licitação – Licitante que é sociedade controlada por outra licitante – Personalidade jurídica e princípios da competitividade e da igualdade – **Eros Roberto Grau** – 18/82

Licitação – Normas gerais – Doação e permuta de bens de Estados e de Municípios – Aplicabilidade de disposições da Lei federal 8.666/93 aos entes federados (comentários ao acórdão do STF na ADIn 927-3-RS) – **Floriano Azevedo Marques Neto** – 12/173

Licitação – Obrigatoriedade de observância das normas do BIRD – **José Carlos de Magalhães** – 13/117

Licitação – Preferências para bens e serviços fabricados no Brasil e para empresas brasileiras de capital nacional – **Celso Antônio Bandeira de Mello** – 27/5

Licitação – Qualificação técnica da empresa na nova lei de licitações e contratos administrativos (Lei 8.666/93) – **Antônio Carlos Cintra do Amaral** – 5/42

Licitação – Reserva de mercado – Impossibilidade – **Celso Antônio Bandeira de Mello** – 6/93

Licitação –Controle dos procedimentos licitatórios pelo Tribunal de Contas – **Egle Dos Santos Monteiro Da Silveira** – 27/170

Licitação e prestação de Serviços Públicos – Privatização e fornecimento de gás por tarifa diferenciada – **Eros Roberto Grau** – 20/119

Licitação nas empresas estatais – Constituição Federal e reforma administrativa – **Benedicto Pereira Porto Neto** – 27/19

Licitação nas estatais em face da Emenda Constitucional 19, de 1998 – **Dinorá Adelaide Musetti Grotti** – 27/24

Licitação sem objeto (Lei 8.666/93 e Estados e Municípios – Princípio da proporcionalidade) – **Eros Roberto Grau** – 10/89

Licitações – Competências administrativas dos Estados e Municípios – **Lúcia Valle Figueiredo** – 8/24

Licitações – Empresas estatais – situação após a Emenda 19 – **Eros Roberto Grau** – 23/70

Licitações – Princípio constitucional do contraditório e da ampla defesa – **Edgar Antônio Chiuratto Guimarães** – 17/190

Licitações – Regularidade fiscal – **Celso Antônio Bandeira de Mello** – 21/5

Licitações – Tribunais de Contas e o sancionamento administrativo de licitantes e contratados – **Eduardo Rocha Dias** – 19/203

Licitações e as empresas estatais após a Emenda 19 – **Eros Roberto Grau** – 23/70

Liminar em juízo – Necessidade de motivação (comentários sobre o acórdão do STJ no Recurso ordinário 5.318-0-BA) – **A. J. Ferreira Custódio** – 12/197

Liminares – Limites constitucionais à discricionariedade judicial – **José Ignácio Botelho de Mesquita** – 3/97

Limitações constitucionais à remuneração do servidor público – **Marçal Justen Filho** – 10/22

Limite de idade em concurso público – **Jacintho de Arruda Câmara** – 14/271

Limite de remuneração do Servidor Público – Uma interpretação da Constituição – **Valmir Pontes Filho** – 28/15

Limite máximo de 65 anos de idade – Inaplicabilidade para o preenchimento do cargo de Desembargador a se provido pelo Quinto Constitucional – **Zeno Veloso** – 28/11

Limites à Revisão Constitucional de 1993 – **Geraldo Ataliba** – 3/42

Limites do poder de Revisão Constitucional – **Josaphat Marinho** – 24/5

Limites do poder monetário – **Arnoldo Wald** – 6/27

Limites entre estados federados – Juízo arbitral – Laudos técnicos – Jurisdição e eficácia administrativa – Posse no direito público – **Seabra Fagundes** – 10/281

Limites normativos do Poder Executivo em relação à previdência privada – **Arnoldo Wald** – 20/12

Lixo – Cobrança de taxa remuneratória do serviço de coleta – **Adílson Abreu Dallari** – 25/20

Loterias – Sua exploração por particulares – **Valmir Pontes Filho** – 22/40

Mandado de Injunção – Nova feição – **Carlos Mário Velloso** – 2/277, **Michel Temer** – 2/284

Mandado de injunção: o que foi sem nunca ter sido – Uma proposta de reformulação – **Luís Roberto Barroso** – 17/34

Mandado de injunção: sua atual concepção – **Derly Barreto e Silva Filho** – 13/191

Mandado de segurança – Agente de polícia – Altura igual ou superior a 1,60 – Discrímen inconstitucional – Recurso improvido – 14/286

Mandado de segurança – Decadência – **Geraldo Ataliba** – 1/147

Mandado de segurança – Hipótese de incidência constitucional – **Antônio Souza Prudente** – 25/181

Mandado de segurança – Honorários de advogado – Cabimento – **Marcelo Figueiredo** – 5/245

Mandado de Segurança – Medida liminar – Supressão do Agravo Regimental – Uma violência ao princípio constitucional do devido processo legal – Ilegitimidade da jurisprudência assentada – **Marcelo Figueiredo** – 27/15

Mandado de segurança – Uma proposta de interpretação – **José Sérgio Monte Alegre** – 23/119

Mandado de segurança coletivo – **Lúcia Valle Figueiredo** – 3/145

Mandado de segurança coletivo e Partidos Políticos – **Ivan Lira de Carvalho** – 6/200

Mandado de segurança coletivo e seus principais problemas – **Sebastião de Oliveira Lima** – 3/135

Mandado de segurança e decadência (Inconstitucionalidade do art. 18 da Lei 1.533/51) – **Francisco Barros Dias** – 4/195

Mandado de segurança, Ação Popular e Ação Civil Pública e as tendências atuais do Direito Administrativo – **Maria Cristina Dourado** – 14/211

Mandato eletivo – Impugnação – **Fábio Konder Comparato** – 9/96

Medida liminar em ação de indenização por desapropriação indireta – **Maria Cristina Cereser Pezzella** e **Anelise Becker** – 7/198

Medida liminar em Mandado de Segurança – Supressão do Agravo Regimental – Uma violência ao princípio constitucional do devido processo legal – Ilegitimidade da jurisprudência assentada – **Marcelo Figueiredo** – 27/15

Medida Provisória – Anamnese – **Sérgio Sérvulo da Cunha** – 26/77

Medida Provisória – Controle de constitucionalidade à luz do princípio da proporcionalidade – Considerações sobre o Estado Democrático de Direito no Brasil – **Douglas Yamashita** – 24/211

Medida Provisória – Controle jurisdicional de seus pressupostos – **Carlos David S. Aarão Reis** – 8/114

Medida Provisória – Panorama doutrinário e jurisprudencial – **Vera Cristina Caspari Monteiro** – 16/141

Medida Provisória – Reedição – Visão comparativa das jurisprudências da Corte Constitucional italiana e do STF – **Edilson Pereira Nobre Júnior** – 26/137

Medida Provisória – Relevância e urgência como seus pressupostos – **Carlos David Santos Aarão Reis** – 18/61

Medida Provisória e segurança jurídica – **Antônio Souza Prudente** – 18/69

Medida Provisória n. 1.490-14 que dispõe sobre o CADIN-Cadastro Informativo de créditos não quitados do setor público federal, em face da Constituição – **Paulo Brossard** – 17/70

Medida Provisória: a miséria da lei – **Marcello Cerqueira** – 11/162

Medida Provisória: natureza jurídica – **Sérgio de Andréa Ferreira** – 1/153

Medida Provisória: ontem, hoje e amanhã – **Caio Tácito** – 25/202

Medidas cautelares e medidas antecipatórias – Técnicas diferentes, função constitucional semelhante – **Teori Albino Zavascki** – 14/35

Medidas econômicas de fevereiro/95 e a Constituição – **Monica Herman Salem Caggiano** – 10/169

Meio ambiente – Classificação das competências das pessoas políticas – Definição e divisão (no Direito) – **Heraldo Garcia Vita** – 19/185

Meio ambiente – Competência legislativa municipal – **Antônio José de Mattos Neto** – 24/232

Meio ambiente – Delitos e infrações – **Geraldo Brindeiro** – 20/207

Meio ambiente – Deveres da concessionária – Responsabilidade da pessoa jurídica e do administrador – **Luiz Fernando Gama Pellegrini** – 6/249

Meio ambiente – Inovações da jurisprudência – **Alvaro Luiz Valery Mirra** – 8/206

Meio ambiente – Municípios brasileiros e alemães na sua proteção – **Andreas J. Krell** – 6/175

Meio ambiente – Proteção na Constituição brasileira – **Luís Roberto Barroso** – 2/58

Meio ambiente e Judiciário – **Sidney Sanches** – 7/220

Mercosul e a importância do Direito Comunitário emergente – **Romeu Felipe Bacellar Filho** – 18/28

Mercosul, Constituição e soberania – **Cármen Lúcia Antunes Rocha** – 21/12

Ministério Público – Competência para a defesa do consumidor de serviços bancários – **Geraldo de Camargo Vidigal** – 13/70 e **Paulo Brossard** – 16/71

Ministério Público – Competência para defender direitos individuais homogêneos – Concurso público – Inconstitucionalidade de requisitos estabelecidos pelo edital sem previsão legal – **Valmir Pontes Filho** – 12/110

Ministério Público – Defesa dos interesses difusos e coletivos – Ação Civil Pública – Ação Popular – **Lucia Valle Figueiredo** – 16/15

Ministério Público – Legitimação constitucional para Ação Civil Pública em matéria tributária na defesa de direitos individuais homogêneos – **Antônio Souza Prudente** – 27/160

Ministério público – Vitaliciedade de seus membros – Não-vitaliciamento de Promotor de Justiça em estágio probatório – Violação do princípio do devido processo legal – **Fábio Konder Comparato** – 28/76

Ministério Público brasileiro e a defesa do Estado Democrático de Direito – **Geraldo Brindeiro** – 13/165

Ministério Público e defesa de direito individuais homogêneos – **Teori Albino Zavascki** – 7/148

Ministério Público e tutela dos interesses difusos – **Luiz Fabião Guasque** – 8/175

Modalidades de intervenção do Estado na ordem econômica – Regime jurídico das sociedades de Economia Mista – Inocorrência de abuso de poder econômico – **Luís Roberto Barroso** – 18/88

Monopólio – Gás – **Carlos Eduardo Bulhões Pedreira** – 10/134
Monopólio do transporte de gás natural – **Fábio Konder Comparato** – 13/112
Monopólio estatal do gás – Participação de empresas privadas na sua execução – **Nelson Eizirik** – 10/115
Moralidade e Razoabilidade na Constituição de 1988 – **Weida Zancaner** – 2/205
Motivo/conteúdo/finalidade do ato administrativo em face do princípio da razoabilidade – **Anna Paola Zonari de Lorenzo** – 22/77
Mundo solidário da corrupção – **João Féder** – 16/200
Município – Constitucionalidade de leis e atos normativos por vulneração à Constituição Federal – Controle direto – **Clóvis Beznos** – 23/116
Município – Segurança pública no seu âmbito – **José Afonso da Silva** – 11/223
Município e autarquia federal – Relações – Conflitos – Impossibilidade de multas a pessoas públicas – **Toshio Mukai** – 9/154
Municípios – Criação, incorporação, fusão e desmembramento – Primeiras reflexões sobre a Emenda Constitucional n. 15 – **Hilda Regina Silveira Albandes de Souza** – 17/208
Municípios – Licitações – Competências administrativas – **Lúcia Valle Figueiredo** – 8/24
Municípios brasileiros e alemães na proteção do meio ambiente – **Andreas J. Krell** – 6/175

Natureza jurídica da compensação financeira pela exploração de recursos minerais – **Regina Helena Costa** – 13/126
Natureza jurídica dos contratos de prestação de serviço em educação – **Paulo Magalhães da Costa Coelho** – 13/130
Natureza jurídica e funções das Agências Reguladoras de Serviços Públicos – Limites da fiscalização a ser desempenhada pelo Tribunal de Contas do Estado – **Luís Roberto Barroso** – 25/73
Necessária reformulação do sistema eleitoral brasileiro – **Fábio Konder Comparato** – 12/5
Necessidade de motivação da liminar em juízo (comentários sobre o acórdão do STJ no Recurso ordinário 5.318-0-BA) – **A. J. Ferreira Custódio** – 12/197
Necessidade de motivação do ato de dispensa de servidor celetista – Processo PGE n. 97.827/87 – **Maria Sylvia Zanella Di Pietro** – 13/74, **Clóvis Beznos** – 13/76, **Vera de Almeida Novelli** – 13/79
Necessidade legal e econômica de prefixação das condições financeiras da prorrogação do prazo das concessões do serviço móvel celular – **Arnoldo Wald** – 21/89
Negociação coletiva com o Estado – Condições jurídicas e sociais – **Roberto A. O. Santos** – 2/43
Negro, a Suprema Corte e a Emenda Constitucional n. 13 – **Adhemar Ferreira Maciel** – 10/166
Nomeação, por readmissão, de ex-servidor público exonerado a seu pedido – Legalidade – **Valmir Pontes Filho** e **Carlos Roberto Martins Rodrigues** – 24/102
Normas gerais de licitação – Doação e permuta de bens de Estados e de Municípios – Aplicabilidade de disposições da Lei federal 8.666/93 aos entes federados (comentários ao acórdão do STF na ADIn 927-3-RS) – **Floriano Azevedo Marques Neto** – 12/173
Normas gerais e competência concorrente – Uma exegese do art. 24 da Constituição Federal – **Tercio Sampaio Ferraz Júnior** – 7/16
Nossa primeira Constituição republicana à luz do Direito comparado – **Adhemar Ferreira Maciel** – 1/192

Nota breve sobre o efeito vinculante – **Sérgio Sérvulo da Cunha** – 12/143
Notas sobre uma reforma institucional – **Nelson A. Jobim** – 2/194
Nova feição do Mandado de Injunção – **Carlos Mário Velloso** – 2/277, **Michel Temer** – 2/284
Nova lei de recursos (Lei 8.038/90) – **José Ignácio Botelho de Mesquita** – 2/293, **Nelson Néry Júnior** – 2/299
Nulidade da lei inconstitucional e seus efeitos – Considerações sobre a decisão do STF proferida no RE 122.202 – **Gilmar Ferreira Mendes** – 12/19

OAB – Estatuto – Sustentação oral posterior ao voto do Relator – Sobre a Ação Direta de inconstitucionalidade do art. 7º, IX, da Lei 8.906/94 – **Erasto Villa-Verde Filho** – 7/159
Objeção de consciência e serviço policial militar – **Diógenes Gasparini** – 10/158
Objeto da Ação Civil Pública, quando se constituir em cumprimento de obrigação de fazer ou não fazer, não é autônomo – **Toshio Mukai** – 21/58
Obra intelectual no Direito – **Eduardo S. Pimenta** e **Rui Caldas Pimenta** – 7/211
Obra pública a custo zero – **Celso Antônio Bandeira de Mello** – 3/32
Obrigatoriedade de observância das normas sobre licitação do BIRD – **José Carlos de Magalhães** – 13/117
Obrigatoriedade de realização de Inquérito Civil – **Adílson Abreu Dallari** – 26/68
Omissão de rendimentos presumidos – **Arnaldo Malheiros Filho** – 15/167
Omissões inconstitucionais e suas implicações no regime federativo brasileiro – **Derly Barreto e Silva Filho** – 10/223
Orçamento estimativo – Interpretação do § 2º, II, do art. 40 da Lei n. 8.666/93 – **Eros Roberto Grau** – 15/180
Ordem econômica na Constituição – **Miguel Reale Júnior** e **David Teixeira de Azevedo** – 12/134
Organização constitucional da função planejadora – **Fábio Konder Comparato** – 8/12
Organização policial integrada – **Dalmo de Abreu Dallari** – 4/161
Organizações da sociedade civil de caráter público – Qualificação de pessoas jurídicas de direito privado, sem fins lucrativos – **Valmir Pontes Filho** – 25/94
Organizações Sociais – Visão crítica – **Sérgio de Andréa Ferreira** – 25/33
Organizações Sociais no Brasil – Reforma administrativa e marco legal – As dúvidas dos juristas sobre o modelo das Organizações Sociais – **Paulo Modesto** 16/178

Parcelamento do solo urbano – Alguns aspectos da qualificação registrária no registro e o Código de Defesa do Consumidor – **Kioitsi Chicuta, Ary José de Lima** e **Sérgio Jacomino** – 21/173
Participação da iniciativa privada no transporte de gás natural – Monopólio – **Caio Tácito** – 11/75
Participação da OAB em todas as fases do concurso de acesso à Magistratura – **Paulo Bonavides** – 12/41
Participação popular e Administração Pública – **Maria Sylvia Zanella Di Pietro** – 1/127
Partidos Políticos – Lei 9.096, de 19 de setembro de 1995 – **Sérgio Sérvulo da Cunha** – 19/38
Partidos Políticos e mandado de segurança coletivo – **Ivan Lira de Carvalho** – 6/200
PASEP – Contribuições – **Geraldo Ataliba** – 12/74
PASEP, PIS e concessionária de serviço público – **Torquato Jardim** – 10/103
Patrimônio administrativo – Empresas estatais delegadas de Serviço Público – Regime de seus bens – Execução de suas dívidas – **Geraldo Ataliba** – 7/21

Pela instituição da obrigatoriedade das súmulas de jurisprudência – **Juary C. Silva** – 17/133
Pena de morte – Dignidade humana e soberania popular – **Eduardo Talamini** – 11/178
Perda e suspensão dos direitos políticos – Controle jurisdicional – **Teori Albino Zavascki** – 10/178
Perecimento do Estado – **Ataliba Nogueira** – 4/5
Permissão de uso de bem público – **Diógenes Gasparini** – 11/87
Permissão na Constituição de 1988 – Ato unilateral e precário – **Benedicto Pereira Porto Neto** – 2/177
Permissão, autorização e concessão de Serviço Público e empresas estatais prestadoras de Serviço Público – Concessão de direito real de uso – **Eros Roberto Grau** – 5/75
Perspectivas do Direito Administrativo no próximo milênio – **Caio Tácito** – 22/5
Perspectivas do processo e do procedimento administrativo: um tributo à obra de Romeu Felipe Bacellar Filho, "Princípios Constitucionais do Processo Administrativo Disciplinar" – **Cibele Fernandes Dias** – 27/156
Pessoa administrativa não aufere lucro nem tem prejuízo – Tem superávit ou déficit – **Aires Barreto** – 6/259
PIS-PASEP e concessionária de serviço público – **Torquato Jardim** – 10/103
Planejamento como instrumento do desenvolvimento urbano – **Yara Prado Fernandes Francisco** – 23/152
Planejamento, Direito Tributário e segurança jurídica – **Lucia Valle Figueiredo** – 12/11
Plano Collor – Bancos – Recolhimento forçado – Expropriação e requisição – **Fábio Konder Comparato** – 2/107
Planos econômicos – Alteração da política salarial – Reajuste de salários pela lei antiga – Direito adquirido – Mera expectativa de direito e normas de ordem pública – Resenha doutrinária e jurisdicional – **Marcelo Figueiredo e Maria Alice Deucher Brollo** – 6/234
Planos econômicos, direito adquirido e FGTS – **Teori Albino Zavascki** – 22/64
Plebiscito – EC 2/92 – **Gilmar F. Mendes** – 7/104
Poder constituinte originário e derivado – Cláusula pétrea – Preceito imodificável por emenda – Inconstitucionalidade de preceito constitucional – **Paulo Bonavides** – 7/58
Poder de Polícia – Função administrativa e princípio da legalidade – O chamado "Direito Alternativo" – **Eros Roberto Grau** – 1/88
Poder de polícia e serviço público – Concessão e delegação – **Celso Antônio Bandeira de Mello** – 20/21
Poder de reforma constitucional – Legitimidade – **Fábio Konder Comparato** – 9/167
Poder de Revisão Constitucional – Limites – **Josaphat Marinho** – 24/5
Poder Executivo – Atos políticos – Controle jurisdicional – **Derly Barreto e Silva Filho** – 8/123
Poder Executivo e Poder Legislativo no controle de constitucionalidade – **Gilmar Ferreira Mendes** – 19/226
Poder Judiciário – Controle – **Josaphat Marinho** – 5/5
Poder Judiciário – Controle externo e controle de qualidade do Judiciário e da Magistratura – Uma proposta – **Carlos Mário da Silva Velloso** – 10/244
Poder Judiciário – Controle externo e efeito vinculante das súmulas dos Tribunais Superiores – Reforma do Estado e o Judiciário – Em busca da "eficácia social" da prestação jurisdicional – **João Roberto Egydio Piza Fontes** e **Roberto Armelin** – 17/156
Poder Judiciário – Reforma – **Geraldo Brindeiro** – 21/205

Poder Judiciário e Magistrados – Independência – **José Neri da Silveira** – 4/199
Poder Judiciário e Meio ambiente – **Sidney Sanches** – 7/220
Poder Judiciário e segurança jurídica – **Antônio Souza Prudente** – 3/211
Poder Judiciário em suas relações externas – **Roberto A. O. Santos** – 7/142
Poder Judiciário frente à divisão dos poderes: um princípio em decadência? – **Tércio Sampaio Ferraz Júnior** – 9/40
Poder Judiciário: controle externo, CPI e reforma – **Juary C. Silva** – 28/66
Poder Legislativo – Desvio de poder – **Caio Tácito** – 1/62
Poder Legislativo e monopólio da lei no mundo contemporâneo – **Raul Machado Horta** – 3/5
Poder Legislativo e Poder Executivo no controle de constitucionalidade – **Gilmar Ferreira Mendes** – 19/226
Poder Legislativo e Tribunal de Contas – Natureza de suas relações – **Hilda Regina Silveira Albandes de Souza** – 14/217
Poder monetário – Limites – **Arnoldo Wald** – 6/27
Poder político – Controles – **Celso Antônio Bandeira de Mello** – 11/59
Poder regulamentar ante o princípio da legalidade – **Celso Antônio Bandeira de Mello** – 4/71
Poderes administrativos e as relações jurídico-administrativas – **Adilson Abreu Dallari** – 24/63
Poderes do Estado – Legitimidade processual – **Bernardo Olavo Gomes de Souza** – 16/130
Política salarial – Alteração – Planos econômicos – Reajuste de salários pela lei antiga – Direito adquirido – Mera expectativa de direito e normas de ordem pública – Resenha doutrinária e jurisdicional – **Marcelo Figueiredo** e **Maria Alice Deucher Brollo** – 6/234
Políticas públicas e o Direito Administrativo – **Maria Paula Dallari Bucci** – 13/134
Politicidade do Direito e o problema do Direito natural – **Nelson Saldanha** – 5/24
Por uma Justiça eficaz – Controle de constitucionalidade – **Sacha Calmon Navarro Coêlho** – 3/62
Portaria como ato administrativo – **João Luiz Teixeira Neto** – 4/149
Porto – Arrendamento – Cessão e prorrogação do contrato – **Tércio Sampaio Ferraz Júnior** – 26/144
Posse, propriedade e Estado de Direito – **Sérgio Servulo da Cunha** – 24/115
Precatórios – Eficácia – **Marco Aurélio** – 16/97
Precatórios judiciais – Inconstitucionalidade da atualização do valor – **Eros Roberto Grau** – 14/152
Precedentes no direito brasileiro – **Edgard Silveira Bueno Filho** – 10/174
Preços – Modificação unilateral de contrato celebrado com a Administração – Quitação – Expectativa inflacionária – **Eros Roberto Grau** – 22/94
Prefeito municipal – Comparecimento facultativo à Câmara – Princípio da separação dos Poderes – **João Batista de Oliveira Rocha** – 21/122
Prefeito municipal – Processo de cassação de mandato eletivo e afastamento provisório do cargo por decisão da Câmara de Vereadores – **Fábio Medina Osório** – 19/213
Preferências em licitação para bens e serviços fabricados no Brasil e para empresas brasileiras de capital nacional – **Celso Antônio Bandeira de Mello** – 27/5
Prescrição – Decreto de ofício em favor da Fazenda Pública – **Edilson Pereira Nobre Júnior** – 22/55
Prescrição administrativa: autonomia do Direito Administrativo e inaplicabilidade da regra geral do Código Civil – **Luís Roberto Barroso** – 27/89

Pressuposto lógico do ato administrativo – **José Roberto Pimenta Oliveira** – 19/81
Prestação jurisdicional – Eficácia social – **Teori Albino Zavascki** – 8/107
Previdência privada – Limites normativos do Poder Executivo – **Arnoldo Wald** – 20/12
Previdência social do Servidor Público estadual – **Maria Sylvia Zanella Di Pietro** – 26/168
Primeiras reflexões sobre a Emenda Constitucional n. 15 (criação, incorporação, fusão e desmembramento de Municípios) – **Hilda Regina Silveira Albandes de Souza** – 17/208
Primeiro Congresso Democracia e Cidadania – Carta de Minas 17/247
Princípio constitucional da impessoalidade da Administração Pública – Contrato de associação – Descumprimento – **Fábio Konder Comparato** – 19/103
Princípio constitucional do contraditório e da ampla defesa nas licitações – **Edgar Antônio Chiuratto Guimarães** – 17/190
Princípio da igualdade jurídica – Seu conteúdo democrático – Ação afirmativa – **Cármen Lúcia Antunes Rocha** – 15/85
Princípio da impessoalidade da Administração Pública – Contrato de associação – Descumprimento – **Fábio Konder Comparato** – 19/103
Princípio da impessoalidade e abuso do poder de legislar – **Carlos Ari Sundfeld** – 5/152
Princípio da indelegabilidade legislativa e o Estado contemporâneo – **Artur de Brito Gueiros Souza** – 13/193
Princípio da irretroatividade da lei tributária – **Carlos Mário da Silva Velloso** – 15/13
Princípio da isonomia – Desequiparações proibidas e desequiparações permitidas – **Celso Antônio Bandeira de Mello** – 1/79
Princípio da isonomia – Ofensa – Contribuição social sobre o lucro – Instituições financeiras – **J. A. Lima Gonçalves** – 15/192
Princípio da isonomia na Constituição de 1988 – Significação – **José Souto Maior Borges** – 15/29
Princípio da legalidade – Poder de Polícia – Função administrativa – O chamado "Direito Alternativo" – **Eros Roberto Grau** – 1/88
Princípio da legalidade – Poder regulamentar – **Celso Antônio Bandeira de Mello** – 4/71
Princípio da livre concorrência – Função regulamentar e função normativa – **Eros Roberto Grau** – 4/104
Princípio da moralidade administrativa e a Constituição Federal de 1988 – **José Augusto Delgado** – 1/208
Princípio da moralidade dos atos administrativos – Considerações sobre o controle – **Vladimir Da Rocha França** – 27/58
Princípio da moralidade pública e o Direito Tributário – **Marçal Justen Filho** – 11/44
Princípio da não-cumulatividade – Compensação de créditos no ICMS e no IPI – Transferência de créditos do ICMS com deságio – Reflexos no Imposto de Renda – **Sacha Calmon Navarro Coêlho** e **Misabel de Abreu Machado Derzi** – 15/118
Princípio da proporcionalidade – Controle de constitucionalidade de Medidas Provisórias – Considerações sobre o Estado Democrático de Direito no Brasil – **Douglas Yamashita** – 24/211
Princípio da proporcionalidade – Interpretação da Constituição – Livre iniciativa – Comercialização de cigarros – Inconstitucionalidade da restrição ao número de unidades – **Eros Roberto Grau** – 26/160

Princípio da proporcionalidade – Licitação sem objeto – Lei 8.666/93 e Estados e Municípios – **Eros Roberto Grau** – 10/89

Princípio da proporcionalidade constitucional – Notas a respeito da tipificação material e do sancionamento aos atos de improbidade administrativa reprimidos na Lei 8.429/92 – **Fábio Medina Osório** – 26/258

Princípio da razoabilidade – Motivo/conteúdo/finalidade do ato administrativo – **Anna Paola Zonari de Lorenzo** – 22/77

Princípio da separação dos Poderes – Prefeito municipal – Comparecimento facultativo à Câmara – **João Batista de Oliveira Rocha** – 21/122

Princípio da sujeição da Administração às decisões do Poder Judiciário e princípio da legalidade da despesa pública – Conflito entre princípios e eficácia das regras jurídicas – **Eros Roberto Grau** – 2/130

Princípio da supremacia do interesse público sobre o particular – **Humberto Bergmann Ávila** – 24/159

Princípio de atualidade – Concessão de Serviço Público – Dever de prestar serviço adequado e alteração das condições econômicas – Reequilíbrio através da prorrogação do prazo de exploração – **Floriano Peixoto de Azevedo Marques Neto** – 22/105

Princípio de legalidade – Conteúdo – Estatuto da OAB – Separação de poderes – Autonomia do Judiciário – **Voto do Min. Paulo Brossard na ADin 1.105-7** – 10/265

Princípio federal – Bens estaduais não podem ser desapropriados – Caso Banespa – **Fábio Konder Comparato** – 11/82

Princípios constitucionais – Por uma hierarquização – Pró-dogmática – **José Souto Maior Borges** – 1/140

Princípios constitucionais brasileiros – **Luís Roberto Barroso** – 1/168

Princípios constitucionais do processo – **Lúcia Valle Figueiredo** – 1/118

Princípios constitucionais do Processo Administrativo no Direito brasileiro – **Cármen Lúcia Antunes Rocha** – 17/5

Princípios da competitividade e da igualdade – Licitação – Licitante que é sociedade controlada por outra licitante – **Eros Roberto Grau** – 18/82

Princípios da livre iniciativa e da legalidade – Imposição do dever de etiquetar preços – **Eros Roberto Grau** – 24/92

Princípios do Direito do Trabalho e do Direito Administrativo – Conflitos – **Ana Rita Tavares Teixeira** – 9/212

Princípios retores da desapropriação – **Edilson Pereira Nobre Júnior** – 18/44

Prisão civil e penal e "execução indireta" – A garantia do art. 5º, LXVII, da Constituição Federal – **Eduardo Talamini** – 28/165

Prisão penal cautelar e Constituição – **Fernando Luiz Ximenes Rocha** – 18/186

Prisão provisória e direito à liberdade no regime constitucional de 1988 – **Sérgio de Andréa Ferreira** – 15/45

Privatização das empresas estatais à luz da Constituição – **Carlos Ayres Britto** – 12/125

Privatização e Serviços Públicos – **Celso Antônio Bandeira de Mello** – 22/172

Probidade e razoabilidade como limitações à discricionariedade administrativa – **Daniel Ferreira** – 18/233

Procedimento administrativo e devido processo legal – **Dinorá Adelaide Musetti Grotti** – 18/34

Procedimento administrativo e interesse público (concurso para provimento de cargo de professor titular junto ao Departamento de Música da ECA – Recurso contra o indeferimento de inscrição – Apreciação dos requisitos do concurso e o interesse da Universidade) – **Maria Paula Dallari Bucci** – 17/111

Procedimento administrativo federal (Lei 9.784/99) – **Toshio Mukai** – 27/11

Processo – Princípios constitucionais – **Lúcia Valle Figueiredo** – 1/118

Processo Administrativo – Prazos; preclusões – **Sérgio Ferraz** – 26/45

Processo Administrativo brasileiro – Audiências públicas – **Gustavo Henrique Justino de Oliveira** – 21/161

Processo administrativo disciplinar – Exoneração ou demissão de servidor indiciado – **Maria Lúcia Jordão Ortega** – 14/102

Processo Administrativo do Direito brasileiro – Princípios constitucionais – **Cármen Lúcia Antunes Rocha** – 17/5

Processo Administrativo e Constituição de 1988 – **Sérgio Ferraz** – 1/84

Processo Administrativo tributário – Princípios, amplitude, natureza e alcance das funções nele exercidas – **Eduardo D. Bottallo** – 20/50

Processo de cassação de mandato eletivo e o afastamento provisório de Prefeito municipal do cargo por decisão da Câmara de Vereadores – **Fábio Medina Osório** – 19/213

Processo do moleiro Arnold e suas lições para a atualidade – **Carlos David S. Aarão Reis** – 14/182

Processo eleitoral – Sentido e alcance no regime democrático – **Fábio Konder Comparato** – 17/220

Processo legislativo – Natureza jurídica e objeto – A lei injusta e sua inconstitucionalidade substancial, no Estado Democrático de Direito – **Antônio Souza Prudente** – 4/247

Processo legislativo (Lei Orgânica Municipal) – **João Diogo Urias dos Santos** – 2/164

Procuradores de Estado – Sua remuneração e a Emenda Constitucional n. 19 – **Valmir Pontes Filho** – 21/38

Pró-dogmática – Por uma hierarquização dos princípios constituicionais – **José Souto Maior Borges** – 1/140

Profissões regulamentadas – Competência para a fixação do valor das anuidades – **Adílson Abreu Dallari** – 12/100

Programa de assentamento do Distrito Federal – **Sérgio Carvalho** – 14/135

Proibição de fumar – Inconstitucionalidades da Lei 9.294 – 28/96 – **Carlos David Aarão Reis** – 28/25

Projeto de lei reguladora das concessões de Serviço Público federal – 2/225

Promotor de Justiça em estágio probatório — Vitaliciedade de membros do Ministério Público – Não-vitaliciamento – Violação do princípio do devido processo legal – **Fábio Konder Comparato** – 28/76

Pronúncia de inconstitucionalidade por omissão parcial no sistema difuso e acesso pleno à Justiça – **Antônio Souza Prudente** – 13/180

Proteção cautelar – Tutela preventiva – Contracautela – **Eduardo Ribeiro** – 3/117

Proteção do meio ambiente na Constituição brasileira – **Luís Roberto Barroso** – 2/58

Provas ilícitas – "Habeas data" e direitos constitucionais – **Luís Roberto Barroso** – 24/14

Provas ilícitas e a Constituição – **José Carlos Barbosa Moreira** – 13/216

Proventos e vencimentos – Cumulação – **Caio Tácito** – 10/52

Provimento de cargo – Concurso – Procedimento administrativo e interesse público – Recurso contra o indeferimento de inscrição – Apreciação dos requisitos do concurso e o interesse da Administração – **Maria Paula Dallari Bucci** – 17/111

Quadratura dos direitos fundamentais nos diferentes círculos judiciais de eficácia: Brasil-Alemanha – **Georghio Alessandro Tomelin** – 25/142

Qualificação de pessoas jurídicas de direito privado, sem fins lucrativos, como organizações da sociedade civil de caráter público – **Valmir Pontes Filho** – 25/94

Qualificação técnica da empresa na nova lei de licitações e contratos administrativos (Lei 8.666/93) – **Antônio Carlos Cintra do Amaral** – 5/42

Questões fundamentais de técnica legislativa – **Gilmar Ferreira Mendes** – 1/255

Razoabilidade das leis – **Caio Tácito** – 13/227

Razoabilidade e moralidade na Constituição de 1988 – **Weida Zancaner** – 2/205

Readmissão de ex-servidor público exonerado a seu pedido – Nomeação – Legalidade – **Valmir Pontes Filho** e **Carlos Roberto Martins Rodrigues** – 24/102

Reajustamento de benefícios previdenciários – **Xavier de Albuquerque** – 2/89

Reajuste, revisão e correção monetária de preços nos contratos administrativos – **Antônio Carlos Cintra do Amaral** – 15/163

Reconhecimento de direitos coletivos na esfera internacional – **Fábio Konder Comparato** – 23/5

Recurso Especial e conceito de "causas decididas" – **Derly Barreto e Silva Filho** – 11/159

Recurso Extraordinário e contrariedade à Constituição – Aspectos inexplorados – **Gilmar Ferreira Mendes** – 8/40

Recursos hídricos e Constituição – **Dimas Macedo** – 8/191

Reedição de Medida Provisória – Visão comparativa das jurisprudências da Corte Constitucional italiana e do STF – **Edilson Pereira Nobre Júnior** – 26/137

Reeleição do Presidente da República – Emenda Constitucional 16/97 – Exigência da desincompatibilização do Presidente da República como requisito para candidatura à reeleição – Interpretação conforme a Constituição – Prevalência dos princípios constitucionais do "regime democrático", da "igualdade entre partidos e candidatos" e da "moralidade eleitoral" – **Carlos Roberto Siqueira Castro** – 23/76

Reeleição do Presidente da República – **Sérgio Sérvulo da Cunha** – 13/203

Reestruturação do setor postal brasileiro – **Floriano Peixoto de Azevedo Marques Neto** – 19/149

Reflexiones sobre los principios generales de Derecho en la Constitución uruguaya – **Juan Pablo Cajarville Peluffo** – 13/33

Reflexões sobre o papel do Estado frente à atividade econômica – **Francisco de Queiroz Bezerra Cavalcanti** – 20/67

Reflexos da Reforma Administrativa no estatuto dos servidores municipais – **Magadar Rosália Costa Briguet** – 27/164

Reflexos da URV no Direito Administrativo – **Marcos Juruena Villela Souto** – 7/232

Reforma administrativa – Estabilidade – Direito adquirido – **Lucia Valle Figueiredo** – 25/5

Reforma Administrativa – Reflexos no estatuto dos servidores municipais – **Magadar Rosália Costa Briguet** – 27/164

Reforma administrativa e controles de contas – **Edgard Camargo Rodrigues** – 23/169

Reforma administrativa e direito adquirido – **Paulo Modesto** – 18/165

Reforma administrativa e direito adquirido ao regime da função pública – **Paulo Modesto** – 14/232

Reforma administrativa e marco legal das Organizações Sociais no Brasil – As dúvidas dos juristas sobre o modelo das Organizações Sociais – **Paulo Modesto** 16/178

Reforma Constitucional – Regra de estrutura – Limitação – **Gabriel Ivo** – 22/149

Reforma Constitucional e plebiscito – **Paulo Bonavides** – 1/21

Reforma do Estado e o Judiciário – Em busca da "eficácia social" da prestação jurisdicional – Uma reflexão sobre o controle externo do Judiciário e o efeito vinculante das súmulas dos Tribunais Superiores – **João Roberto Egydio Piza Fontes** e **Roberto Armelin** – 17/156

Reforma do marco legal do terceiro setor no Brasil – **Paulo Modesto** – 24/75

Reforma do Poder Judiciário – **Geraldo Brindeiro** – 21/205

Regime constitucional da correção monetária – **Carlos Ayres Britto** – 14/5

Regime constitucional da remuneração dos vereadores e Prefeitos municipais – Retardamento do repasse de duodécimo para Câmara municipal – Princípio da quantificação das verbas orçamentárias – **Paulo Modesto** – 11/113

Regime constitucional dos proventos da aposentadoria do Servidor Público efetivo – **Carlos Ayres Britto** – 15/130

Regime Jurídico Único – Inclusão, sem concurso, de servidores celetistas – **Sérgio Sérvulo da Cunha** – 7/121

Regime Jurídico Único – Lei municipal que determina aplicação da CLT – Natureza do vínculo – Incompetência da Justiça do Trabalho – **Cristiano Paixão Araújo Pinto** – 14/207

Regimes jurídicos dos Servidores Públicos – Aplicação do regime geral dos empregados à Administração Pública – **Maria Paula Dallari Bucci** – 14/197

Regiões Metropolitanas – **Antônio Sampaio Amaral Filho** – 23/159

Regulamento – Ato administrativo – **Danielle Coutinho Talamini** – 21/65

Regulamento – Limites – Proibição de fumar em restaurantes – **Celso Antônio Bandeira de Mello** – 8/61

Regulamento e seus pretextos – **José Alexandre Tavares Guerreiro** – 1/303

Regularidade fiscal nas licitações – **Celso Antônio Bandeira de Mello** – 21/5

Relatividade da competência discricionária – **Celso Antônio Bandeira de Mello** – 25/13

Releitura do poder de modificação unilateral dos contratos administrativos (*ius variandi*) no âmbito das concessões de serviços públicos – **Fernando Vernalha Guimarães** – 28/149

Remuneração dos servidores – **Dinorá Adelaide Musetti Grotti** – 25/122

Remuneração dos servidores – **Dinorá Adelaide Musetti Grotti** – 25/122

Repartição de competências na Constituição Federal de 1988 – **Raul Machado Horta** – 2/5

Réquiem para uma Constituição – **Fábio Konder Comparato** – 20/5

Requisição do Ministério Público a Juiz – Relações entre Órgão constitucionais autônomos – **Geraldo Ataliba** – 2/117

Reserva de mercado – Licitação – Impossibilidade – **Celso Antônio Bandeira de Mello** – 6/93

Reserva de mercado; livre iniciativa, livre concorrência e soberania nacional; o princípio da igualdade – Contrato de obrigações – **Eros Roberto Grau** – 6/105

Resolução suspensiva de leis declaradas inconstitucionais pelo Senado Federal – **Luiz Alberto G. S. Rocha** – 26/233

Respeito aos precedentes judiciais iterativos pela Administração Pública – **Juarez Freitas** – 17/49

Responsabilidad de los funcionarios públicos y de los concesionarios de Servicios Públicos – **Carlos E. Delpiazzo** – 22/10

Responsabilidade administrativa e "impeachment" – **Sérgio Sérvulo da Cunha** – 5/225

Responsabilidade civil do Estado e denunciação da lide – **Edilson Pereira Nobre Júnior** – 10/196

Responsabilidade civil do Estado pela integridade física e moral dos detentos – Uma análise do episódio da rebelião do Presídio do Carandiru – **Paulo Magalhães da Costa Coelho** – 14/190

Responsabilidade civil por improbidade administrativa – **Antônio José de Mattos Neto** – 20/57

Responsabilidade da Administração Pública por débitos previdenciários dos seus contratados – **Eduardo Rocha Dias** – 26/195

Responsabilidade do Estado – Demora na entrega da prestação jurisdicional – Indenização – **José Augusto Delgado** – 14/248

Responsabilidade do Estado por atos de juiz (em face da Constituição de 1988) – **A. B. Cotrim Neto** – 9/12

Responsabilidade do Estado por atos de juiz em face da Constituição de 1988 – **A. B. Cotrim Neto** – 1/31

Responsabilidade do Estado por dano decorrente do planejamento e devido processo legal – **Lucia Valle Figueiredo** – 11/5

Responsabilidade dos agentes públicos por condutas omissivas após a vigência do Código de Defesa do Consumidor – **Georghio A. Tomelin** – 19/219

Restrição à concorrência, autorização legal e seus limites – Lei n. 8.884, de 1994, e Lei n. 6.729, de 1979 ("Lei Ferrari") – **Eros Roberto Grau** e **Paula A. Forgioni** – 21/107

Retenção de recursos estaduais pela União – **Fábio Konder Comparato** – 24/87

Reversão dos bens na concessão – **Celso Antônio Bandeira de Melo** – 7/7

Revisão constitucional – Dimensão – **Diógenes Gasparini** – 4/176

Revisão Constitucional: norma de eficácia esvaída – **Carlos Ayres Britto** – 6/158

Revisão Constitucional: questão política ou questão jurídica? – **Carlos Eduardo Caputo Bastos** – 5/242

Revisão, reajuste e correção monetária de preços nos contratos administrativos – Conceitos – **Antônio Carlos Cintra do Amaral** – 15/163

Salário mínimo inconstitucional – **Antônio Souza Prudente** – 21/157

Sanções da Lei 8.429/92 aos atos de improbidade administrativa – **Fábio Medina Osório** – 24/148

Saneamento básico – Serviço público estadual e municipal – Contrato administrativo entre SABESP e Município – Concessão não ordinária – **Geraldo Ataliba** e **Rosolea Folgosi** – 9/105

Seabra Fagundes, homem de pensamento e de ação – **Carlos Mário Velloso** – 1/7

Secretário municipal – Indiciamento por ato praticado no exercício da função e no interesse da Administração – Direito e dever, por parte desta, de promover-lhe a defesa – **Sérgio Sérvulo da Cunha** – 9/161

Segurança jurídica – Planejamento – Direito Tributário – **Lucia Valle Figueiredo** – 12/11

Segurança jurídica e Poder Judiciário – **Antônio Souza Prudente** – 3/211

Segurança pública no âmbito municipal – **José Afonso da Silva** – 11/223

Seguridade social – Problemas financeiros e soluções na Constituição de 1988 – **Misabel Abreu Machado Derzi** – 2/21

Senado e reforma Constitucional – **Josaphat Marinho** – 6/252

Sentido da Constituição e de sua reforma – **Miguel Reale** – 1/9

Sentido e alcance do processo eleitoral no regime democrático – **Fábio Konder Comparato** – 17/220

Serviço de coleta de lixo – Cobrança de taxa remuneratória – **Adílson Abreu Dallari** – 25/20

Serviço de relevância pública e Serviço Público – Conceito – Convênio entre entidades públicas executado por Fundação de apoio – Serviço de saúde – **Paulo Modesto** – 28/109

Serviço Público – Conceito – **Adílson Abreu Dallari** – 15/112

Serviço Público – Concessão – Dever de prestar serviço adequado e alteração das condições econômicas – Princípio de atualidade – Reequilíbrio através da prorrogação do prazo de exploração – **Floriano P. Azevedo Marques Neto** – 22/105

Serviço Público – Concessão – Garantias exigíveis dos proponentes – Legislação aplicável – **Adílson Abreu Dallari** – 16/84

Serviço Público – Concessão de direito real de uso – Concessão, permissão e autorização – Empresas estatais prestadoras de Serviço Público – **Eros Roberto Grau** – 5/75

Serviço Público – Empresas estatais e regime administrativo – Inexistência de concessão – Delegação – Proteção ao interesse público – **Geraldo Ataliba** – 4/55

Serviço Público – Intributabilidade por meio de imposto – Serviços de transporte aéreo e ICMS – **Aires F. Barreto** – 15/205

Serviço Público de abastecimento de Água – Concessões aos Municípios – **Alice Gonzalez Borges** – 17/39

Serviço Público e Poder de Polícia – Concessão e delegação – **Celso Antônio Bandeira de Mello** – 20/21

Serviço Público e serviço de relevância pública – Conceito – Convênio entre entidades públicas executado por Fundação de apoio – Serviço de saúde – **Paulo Modesto** – 28/109

Serviços de advocacia – Contratação de pela Administração Pública – **Adílson Abreu Dallari** – 22/30

Serviços de limpeza urbana – Concessão – Pontos polêmicos – **Cesar A. Guimarães Pereira** – 26/217

Serviços Públicos – Direito ao uso – **Adílson Abreu Dallari** – 13/210

Serviços Públicos – Empresas estatais delegadas não têm lucro – 6/258

Serviços Públicos – Prestação – Licitação – Privatização e fornecimento de gás por tarifa diferenciada – **Eros Roberto Grau** – 20/119

Serviços Públicos e privatização – **Celso Antônio Bandeira de Mello** – 22/172

Servidão administrativa, direito restritivo de passagem e preço – Uso do subsolo de faixas de domínio de rodovias e vias públicas por empresas concessionárias de serviços públicos – Falsa "privatização de serviço público" – **Eros Roberto Grau** – 27/75

Servidor Público – Contratação temporária (regime jurídico previsto no art. 37, IX, da CF) – **Telmo Candiota** – 6/169

Servidor público – Limitações constitucionais à remuneração – **Marçal Justen Filho** – 10/22
Servidor Público – Limite de remuneração – Uma interpretação da Constituição – **Valmir Pontes Filho** – 28/15
Servidor Público efetivo – Regime constitucional dos proventos da aposentadoria – **Carlos Ayres Britto** – 15/130
Servidor Público estadual – Previdência social – **Maria Sylvia Zanella Di Pietro** – 26/168
Servidor público estadual em atividade junto aos Municípios – **Sebastião Botto de Barros Tojal** – 6/226
Servidor público estável – Direito do à disponibilidade remunerada – Emenda Constitucional 19/98 – **Luciano de Araújo Ferraz** – 18/203
Servidores – Remuneração – **Dinorá Adelaide Musetti Grotti** – 25/122
Servidores – Remuneração – **Dinorá Adelaide Musetti Grotti** – 25/122
Servidores – Teto de remuneração – **Eros Roberto Grau** – 9/124
Servidores municipais – Reflexos da reforma administrativa no seu estatuto – **Magadar Rosália Costa Briguet** – 27/164
Servidores públicos – Estágio probatório – **Carlos Ari Sundfeld** – 5/179
Servidores públicos e Justiça do Trabalho – **Orlando Teixeira da Costa** – 2/181
Servidores públicos municipais, regime jurídico e o FGTS – **Sandra Krieger Gonçalves Silva** – 8/135
"Shopping center" – Estacionamento – Validade e eficácia de legislação municipal que impõe regime de gratuidade – Proibida a cobrança de qualquer ceitil dos usuários – **A. L. Calmon Teixeira** – 17/116
Significação do princípio da isonomia na Constituição de 1988 – **José Souto Maior Borges** – 15/29
Silêncio no Direito Administrativo – **Heraldo Garcia Vitta** – 27/36
Sistema constitucional das competências – **Carlos Ari Sundfeld** – 1/272
Sistema eleitoral brasileiro – Necessária reformulação – **Fábio Konder Comparato** – 12/5
Sistema Financeiro da Habitação – Ações a ele relativas – Competência e litisconsórcio – **João Pedro Gebran Neto** – 10/212
Situação atual e perspectivas da desregulamentação da atividade seguradora na Alemanha – **Jürgen Basedow, L. L. M.** (Tradução de Amadeu Carvalhaes Ribeiro) – 23/141
Situação de calamidade – Contratação direta por emergência – Irrelevância dos fatores causadores da situação emergencial – **Floriano P. Azevedo Marques Neto** – 21/126
Sobre a Medida Provisória n. 1.490-14 que dispõe sobre o CADIN-Cadastro Informativo de créditos não quitados do setor público federal, em face da Constituição – **Paulo Brossard** – 17/70
Sobre a produção legislativa e sobre a produção normativa do Direito oficial – O chamado "efeito vinculante" – **Eros Roberto Grau** – 16/31
Sobre a súmula vinculante – **Cármen Lúcia Antunes Rocha** – 14/19
Sobre o Estado brasileiro e as reformas propostas – **Cármen Lúcia Antunes Rocha** – 18/15
Sociedade de economia mista transformada em sociedade anônima ordinária – Inconstitucionalidade – **Fábio Konder Comparato** – 25/61
Sociedades de Economia Mista – Modalidades de intervenção do Estado na ordem econômica – Regime jurídico – Inocorrência de abuso de poder econômico – **Luís Roberto Barroso** – 18/88

Sociedades de economia mista e empresas públicas em face do art. 173 da Constituição – **Heraldo Garcia Vitta** – 10/203

Sociedades de economia mista, empresas públicas, fundações e autarquias prestadoras de Serviços Públicos – O tema do lucro – **Eros Roberto Grau** – 6/269

Subsolo – Utilização para passagem de equipamentos públicos – Aspectos gerais e desafios do uso compartilhado – Resenha doutrinária e jurisprudencial – **Marcelo Figueiredo** – 26/186

Sumário do XI Congresso Brasileiro de Direito Administrativo – Vitória-ES "Tendências atuais do Direito Administrativo" – 17/251

Súmula vinculante – **Cármen Lúcia Antunes Rocha** – 14/19

Súmulas de jurisprudência – Pela instituição da sua obrigatoriedade – **Juary C. Silva** – 17/133

Superior Tribunal de Justiça – 5/265

Supremacia do interesse público sobre o privado no Direito Administrativo brasileiro – Existe? – **Fábio Medina Osório** – 28/32

Supremo Tribunal Federal – 5/247

Supremo Tribunal Federal – Avocação de causas – **Carlos David S. Aarão Reis** – 4/190

Supremo Tribunal Federal – Inconstitucionalidade da lei por desvio ético-jurídico do legislador (comentários a acórdão do STF na ADIn 1.158-8-AM) – **Marcelo Figueiredo** – 11/245

Supremo Tribunal Federal e quinto constitucional – **Paulo Bossard** – 7/128

Supremo Tribunal Federal, Corte Constitucional (uma proposta que visa a tornar efetiva a sua missão precípua de guarda da Constituição) – **Carlos Mário Velloso** – 4/215

Sustentação oral posterior ao voto do Relator – Ação Direta de inconstitucionalidade do art. 7º, IX, da Lei 8.906/94 – **Erasto Villa-Verde Filho** – 7/159

Taxa remuneratória do serviço de coleta de lixo – Cobrança – **Adílson Abreu Dallari** – 25/20

Técnica legislativa – Questões fundamentais – **Gilmar Ferreira Mendes** – 1/255

Teoria do "quorum" – **José Wilson Ferreira Sobrinho** – 6/192

Terceirização como instrumento de flexibilidade do mercado de trabalho – **Joselita Cardoso Leão** – 12/28

Terceirização dos serviços jurídicos do BANDES – **Diogenes Gasparini** – 13/53

Terceiro setor no Brasil – Reforma do seu marco legal – **Paulo Modesto** – 24/75

Terreno de marinha – Aforamento (do cabimento do caucionamento do direito real de uso, especialmente quando vinculado a promessa de cessão de aforamento de terreno de marinha) – **Arnoldo Wald** – 5/98

Terrenos reservados nas margens dos rios navegáveis – Bens públicos ou particulares? – **Martim Outeiro Pinto** – 9/217

Teto de remuneração de servidores – **Eros Roberto Grau** – 9/124

Textos vetoriais sobre a reforma administrativa (Emenda Constitucional 19, de 5.6.98) – **Carlos Pinto Coelho Motta** – 20/184

Transporte aéreo – Serviço Público – Intributabilidade por meio de imposto – ICMS – **Aires F. Barreto** – 15/205

Transporte coletivo alternativo – Aspectos jurídicos – **Clóvis Beznos** – 26/295

Tratados internacionais – Emendas – **Vicente Marotta Rangel** – 8/5

Tribunais de Contas – Controle dos procedimentos licitatórios – **Egle Dos Santos Monteiro Da Silveira** – 27/170

Tribunais de Contas e o sancionamento administrativo de licitantes e contratados – **Eduardo Rocha Dias** – 19/203

Tribunal de Contas – Decisão não confirmada por Decreto legislativo, não vincula atuação da Administração – **Eros Roberto Grau** – 17/105

Tribunal de Contas do Estado – Limites da fiscalização a ser desempenhada – Natureza jurídica e funções das Agências Reguladoras de Serviços Públicos – **Luís Roberto Barroso** – 25/73

Tribunal de Contas e Poder Legislativo – Natureza de suas relações – **Hilda Regina Silveira Albandes de Souza** – 14/217

Tridimensionalidade da descentralização do Estado brasileiro – Contribuição prática à Revisão Constitucional de 1993 – **Torquato Jardim** – 7/41

Trilogia motivo/conteúdo/finalidade do ato administrativo em face do princípio da razoabilidade – **Anna Paola Zonari de Lorenzo** – 22/77

Tutela dos interesses difusos pelo Ministério Público – **Luiz Fabião Guasque** – 8/175

Tutela preventiva – Proteção cautelar – Contracautela – **Eduardo Ribeiro** – 3/117

Um caso paradigmático de violação ao direito – **Celso Antônio Bandeira de Mello** – 19/5

Um novo processo de Revisão Constitucional? Visão dogmática do problema – **Jacintho de Arruda Câmara** – 24/133

Universidades públicas – Autonomia – **Adílson Abreu Dallari** – 1/282

Uso de bem público – Permissão – **Diógenes Gasparini** – 11/87

Uso do solo urbano – Empresas de energia elétrica – **Carlos Augusto Alcântara Machado** – 27/123

Uso do subsolo de faixas de domínio de rodovias e vias públicas por empresas concessionárias de serviços públicos – Servidão administrativa, direito restritivo de passagem e preço – Falsa "privatização de serviço público" – **Eros Roberto Grau** – 27/75

Usucapião – impossibilidade – Imóvel urbano não inscrito no Registro Imobiliário – Propriedade do Município – **Márcio Luis Chila Freyesleben** – 22/124

Utilização de subsolo para passagem de equipamentos públicos – Aspectos gerais e desafios do uso compartilhado – Resenha doutrinária e jurisprudencial – **Marcelo Figueiredo** – 26/186

Validade e eficácia de legislação municipal que impõe regime de gratuidade ao estacionamento de "shopping center" – Proibida a cobrança de qualquer ceitil dos usuários – **A. L. Calmon Teixeira** – 17/116

Variações sobre o conceito de povo no regime democrático – **Fábio Konder Comparato** – 16/5

Vencimentos de Prefeitos e Vereadores à luz da Emenda Constitucional 19/98 – **Fábio Medina Osório** – 23/129

Vencimentos e proventos – Cumulação – **Caio Tácito** – 10/52

Viagem redonda: "habeas data", direitos constitucionais e as provas ilícitas – **Luís Roberto Barroso** – 24/14

Vício formal da Emenda 20/98, Do – **Marcos Joaquim Gonçalves Alves** – 25/153

Visão crítica das Organizações Sociais – **Sérgio de Andréa Ferreira** – 25/33

Zoneamento urbano – Competência exclusiva do Legislativo municipal – Delegação de Poderes ao Executivo – **Arnoldo Wald** – 8/47

Impressão e acabamento:
GRÁFICA PAYM
Tel. (011) 4392-3344

REVISTA
TRIMESTRAL DE
DIREITO PÚBLICO

DOUTRINA: COMPARAÇÃO JURÍDICA – José Afonso da Silva • INAPLICABILIDADE DO LIMITE MÁXIMO DE 65 ANOS DE IDADE PARA O PREENCHIMENTO DO CARGO DE DESEMBARGADOR A SER PROVIDO PELO QUINTO CONSTITUCIONAL – Zeno Veloso • LIMITE DE REMUNERAÇÃO DO SERVIDOR PÚBLICO – UMA INTERPRETAÇÃO DA CONSTITUIÇÃO – Valmir Pontes Filho • PROIBIÇÃO DE FUMAR – INCONSTITUCIONALIDADES DA LEI 9.294/96 – Carlos David Aarão Reis • EXISTE UMA SUPREMACIA DO INTERESSE PÚBLICO SOBRE O PRIVADO NO DIREITO ADMINISTRATIVO BRASILEIRO? – Fábio Medina Osório • ENSAIO SOBRE O PODER JUDICIÁRIO: CONTROLE EXTERNO, CPI E REFORMA – Juary C. Silva • ***PARECERES:*** MINISTÉRIO PÚBLICO – VITALICIEDADE DE SEUS MEMBROS – NÃO-VITALICIAMENTO DE PROMOTOR DE JUSTIÇA EM ESTÁGIO PROBATÓRIO – VIOLAÇÃO DO PRINCÍPIO DO DEVIDO PROCESSO LEGAL – Fábio Konder Comparato • ACORDO DE ACIONISTAS – EMPRESA ESTADUAL CONCESSIONÁRIA DE SERVIÇO PÚBLICO FEDERAL – MANUTENÇÃO DA QUALIDADE DE ACIONISTA CONTROLADOR – Adilson Abreu Dallari •CONVÊNIO • ENTRE ENTIDADES PÚBLICAS EXECUTADO POR FUNDAÇÃO DE APOIO – SERVIÇO DE SAÚDE – CONCEITO DE SERVIÇO PÚBLICO E SERVIÇO DE RELEVÂNCIA PÚBLICA – Paulo Modesto • ***ESTUDOS E COMENTÁRIOS:*** CONFLITO POSSESSÓRIO E POSITIVISMO ÉTICO – O AGENTE PÚBLICO EM FACE DA DECISÃO ILEGAL – Sérgio Sérvulo da Cunha • ADMINISTRAÇÃO PÚBLICA E DEMOCRACIA: PERSPECTIVAS EM UM MUNDO GLOBALIZADO – Leonel Ohlweiler • UMA RELEITURA DO PODER DE MODIFICAÇÃO UNILATERAL DOS CONTRATOS ADMINISTRATIVOS (*IUS VARIANDI*) NO ÂMBITO DAS CONCESSÕES DE SERVIÇOS PÚBLICOS – Fernando Vernalha Guimarães • PRISÃO CIVIL E PENAL E "EXECUÇÃO INDIRETA" – A GARANTIA DO ART. 5º, LXVII, DA CONSTITUIÇÃO FEDERAL – Eduardo Talamini • CONCESSÕES DE SERVIÇO PÚBLICO E A SUA FISCALIZAÇÃO – Glória de Faria Alvim F. Pereira F. Braz e Wagner Nogueira França Baptista • APONTAMENTOS SOBRE O "CONCURSO PÚBLICO" PARA A ESCOLHA DE PROJETO ARQUITETÔNICO – Evandro Ferreira de Viana Bandeira e Luciana Vilela de Carvalho e Viana Bandeira • ***JURISPRUDÊNCIA*** • ***ÍNDICE ALFABÉTICO-REMISSIVO DA REVISTA TRIMESTRAL DE DIREITO PÚBLICO 1 A 28***

MALHEIROS
EDITORES

REVISTA
TRIMESTRAL DE
DIREITO PÚBLICO

26/1999

M